edition suhrkamp

Redaktion: Günther Busch

Wolfgang Abendroth, geboren am 2. Mai 1906 in Elberfeld, emeritierter Ordinarius für Wissenschaft von der Politik, lebt heute in Frankfurt am Main. Zahlreiche Veröffentlichungen zur Gewerkschafts- und Parteiengeschichte, zum Verwaltungs- und Staatsrecht. 1965 erschien in der *edition suhrkamp* seine *Sozialgeschichte der europäischen Arbeiterbewegung.*

In den Gesprächen mit Wolfgang Abendroth, einem aktiv und unmittelbar Beteiligten, wird die Geschichte der deutschen Arbeiterbewegung seit der Weimarer Republik über die Zeit des Faschismus bis in die Epoche der Bundesrepublik nachgezeichnet. Die Stationen der Lebensgeschichte Abendroths bilden den Leitfaden für die Darstellung und Erörterung objektiver politischer Entwicklungen, insbesondere innerhalb der Linken. Einer, der dabeigewesen ist, rekonstruiert die Etappen der deutschen Arbeiterbewegung, die sie prägenden Kontroversen, Hoffnungen und Niederlagen. Die Wechselbeziehungen zwischen individueller politischer Biographie und Zeitgeschichte ans Licht zu heben, sie an einem »paradigmatischen Lebenszusammenhang« festzumachen, ist die Absicht der Gespräche. Die in den Protokollen aufscheinenden Positionen, Erlebnisse, Deutungen bezeichnen ein Stück lehrreicher deutscher Realität: sie aktualisieren gesellschaftliches Erinnerungsvermögen. – Im übrigen können anhand dieser Gesprächsprotokolle einige der Auseinandersetzungen, die heute innerhalb der Linken vehement ausgetragen werden, als historische identifiziert und – verfolgt man sie in ihrem Kontext – als durch die Geschichte bereits entschiedene erkannt werden.

Wolfgang Abendroth
Ein Leben in der Arbeiterbewegung

Gespräche, aufgezeichnet und herausgegeben
von Barbara Dietrich und Joachim Perels

Suhrkamp Verlag

edition suhrkamp 820
Erste Auflage 1976

Satz, in Linotype Garamond, Druck und Bindung bei Georg Wagner, Nördlingen.
Gesamtausstattung Willy Fleckhaus.

Inhalt

Vorwort

Wolfgang Abendroth ist am 2. Mai 1976 siebzig Jahre alt geworden. Wir haben dies zum Anlaß genommen, ihn nach jenen Ereignissen und Auseinandersetzungen in der Geschichte der deutschen Arbeiterbewegung zu fragen, die er selbst aktiv miterlebt und mit ausgetragen hat. Im Vordergrund stehen dabei die Erfahrungen, die er in der Arbeiterbewegung der Weimarer Zeit und während des Faschismus gesammelt und die Schlußfolgerungen, die er daraus für seine theoretische und praktische politische Arbeit gezogen hat.

Abendroths Erfahrungen scheinen uns in der gegenwärtigen politischen Situation besondere Bedeutung zu haben. Einem großen Teil der Linken, der durch die Protestbewegung Ende der sechziger Jahre politisiert worden ist, fehlt eine reale Beziehung zur Geschichte der deutschen Arbeiterbewegung. Dies zeigt sich nicht nur in einer Alltagspraxis, in der die Bestimmung von Zwischenstufen des politischen Kampfes allzu oft durch die Proklamierung abstrakter Zielvorstellungen ersetzt wird, sondern auch in einer Verselbständigung der Theoriediskussion, in der sich die Marxschen Kategorien von der Realität der Klassenkämpfe lösen und zu einem scholastischen Operationssystem versteinern. Umgekehrt ist die an die großen politischen und ökonomischen Organisationen angelehnte Geschichtsschreibung der Arbeiterbewegung stets in Gefahr, zur Legitimationswissenschaft der jeweils »richtigen« Politik der Spitzen von Parteien oder Gewerkschaften zu werden. Abendroths Bericht, charakterisiert durch die stete Verbindung von Handeln und Analyse, ist dazu angetan, der Geschichtslosigkeit in der Linken entgegenzuwirken und die von den Spitzen der Parteien und Gewerkschaften in Umlauf gesetzten Lesarten ihrer Geschichte kritisch zu überprüfen: So treten die Niederlagen und Fehler der deutschen Arbeiterbewegung ebenso hervor wie die fortgeltenden strategisch-politischen Erfahrungen. Politische Positionen, die heute innerhalb der Linken wieder vertreten werden, können geschichtlich zurückverfolgt und die aus ihnen sich ergebenden politischen Konsequenzen klarer eingeschätzt werden. Manche dieser Positionen – man denke an die Sozialfaschismus-Theorie der KPD und die daran geknüpfte Politik der organisatorischen Abtrennung von der reformistischen Gewerkschaftsbewegung – hatten sich damals bereits widerlegt; sie können als historisch überholt gelten.

Indem Abendroth seine Erfahrungen in den proletarischen Klassenkämpfen berichtet, stellt er die Lebendigkeit der geschichtlichen Situationen wieder her und wirkt schematischen Vorstellungen entgegen, die vielfach der Geschichte der Arbeiterbewegung übergestülpt werden. So führt er das Problem der Beziehung zwischen Klasse und Organisation aus einer dogmatisierenden Verkürzung, in der entweder die Basis oder die Leitung zum Garanten des geschichtlichen Fortschritts gemacht wird, heraus. Es zeigt sich, daß – je nach der historischen Konstellation – die Basis ebenso wie die Leitung sowohl zur Freisetzung als auch zur Blockierung strategisch kluger proletarischer Klassenpolitik beigetragen haben. Des weiteren weist Abendroth auf die Bedeutung hin, welche die alterfahrenen, durch die Teilnahme an den Klassenkämpfen geprägten Kader für die Bewahrung und Entwicklung von Klassenbewußtsein innerhalb der Arbeiterbewegung haben – eine Tatsache, welche die Schwierigkeiten der Rekonstruktion der Arbeiterbewegung nach ihrer Zerschlagung durch den Faschismus mit erklärt.

Wolfgang Abendroth kommt aus einer Familie, die traditionell in der Arbeiterbewegung verwurzelt war. Seine Sozialisation unterscheidet ihn von denjenigen Intellektuellen, die sich erst von ihrer Klasse lösen mußten und dann »von oben« zur Arbeiterbewegung gestoßen sind. Abendroth ist durch die Kampferfahrungen in seiner Familie dazu angeleitet worden, sich proletarischen Organisationen anzuschließen. Seine soziale Herkunft und die politische Umgebung, in der er aufgewachsen ist, haben ihm ein spezifisches Beurteilungsvermögen vermittelt, dessen Stärke in der realistischen Bestimmung des jeweils nächsten Schrittes im Klassenkampf liegt. Am nachhaltigsten hat der Einfluß der Familie wohl durch die eindringliche Weisung des Großvaters gewirkt, nicht *von* der Arbeiterbewegung zu leben, sondern *für* sie. Damit war eine kritische Distanz zu den jeweiligen Leitungen der Arbeiterorganisationen, auch eine Immunität gegen Formen des Karrierismus vorgegeben. Die Tradition der Arbeiterbewegung, in der die Familie stand, verhalf Wolfgang Abendroth zu einem Durchhaltevermögen, einer Zähigkeit im Kampf für die Arbeiterklasse nicht nur, wenn der Konsensus und die Aktionsbasis innerhalb der eigenen Organisationen ihm zeitweilig oder endgültig genommen wurden, sondern auch dann, wenn er von den eigenen Genossen getrennt wurde und wenn die äußeren Bedingungen der politischen Arbeit, nach vernichtenden Niederlagen der Arbeiterbewegung, als fast ausweglos erschienen: im Zuchthaus, im Strafbataillon, in der Kriegsgefangenschaft, in der Isolierung während der Ära Adenauer.

Abendroths wissenschaftliche Tätigkeit ist integrierter Bestandteil seines Kampfes an der Seite und in den Reihen der Arbeiterbewegung. Eben dies wird durch sein Forschungskonzept dokumentiert: Er initiierte Forschungsprojekte und veranstaltete Seminare, in denen die Weimarer Periode systematisch aufgearbeitet und der Frage nachgegangen wurde, welche Ursachen den Sieg des Faschismus und die Niederlage der Arbeiterbewegung herbeigeführt haben. Diese Frage – das wurde auch im Verlaufe unserer Gespräche deutlich – stellt Abendroth immer wieder ins Zentrum; dabei benennt er zugleich Probleme der Geschichte der Arbeiterbewegung, die noch der Erforschung bedürfen und deren Klärung zur Beantwortung dieser zentralen Frage beitragen kann. Wissenschaftliche Arbeit und Lehrtätigkeit Abendroths sind, so meinen wir, geleitet von dem Bemühen, neue und schwere Niederlagen der Arbeiterbewegung zu verhindern, sind Ausdruck seines historischen Verantwortungsbewußtseins.

Die Gespräche mit Wolfgang Abendroth enthalten keine im engeren Sinne wissenschaftlich-historische Darstellung der Geschichte der deutschen Arbeiterbewegung. Wohl aber können sie die Geschichtsschreibung über die Weimarer Zeit, den Faschismus und über die Periode nach 1945 ergänzen und korrigieren. Das gilt insbesondere für die Weimarer Zeit, in welcher Abendroth als einfaches Mitglied der KPD, später der KPD-Opposition an den Kämpfen der Arbeiterklasse teilgenommen hat. Einen Aufstieg in der Parteihierarchie hat er bewußt abgelehnt. Deshalb berichtet er über diese Periode – wie er es selbst formuliert – nicht vom Standpunkt irgendeiner Parteispitze und der von ihr publizierten Dokumente aus, sondern stets aus der Sicht der Kader, von »unten« her. Die Verankerung in der Arbeiterklasse machte es ihm möglich, politische Stimmungen und Stimmungsumschwünge der Massen aufzuspüren und in ihrem sozialpsychologischen Kontext zu analysieren. Die Einbeziehung solcher sozialpsychologischer Erklärungsansätze aber ist eine wesentliche, der historischen Forschung zumeist fehlende Dimension. Hinzu kommt, daß Abendroth Mitglied einer kleinen kommunistischen Gruppe, der KPO, gewesen ist, die sich gegen Ende der Weimarer Republik, im Jahre 1928, von der KPD wegen grundlegender politisch-strategischer Differenzen abgespalten hatte. Diese heute vielfach unbekannte Gruppe verdient besondere Aufmerksamkeit: Wenngleich sie aus verschiedensten Gründen relativ einflußlos blieb, verfügte sie – verglichen mit der KPD und der SPD – über die weitaus realistischere und theoretisch fortgeschrittenere Analyse des Faschismus. Angesichts der drohenden Gefahr des Faschismus setzte sie sich für eine Einheitsfront der Arbeiterparteien ein, eine Politik, welche die KPD in früheren Phasen der Weimarer Republik selbst betrieben und deren positive Auswirkungen sich bereits bestätigt hatten. Die KPD-Opposition konnte sich – verglichen mit der KPD und der SPD – aufgrund ihrer realitätsgerechteren Einschätzung des Faschismus politisch und organisatorisch besser auf die bevorstehende Illegalität vorbereiten. Ergänzend und korrigierend eingreifen kann Abendroths Bericht auch in die Darstellungen über den Widerstand gegen den Nationalsozialismus. Die bürgerliche Geschichtsschreibung tabuiert den Zusammenhang von Kapitalismus und faschistischer Herrschaft und kann daher den Widerstand der Arbeiterbewegung, der auf der Erkenntnis dieses Zusammenhanges beruht, nur äußerst begrenzt wahrnehmen.

Für die Zeit nach 1945 liefert Abendroth zusätzliche – aus dem Wahrnehmungsschema des Kalten Krieges, aber auch des Stalinismus herausfallende – Informationen zur Entwicklung der Sowjetischen Besatzungszone. Abendroths Schilderung rückt schließlich jener westdeutschen Selbstbeweihräucherung zu Leibe, der zufolge die Bundesrepublik der freieste Staat in der deutschen Geschichte sei: In individuellen, freilich verallgemeinerbaren Erfahrungen werden Umrisse der Geschichte der Restauration in Westdeutschland sichtbar, deren Ausmaß und Tiefenwirkung bis heute nur teilweise erforscht ist. Zugleich bietet Abendroths politische Praxis ein Exempel für die Schwierigkeiten, denen die Rekonstruktion einer sozialistischen Arbeiterbewegung in der Bundesrepublik ausgesetzt ist. Erst auf diesem Hintergrund ist es möglich, sowohl die politischen Veränderungen, die durch die Studentenbewegung initiiert wurden, einzuschätzen als auch die Reaktion auf diese Bewegung, die wir gegenwärtig vor Augen haben.

Der Verlauf unserer Gespräche mit Wolfgang Abendroth ist durch die Abfolge der historischen Ereignisse vorgegeben und durch sie strukturiert. Bei der Überarbeitung der Tonbandaufzeichnungen haben wir uns bemüht, den Charakter des Gesprächs zu erhalten. So haben wir z. B. Wiederholungen im Text belassen, die – wenn sie nicht schon durch den jeweils unterschiedlichen Zusammenhang gerechtfertigt waren – die einschneidende Bedeutung bestimmter Ereignisse um so eindringlicher ins Bewußtsein rufen. Personen oder Geschehnisse, die im Text erwähnt werden, heute aber möglicherweise nicht mehr bekannt sind, haben wir in Anmerkungen kurz kommentiert. Unsere Anmerkungen sind als exemplarische Hinweise zu verstehen; Vollständigkeit haben wir nicht beabsichtigt. Wir haben Wert darauf gelegt, vor allem Abendroths Arbeiten und die Arbeiten seiner Schüler heranzuziehen: Diese Art der Kommentierung erschien uns sinnvoll, um den Zusammenhang zwischen Abendroths politischer Praxis und seiner wissenschaftlichen Arbeit deutlich zu machen.

Wolfgang Abendroth hat das Manuskript im einzelnen durchgesehen. Lisa Abendroth danken wir für ihre Mitarbeit. Wir danken auch all denen, die uns bei der Fertigstellung des Manuskripts geholfen haben.

Frankfurt/Main, Hannover *Barbara Dietrich*
im Juli 1976 *Joachim Perels*

I. Kaiserreich

Wenn wir über die Geschichte der deutschen Arbeiterbewegung und über Deine Rolle in den Kämpfen und Auseinandersetzungen der deutschen Arbeiterbewegung sprechen, so drängt sich von selbst die Frage auf: Was ist das Besondere Deiner eigenen Stellung in der Arbeiterbewegung?

Zur Geschichte der Arbeiterbewegung gibt es nicht nur wissenschaftliche Untersuchungen, sondern auch eine große Anzahl von Memoiren, die in wissenschaftlichen Untersuchungen verwertet werden sollten. Aber diese Memoiren sind fast durchweg vom Standpunkt der Spitze aus geschrieben und daher Memoiren zur Apologie für die Politik der Spitze irgendeiner Partei oder Gewerkschaft. Bei mir ist das anders. Zwar stelle auch ich ohne jeden Zweifel keine abstrakt objektiven Betrachtungen an, denn ich habe nun einmal von Kindesbeinen an der Arbeiterbewegung angehört, und ich gehöre ihr noch heute an. Aber ich betrachte, auch in dieser gefühlsmäßigen Bindung, in dieser Identifikation mit dem historischen Subjekt Arbeiterbewegung deren Geschichte nicht vom Standpunkt irgendeiner Spitze aus, weil ich meiner ganzen Tradition nach, solange ich aktiv war, niemals den Wunsch hatte, selbst zur Spitze gehören zu wollen.

Wie bist Du überhaupt zur Arbeiterbewegung gekommen?

Ich stamme aus einer sozialistischen Familie; mein Großvater mütterlicherseits gehörte bereits vor dem Sozialistengesetz[1] und natürlich auch in der Zeit des Sozialistengesetzes zur Sozialdemokratie und blieb ständig sehr aktiv in der Arbeiterbewegung. Er selbst stammt von einem Kleinbauernhof, wird dann Handwerker, wie das im letzten Jahrhundert nicht selten war. Er macht eine Drechslerlehre und kommt direkt danach

1 Durch das »Gesetz gegen die gemeingefährlichen Bestrebungen der Sozialdemokratie« vom 21. 10. 1878 (*RGBl* I, S. 351) wurde ein Vereins-, Versammlungs- und Publikationsverbot gegen die Sozialistische Arbeiterpartei Deutschlands verhängt; vgl. Franz Mehring, *Geschichte der deutschen Sozialdemokratie*, Zweiter Teil: *Von Lassalles »Offenem Antwortschreiben« bis zum Erfurter Programm 1863-1891*, in: *Gesammelte Schriften*, Band 2, Berlin/DDR 1960, S. 513-675.

mit den ersten Gehversuchen der Arbeiterbewegung in Berührung. Auch in seiner Wanderzeit bleibt er ihr treu, ebenso wie sein Bruder, mein Großonkel. Ende der sechziger Jahre des vorigen Jahrhunderts läßt sich mein Großvater als selbständiger Handwerksmeister in Elberfeld nieder, weiterhin ständig aktiv in der Bewegung. Er ist geprägt von dem Willen, sich Bildung anzueignen, einen Willen, der dieser Periode der Arbeiterbewegung eigen ist. Auch seine Frau wird aktive Sozialdemokratin.

Welche politische Prägung erfuhren Deine Eltern?

Meine Mutter wächst, beeinflußt durch diese Eltern, in die Arbeiterbewegung hinein. Sie wird Lehrerin, auch sie wollte sich mehr Bildung aneignen. Während bei den meisten das Klassenbewußtsein verlorengeht, sobald sie in die Mittelschicht überwechseln, bleibt es bei meiner Mutter durch den Familienrückhalt, durch die Aktivität der Eltern und des im Hause lebenden Großonkels erhalten. Dabei ergeben sich bemerkenswerte Widersprüche. Natürlich sind meine Großeltern aus der Kirche ausgetreten, sobald die Chance dazu bestand. Meine Mutter konnte jedoch damals nur Lehrerin werden, wenn sie der Kirche angehörte. Das war eine zwingende Voraussetzung. Also mußte sie formell der Kirche beitreten, obwohl sie noch nicht einmal konfirmiert war. In der Schule muß sie Religionsunterricht halten und Religionsnoten geben. Sie lebt in einer geradezu schizophrenen Situation. Die anderen Lehrer nehmen die Sache ernst, sie nicht. So ist sie von vornherein in einer ganz anderen Lage als der »normale« Lehrer dieser Zeit. Sie hat die Ausbildung und Prüfung für die Realschule gemacht und unterrichtet dort auch Englisch und Französisch. Von ihrer Schicht ist sie völlig isoliert. Es ist die Zeit der Halblegalität der Arbeiterbewegung; trotz der Aufhebung des Sozialistengesetzes im Jahre 1890 kann kein Angehöriger der Arbeiterbewegung ein öffentliches Amt innehaben. Wenn er offen auftritt, fliegt er hinaus. So geschieht es z. B. mit Clara Zetkin.

In dieser Situation muß sich meine Mutter durchmanövrieren. Sie lernt einen Volksschullehrer kennen, der zum Teil erst mit ihrer Hilfe Französisch und Englisch lernt – entsprechend der Tendenz dieser Familie, die Aneignung von Bildung in den Mittelpunkt zu stellen. Auf diese Weise politisiert meine Mutter den Mann, den sie liebt. Sie zieht ihn im Grunde in ihre Position hinein. Die äußere Lage aber bleibt die gleiche.

Welche Bedeutung hatte die politische Situation der Familie für Deine eigene Entwicklung?

Das Klima, in dem ich aufgewachsen bin, ist – wenn man so will – ein Klima der Schizophrenie: Man darf nicht alles sagen, was man denkt, oder nur in bestimmten Situationen. Das wird mir von Anfang an beigebracht, es ist von Kindheit an vorgegeben. Ich bin ja erst zwölf, als das Kaiserreich verschwindet. Aber die Kindheitsjahre liegen davor, und sie sind entscheidend. Dadurch habe ich das Prinzip erlernt, den Klassenfeind auf seiner eigenen Ebene anzugreifen, dies genau zu durchdenken und gleichzeitig die Position der Arbeiterbewegung zu bewahren. Das ist durch meine Familiengeschichte vorgegeben.

Auch die Einstellung zum Sozialismus wird durch die Familie geprägt. Die Identifikation mit der Arbeiterbewegung läßt allerdings insofern ein soziales Rollenproblem entstehen, als mir von meinem Großvater die Auffassung vermittelt wird: Du darfst nicht *von* der Bewegung, sondern du mußt *für* die Bewegung leben. Es ist immer problematisch, wenn du in Spitzenfunktionen aufsteigst, denn das kann deine Sichtweise verändern. Diese Einstellung objektiviert gewissermaßen auch die eigene Stellung in der Bewegung, ebenso wie sie die kritische Aufarbeitung der eigenen Fehler möglich macht. Das führt zwar zur Identifikation mit der Bewegung, nicht aber notwendig mit jeder politischen Wendung der Spitze. Dies ist eine eigenartige politische, aber gleichzeitig auch eine moralische Position. Gerade für die ersten Generationen der Arbeiterbewegung ist der politische Kampf auch eine Sache der Moral. Er konstituiert eine Gegenmoral gegen die herrschende Gesellschaft.

Wie reagierte Deine Familie auf den Kriegsbeginn 1914?

Meine erste klar und bewußt politische Erinnerung, die gleichzeitig ein Problem der Arbeiterbewegung betrifft, bezieht sich auf den 4. August 1914.[2] Ich bin 8 Jahre alt. Meist stellt man sich heute die Haltung der Sozialdemokratie zum Krieg und zur Bewilligung der Kriegskredite falsch vor, entsprechend der Widerspiegelung dieser Zeit in der Literatur. Man meint, daß allein die Spitze der Partei und Reichstagsfraktion ungeachtet der berühmten 14 Gegenstimmen gekippt sei, daß aber die Massen erst langsam angepaßt worden seien. Tatsächlich ist die Situation vollkommen anders. Die gleichen Massen, die Ende Juli 1914 – auch das habe ich miterlebt – Kundgebungen gegen den drohenden Krieg unter Führung der Sozialdemokratischen Partei veranstalten, verändern ihre Haltung bei Ausbruch des Krieges. Wir leben damals in Frankfurt/M., auch meine Eltern gehen zur letzten Kundgebung gegen den drohenden Krieg in das Schumann-Theater. Ein derartiger Durchbruch wie damals in den Anfangstagen des Ersten Weltkrieges, ein Durchbruch des vor allem durch die Schule vorgeprägten nationalistischen Unbewußten gegen das Bewußtsein, das nun einfach überwältigt wird, ist, wie ich glaube, in der Arbeiterklasse nie zuvor und niemals wieder erfolgt. Ein solcher Durchbruch hat sich offenbar in allen kriegführenden Ländern in ähnlicher Weise abgespielt.

Auch meine Eltern, mein Vater und meine Mutter, machen den Begeisterungstaumel, der losbricht, zunächst mit. Sie sprechen von der Notwendigkeit, die Nation zu verteidigen usw. Ich laufe natürlich auch mit. Zu dieser Zeit kommt mein Großvater nach Frankfurt. Er schnauzt meine Eltern an, fragt sie, ob sie – ebenso wie die Führung der Partei – ihren Verstand verloren hätten. Er sagt, jetzt hätten wir den Krieg – den Terminus »imperialistischer« Krieg hat er wahrscheinlich nicht gebraucht –, den Krieg des Regimes zur Verteidigung des Regimes. Es komme alles darauf an, gegen diesen Krieg zusammenzustehen. – Zu Hause gibt es eine ziemlich harte Auseinandersetzung über diese Frage. Ich entsinne mich noch – das ist sozusagen meine früheste politische Erinnerung –, wie die Erwachsenen einander beschimpfen. Meine Eltern argumentieren: Das Vaterland ist angegriffen, und wir können die Nation nicht im Stich lassen.

2 Am 4. August 1914 bewilligte die sozialdemokratische Reichstagsfraktion die Kriegskredite; vgl. Wolfgang Abendroth, *Aufstieg und Krise der deutschen Sozialdemokratie*, Frankfurt/Main 1964, S. 46 ff.

Mein Großvater und mein Großonkel statten uns weiter ständig Besuche ab. Die Auseinandersetzung führt bei meiner Mutter zu einer raschen Änderung ihrer Position; viel langsamer ging es bei meinem Vater, denn er war ja später politisiert worden als meine Mutter. Ab September/Oktober 1914 hatte meine Mutter ihre politische Haltung ganz eindeutig geändert. Wir Kinder, meine ältere Schwester und ich, erleben diese Entwicklung mit. Meine Großmutter bleibt jedoch auf der nationalen Linie. Sie hatte einst – wie ich später erfuhr – bei der Auseinandersetzung mit den »Jungen« 1890 auf der Seite der »Jungen« gestanden[3], und vorher auf der Seite der ultralinken anarchoiden Tendenz in der Partei zu Beginn des Sozialistengesetzes. Wenn die Großmutter damals nicht kritisch wird, so muß man zur Erklärung allerdings sagen, daß sie schon sehr leidend war und am Ende des Krieges gestorben ist.

Das Elternhaus meines Vaters war pietistisch-protestantisch; es war konservativ, noch nicht einmal liberal eingestellt. Für meinen Vater bedeutet der Beginn des Krieges eine politische Rückwendung. Er will sich orientieren und läßt sich von seiner in der Schweiz lebenden Schwester Zeitungen schicken. Die deutsche Presse ist damals in der Nachrichtenvermittlung extrem einseitig. Ich entsinne mich noch, daß meine Eltern bereits im Oktober 1914 über den Verlauf der Marne-Schlacht Bescheid wissen. Sie wissen, wie die Dinge sich wenden, und beziehen das in ihre Diskussion ein. In der gleichen Zeit sind meine Schwester und ich gezwungen, uns in der Schule zu verstellen. Wir können kein kritisches Wort sagen und müssen treu und bieder »Mein Kaiser ist ein guter Mann und wohnet in Berlin« mitsingen. Ich weiß noch, der 27. Januar war der Geburtstag »Seiner Majestät des Kaisers«. In der Schule findet eine Feier mit großem Brimborium statt. Am Ende ertönt: »Heil dir im Siegerkranz, fühl deine Wonne ganz, Herrscher des Volkes zu sein . . .« Mein Vater, der auch eine Feier mitmachen muß, kommt nach Hause, bringt meiner Schwester und mir zwei kleine Gänse aus Zelluloid mit wackelndem Kopf mit und sagt: »Na, ihr habt's heute gehört, da habt ihr

3 Vgl. Hans Manfred Bock, *Geschichte des ›linken Radikalismus‹ in Deutschland. Ein Versuch*, Frankfurt/Main 1976, S. 38 ff.

die Wonne-Gans.« So distanziert und kritisch bleibt bei uns zu Hause die Stimmung bis zum Schluß des Krieges.

Reflektiert sich in Deiner Familie die während des Krieges sich entwickelnde organisatorische Spaltung der Sozialdemokratie?

Als die Sozialdemokratie sich Anfang 1917 organisatorisch spaltet, geht mein Großvater zur Unabhängigen Sozialdemokratischen Partei, zur USPD. Bis zur Spaltung arbeitete die Linke als »Gruppe Internationale« in der Partei, verbreitete die *Internationale* und die *Spartakusbriefe*. Innerhalb der Partei arbeiten auch andere kritische Gruppen. Ende 1915 spaltet sich die Reichstagsfraktion, nachdem vorher bereits Karl Liebknecht ausgeschlossen worden war. Ich weiß noch, daß bei dem sich anschließenden Prozeß gegen Karl Liebknecht bei uns zu Hause alle sehr erregt waren.[4]

Nachdem eine Gruppe von sozialdemokratischen Reichstagsabgeordneten 1915 gegen die Kriegskredite gestimmt hat, wird sie aus der Reichstagsfraktion ausgeschlossen und bildet die »Sozialdemokratische Arbeitsgemeinschaft«, aus der dann im Jahre 1917 die USP hervorgeht. In Elberfeld gehört mein Großvater mit zu den Gründern der USP-Ortsgruppe und ebenso der Großonkel. Die Eltern gehören der USP formell nicht an, sie können sich legal erst Mitte November 1918 in der Partei organisieren.

Woran lag es, daß sich Deine Eltern nicht auch formell der USPD anschließen konnten?

Gesetzlich hätte die Mitgliedschaft meiner Mutter in der USP bereits das Ende der Berufstätigkeit meines Vaters bedeutet. Meine Mutter durfte laut Gesetz nach ihrer Eheschließung nicht mehr berufstätig sein; um so schizophrener ist die massenweise Einbeziehung der Frau in den Arbeitsprozeß

4 Liebknecht wurde 1916 aus der Reichstagsfraktion der SPD ausgeschlossen, nachdem er im Dezember 1914 gegen die Kriegskredite gestimmt hatte. Am 1. Mai 1916 beteiligte er sich an einer Straßendemonstration in Berlin, obwohl er zum Heeresdienst einberufen worden war. Liebknecht wurde verhaftet und am 23. August 1916 in zweiter Instanz vor dem Oberkriegsgericht in Berlin wegen Kriegsverrats zu 4 Jahren und 1 Monat Zuchthaus verurteilt. Das Reichsmilitärgericht bestätigte am 4. 11. 1916 dieses Urteil; vgl. Karl Liebknecht, *Gesammelte Reden und Schriften*, Band 9, Berlin/DDR 1974, S. 1 ff. und 748 ff. In diesem Band sind alle wesentlichen Dokumente zum Zuchthausurteil gegen Liebknecht abgedruckt.

während des Krieges. Im Kaiserreich gibt es für Mitglieder der Sozialdemokratie eine absolute Berufssperre im Öffentlichen Dienst. Daran ändert auch die Aufhebung des Sozialistengesetzes im Jahre 1890 nichts. Die einzige Ausnahme ist Bremen, das in bestimmten Berufen, z. B. in dem des Volksschullehrers, Sozialdemokraten toleriert. Dies erklärt sich daraus, daß Bremen ein altes liberal-bourgeoises Land ist, das von Familienaristokratien der Großhandelsfirmen regiert wurde. Bremen hatte übrigens kein demokratisches, sondern ein äußerst reaktionäres Wahlrecht. Es war aus Stärke liberal und konnte es sich leisten.

In den anderen deutschen Ländern geht die Berufssperre extrem weit. Ein Sozialdemokrat – berühmter Fall Arons in Berlin 1898 – hatte sich als Mediziner an der philosophischen Fakultät habilitiert. Die Fakultät hatte aus alt-liberaler Tradition der Universität das Verfahren durchgeführt. Wenn der Habilitand Beamter bzw. Professor werden wollte, bedurfte es der Ernennung durch die Regierung. Die Regierung aber brachte prompt im Parlament einen Gesetzesentwurf ein (Ausnahmegesetzentwurf 1898), der die Habilitation und die Einsetzung von Privatdozenten, die nicht königstreu waren, verbot. Ein Sozialdemokrat konnte also noch nicht einmal habilitiert werden. Es bestand eine absolute Berufssperre. Diesen Sachverhalt muß man für die Periode vor und während des Ersten Weltkrieges im Auge haben, um überhaupt die Entwicklung der Arbeiterbewegung in dieser Zeit verstehen und das Verhalten derjenigen Intellektuellen, die zur Arbeiterbewegung kommen, begreifen zu können. Die Entscheidung des Bundesverfassungsgerichts zur Frage des Berufsverbotes[5] läuft im Kern ohne Zweifel auf die Wiederherstellung dieser Situation des Obrigkeitsstaates hinaus.

5 Entscheidung des Bundesverfassungsgerichts vom 22. 5. 1975, Band 39, S. 334 ff.

II. Weimarer Republik

Wie wurde in Deinem Elternhaus die Revolution von 1918 aufgenommen?

Im Oktober 1918 gibt es im Elternhaus heftige Diskussionen wegen der Beteiligung der Mehrheits-Sozialdemokratie (MSP) an der Regierung Prinz Max v. Badens. Kurz darauf bricht die Revolution aus. Ich entsinne mich sehr genau der Riesendemonstration, die in Frankfurt am Main am 9. November 1918 stattfindet und die Revolution einleitet. Die Demonstration wird von der USP einberufen, von Toni Sender, die mit der roten Fahne im Ostpark steht, und Robert von Dissmann.

Ein entscheidendes Erlebnis wird für mich der 15. Januar 1919, der Tag der Ermordung von Rosa Luxemburg und Karl Liebknecht. Rosa Luxemburg und Karl Liebknecht sind in meinem Elternhaus immer sehr verehrt worden. Sie sind nun ermordet. Langsam dringt durch, unter welchen Umständen.[1] Wir lesen zu Hause ganz selbstverständlich die *Frankfurter Zeitung*, eine liberale bürgerliche Zeitung mit sehr großem Informationswert. Hinzu kommt die *Frankfurter Volksstimme*, das ist die Tageszeitung der mehrheitssozialdemokratischen Partei, und ebenso – nach dem November kann sie erst erscheinen – die Tageszeitung der Unabhängigen Sozialdemokraten, *Das Volksrecht*. Seit Beginn des Jahres 1919 beziehen wir die *Freiheit*, das Zentralorgan der Unabhängigen Sozialdemokratischen Partei in Berlin, damals von Rudolf Hilferding redigiert, die *Rote Fahne*, das Zentralorgan der Kommunisten[2], und sehr bald, nachdem sie gegründet ist, *Die Republik* aus Berlin, herausgegeben von Wilhelm Herzog. Diese linke Tageszeitung ist heute meist vergessen. Wilhelm Herzog war einer der differenziertesten und intelligentesten linken Intellektuellen am Rande der Arbeiterbewegung, die *Republik* wahrscheinlich die bestredigierte dieser Zeitungen. Sie geht noch im Laufe des Jahres 1919 ein, weil keine Organisation

1 Vgl. *Der Mord an Rosa Luxemburg und Karl Liebknecht, Dokumentation eines politischen Verbrechens*, hrsg. von Elisabeth Hannover-Drück und Heinrich Hannover, Frankfurt/Main 1967.

2 Berlin 1919-1932.

hinter ihr steht. Man stelle sich vor: Mein Vater, ein Lehrer, den freilich der Großvater unterstützt, abonniert das alles, und auch wir Kinder lesen es; es ist ein wesentlicher Teil unserer Schulung. Dadurch sind wir über die Berliner Ereignisse informiert.

Wie hast Du die Vorbereitung der Wahlen zur Nationalversammlung erlebt?

Ich bin noch nicht 13, erst im Mai 1919 werde ich 13 Jahre alt und nehme, weil meine Mutter das für notwendig und vernünftig hält, an der politischen Auseinandersetzung vor den Wahlen zur Nationalversammlung teil. Dazu muß man allerdings wissen, daß die Form der Räterepublik eine Idee ist, die in die deutsche Arbeiterbewegung erst im Oktober 1918 eindringt. Erst zu dieser Zeit identifizieren sich die »Gruppe Internationale« und die Gruppe »Internationale Sozialisten Deutschlands«, also die Bremer Richtung, mit den Räten. Es hatten sich überall Räte gebildet, als normale Formen der Revolutionsbewegung. Das war damals theoretisch nicht weiter durchdacht. Wahlen zu einem Zentralparlament sind weiterhin ganz selbstverständlich Ziele auch für meine Mutter, die zur USPD gehört.

Was vielfach diskutiert wird: Räteverfassung versus Nationalversammlung, ist also gar keine aktuelle Alternative gewesen?

Zunächst gar nicht, das wird es erst im Prozeß. Auf der Reichsrätekonferenz vom Dezember 1918[3] gibt es einen ganz merkwürdigen Widerspruch: Auf der einen Seite stimmt die ungeheure Mehrheit, nämlich über zwei Drittel, des Rätekongresses für die Nationalversammlung, auch der rechte Flügel der USP stimmt dafür, nicht nur die Mehrheitssozialdemokraten. Auf der anderen Seite faßt der Kongreß radikale Beschlüsse zur Räteverfassung für die sich auflösende Armee, zur Aufhebung der Befehlsgewalt der Offiziere. Dieser Widerspruch entspringt aus der gegebenen Lage. Es setzt jetzt aber ein Lernprozeß ein. Ich erinnere mich noch sehr gut

3 Vgl. Allgemeiner Kongreß der Arbeiter- und Soldatenräte Deutschlands vom 16. Dezember bis 21. Dezember 1918 im Abgeordnetenhause zu Berlin, *Stenographische Berichte*, Berlin, o. J. [1919].

daran, denn mein Großvater nahm mich in alle Versammlungen mit. Vor den Wahlen zur Nationalversammlung im Januar 1919 veranstalten alle Parteien große Massenkundgebungen. Wir gehen mit der ganzen Familie dorthin. Die Großeltern wohnen noch in Elberfeld, sind aber zwischendurch immer wieder in Frankfurt. Bei der Kundgebung der Mehrheitssozialdemokratischen Partei unterstützen die Arbeiter bei aller Radikalität zugunsten der Räte dennoch die MSP. Die MSP will die Revolution nicht, aber sie findet gleichwohl statt, getragen von den gleichen Arbeitern, die weiter der MSP akklamieren. Das sind gerade diejenigen, die aus dem Kriege zurückkommen. Die MSP hatte zunächst noch eine ungeheure Mehrheit gegenüber der USP, obwohl die Arbeiter in der Aktion der Novemberrevolution der USP gefolgt waren. Das ist auch wieder typisch für diese Lage. Die riesige Wahlkundgebung der MSP in Frankfurt fand in der Festhalle, dem größten Saal in Frankfurt, statt. Der Saal war überfüllt. Es sprach Hugo Sinzheimer, als Arbeitsrechtler bekannt, der dann auch Abgeordneter wird. Er ist gerade zurückgekehrt und wird Polizeipräsident in Frankfurt, hat sich übrigens hier als solcher sehr anständig benommen, darauf werde ich noch kommen. Neben ihm treten noch ein paar Größen der MSP auf. Die Nachricht von der Ermordung Karl Liebknechts und Rosa Luxemburgs platzt in diese Versammlung.

Wie reagierte die Frankfurter Mehrheitssozialdemokratie auf die Ermordung von Rosa Luxemburg und Karl Liebknecht?

Die MSP-Führung in Frankfurt, die nicht besonders reaktionär ist, sondern schwankt – Karl Kirchner und Sinzheimer gehören zu ihr –, macht sofort ein Flugblatt, das in dieser Versammlung verteilt wird, und erweist den Ermordeten ihre Reverenz. Wir sind ungeheuer beeindruckt von dem eisigen Schweigen, das die Versammlung dieser Reverenz entgegenbringt. Wir bekommen dann genauere Nachrichten. Es wird uns Kindern ebenso wie meiner Mutter und vielen anderen die Verantwortung der sozialdemokratischen Führung für die Niederschlagung der Berliner Arbeiter und für die Tötung von Karl Liebknecht und Rosa Luxemburg klar. Wir erfahren zu Hause aus der *Freiheit* und der *Republik*, die ständig über solche Dinge berichten – die *Rote Fahne* kann in dieser Zeit übrigens nur selten erscheinen –, auch von den anderen Morden in Berlin, die dann folgten, dem Mord an Leo Jogiches und wie sie alle heißen. Wir erfahren von dem Aufpäppeln der Freikorps durch die Mehrheitssozialdemokratie. Das hinter den Kulissen vollzogene Bündnis Friedrich Eberts mit der Obersten Heeresleitung ist erst viel später bekannt geworden. Daß damals ein solches Bündnis existierte, wurde vermutet – es war objektiv im Gange, aber nicht beweisbar. Ihr könnt euch denken, wie differenzierend diese Entwicklungen in der Familie wirkten. Mein Vater ist Mehrheitssozialdemokrat, wenn auch kritischer und oppositioneller Färbung, meine Mutter und mein Großvater gehören zur USP, und es ist kein Wunder, daß wir Kinder nun zur Spartakusgruppe tendieren, so klein wir sind. Da die Atmosphäre in unserer Familie sehr tolerant ist, findet dies bei den Eltern nur insofern Schranken, als sie verständlicherweise nicht wollen, daß man etwa Verfolgungsmaßnahmen zum Opfer fällt. Das war eine Existenzfrage.

Wie ist es Dir auf der Schule, angesichts Deiner politischen Einstellung, ergangen?

Vor den Berliner Januar-Ereignissen sind die vorher ausnahmslos alldeutschen Lehrer zunächst gelähmt. Danach jedoch ziehen sie vom Katheder aus mit alldeutscher Propaganda gegen die Republik, gegen die Revolution, zu Felde. In bezug auf die Situation in der Schule muß man soziologisch sehr genau differenzieren. Wir – meine Schwester Ilse und ich – gehen in Frankfurt auf die höhere Schule. Es gibt damals nur eine höhere Schule für Mädchen, die zum Abitur führt, die Schiller-Schule. Sie ist während des Kaiserreiches gegründet worden; von Koedukation war damals noch keine Rede. Ich besuche die sogenannte Musterschule, ein Realgymnasium. In diesen Schulen stehen unsere Altersgenossen auf der Seite ihrer alldeutschen Lehrer, auch die jüdischen Kinder; das war eindeutig eine Klassenfrage. In meiner Klasse z. B. waren über ein Drittel Juden, entsprechend der sozialen Situation dieser Stadt, in der ein großer Teil der Oberklasse aus Juden bestand. Das galt ebenso für die Angehörigen der Mittelklasse, soweit sie nicht in Beamtenberufen, sondern in kaufmännischen Berufen tätig waren. Die sozialen Differenzierungen in Mittelklasse und Oberklasse einerseits, in Unterklasse, sprich: Arbeiterklasse und kleine Handwerker, andererseits, sind damals im Bewußtsein viel stärker verankert gewesen als heute. In den höheren Schulen habe ich in meiner Generation überhaupt keine Arbeiterkinder angetroffen, die gabs dort nicht.

Um meine Schwester bildet sich eine kleine Gruppe. Ein jüdisches Kind aus der Klasse über ihr gehört dazu, sodann, als enge Freundin, ein weiteres jüdisches Mädchen aus einer orthodox-jüdischen Familie, die bis ans Ende ihres Lebens orthodox bleibt. Das Klima an der Mädchenschule ist sehr viel liberaler als an der Jungenschule, auch bei den Lehrern, obwohl die Lehrer und Lehrerinnen meiner Schwester ebenso alldeutsch und ebenso anti-republikanisch denken wie die an meiner Schule. Dennoch tendieren sie an der Mädchenschule zur Toleranz, sonst hätten sie dort nicht unterrichtet. In meiner Schule gibt es eine solche Tendenz nicht; ich bin total isoliert. Mit der Revolution hatte ich begonnen, offen zu reden. So bin ich in der Schule jahrelang von der Klasse und den Lehrern gänzlich geächtet und »geschnitten« worden. Ich bin des öfteren nach Auseinandersetzungen im Schulhof zusammengeschlagen worden. Das wurde so wild, daß darüber in einer Stadtverordnetenversammlung verhandelt wurde. Es war die Zeit nach den Januar-Morden in Berlin.

Wie kam es dazu, daß Du in der Schule verprügelt wurdest?

Die Arbeiter treten für eine Verankerung der Räte in der Verfassung ein. Darauf reagieren die Klassen in meiner Schule, insbesondere aber meine eigene, mit gesteigerter Abwehr. Die Abwehr wird durch ein anderes Ereignis verstärkt. Die Lehrer hatten im Schumann-Theater eine Veranstaltung organisiert, in der ein führender ehemaliger Marineoffizier, vornehmlich vor höheren Schülern, eine Rede hält. Er spricht über die großen kolonialen und außenpolitischen Leistungen des alten Deutschen Reiches. Im Zusammenhang mit dieser Veranstaltung wird später der Deutsch-Nationale Jugendbund gegründet, praktisch von den Lehrern, nicht von den Schülern. In diese von den Schulbehörden tolerierte anti-republikanische Agitation im Schumann-Theater, organisiert vom Philologen-

Verband, platzen die Jungen der linksradikalen Freien Sozialistischen Jugend hinein. Ihr könnt euch die Wut der anderen vorstellen. Ich solidarisiere mich mit den linken Jugendlichen. Das führt zu Prügelszenen in der Schule. Die Lehrer verlangen von meinen Eltern, sie sollen mich von dieser Schule nehmen. Die USP aber tritt im Stadtparlament auf und verlangt Maßnahmen gegen die Lehrer.

Haben Deine Eltern die USP eingeschaltet?

Natürlich, meine Mutter hat die USP einbezogen; sie war ja deren Mitglied. Die MSP-Fraktion unterstützt in dieser Auseinandersetzung die USP. Tatsächlich hat die Sitzung der Stadtverordnetenversammlung so einschüchternd auf die Lehrer gewirkt, daß sich solche Prügelszenen in der Schule nicht wiederholen. Bei uns Kindern ergibt sich aus diesen Erfahrungen eine einfache Reaktion: Wir wollen in eine proletarische Jugendorganisation eintreten, damit wir überhaupt einen gesellschaftlichen Kontakt und einen politischen Zusammenhang finden. So gehen wir auch nicht zu den Jugendorganisationen von SPD oder USP, also zur Arbeiterjugend oder zur Sozialistischen Proletarierjugend, sondern zu der radikaleren Jugendorganisation, zur Kommunistischen Jugend, die damals formell noch parteiunabhängig ist. Das ergibt sich aus unserer Sozialisationslage.

Wie verhielt sich Dein Engagement in der kommunistischen Jugendorganisation zu den verschiedenen Strömungen innerhalb der Kommunistischen Partei?

Mein Engagement wird durch bestimmte Entwicklungen zunächst gehemmt. Zur Jahreswende 1918/19 beginnt die schwere Auseinandersetzung zwischen der äußersten Linken und der Führungsgruppe um Rosa Luxemburg.[4] Die spontaneistische äußerste Linke, die später die KAP bildet[5], hatte sich in der Frage der Beteiligung an den Wahlen zur Nationalversammlung auf dem Gründungsparteitag gegen das ganze Zentralkomitee, gegen Rosa Luxemburg, Karl Liebknecht und

4 Vgl. *Bericht über den Gründungsparteitag der Kommunistischen Partei Deutschlands (Spartakusbund) vom 30. Dezember 1918 bis 1. Januar 1919*, o. O. [Berlin], o. J. [1919], S. 9 ff.

5 Kommunistische Arbeiterpartei Deutschlands; vgl. die Ausführungen auf S. 31.

Paul Levi durchgesetzt. Die Beteiligung wird abgelehnt, und Rosa Luxemburg beugt sich der Mehrheit. Die Auseinandersetzungen in der Kommunistischen Partei gehen jedoch weiter. In Frankfurt nimmt in dieser Zeit auf Grund der spontaneistischen Mobilisierungen die Kommunistische Partei stark zu, ebenso wie die USP nach den Nationalversammlungswahlen. Die Kommunistische Partei verfolgt eine ultralinke Linie.

Was ist mit »ultralinks« gemeint?

Ultralinks spontaneistisch ist es, ohne jede strategische Vorüberlegung aus jeder Konfliktsituation heraus auf einen sofortigen totalen revolutionären Erfolg zuzusteuern. Außerparlamentarische Kämpfe gelten als die einzige Aktionsform, Beteiligung an parlamentarischer Tätigkeit wird abgelehnt. In der Gewerkschaftsfrage sieht es ähnlich aus. Weil die freien Gewerkschaften, wenn auch nicht in allen Fällen, so doch in der Gesamttendenz, konsequent die Politik der Arbeitsgemeinschaft[6] betrieben haben, lautet die Parole: Heraus aus den freien Gewerkschaften, Gründung von Arbeiterunionen. Diese Richtung hat in Frankfurt zunächst in der kommunistischen Bewegung die Oberhand.

Wie hast Du Dich zur linksradikalen Tendenz in der Kommunistischen Partei verhalten?

Meine Einstellung zu dieser Entwicklung wird stark durch den Großvater beeinflußt. Da meine Großmutter immer kränker wird, ziehen meine Großeltern zu uns, damit meine Mutter die Pflege übernehmen kann. So ist der Großvater ständig da und für mich die größte Autorität. Von mir aus gesehen war das leicht zu erklären, denn praktisch war er die Verkörperung der politischen Identität. Der Großvater geht also mit mir in jede große öffentliche Versammlung und macht seine kritischen Bemerkungen. Er war Mitglied der USP, aber er kritisierte die USP-Führung; er war eigentlich sein Leben

6 Am 15. November 1918 beschlossen die Spitzenvertreter der Arbeitgeber und der Gewerkschaften die Schaffung einer Arbeitsgemeinschaft von Unternehmer- und Arbeitnehmerverbänden. Diese Vereinbarung beruhte auf der Voraussetzung der Fortexistenz der kapitalistischen Wirtschaftsordnung. Das Abkommen ist abgedruckt in: *Die deutsche Revolution 1918-1919. Dokumente*, hrsg. von Gerhard A. Ritter und Susanne Miller, Frankfurt/Main 1968, S. 214 ff.

lang gegenüber jeder Führung skeptisch. In den Versammlungen der Kommunistischen Partei fielen seine Bemerkungen gleichermaßen kritisch aus. Die Kommunisten hatten einen guten Redner, einen Intellektuellen mit Namen Minster. Er war der Leiter der Kommunisten, einer der späteren KAP-Führer. Ich weiß noch, daß er im Laufe des Jahres 1919 in Frankfurt geredet und der Großvater ihn scharf als Utopisten kritisiert hat. Die solidarische, aber gleichzeitig kritische Haltung meines Großvaters beeinflußt mich.

Von der linken Jugend geht die große Mehrheit bei der Spaltung der KP zur Kommunistischen Arbeiterjugend, der Jugendorganisation der KAP, und nur eine kleine Minderheit zur Kommunistischen Jugend. Dieser Minderheit haben wir uns später – ich werde noch genauer darüber berichten – unmittelbar vor der Spaltung der USP angeschlossen. Das beruhte ohne jeden Zweifel auf dem Einfluß meines Großvaters.

Die USP spaltet sich 1920 in den Teil, der in die Dritte Internationale eintritt und sich mit der viel kleineren Kommunistischen Partei (Spartakus) zur Vereinigten Kommunistischen Partei zusammenschließt, und in den anderen Teil, der als rechte USP übrig bleibt. Meine Mutter bleibt bei der rechten USP, übrigens mein Großvater auch, weil er den Zentralismus nicht mitmachen will. Er stirbt wenig später. Wir aber, die beiden Kinder, tendieren zur Kommunistischen Jugend. Ich entsinne mich noch sehr gut der Zusammenschluß-Veranstaltung von KP-Spartakus, der ganz kleinen Gruppe in Frankfurt, und linker USP zur Vereinigten Kommunistischen Partei. Ich nehme als Delegierter der Jugend im Dezember 1920 an dieser Versammlung teil.

Wie kam es, daß Du 1920 auch formell Mitglied im Kommunistischen Jugendverband geworden bist?

Bis zu dieser Zeit waren meine Schwester und ich noch nicht in einer Organisation: Wir kannten nur den einen oder anderen Genossen, zum Beispiel meinen heutigen Schwager, Ernst Benner, der damals einer der Leiter der KPD (Spartakus), später der Kommunistischen Jugend und des Jugendverbandes war, Prolet, Metallarbeiter. Ich habe damals viel von ihm gelernt. Nachdem sich allmählich die Preußische Regierung gegen die das Verbot der KPD (Spartakus) im übrigen Reich sabotierenden mehrheitssozialdemokratischen Polizeipräsidenten wie z. B. Hugo Sinzheimer und später Leopold Harris in Frankfurt durchsetzt, macht die KPD (Spartakus) trotz des Verbotes eine öffentliche Versammlung. Es ist die Zeit unmittelbar vor den Reichstagswahlen im Juni 1920, an denen die KPD wieder teilnehmen darf. Sinn der Versammlung sollte es sein, den neuen Polizeichef, Ehrler, zu »testen«.

Damals waren hier in Frankfurt in der KPD (Spartakus) nur wenige, gut geschulte Arbeiter organisiert – einer von ihnen wohnte in Bornheim, ganz in unserer Nähe; er hieß Wittmann. Im übrigen aber gehörten Intellektuelle zur KPD (Spartakus), die zum Teil auch in der alten Arbeiterbewegung verwurzelt waren. Ich erinnere mich an die Schriftstellerin Hermynia zur Mühlen; sie hat sehr viele Kinderbücher geschrieben und war Übersetzerin für den Malik-Verlag. Insbesondere hat sie die Bücher von Upton Sinclair übersetzt, die der Malik-Verlag damals herausbrachte. Sie stammte aus dem österreichischen Adel, heiratete in eine baltische Adelsfamilie und kam, nachdem sie mit beiden gebrochen hatte, zur Arbeiterbewegung. Sie war befreundet und lebte zusammen mit einem ungarischen deutschsprechenden Schriftsteller, Stephan Klein, der nach der Niederschlagung der Revolution aus Ungarn geflohen war. Ihre gemeinsame Wohnung war das Zentrum der KPD-Spartakus in Frankfurt. Wir gingen schon als Kinder sehr häufig dorthin. In ihrer Wohnung kommen wir nun mit einer anderen linken Schriftstellerin, Recha Rothschild, auf die Idee, diese Versammlung als öffentliche Lesung von Literatur zu organisieren. Es kommen ungefähr 300 Leute dorthin, obwohl die Partei verboten ist. In der Polizei hat sich das Blatt inzwischen gewendet. Der neue Polizeipräsident funktioniert genau so, wie die Preußische Regierung es von ihm verlangt. Der Kapp-Putsch liegt erst kurze Zeit zurück, den Putschisten ist nichts geschehen. Diese Versammlung wird nun also von der Polizei umstellt. Alle Versammlungsteilnehmer werden ins Polizeipräsidium abgeführt, um ihre Namen festzustellen. Auch wir, meine Schwester und ich, gehören dazu. Ich bin fast vierzehn Jahre alt. Wir werden vernommen, sitzen eine Nacht auf dem Polizeipräsidium herum, werden festgehalten und erst am Morgen wieder entlassen. Das war meine erste Verhaftung. Danach kommen Mitglieder des Kommunistischen Jugendverbands – formell hieß er damals noch nicht so, er existierte aber faktisch bereits – zu uns und meinen, jetzt, wo wir schon gemeinsam festgenommen worden waren, könnten wir auch eintreten. Unsere Eltern haben zugestimmt, wir traten ein. Ich weiß noch, wie die Genossen kamen und höflich mit Mutter und Vater verhandelten, zugaben, daß wir noch sehr jung seien, aber meinten, wir sollten trotzdem eintreten. Das gleiche tat auch eine Mitschülerin meiner Schwester, so daß wir zu dritt waren.

Welche Aufgaben hattet ihr innerhalb des Kommunistischen Jugendverbandes?

Wir wollten systematisch Schulungsarbeit betreiben, marxistische Literatur aufarbeiten und verbreiten und auf die anderen proletarischen Jugendorganisationen einwirken – also auf die Sozialistische Proletarier-Jugend (SPJ) und die Arbeiterjugend (AJ), die nach dem Zusammenschluß von SPD und rechter USPD dann – ab 1922 – Sozialistische Arbeiterjugend (SAJ) hieß. Wir wollten auf breiter Ebene für marxistisches Denken unter den Jugendlichen werben – darin wurden wir selbst systematisch geschult.

Es gab damals noch keine Jugendheime so wie heute. In Frankfurt existierte aber eine kommunistische Buchhandlung, die *Bücherkiste*, in der man alle linke Literatur kaufen konnte, auch die radikaldemokratische Literatur, Dadaisten, Werke von George Grosz. Diese Buchhandlung hatte im ersten Stock eine Empore, auf der wir zusammenkamen und systematisch Marxismus lernten. Kaum war ich Mitglied in diesem Kommunistischen Verband, bekam ich eine Funktion: Literaturobmann. Als solcher mußte ich die Bücher bestellen, die wir zum eigenen Gebrauch und die, welche wir zum Verkaufen benötigten, zum Beispiel Pannekoeks *Historischer Materialismus* oder das kleine Buch mit Liedern aus der Arbeiterbewegung. Wir bekamen die Bücher billiger, wenn wir sie im Kollektiv bestellten. Wir bezogen auch die *Junge Garde*, die Zeitung der KJ, und manches andere. Ich mußte die Bestellungen organisieren, das Geld einkassieren, abrechnen und dafür sorgen, daß die Bücher oder Zeitungen an die Mitglieder der SPJ oder der »Arbeiterjugend« verkauft wurden. Unser Buch mit den

Liedern der Arbeiterbewegung hatte eine sehr hohe Auflage; jeder, der zur »Arbeiterjugend« gehörte, kaufte es, es war eines der besten Agitationsmittel und außerdem eine der wichtigsten Einkommensquellen. Bei unseren KJV-Schulungsabenden hatten abwechselnd entweder der Buchhändler, dem der Laden gehörte, oder mein Schwager die Leitung. Und von dieser Gruppe aus arbeiteten wir weiter. Sehr bald kam der linke Flügel der SPJ, der Sozialistischen Proletarier-Jugend, zu uns. Zu dieser Gruppe gehörte Philipp Pless, mit dem ich seitdem bis zu seinem Tode befreundet war.

Gab es bei euch im Elternhaus schon etwas ähnliches wie eine marxistische Schulung?

Ja, in Ansätzen gewiß. Systematisieren konnten wir noch nichts, dazu waren wir noch zu jung.

Welche Texte von Marx und Engels habt ihr im KJV gelesen?

Wir fingen mit dem *Kommunistischen Manifest* an und lasen alle möglichen Einführungsarbeiten in *Das Kapital*, zum Beispiel Schriften von Julian Borchardt, Hermann Gorter, einem Führer der linkskommunistischen KAP in Holland, oder von Anton Pannekoek. Das *Kapital* selbst studierten wir noch nicht. Wir lasen überdies Schriften von Kautsky, obwohl wir ihn eigentlich ablehnten, und vor allem die Arbeiten von Franz Mehring. Das Studium dieser Texte bedeutete für mich, daß ich in der Schule zur Haus- und Hofopposition im Geschichts- und Deutschunterricht wurde. Meine Rolle in der Klasse änderte sich um die Jahreswende 1920 und 1921 insofern, als die anderen Mitschüler großen Gefallen daran fanden, daß ich den Unterricht in Deutsch und Geschichte durch Diskussionen mit dem Lehrer aufhielt. Aus diesem Grunde bekam ich häufiger geradezu den Auftrag, eine Diskussion anzuregen, nämlich dann, wenn einige ihre Geschichtslektion nicht gelernt hatten. Ich kann mich an einen Mitschüler erinnern, Sohn eines Oberschullehrers, später als SA-Obergruppenführer in Berlin gefallen, der plötzlich sehr freundlich zu mir wurde, und an den Sohn eines Universitätsprofessors. Beide kamen vor dem Unterricht zu mir und forderten mich auf, eine Debatte über die Reformation, die wir gerade durchnahmen, anzufangen. Sie nahmen an, daß ich dazu etwas gelesen hatte – was stimmte, denn ich bereitete mich tatsächlich auf den Geschichtsunterricht vor; es waren Themen, die wir auch im KJV besprachen. Beide meinten, ich sollte eine Diskussion über Thomas Münzer anregen, weil sicher sei, daß sich darüber eine lange Auseinandersetzung mit dem Lehrer entwickeln und durch das Hin und Her kaum Zeit zum Abfragen bleiben würde.

Hast Du bei diesen Debatten den Eindruck bekommen, daß die Mitschüler daraus lernten, oder blieb es bei ihrer Abwehrhaltung gegen Dich?

Die Abwehr der Klasse blieb erhalten; meine Mitschüler hielten diese Diskussionen für ein technisches Vergnügen, nicht mehr. Das blieb während der ganzen Schulzeit so; aber immerhin akzeptierten sie das technische Vergnügen, und ich wurde von der Klasse als komisches Phänomen hingenommen. Diese Narrenfreiheit, die ich in der Klasse genoß, war mir sehr viel später von großem Nutzen, zu der Zeit nämlich, als die KPD und der Kommunistische Jugendverband verboten wurden, also im November 1923. Der Politischen Polizei war bekannt, wer ich war; sie wußten auch, daß ich in der Kommunistischen Jugend eine Funktion hatte. Die Politische Polizei kam in die Schule in der Hoffnung, bestimmtes Material bei mir zu finden, in meiner Schulmappe. Ich wurde festgenommen, auf die Wache gebracht und durchsucht, schließlich mußte man mich wieder laufen lassen. Was ich in der Schulmappe hatte, konnte ich nämlich vorher rasch einem jüdischen Mitschüler zuschmuggeln, der das Material später an andere Mitschüler weitergab. In meiner Mappe war also nichts mehr. Vorher waren Flugblätter darin, die aber nicht für die Schule, sondern zu anderen Zwecken bestimmt waren.

Immerhin, in dieser Situation deckten mich damals sogar nationalsozialistische Schüler, aber auch bürgerlich-demokratische Schüler der Jugendbewegung und die jüdischen Mitschüler, die teils zionistischen, teils antizionistischen bündischen Jugendorganisationen angehörten. Es war für sie in diesem Jahre 1923 selbstverständlich, mich vor der Polizei zu schützen. So hatte sich die Situation verändert.

Kommt diese Unterstützung aufgrund Deiner Funktion in der Klasse zustande oder hängt sie mit der Illegalität zusammen?

Die Mitschüler empfanden das Eingreifen der Polizei in der Schule als empörend. Zwar hielten sie mich für verrückt, aber sie meinten, ich könne gut diskutieren, und erkannten an, daß ich im Unterricht solidarisch mit ihnen war.

Mehr steckte nicht dahinter, aber man sieht doch immerhin eine Veränderung, vergleicht man die Prügelszene im Jahr 1919 mit dieser Situation, die vier Jahre später liegt.

Wie ist zu jener Zeit – also um 1920 – das Kräfteverhältnis zwischen den Arbeiterparteien und wie die praktische Zusammenarbeit zwischen ihnen?

In Frankfurt war die »Kommunistische Jugend« eine sehr kleine Gruppe, denn hier war die Mehrheit zur »Kommunistischen Arbeiterjugend« gegangen. Wir hatten aber selbstverständlich laufend Kontakt miteinander, trotz aller politischen Gegensätze. Dies gilt zu jener Zeit nicht nur für die kommunistische Arbeiterjugend, sondern für die Arbeiterbewegung insgesamt und zeigt sich an einer Situation wie dem Kapp-Putsch im Jahre 1920. Damals ist der antiparlamentarische, antigewerkschaftliche Flügel bereits aus der KPD-Spartakusbund ausgeschlossen – ein Vorgang, der auf dem Heidelberger Parteitag der KPD (S) im Oktober 1919 stattfand.[7] Die ausgeschlossene Gruppe nannte sich vorerst noch KPD; sie konstituierte sich erst 1920 als Kommunistische Arbeiterpartei Deutschlands (KAP). Der Ausschluß beruhte auf einem Manöver Paul Levis, der ein guter Manager war. Denn damals hat die Minderheit in der Partei die Mehrheit ausgeschlossen; die Mehrheit war eindeutig auf der ultralinken Seite. Das gilt auch für Frankfurt: Die KPD, also der ausgeschlossene Flügel, besaß hier etwa 1000 Mitglieder, die KPD-Spartakusbund hatte, wenn es hoch kommt, 40 bis 50 Mitglieder. Die »Kommunistische Arbeiterjugend« der KPD hatte etwa 100 bis 120 Mitglieder; wir in der »Kommunistischen Jugend« hatten

7 Vgl. zu den Einzelheiten über den 2. Parteitag der KPD (S) vom 20. bis 24. 10. 1919 Hans Manfred Bock, *Syndikalismus und Linkskommunismus von 1918 bis 1923. Zur Geschichte und Soziologie der Freien Arbeiter-Union Deutschlands (Syndikalisten), der Allgemeinen Arbeiter-Union Deutschlands und der Kommunistischen Arbeiter-Partei Deutschlands*, Diss., Meisenheim 1969, S. 139-152.

vor der Vereinigung mit der USP und der SPJ 10 bis 12 Mitglieder. Dann kommt der Kapp-Putsch, die Spitzen der Parteien schwanken, sind unsicher, wie sie sich verhalten sollen. In Frankfurt rufen alle vier Parteien, also die Sozialdemokratische Partei (Mehrheitssozialdemokratie), die Unabhängige Sozialdemokratische Partei, die Kommunistische Partei, d. h. die Ultralinken, und die Kommunistische Partei-Spartakusbund gemeinsam in einem Flugblatt zu Massenaktionen auf. Daß dieses Flugblatt von allen vier Parteien unterschrieben ist, entspricht der Stimmung der unteren Funktionäre. In Frankfurt ist die Situation besonders grotesk. Wir haben noch den linkssozialdemokratischen Polizeipräsidenten Leopold Harris, der auf der Seite der Arbeiter steht, und eine Polizeitruppe, die auf der Seite des Kapp-Putsches steht. Der Kapp-Putsch wird trotz dieses Durcheinanders von den Arbeitern niedergeworfen – als Folge der gemeinsamen Aktion der vier Parteien, die sich insoweit als Einheit, als unterschiedliche Gruppen innerhalb der einen Arbeiterbewegung verstehen. Dies ist bei jedem das selbstverständliche Empfinden. Nach der Niederwerfung des Kapp-Putsches ist die KPD-Spartakusbund illegalisiert. In Frankfurt wird diese Illegalität kaum praktisch, denn der Polizeipräsident sabotiert sie. Hier ist außerdem keine Reichswehr: Frankfurt gehört zur neutralisierten Zone vor dem Brückenkopf Mainz. Höchst und Rödelheim, die ebenso wie Fechenheim noch nicht eingemeindet sind, gehören sogar zum französischen Besatzungsgebiet. Leopold Harris kann deshalb die Illegalität der KPD (S) ignorieren, bis er von der Preußischen Regierung abgesetzt wird. Die Polizei, die auf der Seite des Kapp-Putsches steht, funktioniert natürlich weiter, schließlich besteht sie aus ehemals königlich preußischen Berufsbeamten. Aber auch in dieser widersprüchlichen Situation wissen sich die Arbeiter durchaus als Einheit, ganz egal, ob sie nun Mehrheitssozialdemokraten, USPD, KPD-Spartakus oder Kommunistische Partei, also spätere KAP-Mitglieder sind. Das gilt übrigens auch für die an den Volksschulen relativ zahlreichen, an den höheren Schulen nur vereinzelten kritischen Lehrer, eine zunächst sehr kleine Gruppe, die sich später offen auf die Seite der Arbeiterbewegung stellt.

Wie änderte sich das Parteiengeflecht der Arbeiterbewegung zum Ende des Jahres 1920?

Im Dezember 1920 vereinigt sich die linke USP mit der KPD (Spartakus) zur Vereinigten Kommunistischen Partei, die nun eine breite Massenorganisation ist.[8] Die KAP löst sich in Fraktionskämpfen auf und verliert jede Bedeutung.[9] Die meisten Mitglieder der KAP treten schließlich – nach langen Auseinandersetzungen – zur KPD über, während sich viele Führer der KAP aus konspirativen Überlegungen heraus für eine Mitgliedschaft in der SPD entscheiden.

Du sagst, die KPD wurde Ende 1920 zur Massenpartei: Was besagt dieser Begriff, wie groß war die Partei damals?

Nach dem Vereinigungsparteitag 1920 hat die VKPD etwa 350 000 Mitglieder; hier in Frankfurt etwa 2000 Mitglieder.

Die USPD war – das will ich noch nachtragen – seit 1919 rasch größer geworden. Entscheidend dafür waren die Erfahrungen, die jene Arbeiter, welche am 19. Januar 1919 mehrheitssozialdemokratisch gewählt hatten, mit der Gegenrevolution sammelten.

Die USPD macht gleichzeitig einen Prozeß der Radikalisierung durch. Sie verabschiedet auf dem Leipziger Parteitag Ende 1919 ein Aktionsprogramm, in dem die »Diktatur des Proletariats« in Form der Räterepublik propagiert wird.[10] Das Leipziger Aktionsprogramm wird keinesfalls nur von denen unterstützt, die später zur KPD übergehen, sondern auch von Hilferding[11], Ledebour und anderen. Nach diesem raschen

8 Auf dem 6. Parteitag, dem sogenannten Vereinigungsparteitag, in Berlin vom 4. bis 7. Dezember 1920 fand die Verschmelzung von KPD (Spartakus) und USP (Linke) statt; vgl. Ossip K. Flechtheim, *Die KPD in der Weimarer Republik*, 2. Aufl., Frankfurt/Main 1971, S. 157 f.

9 Vgl. Hans Manfred Bock, *Syndikalismus* . . .„ a.a.O., S. 251-262.

10 Zu weiteren Einzelheiten des Leipziger Parteitages vom 30. 11. bis 6. 12. 1919 vgl. Ossip K. Flechtheim, a.a.O., S. 153 f.; *Leipziger Aktionsprogramm der Unabhängigen Sozialdemokratischen Partei (USP) von 1919*, abgedruckt in: Wolfgang Abendroth, *Aufstieg und Krise* . . ., a.a.O., S. 99 f.

11 Rudolf Hilferding (1877-1941), Sohn eines jüdischen Kaufmanns, Medizinstudium, seit 1906 Lehrtätigkeit an der Parteischule der SPD, 1910 Veröffentlichung des *Finanzkapital*, 1917 Anschluß an die USP, 1922 Rückkehr zur SPD. Hilferding wurde in den Jahren 1923 und 1928 Reichsfinanzminister und war führender Theoretiker der Weimarer Sozialdemokratie. 1933 emigrierte er, wurde 1941 von der Gestapo in Frankreich inhaftiert und zu Tode gebracht; vgl. Franz Osterroth, *Biographisches Lexikon des Sozialismus*, Band 1, Hannover 1960, S. 131 ff.

Aufstieg der USPD, der seinen Höhepunkt nach dem Kapp-Putsch bei den Reichstagswahlen im Juni 1920[12] findet, bereitet sich die Spaltung dieser Partei vor. Die Auseinandersetzungen der Fraktionen konzentrieren sich vor allem auf die Frage des Anschlusses an die Kommunistische Internationale, die 21 Bedingungen als Voraussetzung für die Aufnahme gestellt hatte.[13] Durch die Diskussion über dieses Problem wird zwar ein großer Teil der Mitglieder – sowohl der Gegner als auch der Befürworter des Anschlusses – mobilisiert. Aber der größere Teil der Mitgliedschaft in der USPD ist ob der sichtbar drohenden Spaltung so entsetzt, daß er resigniert.

Auf dem Hallenser Parteitag im Oktober 1920 hatte die Linke die Mehrheit.[14] Praktisch führt das dazu, daß mit der Spaltung der USP ein großer Teil der Mitglieder aus der USP verschwindet, denn sie sind entsetzt über diese Spaltung. Sie hatten die Abspaltung von der SPD erst spät als richtig empfunden und wollten deshalb von einer neuen Spaltung nichts wissen. Dies ist damals eine weitverbreitete Gefühlshaltung vor allem bei den älteren Arbeitern. Der Arbeiter, der aus der Vorkriegs-Sozialdemokratie stammt und darin aktiv war, führt inzwischen einen großen Teil der Niederlagen im Revolutionsprozeß 1919 und bei der Abwicklung des Kapp-Putsches auf das Gegeneinander der Arbeiterorganisationen zurück, und er sieht in der neuen Spaltung der USPD, der er sich gerade zugewandt hat, etwas Bedrohliches. Der Jugendliche, der im Revolutionsprozeß auf der Seite der Revolution steht, der aktiviert ist, hat die Erfahrung einer Spaltung noch nicht gemacht; ihn erschreckt daher die Spaltung, die jetzt stattfindet, keineswegs in der gleichen Weise. Für die älteren Arbeiter entsteht eine große politische Unsicherheit. Sie haben das Gefühl, daß alles zwecklos ist. Beide Gruppen reagieren, wie man sieht, völlig unterschiedlich. Sozialisationsprozesse haben – das kann man hier erkennen – in allen Phasen der Arbeiter-

12 Die USPD, die zuvor in der Nationalversammlung mit 22 Sitzen vertreten war, erlangte nunmehr 83 Sitze: sie erhielt mehr als 5 Mio. Stimmen; die SPD behielt von ihren 165 Mandaten nur 103; vgl. Alfred Milatz, *Wähler und Wahlen in der Weimarer Republik*, Bonn 1965, S. 115.

13 Vgl. Ossip K. Flechtheim, a.a.O., S. 155.

14 Auf dem Parteitag in Halle wurde in der Hauptsache über die Annahme der von der KI gestellten 21 Bedingungen beraten. In der Schlußabstimmung sprachen sich 237 Delegierte für, 156 gegen die Bedingungen aus; vgl. ebenda, S. 156 f.

bewegung eine viel größere Rolle gespielt, als man gemeinhin annimmt. Gelegentlich können sie gegenüber bestimmten politischen Fragen sogar dominant werden. Auf dieses Phänomen werde ich später im Zusammenhang mit den Linksschwenkungen der KPD zu sprechen kommen – dort zeigen sich ganz ähnliche Probleme.

Welche Auswirkungen hatte die Spaltung der USP für eure Arbeit in den kommunistischen Jugendverbänden?

In der Kommunistischen Jugend sieht es jetzt so aus, daß durch die Vereinigung der linken USP und der SPJ mit der KP[15] und der KJ ein rascher Aufstieg beginnt, ein Aufschwung, der die parallel laufende langsame Erweiterung der Arbeiterjugend der MSP übrigens nicht behindert. Hier im Frankfurter Bereich spielt die »rechte« SPJ schließlich kaum noch eine Rolle, weil fast alle Mitglieder zu uns kommen. Insgesamt wächst der Organisationsgrad der Arbeiterjugend in dieser Zeit; sie bedient sich auch der Verkehrsformen der bürgerlichen Jugendbewegung, andererseits treten viele Jugendliche aus bürgerlichen Elternhäusern bei uns ein. Die Jugendlichen wandern, gehen in Jugendherbergen, sie kleiden sich weniger formell, tragen Schillerkragen, nicht mehr Kragen und Schlips.

Spielt es eine Rolle, daß man gegenüber älteren Genossen das »Du« einführt?

Die Anrede mit »Du« ist damals noch relativ selten und in der Arbeiterbewegung keinesfalls so generalisiert, wie sie es heute ist. Sie setzt sich erst sehr allmählich durch, zunächst vor allem unter der jungen Generation, von da aus mehr und mehr auch bei den Älteren. Dazu trägt die Halblegalität bzw. die Illegalität der Partei bei, die die Solidarität untereinander verstärkt, eine gemeinsame Erfahrung ist, die verbindet. Hinzu kommt ein weiteres Moment: Nach der Vereinigung von KPD und USPD-Linken zur VKPD entstehen in der Partei vielfach aktionistische Stimmungen. Das Bewußtsein,

15 Auf dem Parteitag in Berlin vom 4. bis 7. 12. 1920 fand die Vereinigung von KPD-Spartakusbund und USPD (Linke) zur Vereinigten KPD (VKPD) statt; vgl. ebenda, S. 157 f.

nun eine Massenpartei geworden zu sein, gipfelt in der Forderung nach raschem Handeln. Praktisch äußert sich diese Stimmung so, daß diejenigen, die aus der alten Militärorganisation der USPD-Linken kommen, auf ihre Rolle stolz sind und dazu beitragen, daß die Militärorganisation unter den Mitgliedern der Partei immer mehr Gewicht erlangt. Daß eine Militärorganisation auf seiten der Linken notwendig war, sieht man am Verlauf des Kapp-Putsches. In der Partei breiten sich jetzt sehr deutlich putschistische Stimmungen aus, was dann zur sogenannten März-Aktion von 1921 und der Vorstufe dazu, der Offensiv-Theorie, führt.

Das Aufkommen der Offensiv-Theorie in der KPD hängt also mit der Erweiterung zur Massenpartei zusammen?

Ja, Offensiv-Theorie heißt zunächst, daß, wenn die revolutionäre Arbeiterpartei zur Massenpartei geworden ist, die weitere Ausbreitung von Klassenbewußtsein durch selbständige Vorstöße dieser Partei allein erfolgen könne. Diese Vorstöße sollen auch in Richtung auf revolutionäre Kämpfe gehen und die Arbeiter mitreißen. Diese Theorie hat damals August Thalheimer vertreten; Heinrich Brandler hat sich ihr praktisch angeschlossen, sie theoretisch allerdings nicht verfochten – er hat nichts dieser Art veröffentlicht. Mir gegenüber hat er später immer bestritten, daß er die Offensiv-Theorie überhaupt unterstützt habe. In der Kommunistischen Internationale, die stolz darauf ist, daß jetzt in Deutschland und in Frankreich Massenparteien existieren, schließt sich die Gruppe um Sinowjew[16] der Offensiv-Theorie an. Es ist also keinesfalls die KI insgesamt, die diese Theorie für richtig hält. In der deutschen KPD teilt die Mehrheit der Mitglieder die

16 Grigorij E. Sinowjew (1883-1936), seit 1919 Vorsitzender des Exekutivkomitees der Kommunistischen Internationale (EKKI) und der Kommunistischen Internationale (KI), wurde 1921 Mitglied des Politbüros der Kommunistischen Partei Rußland-Bolschewiki (KPR (B)). In den Jahren 1923-25 war er im Bündnis mit Stalin und Kamenew gegen Trotzki, 1926/27 bildete er mit Trotzki einen Block gegen Stalin. Im Jahre 1926 trat er vom Vorsitz des EKKI zurück, wurde in den folgenden Jahren mehrfach aus der Partei ausgeschlossen, 1936 zum Tode verurteilt und hingerichtet; vgl. Karl Hermann Tjaden, *Struktur und Funktion der »KPD-Opposition« (KPO). Eine organisationssoziologische Untersuchung zur »Rechts«-Opposition im deutschen Kommunismus zur Zeit der Weimarer Republik*, Diss., Meisenheim 1964, Anhang III, S. 97.

Offensiv-Theorie und drängt, eben weil die KPD zur Massenpartei geworden ist, auf sichtbare Aktionen.

Schloß die Offensiv-Theorie die Kooperation mit anderen Organisationen ein?

Nein, ihrem eigentlichen Konzept nach gerade nicht. Trotzdem beschließt das ZK der KPD, die Offensiv-Theorie anzuerkennen und gleichzeitig Einheitsfront-Angebote an die SPD und die USPD zu machen, zum Beispiel in Angelegenheiten der Betriebsräte mit ihnen zusammenzuarbeiten. Dieser Beschluß wird in ein- und derselben Sitzung gefaßt: In den Köpfen der Mitglieder des ZK schließen beide Positionen einander offenbar nicht aus, praktisch widersprechen sie sich total.

Die große Mehrheit der aktiven Mitglieder in der Partei verfällt daraufhin in einen ähnlich utopischen Rausch wie schon einmal Mitte und Ende des Jahres 1919 eine Gruppe innerhalb der KPD, nämlich die Mitglieder der später gegründeten KAP. Es ist somit falsch, wenn Paul Levi die Offensiv-Theorie allein der Militärorganisation Bela Kuns und der Kommunistischen Internationale zuschreibt. Es stimmt allerdings, daß Sinowjew – damals Vorsitzender der Kommunistischen Internationale – sich für die Offensiv-Theorie eingesetzt hat, auch Bela Kun, aber das genügte nicht, um diese Theorie praktisch durchzusetzen. In Wirklichkeit wird sie durch die Stimmung der Massen der Parteimitglieder, also von unten her, durchgesetzt. Das ist etwas ganz anderes.

Hat Paul Levi selbst die Offensiv-Theorie unterstützt?

Paul Levi wendet sich energisch gegen diese Theorie. Er war einer der führenden Köpfe in der KPD-Spartakusbund gewesen, einer der besten Führer, die die KPD jemals hatte. Levi stammte aus einem Ort, in dem ich später selbst einmal gearbeitet habe, aus Hechingen. Ich habe ihn gekannt. Levi kam nach Frankfurt und ließ sich, nachdem er seine Examina gemacht hatte, als Rechtsanwalt nieder, das einzige, was man als sozialdemokratischer Jurist im Kaiserreich werden konnte, vorausgesetzt, man stellte seine politische Tätigkeit während der Ausbildung als Gerichtsreferendar ein. Diese Möglichkeit bestand, weil damit keine Einstellung in den Staatsapparat verbunden war. Levi wird also Anwalt in Frankfurt, befreundet sich dort mit Rosa Luxemburg. Er verteidigt sie in ihrem berühmten Frankfurter Landesverratsprozeß[17] und gewinnt dadurch an Bedeutung in der Partei. Er verteidigt sie hervorragend; Paul Levi war einer der intelligentesten Menschen, die ich kannte, er war ein brillanter Redner, ein ausgezeichneter Jurist; er steigt nunmehr zu wirklichem Ruhm auf. Mit Beginn des Ersten Weltkrieges geht er in die Emigration, weil er Gegner dieses Krieges ist. Seine praktische Tätigkeit als politischer Verteidiger kann er von anderen weiterführen lassen, von Theodor Liebknecht, dem Bruder Karl Liebknechts, und von Hugo Haase oder Kurt Rosenfeld. Levi freundet sich in der Emigration in Zürich mit Willi Münzenberg an, der dort die Jugend-Internationale aufbaut und trifft auch mit Lenin zusammen. Schon vor der Oktoberrevolution kehrt Levi nach Deutschland zurück, arbeitet mit in der Gruppe Internationale und beteiligt sich am Aufbau der KPD-Spartakusbund. Nachdem es ihm gelungen ist, die ultralinke Gruppe hinauszudrängen[18], wird er zum allgemein anerkannten Führer der KP-Spartakusbund. Mit seinen Manipulationen gegen diese Gruppe hatte er recht, seine Methoden waren allerdings zweifelhaft, aber er konnte in dieser Phase der Illegalität kaum etwas anderes tun. Nachdem die Spaltung der USPD erfolgt ist, wird Paul Levi einer der Vorsitzenden des ZK der VKPD, also der Massenpartei. Für ihn ist nun diese ultralinke Stimmung und die Tatsache, daß er im ZK überstimmt wird und die Mehrheit sich für die Offensivtheorie ausspricht, ein großer Schock. Er kann nicht begreifen, daß diese Reaktion von breiten Arbeiterschichten und Massen getragen ist.

17 Rosa Luxemburg hatte im September 1913 auf Versammlungen in Frankfurt gesagt: »Wenn uns zugemutet wird, die Mordwaffen gegen unsre französischen oder andern Brüder zu erheben, dann rufen wir: Das tun wir nicht.« Diese Äußerung war Gegenstand eines Strafverfahrens im Februar 1914 vor dem Landgericht Frankfurt. Verteidiger waren Kurt Rosenfeld und Paul Levi. Rosa Luxemburg wurde wegen Aufforderung zum Ungehorsam (§ 110 StGB) zu einem Jahr Gefängnis verurteilt; vgl. *Rosa Luxemburg im Kampf gegen den deutschen Militarismus. Prozeßberichte und Materialien aus den Jahren 1913 bis 1915*, hrsg. vom Institut für Marxismus-Leninismus beim ZK der SED, Berlin/DDR 1960; Peter Nettl, *Rosa Luxemburg*, Berlin/Köln 1969, S. 364 ff.; vgl. auch Rosa Luxemburg, *Gesammelte Werke*, Band 3, Berlin/DDR 1973, S. 395 ff.

18 Vgl. die Ausführungen auf S. 31.

Die aktionistischen Stimmungen innerhalb der KPD verstärken sich, wie Du gesagt hast: Wie kommt es nun zur März-Aktion von 1921?

Die rechte Sozialdemokratie und der bürgerliche Staatsapparat bekommen Wind von diesen Strömungen in der Kommunistischen Partei, und sie überlegen sich, wie sie die KPD als Massenorganisation wieder ausschalten können. Sie können sich ausrechnen, daß es auf der Basis der Offensiv-Theorie zu Putschaktionen der KPD kommen wird, und nehmen sich vor, in einem solchen Fall zurückzuschlagen. Die Mehrheit der Arbeiter steht nicht hinter der KPD. Nur in bestimmten mitteldeutschen Gebieten hatte die Partei die Majorität der Arbeiter hinter sich. Dort sollte zugeschlagen werden. Die KPD sollte in die Falle laufen – das war die Politik, die Hörsing, der Oberpräsident von Sachsen, und Severing, der Innenminister von Preußen, anstrebten. Also besetzt die Polizei das Gebiet um Mansfeld, um nach Waffen zu fahnden, die es dort natürlich aus den Restbeständen der alten illegalen Organisationen gab. Die Arbeiter der Leuna-Werke reagieren auf diesen Angriff mit Massenstreik. Sodann ruft das ZK der KPD – wie erwartet – zum Generalstreik in ganz Deutschland und zu entsprechenden militärischen Aktionen auf. Das war vollkommener Wahnsinn, denn außerhalb der Leuna-Werke war kaum jemand zum Generalstreik bereit.[19] Also isoliert sich die Kommunistische Partei von den Massen, verstrickt sich in sinnlose Aktionen. Auch in Frankfurt versteht die Mehrheit der Arbeiter in den Betrieben diese Situation nicht. Wir machen eine große Demonstration vor dem Opernhaus – ich weiß noch genau: Wer dort erschien und mitdemonstrierte, flog aus seinem Betrieb hinaus. So erging es etwa der Hälfte unserer Parteimitglieder in Frankfurt. Die Betriebe sind nunmehr »gereinigt« von Kommunisten. Wir bekamen den Auftrag, gegen die Polizei, falls sie eingreift, Widerstand zu leisten. Allerdings war von der Frankfurter Polizei ein militärischer Angriff nicht zu befürchten, so verbrecherisch war die hiesige Polizei nicht.

Die Folge dieser Ereignisse ist die völlige Isolierung der

19 Weitere Einzelheiten zu der März-Aktion der VKPD im März 1921 vgl. Hans Manfred Bock, *Syndikalismus* . . ., a.a.O., S. 295-308.

Partei. Jede Möglichkeit der Kontaktaufnahme zu anderen Arbeiterparteien und innerhalb der Gewerkschaft ist gestört, es beginnt eine neue Phase unionistischer Illusionen. Es wird propagiert, man solle aus den Gewerkschaften austreten, weil sie sich nicht an den Kämpfen beteiligt haben, und solle eigene Verbände gründen. Das erste Konzept dieser Art – es wird später von der KPD unter dem Namen »Revolutionäre Gewerkschafts-Opposition« (RGO) wiederaufgenommen – hatte die KAP mit ihrer Gründung von Arbeiter-Unionen entwickelt. Eine ähnliche Tendenz taucht jetzt innerhalb der KPD auf, allerdings wird sie glücklicherweise vom ZK nicht übernommen. Keinesfalls ist also die Kritik Paul Levis zutreffend, der behauptet, diese Entwicklung sei von oben manipuliert worden.[20] Diese Tendenz reproduziert sich überall, vor allem im Ruhrgebiet – sie entspricht der Stimmung begrenzter Massen, die sich für übermäßig stark halten, weil sie eine eigene Massenpartei gegründet haben.

Und diese Stimmung verbreitete sich, obwohl der von der KPD ausgerufene Generalstreik gar nicht stattgefunden hatte ...

Ja, der Generalstreik war lediglich in Mitteldeutschland durchgeführt worden, sonst nirgendwo. Aber jetzt wird eine Sündenbock-Theorie entwickelt, die vom Standpunkt des unteren Funktionärs gesehen plausibel ist: Es wird gesagt, daß es trotz der eigenen Stärke zu einer Niederlage gekommen sei, weil die Gewerkschaften nicht mitgekämpft hätten.

Es gibt aber doch auch Gruppen, die sich gegen diesen Kurs der Partei wandten?

Es gibt kleine Kreise in der Partei, die gegen die Offensiv-Theorie auftreten, aber sie sind isoliert. Es sind sowohl Arbeiter als auch Intellektuelle, Leute mit alter Tradition. Ein einziger Unterbezirk im Bezirk 21 der KPD – heute würden wir sagen im Bezirk Hessen Süd – steht damals auf ihrer Seite: Es ist Hanau, ein Unterbezirk, dessen Mitglieder aus der KPD-Spartakus kommen, nicht etwa aus der USP. Sie stehen

20 Vgl. Paul Levi, *Unser Weg. Wider den Putschismus*, Berlin 1921, wiederabgedruckt in: Paul Levi, *Zwischen Spartakus und Sozialdemokratie. Schriften, Aufsätze, Reden und Briefe*, hrsg. von Charlotte Beradt, Frankfurt/Main 1969, S. 44-94.

nahezu geschlossen auf der Seite Paul Levis und der Opposition, aber sie werden ausgeschlossen; das ist alles. Ein Arzt in Hanau war der Führer dieser Gruppe, einer der wenigen Ärzte, die vor dem Ersten Weltkrieg Mitglied der Sozialdemokratischen Partei waren; er besaß große Autorität in der Partei. Die Beziehung zu diesem Arzt war für mich in diesen Jahren menschlich sehr wichtig, obwohl ich damals politisch auf der anderen, der ultralinken Seite stand; er war klug genug zu erkennen, wie jung ich damals noch war. Die Gruppe um Levi versteifte sich immer mehr auf die Behauptung, daß die Entwicklung von der Zentrale manipuliert sei; sie verlor dadurch den letzten Rest ihres möglichen Aktionsspielraumes und wurde schließlich aus der Partei und dem Jugendverband ausgeschlossen.[21]

Auf Levis Seite kämpft und polemisiert Clara Zetkin[22] von vornherein gegen die Offensiv-Theorie; sie macht es aber anders als er: Sie publiziert keine Broschüren[23], sondern opponiert offen und klar innerhalb der Partei. Zwar werden die mit der März-Aktion verbundenen Probleme innerhalb der Partei diskutiert; aber Clara Zetkin steht mit ihrer Auffassung einige Monate lang fast allein. Auf dem Jenaer Parteitag der KPD im August 1921 interveniert Lenin zugunsten der kleinen »rechten« Gruppe um Clara Zetkin. Auf ihrer Seite tritt auf diesem Parteitag Jakob Walcher auf, der aus dem Bezirk Württemberg kommt.[24] In einem Offenen Brief an den Jenaer

21 Paul Levi wurde im April 1921 aus der KPD ausgeschlossen; vgl. Hans Manfred Bock, *Syndikalismus . . .*, a.a.O., S. 305.

22 Clara Zetkin (1857-1933), Tochter eines Dorfschullehrers, stand auf dem linken Flügel der SPD und arbeitete eng mit Rosa Luxemburg zusammen. Sie war von 1890-1917 Redakteurin der Frauenzeitschrift *Die Gleichheit* und gehörte bis 1919 der USPD an. Im selben Jahr trat sie der KPD bei und kam in deren Zentrale, der sie von 1919 bis 1923 angehörte. Von 1920 bis 1933 vertrat Zetkin die KPD im Reichstag. Im Hinblick auf die innerparteilichen Auseinandersetzungen gehörte Zetkin zum »rechten« Flügel; sie stellte sich 1923/24 auf die Seite von Brandler und Thalheimer und kämpfte gegen die ultralinke Politik der Fischer-Maslow-Gruppe. Auch 1928 war sie Gegnerin der ultralinken Wendung der KPD. Bei den innersowjetischen Auseinandersetzungen zwischen Stalin und Bucharin stand sie auf seiten Bucharins, also der »Rechten«. Vgl. Hermann Weber, *Die Wandlung des deutschen Kommunismus. Die Stalinisierung der KPD in der Weimarer Republik*, Band 2, Frankfurt/Main 1969, S. 350 f.

23 Gemeint ist Paul Levis Schrift: *Unser Weg. Wider den Putschismus*, a.a.O.

24 Jakob Walcher (1887-1974), Metallfacharbeiter, war Mitbegründer der KP-Spartakusbund. Nach 1924 wurde er einer der Führer der »Rechts«-Opposition in

Parteitag schreibt Lenin, daß Paul Levi in seiner Beurteilung der Offensiv-Theorie und des Putschismus recht gehabt habe. Levi sei ein Führer, der einen Kopf zu verlieren habe, und er habe ihn leider verloren, wie die Form seines Auftretens zeige, während diejenigen, welche die Offensiv-Theorie vertreten, keinen Kopf zu verlieren gehabt hätten. Mit diesen Argumenten fordert Lenin den Parteitag zu einer Revision des bisherigen Kurses auf. Außerdem drückt er seine Hoffnung aus, daß Paul Levi seine übrigen inhaltlich falschen Positionen revidieren möge.

Wie wurde dieser Brief Lenins auf dem Parteitag der KPD aufgenommen und diskutiert?

Man jongliert, indem man von einer Verurteilung Clara Zetkins und der übrigen »Rechten« absieht und sie wieder ins Zentralkomitee wählt. Inzwischen sind seit der März-Aktion und der damit verbundenen Niederlage auch einige Monate vergangen. Unten in der Parteimitgliedschaft hat sich die Stimmung allerdings kaum gewandelt. Später erst findet die Radikalismus-Broschüre von Lenin[25], die ja schon 1920 geschrieben worden und ursprünglich nicht an die Vertreter der Offensiv-Theorie, sondern gegen die KAP gerichtet ist, langsam Gehör bei der Jugend; erst dann kann sie zur Verarbeitung der Erfahrungen erheblich beitragen.

Im Jugendverband sah die Lage ähnlich aus, obwohl die Spitzen des Kommunistischen Jugendverbandes damals klüger waren als die Mitglieder. Die Spitzen standen gar nicht so sehr auf der Seite der Offensiv-Theorie. Es ist psychologisch klar, daß in einer Situation wie der, vor der wir damals standen, die Jugend sich eher noch stärker nach ultralinks wendet. Nur muß man sehen, daß die Partei jetzt schwere Rückschläge erleidet: Mitgliederverluste und Positionsverluste in der Gewerkschaftsbewegung. Dies trägt dazu bei, daß die Partei wieder zu praktischer Einheitsfront-Politik zurück-

der KPD und 1928 Mitbegründer der KPD (O); vgl. Hanno Drechsler, *Die Sozialistische Arbeiterpartei Deutschlands (SAPD). Ein Beitrag zur Geschichte der deutschen Arbeiterbewegung am Ende der Weimarer Republik*, Diss., Meisenheim 1965, S. 371.

25 W. I. Lenin, *Der »Linke Radikalismus«, die Kinderkrankheit im Kommunismus*, in: W. I. Lenin, *Werke*, Band 31, S. 1-91.

kehrt, zumal sie diese Politik formell niemals aufgegeben hat, auch nicht in der Zeit, als die Offensiv-Theorie angewendet worden ist.

Die Partei kann zum Ende des polnisch-russischen Krieges eine gemeinsame Demonstration mit der USP zustande bringen, allerdings nicht mit der MSP. Nach der Ermordung Erzbergers[26] gelingt es, überall im Reich gemeinsame Demonstrationen aller drei Arbeiterparteien und der Gewerkschaften gegen die Reaktion zu organisieren. So findet die Partei langsam wieder aus ihrer Isolierung heraus. Diese Demonstrationen kommen aufgrund der Initiative der KPD zustande, die USPD ergreift aus solchem Anlaß niemals die Initiative, sondern läuft hinterher.

Deine damalige ultralinke Einstellung hat sich durch diese Erfahrungen geändert?

Ja. Dieses Lernen war ein sehr widerspruchsvoller Prozeß. Entscheidend fällt ins Gewicht, daß die Inflation sehr schnell voranschritt, zwar noch nicht mit solcher Geschwindigkeit wie im Jahre 1923, aber sie beschleunigte sich, und damit verstärkten sich auch die Klassengegensätze. Die Inflation trifft alle Arbeiterschichten. Materiell trifft sie diejenigen allerdings besonders hart, die monatliche Gehaltszahlungen bekommen; die Arbeiter erhielten wenigstens jede Woche Geld. Diese Situation treibt die Arbeiter aller Gruppen zusammen. Daher kann die konsequente Fortsetzung der Einheitsfront-Politik, die seit dem August 1921 bis zum Ende desselben Jahres, aber auch im Jahre 1922 praktiziert wird, Erfolge erzielen.

1922 findet, das will ich hier vorwegnehmen, auf dem Höhepunkt der Einheitsfront-Politik die Demonstration aus Anlaß der Ermordung Rathenaus[27] statt. Es kommt zu riesigen Demonstrationen in den deutschen Großstädten, so auch in

26 Im August 1921 wurde der Zentrumspolitiker und ehemalige Reichsfinanzminister Erzberger von Mitgliedern der Brigade Ehrhart und des Freikorps Oberland ermordet; vgl. Arthur Rosenberg, *Geschichte der Weimarer Republik*, Frankfurt/Main 1961, S. 115 f.

27 Im Juni 1922 wurde der damalige Reichsaußenminister Rathenau von rechtsradikalen Tätern erschossen, ein politischer Mord, der eine breite Bewegung auch in den republikanischen Teilen der Bevölkerung auslöste; vgl. ebenda, S. 116.

Frankfurt. Alle drei Arbeiterparteien rufen hier gemeinsam mit der bürgerlichen Deutschen Demokratischen Partei und dem Allgemeinen Deutschen Gewerkschaftsbund (ADGB) zu einer Kundgebung auf. Sie war wohl die größte Massendemonstration, an der ich in der Weimarer Zeit teilgenommen habe. In Frankfurt standen die Menschen vom Römerberg bis zum Eisernen Steg, einer der Mainbrücken. Die Mitglieder der drei Arbeiterjugendverbände marschierten gemeinsam, nicht nach Blöcken getrennt.

Gab es außer diesen Demonstrationen noch andere Bereiche, in denen die Einheitsfront-Politik praktiziert wurde?

Natürlich. Man traf sich zu vielen kleineren gemeinsamen Aktionen. In den Betrieben war diese Bewegung noch viel stärker; dort tat man sich zusammen, um für die Anpassung der Löhne an die inflationäre Entwicklung zu kämpfen, um die gewerkschaftliche Lohnpolitik zu aktivieren. Wir Jugendlichen organisierten den gemeinsamen Kampf um ein Jugendheim in der Stadt; immer wieder führten wir auch gemeinsame Diskussionen. Außerdem gab es zu jener Zeit auch vermittelnde Organisationen; ich selbst war Schüler und deshalb noch in keiner Gewerkschaft. Ich war im proletarischen Freidenkerverband, in dem sich Mitglieder aus allen Arbeiterorganisationen zusammenfanden. Dieser Freidenkerverband war damals eine Massenorganisation. Dort lernte man sich kennen und besprach gemeinsame Aktionen. In diesem Jahr 1922 wuchs die Zahl der Mitglieder in den Arbeiterjugendorganisationen in Frankfurt rasch an: die Kommunistische Jugend zählte ca. 300 Mitglieder, Ende 1923 waren es schon fast 1000 Mitglieder. Wir setzten unsere marxistische Schulungsarbeit fort, arbeiteten in den Gewerkschaften mit und nahmen an zahlreichen Demonstrationen teil, die sich gegen die inflationäre Entwicklung und die Propaganda der ständig größer werdenden völkischen Gruppen richteten.

Die Verschärfung der ökonomischen Lage war kennzeichnend für das Jahr 1923, das auch zur sogenannten Oktoberniederlage führte . . .

Bei der Untersuchung der Ereignisse des Oktober 1923 muß man sich eine parteipolitische Verschiebung vergegenwärtigen. Nach der Rathenau-Aktion ist nämlich die USP finanziell am Ende. Zwar ist sie keinesfalls zu einer Sekte herabgesunken, sondern immer noch eine große Partei; aber sie kann ihre Tageszeitung nicht mehr in jeder deutschen Stadt herausbringen. Damals, also vor der Vereinigung von MSP und USP zur Vereinigten Sozialdemokratischen Partei, hatten wir in Frankfurt drei Arbeitertageszeitungen: Die *Volksstimme* der MSP, das *Volksrecht* der USP und die *Arbeiterzeitung* der Kommunistischen Partei. Die geringste Auflage hatte das *Volksrecht*. Dabei ist Frankfurt nur ein Beispiel, ähnlich ist es in jeder deutschen Großstadt. Hinzu kommt, daß sich die Mehrheit der Reichstagsfraktion der USP nur geringe Chancen ausrechnen konnte, auf eigenen Listen wieder ins Parlament zu gelangen. Denn durch die Spaltung im Oktober 1920 war die Mitgliederschaft dieser Partei auf ein Drittel geschrumpft. Die USP hoffte daher, in einer Vereinigten Sozialdemokratischen Partei die Führung übernehmen und so ihre Mandate retten zu können. Und so richtete sich denn der Kurs des Vorstandes der USP auf die Vereinigung mit der MSP, und Ende 1922 kam es zur Bildung der Vereinigten Sozialdemokratischen Partei.[28]

Die Verschärfung der Klassengegensätze in dieser Periode hat aber zur Folge, daß die Kommunistische Partei relativ rasch anwächst, vor allem im Juni und Juli 1923 auf dem Höhepunkt der inflationären Krise. Es gibt in dieser Zeit keine Parlaments-Wahlen, daher hat man keine unmittelbaren empirischen Belege für diese Entwicklung. In Frankfurt haben die Kommunisten in den Betrieben ebensoviel, wenn nicht größeren Einfluß als die Vereinigten Sozialdemokraten. Nach dem Zusammenschluß werden die Vereinigten Sozialdemokraten nicht nach rechts, sondern durch die unteren Parteifunktionäre zunächst nach links gedrängt, was die von der KPD angestrebte Einheitsfront-Politik erleichtert. Innerhalb der KPD gibt es jetzt verschiedene Richtungen, die entstanden sind, seit die Offensiv-Theorie Gegenstand der Auseinandersetzungen geworden war: Es gibt drei Flügel, die ständig offen

28 Im September 1922 kam es auf dem Nürnberger Parteitag zur Vereinigung von Mehrheitssozialisten und dem größten Teil des rechten Flügels der USPD, angeführt von Rudolf Hilferding und Wilhelm Dittmann; vgl. ebenda, S. 117 f.

miteinander diskutieren. Es sind dies der Mittelflügel, dazu gehört die Mehrheit des Zentralkomitees, der »rechte« Flügel, zu dem Clara Zetkin, inzwischen auch August Thalheimer und Heinrich Brandler zählen, und schließlich die Linken.

Wer ist zu jener Zeit Repräsentant des linken Flügels in der KPD?

Zum linken Flügel gehören utopisch aktivistische Arbeiterfunktionäre in breiter Zahl, vor allem aber die Studentengruppen in der Partei, aus der führende Intellektuelle in der Partei, z. B. Arkadij Maslow und Ruth Fischer, hervorgegangen sind.

Intellektuelle aus bürgerlichen Schichten?

Sie stammen alle aus bürgerlichen Schichten: Maslow, Ruth Fischer, Karl Korsch, Werner Scholem, Eugen Eppstein, Franz Borkenau – wen man auch nimmt. Wer jetzt an der Universität Marxist und Kommunist wird und aus bürgerlichen Schichten stammt, kommt in der Regel aus der jüdischen Intelligenz und hat eine Sonderstellung dadurch, daß er in Landschulheimen wie zum Beispiel in Wickersdorf oder der Odenwaldschule, also in der Ausnahmesituation der Internatserziehung mit liberal-progressivem Charakter, ausgebildet wurde. Daher fehlt es ihm deutlich an Realitätsbewußtsein; er übernimmt den Marxismus, ist auch theoretisch weit fortgeschritten, man denke an Kurt Mandelbaum oder Hilde Weiß; aber das Bewußtsein ist abstrakt, theoretisch, ohne praktische Erfahrungen in der Arbeiterbewegung. So vertritt dieser Intellektuelle die Auffassung, daß der »legalistische« Kurs der KPD mit bürgerlicher Anpassung gleichbedeutend sei, und trägt sie in die Parteiorganisation. In der Parteiorganisation und in den Arbeitermassen finden sich ähnliche Stimmungen, dort allerdings aus ganz anderen Gründen. Diese Strömungen treffen schließlich zusammen. Infolgedessen ist ein Teil der Parteibezirke auf die ultralinke Gruppe hin orientiert.

Kann man das Vorherrschen ultralinker Auffassungen in der KPD regional genauer bestimmen?

Einige Bezirke sind in diesen Jahren ultralinks beherrscht, zum Beispiel Hamburg und Berlin. In Berlin konzentrieren sich intellektuelle ultralinke Gruppen vor allem in der Universität und um den Verlag und die Zeitschrift *Aktion*, die von Franz Pfemfert herausgegeben wird. Damals sind es zwei deutsche Universitäten, die besonders viele jüdische Studenten und Professoren haben: Berlin und Frankfurt am Main. Die jüdischen Studenten befinden sich in einer Sondersituation. Die Mehrheit der Studenten tendiert während der gesamten Periode der Weimarer Republik bis zum bitteren Ende generell zur Reaktion, weil sie sich als Aufsteiger in die im Kaiserreich herrschenden Schichten empfindet. Diese Studenten – auch wenn sie der Mittelschicht entstammen – neigen zum Korporationswesen, das die Integration noch verstärkt. Verschärft sich die Krise, so schließen sie sich häufig faschistischen Strömungen an. Sie sehen in den jüdischen Studenten unliebsame Konkurrenten; deshalb werden sie antisemitisch. Tendenzen in dieser Richtung hatten sich schon im Kaiserreich angekündigt.

Den jüdischen Studenten sind solche Wege der Integration verschlossen. Zwar ahmen sie das Korporationswesen nach. Da aber trotz aller Assimilierung ihre Sonderstellung erhalten bleibt, besteht für sie in jeder Krise die potentielle Neigung zur Linkswendung, sei es an der Seite der Sozialdemokratie oder an der Seite der kommunistischen Arbeiterbewegung. Denn nur in der Arbeiterbewegung gibt es keinen Antisemitismus. Die Orientierung der Studenten in Richtung auf die kommunistische Bewegung ist zu Beginn der zwanziger Jahre relativ schwach. Erste Ansätze gibt es nur in Frankfurt und Berlin. Das ist insofern nicht verwunderlich, als der Kern solcher Zirkel dort von Leuten gebildet wird, die zum Beispiel bei Wyneken[29] ausgebildet sind; man denke an Walter Benjamin[30], der ein sehr typisches Beispiel ist, ein Beispiel von vielen.

In Frankfurt und Berlin werden die linken Studentenorgani-

29 Gustav Wyneken (1875-1964), Begründer der Freien Schulgemeinde Wickersdorf, Verfechter einer radikalen Schulreform. Lehrer Walter Benjamins im Landeserziehungsheim Haubinda; vgl. Walter Benjamin, *Briefe*, hrsg. von G. Scholem und Th. W. Adorno, Band 2, Frankfurt/Main 1966, S. 869.

30 Walter Benjamin (1892-1940), Sohn eines Bankiers und späteren Kunsthändlers, Literaturwissenschaftler und Philosoph, tendiert Ende der zwanziger Jahre zum Marxismus, war befreundet mit Adorno, Bloch und Brecht; vgl. Walter Benjamin, *Illuminationen, Biographische Notiz* von Friedrich Podszus, Frankfurt/Main 1961, S. 439 f.

sationen etwa ab 1929/30 wesentlich stärker. Ab 1929/30, während der großen Krise – das will ich hier bereits vorwegnehmen –, verschärfen sich die Gegensätze an den Universitäten. Im Bewußtsein der Studenten verschlechtern sich ihre Berufsaussichten jetzt besonders deutlich, in Wirklichkeit waren die Berufschancen für Akademiker schon seit 1924 zunehmend schlechter geworden. Aber der Masse der Studenten wird das erst mit dem Ende der Hochkonjunktur klar. Infolgedessen radikalisiert sich die Studentenschaft. Der Teil der Studenten, der bisher monarchistisch-obrigkeitsstaatlich gesinnt war, wird immer mehr von den Nationalsozialisten beherrscht, obschon sich keinesfalls alle im Nationalsozialistischen Deutschen Studentenbund organisieren. Die Korporationen gehen jetzt vom gemäßigten zum extremen Antisemitismus über, woran auch die katholischen Korporationen beteiligt sind. Die jüdischen Korporationen verlieren an Gewicht unter den jüdischen Studenten, weil sie keine Anstellungschancen mehr bieten können. Ein großer Teil der jüdischen und ein kleiner Teil der nichtjüdischen Studenten – ich benutze diese Differenzierung hier, so lächerlich sie auch ist, denn sie ist damals ja eine faktische Differenzierung – beginnt, sich weiterreichende politische Gedanken zu machen. Das bedeutet, daß der Einfluß der Roten Studentengruppen überall steigt, während der der sozialdemokratischen Gruppen stagniert; denn was hat die Sozialdemokratische Partei schon anzubieten? Die besten Teile der sozialdemokratischen Studenten gehen in die SAP[31] und in die Roten Studentengruppen. Und in den Roten Studentengruppen überwiegt schließlich die jüdische Intelligenz. Richard Löwenthal, Franz Borkenau sind typische Beispiele dafür. Die Mehrzahl derjenigen Studenten, die bereits vor 1928/29 in der marxistischen Arbeiterbewegung bei den Kommunisten standen, ist kritisch und engagiert sich nicht für den ultralinken Kurs der KPD. Sie ist kritisch in verschiedener Weise: Es gibt die trotzkistische Version ebenso wie die sogenannten Rechten. Die Trotzkisten standen ursprünglich ultralinks, man denke an Kurt Mandelbaum, an Brockschmidt; jetzt allerdings begreifen auch sie,

31 Zur Gründung der linkssozialdemokratischen Sozialistischen Arbeiterpartei Deutschlands (SAPD) vgl. die Ausführungen auf S. 124.

daß die ultralinke Politik falsch ist. Die »Rechten« sind zum größten Teil Anhänger Heinrich Brandlers, sind also in der KPO oder sie bleiben vorläufig als Gruppe der »Versöhnler« in der Kommunistischen Partei, wie z. B. Löwenthal und Borkenau. Die neuen Studenten, die jetzt in die KPD eintreten, sind dagegen extrem linientreu. Psychologisch ist das verständlich, denn sie kommen größtenteils aus bürgerlichen verarmenden jüdischen Elternhäusern und sehen in der KPD die einzige Kraft, die der drohenden Gefahr des Faschismus entgegentritt und sie bekämpft. Da diese Studenten noch kein entwickeltes politisches Bewußtsein haben, nehmen sie dogmatisch als richtig an, was die KPD jeweils sagt. In Frankfurt steigt die Zahl der Mitglieder in der Roten Studentengruppe schließlich auf 300. Da diese Studenten aber – wie gesagt – meist absolut parteihörig und ohne jede kritische Distanz sind, schlagen sie gegen kritische Äußerungen, die innerhalb der eigenen Reihen von Studenten der älteren Generation fallen, zurück. Sie fechten einen Generationskrieg aus, den es ja in Studentenbewegungen immer gibt. Jedenfalls bilden sich zum ersten Male in der deutschen Geschichte breite sozialistische – für ihr Bewußtsein sozialistische – revolutionäre Studentenorganisationen, die allerdings trotz ihres Zulaufs in Berlin und Frankfurt in der gesamten Studentenschaft eine Minderheit bleiben. Ihre Rückwirkung auf die Partei ist negativ, weil sie alles, was die Parteiführung macht, kritiklos annehmen. Ihre Arbeit hat jedoch auch positive Seiten, denn sie fangen an, selbst den Marxismus zu studieren, bringen ihn den Arbeitern nahe usw. In jedem Falle existieren diese größeren Studentenorganisationen nur vorübergehend, denn mit dem Sieg des Faschismus werden sie liquidiert. Neben ihnen gibt es schließlich noch kleinere sozialdemokratische Studentengruppen, die zunächst noch auf eine Karriere in der preußischen oder hessischen Verwaltung hinarbeiten. Das erweist sich freilich als Illusion, denn diese Verwaltungen werden bald »gesäubert«: Schon vor dem 20. Juli 1932 stellt die preußische Verwaltung kaum noch Sozialisten neu ein.[32]

Wir müssen auf das Jahr 1923 zurückkommen und fragen, wie

32 Vgl. die Ausführungen auf S. 128 ff.

sich die Auseinandersetzung innerhalb der KPD im Hinblick auf den Oktober 1923 weiterentwickelt hat.

Durch den Fortgang der Inflation, verstärkt noch durch den Ruhrkampf seit Januar 1923, spitzt sich die ökonomische Krise immer mehr zu. Deshalb kommt die Vorstellung auf, daß die Entwicklung auf eine Wiederholung des Oktober 1917 in Deutschland hinsteuere. Manche meinen, daß die Bedingungen in Deuschland im Jahre 1923 ebenso reif für eine proletarische Revolution seien, wie sie es im Jahre 1917 in Sowjetrußland gewesen sind. Dies ist nichts als eine Spekulation, die nur in den Köpfen existiert und die hervorgerufen wird durch die Verschärfung der Widersprüche in der deutschen Situation.

Die jüngeren Studenten schließen sich also an die ältere ultralinke Studentengeneration an: Zu der älteren gehören Ruth Fischer[33], Eugen Eppstein[34], Arkadij Maslow[35] und unter den älteren Intellektuellen Karl Korsch[36] und Arthur Rosenberg[37]; sie stehen auf dem linken Flügel der KPD. Die Einheitsfront-Politik des ZK der KPD, die damals konsequent verfolgt wird, hält der linke Flügel der Partei – dazu zählen

33 Ruth Fischer (1895-1961), Tochter eines Philosophieprofessors, trat 1919 der KPD bei und gehörte dem linken Flügel der Partei an; vgl. Hermann Weber, a.a.O., Band 2, S. 118 f.

34 Eugen Eppstein (1878-1943), Mitglied der KPD seit ihrer Gründung, Mitglied des Zentralausschusses der KPD bis 1925, stand auf dem linken Flügel der Partei und arbeitete in der Gruppe um Ruth Fischer; vgl. ebenda, S. 109 f.

35 Arkadij Maslow (1891-1941) entstammte einer begüterten russischen Familie. Er bekam nach dem Ersten Weltkrieg Kontakt zu Ruth Fischer und Paul Levi, leitete ab 1921 zusammen mit Ruth Fischer die Berliner Organisation der KPD, zu deren linkem Flügel er gehörte; vgl. ebenda, S. 213 ff.

36 Karl Korsch (1886-1961), Jurist und Sohn eines Gemeindeschreibers, trat 1917 der USPD, später der KPD bei. Er war Professor in Jena und Justizminister in der sozialdemokratisch-kommunistischen Regierung von Thüringen, die im Oktober 1923 bestand. Korsch stand auf dem linken Flügel der KPD und war Chefredakteur der theoretischen KPD-Zeitschrift *Die Internationale*; er verfaßte zahlreiche Arbeiten über theoretische Fragen des Marxismus: *Was ist Sozialisierung?* Hannover 1919; wiederabgedruckt in: ders., *Schriften zur Sozialisierung*, Frankfurt/Main 1969, S. 15-42. *Kernpunkte der materialistischen Geschichtsauffassung* (Berlin 1922); *Arbeitsrecht für Betriebsräte* (Berlin 1922), Neuauflage Frankfurt/Main 1968; vgl. ebenda, S. 192 f.

37 Arthur Rosenberg (1889-1943) war der Sohn eines Kaufmannes, Historiker und trat 1920 der KPD bei. Mitglied der Berliner Bezirksleitung der KPD. Im April 1927 trat Rosenberg aus der KPD aus und arbeitete anschließend vor allem wissenschaftlich; vgl. Hermann Weber, a.a.O., Band 2, S. 262 f.

vor allem die Bezirke Berlin und Hamburg – für opportunistisch. Deshalb arbeitet die linke Mehrheit der Studentengruppe mit jenen Teilen der rasch wachsenden Kommunistischen Partei zusammen, die eine baldige unmittelbare revolutionäre Wendung erhoffen. Die Zahl derjenigen, die eine solche Hoffnung hegen, wächst, denn die Ruhrbesetzung steigert die Inflation noch mehr, und die Arbeiterklasse verelendet ungemein rasch.[38] Innerhalb der Arbeiterklasse führt die Entwicklung dazu, daß in unteren Gewerkschaftseinheiten und in den Betriebsräten aus sozialdemokratischen Mehrheiten kommunistische Mehrheiten werden. Die sozialdemokratische Politik verläuft trotz allem weiterhin im reformistischen Denkschema, jetzt allerdings differenzierter, denn in der Sozialdemokratischen Partei selbst gewinnt der linke Flügel an Gewicht. Der linke Flügel der früheren MSP – als Beispiele seien der Chefredakteur der Frankfurter *Volksstimme*, Hans Marckwald, der Bezirk Breslau und auch Zeigner in Sachsen genannt – orientiert sich am linken Flügel der früheren USP, vor allem an Paul Levi. Aber in den Spitzen und Parlamentsfraktionen der vereinigten Partei dominiert der rechte Flügel. Die frühere USP geht in dieser Phase teilweise – man denke an Rudolf Hilferding – zum rechten Flügel der Sozialdemokratischen Partei über. In der Kommunistischen Partei entstehen ähnlich heftige Widersprüche. Ein Teil der kommunistischen Arbeiter drängt auf den Bruch mit der Einheitsfront-Politik und auf baldigen Aufstand. Die Führung des linken Flügels in der Kommunistischen Partei, die Altstudentengeneration, von der ich vorhin sprach, die aber nicht mehr studiert, sondern Parteifunktionen innehat, unterstützt diese Illusionen, die auf den unmittelbaren Aufstand gerichtet sind. Im Juli und August 1923, als die Inflation ihren Höhepunkt erreicht und die Reallöhne immer mehr zurückgehen, steht die Majorität der industriellen Arbeiter in Deutschland nicht mehr hinter der Sozialdemokratischen, sondern hinter der Kommunistischen Partei.

In Frankfurt stellt sich das so dar, daß im Juni, Juli und August 1923 das Ortskartell des ADGB wiederholt Betriebs-

38 Zur Ruhrbesetzung und Inflation im Jahre 1923 vgl. das gleichlautende Kapitel bei Arthur Rosenberg, a.a.O., S. 125-155.

rätekonferenzen einberuft. Der ADGB ist eine bloße Föderation von Berufsgewerkschaften mit einigen Industriegewerkschaften, z. B. dem Fabrikarbeiterverband und dem Metallarbeiterverband. Auf dem Höhepunkt der Inflation haben die Ortskartelle praktisch eine größere Bedeutung als die einzelnen Berufsverbände. Diese Betriebsrätekonferenzen werden notwendig, weil man wegen der sich beschleunigenden Inflation keine normale Tarifpolitik mehr machen kann; der Geldwert ist erneut gesunken, noch ehe der neue Tarifvertrag abgeschlossen ist. Zuletzt ist es so, daß morgens die Mark nur noch ein Zehntel von dem wert ist, was sie am Abend vorher wert war. Man kann sich das Tempo der Inflation kaum vorstellen. Infolgedessen hungern die Massen, obwohl es nur wenige Arbeitslose gibt – die Zeit der Arbeitslosigkeit beginnt erst nach der Stabilisierung.[39] Es herrscht also Vollbeschäftigung bei totaler Verelendung. Auf den Betriebsrätekonferenzen, die dann auch von den Einzelgewerkschaften unterstützt werden, gelingt es hier und dort, Parallelzahlungen zur Entwertung zu erzwingen, nicht durch Tarifverträge, sondern durch Androhung oder Durchführung von Streiks. Es gibt keine anderen Möglichkeiten, die Arbeiter würden sonst verhungern. In den Betriebsrätekonferenzen und in den Einzelgewerkschaften haben zunächst die Sozialdemokraten die Kontrolle. Aber ab Juni, Juli 1923 ändert sich dies: Die Sozialdemokraten verlieren immer mehr an Einfluß. Auch sozialdemokratische Betriebsräte stimmen nun für die Einrichtung eines Aktionsausschusses, der mehrheitlich von Kommunisten besetzt ist. Gleichzeitig wächst die Zahl der Mitglieder der Kommunistischen Partei rasch an. Die Arbeiter, die nun in die Partei eintreten, glauben, durch diese Option für die KPD käme sofort eine Aktion zustande, die die Verhältnisse ändert.

Welche Zielsetzungen verfolgten diejenigen, die auf unmittelbare revolutionäre Aktionen vertrauten?

Ihre Stimmung ist schwankend. Zum einen wollen sie Ak-

39 Vgl. Kurt Gossweiler, *Großbanken, Industriemonopole, Staat, Ökonomie und Politik des staatsmonopolistischen Kapitalismus in Deutschland 1914-1932*, Berlin/DDR 1971, S. 307 ff.

tionen machen mit dem Ziel, unmittelbare Leistungen für die Arbeiterklasse zu erzwingen; zum anderen glauben sie, daß dieses Ziel auf die Dauer nur erreicht werden kann, wenn die Diktatur des Proletariats von der Kommunistischen Partei verwirklicht wird, vielleicht im Bündnis mit der linken Sozialdemokratie. Daraus erklärt sich der Aktionsdrang und die Tendenz des ultralinken Flügels in der KPD, jetzt die Einheitsfront-Politik aufzugeben, die immer mehr als ein Hemmnis angesehen wird. Die Mehrheit des ZK lehnt diese Auffassung ab. Sie will die Einheitsfront mit der SPD erzwingen, um eine breitere Basis zu erhalten und Übergangsforderungen zur Sicherung der Demokratie und in Richtung auf den Sozialismus durchzusetzen. Sie will in die Regierung von Sachsen und Thüringen eintreten. Und während bisher in Thüringen und Sachsen rein sozialdemokratische Regierungen – toleriert von kommunistischen Fraktionen – amtierten, werden nun in beiden Ländern Koalitionsregierungen erzwungen: vom Zentralkomitee aus gesehen sicherlich mit dem Ziel, den Kampf um die Macht vorzubereiten. Denn daß dieser Kampf naherückt, ist klar: Wir haben die Rechtsregierung unter Cuno, die den Ruhrkampf führt und sich schließlich dazu gezwungen sieht, auf einen Kompromiß mit den Franzosen hinzuwirken.[40] Und von Bayern ausgehend haben wir die Mobilisierung in faschistischer Richtung, die vor allem im Kleinbürgertum Einfluß gewinnt. Die NSDAP, die bis dahin eine bedeutungslose Partei ist, steigt rasch auf und mobilisiert die Studenten; der Stahlhelm und die Heimatwehren in Bayern arbeiten mit ihr zusammen; die Regierung in Bayern ist das Zentrum der faschistischen Bestrebungen. Das alles hat verschärfte politische Auseinandersetzungen zur Folge: in Bayern ergreift von Kahr (rechter Flügel der Bayerischen Volkspartei), von der Reichswehr geduldet, die Macht. In Koalition mit den Deutschnationalen errichtet er eine Diktatur. Dabei unterstützen ihn die Nationalsozialisten, die aber nicht in die Regierung aufgenommen werden. Von Kahr inszeniert einen Staats-

40 Im November 1922 wird eine Regierung des Großkapitals gebildet: das Kabinett des Reichskanzlers Cuno, das sich zusammensetzt aus Mitgliedern der DVP und des konservativen Zentrumsflügels; vgl. Arthur Rosenberg, a.a.O., S. 125 ff.; Sigmund Neumann, *Die Parteien der Weimarer Republik*, Stuttgart 1965, S. 61 ff.

streich, er entzieht die bayerische Reichswehr der Befehlsgewalt des Reiches und unterstellt sie der Befehlsgewalt der bayerischen Regierung.[41] Diese Ereignisse spielen sich vom August bis Oktober 1923 ab. Im August 1923 wird durch einen Massenstreik der Berliner Arbeiter die Regierung Cuno gestürzt und die Koalitionsregierung Stresemann gebildet, eine Koalition unter Führung der Deutschen Volkspartei, der Partei der Industrie und des Finanzkapitals, und unter Beteiligung des rechten Flügels der Sozialdemokratie.[42] Die SPD gerät damit in eine völlig verworrene Konstellation: Sie beteiligt sich an dieser neuen Reichsregierung, Reichspräsident ist Friedrich Ebert, Chef der Heeresleitung ist Hans von Seeckt[43]; in Bayern sieht sich die SPD einer Rebellion der äußersten Rechten gegenüber, in Sachsen und Thüringen ist die SPD dagegen an Einheitsfront-Regierungen, also Arbeiterregierungen aus KPD und SPD, beteiligt.[44]

Welches war die Programmatik, die von der KPD für die Einheitsfront-Regierungen in Thüringen und Sachsen entwickelt worden war?

Die Mehrheit des Zentralkomitees der KPD setzt sich für Übergangslosungen ein, die praktisch vermitteln sollen zwischen dem allgemeinen revolutionären Endziel der Diktatur des Proletariats und den aktuellen Machtverhältnissen. In einer ersten Phase sollen Arbeiterregierungen erzwungen und die faschistische Rebellion niedergeschlagen, in der zweiten Phase planwirtschaftliche Ziele verwirklicht und Arbeiterkontrollen eingeführt werden.

Kannst Du ein wenig genauer beschreiben, wie die Übergangslosungen im einzelnen aussahen?

Als erster Schritt wird die Produktionskontrolle durch die Arbeiter ins Auge gefaßt, d. h. zum Beispiel Kontrolle der Einnahmen und Ausgaben und der Finanzierung nicht nur in

41 Vgl. Arthur Rosenberg, a.a.O., S. 147 f.

42 Das Reichsinnenministerium (Wilhelm Sollmann), das Finanzministerium (Rudolf Hilferding), das Justizministerium (Gustav Radbruch) und der Posten des Vizekanzlers wurden von Vertretern der SPD übernommen; vgl. ebenda, S. 139.

43 Vgl. Sigmund Neumann, a.a.O., S. 54 f., 57.

44 Vgl. Karl Hermann Tjaden, a.a.O., S. 34 ff.

den Einzelunternehmungen, sondern in der gesamten Volkswirtschaft. Diese Kontrolle soll durch Arbeiterausschüsse, bestehend aus Mitgliedern der Gewerkschaften, der Kommunistischen und der Sozialdemokratischen Partei erfolgen. Außerdem war – ebenfalls als ein erster Schritt – die Bildung einer Arbeiterregierung, d. h. einer Gemeinschaftsregierung beider Arbeiterparteien, vorgesehen.[45] Arbeiterkontrolle der Produktion ist die erste, Sozialisierung und planwirtschaftliche Koordinierung durch eine Arbeiterregierung ist die zweite Stufe[46] dessen, wofür man nach Meinung der Führung der KPD die Mehrheit der Arbeiterklasse und Teile der Mittelschichten unmittelbar gewinnen kann. Falls sich die Bourgeoisie gewaltsam wehrt, heißt die dritte Stufe dann volle Herrschaft der Arbeiterklasse, der Kommunistischen Partei im Bündnis mit Teilen der Sozialdemokratischen Partei und den Gewerkschaften. In diesem Stadium würden die Massen die Entwicklung selbst weiter vorantreiben.

Dem Aufstellen von Übergangsforderungen, wie sie von der Mehrheit des ZK befürwortet wurden, lag ein strategisches Ziel zugrunde?

Man war der Meinung, daß auch im Hinblick auf das Bewußtsein nicht-kommunistischer Massen Übergangsforderungen notwendig seien, die, an die bestehende Produktions- und Eigentumsordnung anknüpfend, über diese hinaustreiben und die am Ziel der Errichtung einer kommunistischen Gesellschaftsordnung orientiert sind.[47]

Was war demgegenüber die Position der Linken in der Kommunistischen Partei?

Die Zielsetzung der linken Fraktion in der KPD – Ruth Fischer, Arkadij Maslow, Arthur Rosenberg und die Gruppe um Karl Korsch – lautet demgegenüber: sofortige Diktatur des Proletariats, weg mit jeder Bündnispolitik, mit allen Über-

45 Zu Inhalt und politischer Bedeutung der Arbeiterregierungen vgl. ebenda, S. 26 f., 30 f.

46 Vgl. August Thalheimer, 1923: *Eine verpaßte Revolution? Die deutsche Oktoberlegende und die wirkliche Geschichte von 1923*, Berlin 1931, S. 19 f.

47 Zu den Übergangsforderungen der Sachwerterfassung und der Produktionskontrolle vgl. Karl Hermann Tjaden, a.a.O., S. 24 f.

gangslosungen, unmittelbarer Kampf um die Macht. Dies ist eine wesentliche Differenz innerhalb der Kommunistischen Partei. Die Mehrheit der linken Intellektuellen, einschließlich der Studenten, operiert auf der Seite der Fischer-Maslow-Gruppe, weil sie fern der Realität der Betriebe stehen.

Wie erklärst Du die zunehmende Radikalisierung Mitte des Jahres 1923?

Die Radikalisierung der Massen hängt mit der Verschärfung der ökonomischen Krise zusammen, die ja schnell voranschreitet.[48] Der Auguststreik, der von Berlin ausgeht und zum Sturz der Regierung Cuno führt, ist der Höhepunkt der Einheitsfront-Politik. In Berlin steht die kommunistische Parteiorganisation theoretisch zwar ultralinks, zu diesem Zeitpunkt macht sie die Einheitsfront-Politik aber in ihrer Praxis trotzdem noch mit und organisiert den Auguststreik auf der Basis der Einheitsfront, also mit den linken Sozialdemokraten zusammen. Die Führung der SPD ist gegen den Streik. Nach dem Streik tritt die neue Reichsregierung an und erfolgt im Oktober die Bildung der Arbeiterregierungen in Thüringen und Sachsen.

Thalheimer schreibt, dem Eintritt in die sächsische und thüringische Regierung habe der Gedanke zugrunde gelegen, daß die Partei den Regierungsapparat benutzen und die Arbeiter bewaffnen könnte ...

Ja, selbstverständlich sagt das die Kommunistische Partei. Auch die Mehrheitsfraktion der KPD macht keinen Hehl daraus, daß man den aufkommenden Faschismus nicht ignorieren kann, denn in Nordbayern sind die faschistischen Verbände bereits zum Einmarsch nach Norden angetreten: SA, Heimatwehren und Reichswehreinheiten. Zu dieser Zeit hatte die Reichswehr bereits einen Staatsstreich organisiert, in Bayern ist von Kahr an der Macht, und der Kommandant der Reichswehr erklärt ganz offen: Wir denken nicht daran, irgendwelchen Weisungen der Reichsregierung Folge zu leisten, denn da sitzen auch Sozialdemokraten drin. – Trotzdem

48 Vgl. Jürgen Kuczynski, *Die Geschichte der Lage der Arbeiter in Deutschland von 1800 bis in die Gegenwart*, Band I: *1800-1932*, Berlin 1947, S. 303 f., 306, 308.

schlagen Reichsregierung und Reichspräsident nicht gegen Bayern, sondern gegen Thüringen und Sachsen los, wo ja, wenn man es verfassungsrechtlich nehmen will, nur eine Bewaffnung zum Zwecke der Verteidigung der Legalität gegen Bayern gefordert wird. Einen konkreten Anlaß gab es für dieses Einschreiten nicht, es genügte, daß in Sachsen und Thüringen Arbeiterregierungen bestanden. Hier zeigt sich sehr deutlich das zielbewußte Streben der Bourgeoisie nach Verteidigung ihrer Macht mit Unterstützung des sozialdemokratischen Reichspräsidenten und ohne jede Rücksicht auf die Legalität.

Wie reagierte die KPD auf den Einmarsch der Reichswehr in Thüringen und Sachsen und auf die Absetzung der Arbeiterregierungen?

Zunächst taucht die Frage auf: Bedeutet das Bürgerkrieg? Das Zentralkomitee ist der Ansicht, die Partei allein sei zum Kampf zu schwach, wenn nicht wenigstens der linke Flügel der SPD mitkämpfe. Die Linke und die Militärorganisationen meinen, es müsse gekämpft werden. In der Führung sind beide Ansichten vertreten. Die militante Linie wird von der ganzen linken Fraktion der KPD und – wie es nun einmal ihrem Wesen entspricht – von den Kadern der Militärorganisation propagiert. Wir haben uns damals selbst um Waffen gekümmert. Dazu ein Beispiel aus meiner Erfahrung. In Frankfurt besaßen die nationalsozialistischen Verbände und der Stahlhelm Waffenlager. Die proletarischen Organisationen hingegen verfügten kaum über Waffen. Die Sozialdemokraten hatten ein paar Waffen von ihren wenigen Mitgliedern in der Polizei. Wir wußten, daß es im Norden von Frankfurt auf einem Schrebergartengelände große Waffenlager der verschiedenen faschistischen Verbände gab. Wir zogen also zusammen mit den Militärorganisationen, mit Jugendorganisationen des Kommunistischen Jugendverbandes und mit sozialdemokratischen Jugendorganisationen – Frankfurt war ja ein linker sozialdemokratischer Bezirk – auf das Gelände und holten uns die Waffen. Die Zusammenarbeit mit den Sozialdemokraten sah übrigens in meiner Familie ziemlich grotesk aus: Mein Vater war bei der sozialdemokratischen Organisation, mein späterer Schwager, meine Schwester und ich waren Mitglieder

der kommunistischen Organisation, und wir zogen gleichzeitig, aber alle mit verschiedenen Verbänden los, um denselben Plan auszuführen, nämlich Waffen zu beschaffen.

Hat sich die Zusammenarbeit zwischen Kommunisten und Sozialdemokraten, wie Du sie hier beschreibst, auf Einzelfälle beschränkt?

Solche Formen der Zusammenarbeit entstehen nicht nur in Frankfurt, sondern überall gibt es Tendenzen dieser Art. Generell aber steht die preußische Polizei, obschon der Polizeipräsident, dem sie unterstellt ist, ein Sozialdemokrat ist, auf der anderen Seite. Deshalb scheitern auch die meisten Aktionen. Immerhin haben wir hier in Frankfurt in der Zeit vor dem Oktober 1923 bei mehrfachem langsamen Wechsel der Mehrheitsverhältnisse in den Betriebsrätekonferenzen – ich nehme als Vertreter der Jugendorganisation ohne Stimmrecht teil, denn Stimmrecht hatten nur die gewählten Betriebsräte – mehrmals Massenstreiks und Generalstreiks beschlossen und auch durchgeführt. Sie wurden von der kommunistischen Fraktion beantragt; meist sprach irgendein rechter Sozialdemokrat dagegen, ein linker dafür, und schließlich war »die Sache gelaufen«, 90 % stimmten für den Streik, der dann von allen unterstützt und organisiert wurde. Situationen dieser Art sind kennzeichnend für die Zeit vor der Entscheidung in Thüringen und Sachsen. Dann kommt es zum Einmarsch der Reichswehr und zur Absetzung der Arbeiterregierungen in beiden Ländern. Auf der gesamtsächsischen Betriebsräte-Konferenz, der sogenannten Chemnitzer Konferenz, beantragt die Kommunistische Partei den sofortigen Generalstreik und Widerstand.[49]

Wie verhielten sich die linken Sozialdemokraten auf der Chemnitzer Konferenz gegenüber dem Einmarsch der Reichswehr und der Absetzung der Regierungen in Sachsen und Thüringen?

Sie bekamen Angst und zogen sich zurück. Militärisch gesehen waren die Sozialdemokraten natürlich im Recht. Aber

49 Vgl. den ausführlichen Bericht über die Chemnitzer Konferenz vom 21. 10. 1923 bei August Thalheimer, 1923 . . ., a.a.O., S. 26 f.

in solchen Lagen ist es wahrscheinlich besser, kämpfend geschlagen zu werden als kampflos unterzugehen. Das ist mein Urteil heute; ich war aber auch damals dieser Ansicht. Immerhin, auf der Betriebsräte-Konferenz in Chemnitz wird die Proklamation des Generalstreiks und des Kampfes abgelehnt. Die linken Sozialdemokraten schwanken aus Furcht vor einer Niederlage, nicht etwa, weil sie Überläufer sind. Sie verachten den Reichspräsidenten Ebert, der für den Einmarsch der Reichswehr die Verantwortung trägt.[50] Das Zentralkomitee der Kommunistischen Partei hatte zunächst erwartet, daß, wenn schon der sozialdemokratische Ministerpräsident in Sachsen sich nicht standhaft zeige, jedenfalls die Betriebsräte standhalten und Zeigner auf ihre Seite ziehen würden. Also hat man den Aufstand an verschiedenen Stellen, z. B. in Hamburg, vorbereitet. Dorthin ist der Kurier, der den Generalstreik und Aufstand absagen sollte, zu spät gekommen. Meist hat es mit den Kurieren geklappt, in diesem Fall nicht. Der Hamburger Aufstand bricht infolge konspirativen Versagens los und endet mit einem Debakel. Der Aufstand ist nicht von den Massen getragen, denn hier wie überall warten sie auf Sachsen und Thüringen, weil sie wissen, daß dort ihre Sache entschieden wird. Sie wissen, daß, wenn dort nichts passiert, hier auch nichts erreicht werden kann. Damit wandelt sich die Lage völlig.

Es kommt zur Vereinbarung zwischen von Kahr und der Reichsregierung mit dem Nachspiel des lächerlichen Hitler-Putsches, der nicht mehr als nur ein Nachspiel ist[51], denn die Nationalsozialisten sind noch nicht zur Hauptkraft des Faschismus geworden, sondern nur *eine* Kraft im aufkommenden Faschismus. Aktuell ist der Fachismus für die Bourgeoisie deshalb vorerst unnötig geworden, weil die Arbeiterklasse geschlagen wurde.

Wie sah die Stimmung in der KPD aus, nachdem es im Oktober 1923 zum Rückzug gekommen war?

Die Mehrzahl der Parteimitglieder war schwer enttäuscht.

50 Zur Linksopposition innerhalb der sächsischen SPD vgl. Hanno Drechsler, a.a.O., S. 6 f.

51 Vgl. Alan Bullock, *Hitler. Eine Studie über Tyrannei,* Düsseldorf 1953, S. 103-107; Arthur Rosenberg, a.a.O., S. 149 f.

Sie hatten große Erwartungen gehegt; es war aber zu keinem Gesamtkampf gekommen. Trotzdem hatte es eine totale Niederlage gegeben, denn im November 1923 wurde die KPD verboten und in die Illegalität gedrängt.

Stand der Beschluß der KPD zum Rückzug im Widerspruch zum Willen der Massen?

Es ist offensichtlich so, daß dieser Beschluß des ZK den Stimmungen der Parteimitglieder nicht entsprochen hat. Die Frage ist natürlich, welche Massen hier gemeint sind. Denn im Oktober ist die Stimmung außerhalb der Partei bereits umgeschlagen – eine Tendenz, die sich seit August abzeichnet. Tatsächlich hat die Massenbewegung im Auguststreik ihren Höhepunkt erreicht; dann läßt sie nach, und die Arbeiter werden unsicher, weil die SPD ja an der Reichsregierung beteiligt ist. Hinzu kommen die Beendigung der Inflation und die Stabilisierung durch Einführung der Rentenmark. Diese Stabilisierung erfolgt zwar auf der Grundlage des Hungers und stark reduzierter Löhne, aber – anders als in der Periode der totalen Inflation – eines berechenbaren Hungers. Die Massen der Arbeiterschaft sind durch diese Ereignisse völlig verwirrt.

Wie kamen die verschiedenen Stimmungen innerhalb der KPD zum Ausdruck?

Zum einen durch Austritte; formell sind Austritte kein wichtiges Problem, weil die Partei jetzt illegal ist. Zum anderen – vor allem bei den in den vorangegangenen Auseinandersetzungen aktivierten Arbeiterfunktionären, die der Partei treu bleiben – durch Opposition gegen die derzeitige Führung und gegen den »Opportunismus« der Partei. Schon während dieser ersten Phase der Illegalität wird der bisherigen Mehrheit des ZK von den aktiven Massen der Partei kaum noch Zustimmung entgegengebracht, weil die Führung für die Niederlage vom Oktober verantwortlich gemacht wird.

Konnte die Arbeit der KPD während der Illegalität in den Jahren 1923/24 fortgesetzt werden?

Ich hatte berichtet, wie ich als Oberprimaner im Jahre 1923 in der Schule verhaftet wurde und die Flugblätter, die ich in meiner Tasche hatte, weitergegeben wurden. Die Illegalität während des Faschismus war etwas ganz anderes und mit derjenigen von 1923/24 überhaupt nicht zu vergleichen. Denn in der Zeit nach dem Oktober 1923 bleibt die Partei gleichwohl eine Massenorganisation, jedenfalls nach heutigen Begriffen. Wir haben während der Illegalität im großen Saal des Gewerkschaftshauses in Frankfurt Mitgliederversammlungen des Kommunistischen Jugendverbandes veranstaltet – das war möglich. Die Polizei schritt nicht ein, einerseits, weil sie nicht wollte, andererseits, weil sie nicht konnte, denn es waren auch sozialdemokratische Funktionäre dabei, die die Versammlung durch irgendein Manöver formal gedeckt hatten. Das Verbot der KPD hatte allerdings zur Folge, daß wir die *Arbeiterzeitung* nicht mehr als Tageszeitung, sondern – formell illegal – als Wochenzeitung herausgeben mußten; immerhin blieb es bei der alten Auflagenhöhe. Auch sonst war die Arbeit der Partei nicht allzu sehr eingeschränkt. Formell durfte man nach außen nicht offen auftreten, und die Polizei war berechtigt, jeden zu »schnappen«.

Mich haben sie damals in der Schule zur Verhaftung ausgesucht, weil ich nicht gedeckt war, so wie etwa ein anderer Jugendfunktionär durch seinen Betrieb gedeckt gewesen wäre. In anderen Bezirken, wie zum Beispiel in Bayern, wo die Partei nur wenige Stützpunkte hatte, sah es wesentlich schlechter aus, war die Arbeit durch das Verbot in höherem Maße erschwert. Aber auch dies ist mit der Illegalität während des Dritten Reiches nicht zu vergleichen.

Wie haben die in der Partei organisierten Massen nun die Ereignisse vom Oktober 1923 verarbeitet?

In der Illegalität, die praktisch nur eine formelle Illegalität ist, schwenkt die innerparteiliche Mehrheit jetzt völlig auf die Seite der Ultralinken. Der bisherigen Führung wird vorgeworfen, sie habe die Niederlage verschuldet. Dieser Vorwurf wird ausgesprochen, obgleich die Mehrheit der Mitglieder die Strategie der alten Führung zunächst unterstützt hatte. Die Mehrheit derer, die im Verlaufe des Jahres 1923 vor dem Verbot neu in die Partei eingetreten waren – übrigens sehr viele –, war ja gerade *aufgrund* dieser Strategie eingetreten, aber mit der Hoffnung auf den Sieg. Die innerparteiliche

Radikalisierung ist also eine Folge der Enttäuschung. So sieht die Lage bis zum Frankfurter Parteitag aus, der Anfang 1924 stattfindet.[52]

Hat die Komintern die ultralinke Wendung von 1924 unterstützt?

Die Komintern läuft hinter den Ereignissen her. Anfang 1924 will noch nicht einmal der sinowjewsche Flügel des Exekutivkomitees der Kommunistischen Internationale (EKKI) den Sieg der Ultralinken, der Fischer-Maslow-Gruppe, anerkennen. Zwar ist sich die Exekutive der KI darüber im klaren, daß die Brandler-Thalheimer-Gruppe, also die sogenannte »Rechte«, seit Januar isoliert ist, setzt sich aber für ein Zusammengehen von Ultralinken und Mittelgruppe ein.[53] Zur Mittelgruppe gehört z. B. Ernst Meyer; mit ihm war ich gut bekannt, er war zu dieser Zeit vorübergehend Oberkommissar für alle südwestdeutschen Bezirke. Eigentlich wünschte die Komintern – das geht aus dem Verhalten ihrer Vertreter auf dem Frankfurter Parteitag hervor –, daß die Mittelgruppe die Parteiführung in die Hand bekäme. Das war zu dieser Zeit aber nicht mehr möglich, denn die überwiegende Mehrheit der unteren Funktionäre stand jetzt auf der Seite von Ruth Fischer, Maslow, Karl Korsch, Rosenberg, also der Ultralinken. Aus diesem Grunde änderten die Komintern-Vertreter auf dem Frankfurter Parteitag ihre Taktik: Sie fanden sich mit den Verhältnissen ab. Die Ansicht, die in der späteren Geschichtsschreibung häufig auftaucht, daß die Komintern die ultralinke Wendung herbeigeführt habe, ist deshalb völlig falsch: die Komintern hinkte den Ereignissen hinterher. Zwar hatte die Komintern vor dem Oktober ihre

52 Der IX. Parteitag der KPD findet vom 7. bis 10. April 1924 in Frankfurt/Main statt; das Verbot der Partei war seit dem 1. März 1924 wieder aufgehoben worden; vgl. Hermann Weber, *Die Wandlung des deutschen Kommunismus. Die Stalinisierung der KPD in der Weimarer Republik*, Band 1, Frankfurt/Main 1969, S. 65, 53.

53 Das erweiterte Präsidium des Exekutivkomitees der Kommunistischen Internationale (EKKI) war in Moskau im Januar 1924 übereingekommen, die »Rechten« aus der Parteiführung der KPD auszuschalten und die Parteizentrale aus Vertretern der »Linken« und der »Mittelgruppe« zusammenzusetzen, ein Beschluß, der im Februar 1924 vom Zentralausschuß der KPD bestätigt und konkretisiert wurde: Der Zentrale sollten künftig 5 Vertreter der »Mittelgruppe« und zwei Vertreter der »Linken« angehören; vgl. Karl Hermann Tjaden, a.a.O., S. 41.

Vertreter geschickt, Waffen geliefert und Militärs entsandt, die mit organisieren sollten. Das war eine selbstverständliche Solidaritätspflicht, denn in der Militärorganisation der KPD waren nur wenige ehemalige Offiziere. Die Komintern leistete also hauptsächlich militärische Unterstützung; die politische Vorbereitung ging sie nichts an, sie wurde vom Zentralkomitee der KPD betrieben. Sowohl im Verständnis des EKKI als auch des deutschen Zentralkomitees war die militärische Vorbereitung eine notwendige Hilfsfunktion, denn man mußte mit dem Bürgerkrieg rechnen. Allerdings verselbständigte sich diesc Hilfsfunktion nach der totalen Niederlage ohne Kampf – denn das war es ja, was vorausgegangen war –, und die von der Komintern geschickten militärischen Instrukteure trugen zur Verstärkung des ultralinken Flügels innerhalb der KPD bei.

Das hat aber mit der Politik des EKKI nichts zu tun. Diese Politik war bis zum Frankfurter Parteitag darauf gerichtet, eine Neubesetzung des Zentralkomitees unter der Führung Ernst Meyers, Fritz Heckerts, Hermann Remmeles und anderer Vertreter der Mittelgruppe zu erreichen, um dann zu versuchen, durch eine realistische Politik die Niederlage zu überwinden. Auf dem Frankfurter Parteitag erwies sich nun aber, daß für diese Politik keine Basis vorhanden war, denn die Ultralinken hatten eine sehr große Mehrheit. Wohlgemerkt, zu diesem Parteitag war nicht ein einziger Anhänger der Brandler-Thalheimer-Gruppe, also der »Rechten«, als Delegierter gewählt worden.[54] Die Massen haben also die Linkswendung im Jahre 1924 erzwungen, d. h. nicht die Massen der Arbeiterklasse, sondern die Massen der illegalen Parteimitglieder. Und so kam es schließlich zur Machtübernahme durch die Fischer-Maslow-Gruppe; es begann die Zeit der ultralinken Zentrale.[55]

Hast Du am Frankfurter Parteitag als Zuhörer oder Delegierter teilgenommen?

Ich war nicht delegiert worden, daran war nicht zu denken.

54 Zu den Einzelheiten des IX. Parteitages der KPD, der vom 7. bis 10. April 1924 in Frankfurt/Main stattfand, vgl. Karl Hermann Tjaden, a.a.O., S. 43 ff.

55 In das Zentralkomitee der KPD wurden 11 Vertreter der »Linken« und 4 Vertreter der »Mittelgruppe« gewählt; vgl. ebenda, S. 43; die neuen Mitglieder des ZK sind namentlich aufgeführt bei Hermann Weber, a.a.O., Band 2, S. 12 f.

Im Frankfurter Jugendverband sah es inzwischen so aus, daß meine Freunde und ich keinerlei Rückhalt mehr hatten, denn es war bekannt, daß wir den früheren »rechten« Kurs gutgeheißen und mitgetragen hatten. Hier in Frankfurt übernahm Hermann Hodes, später Mitarbeiter der *Frankfurter Rundschau*, damals ein typischer Vertreter der Ultralinken, die Führung.

Wir wurden aus allen Funktionen abgewählt und hatten keinen Einfluß mehr. Ich war damals gerade 18 Jahre alt, machte Abitur und verlor jeden Kontakt zum Jugendverband. Meiner Schwester erging es ebenso; wir machten zur gleichen Zeit Abitur – sie in der Schiller-Schule, ich in der Musterschule. Es war eine sehr deprimierende Zeit für uns. Seit dem Frankfurter Parteitag, in Wirklichkeit schon Monate vorher, konnten wir nicht mehr politisch arbeiten. Zu den Sozialdemokraten zu gehen, kam für uns nicht in Frage. Diese Situation änderte sich, als wir die Schule verließen und an die Universität kamen – damit war ohnehin eine strukturelle Änderung unserer Tätigkeit verbunden. Im Jahre 1924 habe ich dann in Frankfurt mit dem Jura-Studium begonnen.

Wie bist Du darauf gekommen, Jura zu studieren?

Das ist sehr einfach: Ich hätte gern Naturwissenschaften studiert, als zentrales Fach Biologie. Das interessierte mich am meisten. In meinem Abiturzeugnis habe ich zwar in Biologie nur eine Drei, in allen mathematisch-naturwissenschaftlichen Fächern aber eine Zwei. Damals hieß das sehr viel, die Notenskalen waren ganz andere als die heutigen – zwei war eine sehr gute Note. Dies Studium kam aber nicht in Frage, denn ich hätte beruflich nichts damit anfangen können, und Lehrer wollte ich nicht werden. Es war auch sehr zweifelhaft, ob ich eingestellt worden wäre. So habe ich mir – auch in Diskussionen mit Freunden – sehr genau überlegt, was ich studieren sollte. Wir kamen zu dem Ergebnis, daß Jurisprudenz das einzige Fach war, mit dem ich beruflich etwas anfangen könnte, daß ich sicher später als Anwalt Arbeit finden würde.

Sah diese Entscheidung für andere in Deinem Freundeskreis ähnlich aus?

Ja, alle anderen Möglichkeiten waren uns verschlossen. Die

ultralinken Genossen, die zum Teil aus der Großbourgeoisie kamen und in der Studentenbewegung auch in Frankfurt die Mehrheit hatten, studierten meist Soziologie oder Philosophie; sie konnten sich ein solches Studium finanziell leisten, ich nicht. Stipendien gab es in jener Zeit nicht; meine Eltern mußten das gesamte Studium für mich finanzieren. Also begann ich im Sommersemester 1924 mit dem Jurastudium.

Welche linken Studentengruppen gab es an den Universitäten zu der Zeit, als Du Dein Studium begannst?

An der Universität habe ich sofort Kontakt mit der kommunistischen Studentengruppe aufgenommen, die damals eine Fraktion der »Freien Vereinigung Sozialistischer Studenten« bildete. Es gab zu jener Zeit zwei sozialistische Studentengruppen an der Universität Frankfurt: den sozialdemokratischen »Sozialistischen Deutschen Studentenbund« und die linke »Freie Vereinigung Sozialistischer Studenten«, die nicht unmittelbar parteigebunden war, in der auch linke Sozialdemokraten arbeiteten. Deren Kern bildete die »Kommunistische Studentenfraktion«, die KoStuFra. Zu dieser Zeit war die KoStuFra in der Hand der Ultralinken, früher war es partiell anders gewesen: Man denke an Karl August Wittfogel, der erst nach dem Sieg der Ultralinken zu ihnen überlief, keineswegs vorher. Wittfogel studierte in Frankfurt Sinologie, ebenso wie Richard Sorge; beide waren in der Kommunistischen Studentenfraktion organisiert, waren zunächst keine Ultralinken. Sie gehörten zur älteren Studentengeneration, hatten schon mehrere Semester studiert und kümmerten sich kaum noch um aktuelle Studentenprobleme. Die Genossen, die schon 2 oder 3 Semester studiert hatten, waren dagegen zu dieser Zeit alle ultralinks, zum Beispiel Kurt Mandelbaum und Heinz Langerhans. Ich wurde von diesen Genossen als Erstsemester und – da ich nicht dauernd in hegelianisierter halbkorschistischer Sprache redete – als ein Außenseiter betrachtet. Und weil ich außerdem noch gegen den Kurs der Partei war, war ich isoliert. Die kommunistische Fraktion war etwa 10 Mann stark. Etwa 30 weitere Mitglieder der »Freien Vereinigung Sozialistischer Studenten«, parteilose oder linke Sozialdemokraten, beschäftigten sich vorwiegend mit theoretischen Fragen. Der »Sozialistische Deutsche Studentenbund«, rein sozialdemokratisch, zählte etwa 40 Mitglieder, von denen aber ungefähr 30 inaktiv waren. Alle linken Gruppen zusammen waren nur eine verschwindende Minderheit an der Universität. Die große Majorität der Studenten, einschließlich der jüdischen Studenten, akklamierten damals auch an der Universität Frankfurt – wir sind in der Phase der Stabilisierung – den bürgerlichen Parteien. Bei den jüdischen Studenten gab es auch eine apolitische Richtung; die anderen Studenten engagierten sich im Verbindungswesen mit deutsch-nationalen oder faschistischen Positionen, sie hatten in den Selbstverwaltungsgremien der Universität die Mehrheit – trotz der großen Zahl von jüdischen Studenten.

Wie sah die praktische politische Arbeit der linken Studentengruppen aus: Wandten sie sich an die Studenten oder mehr nach außen?

Beides. Innerhalb der Universität fanden Diskussionsveranstaltungen und Schulungen statt, es wurde ernsthafte theoretische Arbeit geleistet. Vielfach wurden aber auch angebliche theoretische Differenzen unter den Ultralinken ausgefochten; doch wurde in Wirklichkeit nichts zu Ende diskutiert.

In den Seminaren an der Universität haben wir oftmals und auf sehr geschickte Weise Diskussionen in die Wege geleitet. Wir betrieben solche Debatten nicht nur in juristischen, sondern auch in neuhistorischen Seminaren. Für uns waren sie nützlich, weil wir lernten, uns selbst zu schulen, aber auch, weil wir aufklärend wirken konnten. Diese Diskussionen konnten vielleicht für einige Studenten als individuelle Sozialisationsimpulse Bedeutung gewinnen. Bei diesen Diskussionen machten alle mit, auch die Kommunistische Studentenfraktion – trotz aller Differenzen, die wir untereinander hatten.

In welchen juristischen Bereichen haben eure Diskussionen angesetzt?

In öffentlich-rechtlichen Seminaren, vor allem bei der Diskussion über verfassungsrechtliche Probleme, und in arbeitsrechtlichen Veranstaltungen. Dort lehrte Sinzheimer, mit dem ich heftige Debatten gehabt habe. Er war nämlich davon überzeugt, daß Klassenkampftheorien überwunden seien. Hugo Sinzheimer, obgleich Sozialdemokrat, war in theoretischen Fragen ein Soziallliberaler, aber sehr tolerant. Ich kannte ihn persönlich durch meine Mutter und eine gemeinsame Freundin, die sozialdemokratische Stadtverordnete Elsa Bauer. Ich schätzte Sinzheimer, obwohl er kein Marxist war. Meine juristischen Schwerpunkte waren Arbeitsrecht, Öffentliches Recht und Strafrecht, während mich Zivilrecht nicht sonderlich interessierte. Andere aus unserer Gruppe diskutierten in volkswirtschaftlichen Seminaren. Einer unserer besten Diskussionsredner, der damals ein Ultralinker war, ist während des Dritten Reiches zu den Nazis übergelaufen.

Gab es innerhalb der Ultralinken eine Tendenz, sich später mit dem Faschismus zu arrangieren?

Nein, das kann man auf keinen Fall sagen. Es waren wenige individuelle Fälle, die keineswegs für die Ultralinken typisch sind. Gute Diskussionen haben wir übrigens auch in den soziologischen Seminaren geführt. Adressaten waren die Studenten. Marxistische Professoren gab es noch nicht. Erst 1925 änderte sich dies, als Carl Grünberg kam und Leiter des Instituts für Sozialforschung wurde. Grünberg übernahm eine wichtige Funktion für unsere theoretische Entwicklung. Er war Austro-Marxist und machte keinen Hehl daraus. Er sorgte dafür, daß sich an diesem Institut alle Welt treffen konnte: Man lernte Otto Bauer kennen, Friedrich Adler und Max Adler, viele russische Wissenschaftler; auch Karl Korsch wurde gelegentlich eingeladen. Man diskutierte dort und lernte dabei viel. Ich selbst war an den Arbeitstagungen nicht immer beteiligt, denn ich war Jurist, und juristische Themen standen kaum zur Debatte. An den Diskussionsveranstaltungen habe ich aber immer teilgenommen.

Welches waren die wichtigsten Themenbereiche, die damals im Institut für Sozialforschung debattiert wurden?

Es wurde mit der Diskussion über die Philosophie des Marxismus begonnen, wobei die Standpunkte stark variierten und mir zunächst auch noch unklar waren. Von hier aus begann die generelle Aufarbeitung des historischen Materialismus und marxistischer ökonomischer Analysen des Monopolkapitalismus. Die philosophischen Debatten waren heftig, denn 1925 wurde der *Empiriokritizismus*[56] neu in deutscher Sprache verlegt, er stellte eines der meistumstrittenen Diskussionsprobleme dar. Hinzu kam die Aufarbeitung der russischen Krisen und der russischen Erfahrungen, denn in das Institut kamen ständig Russen, wurden russische Studenten von ihrer Partei geschickt. Sie vertraten sehr divergierende Standpunkte, selbst in den russischen Fragen. Auch das führte zu heftigen Debatten; allerdings begann in der Sowjetunion damals die Verengung der innerparteilichen Auseinandersetzungen. Die »Plattformen« der verschiedenen russischen Oppositionsgruppen wurden noch in den theoretischen Zeitschriften der Kommunistischen Internationale veröffentlicht. Im Institut wurden vor allem die unterschiedlichen Auffassungen über die sowjetische Wirtschaftspolitik erörtert. Friedrich Pollock arbeitete an seiner Habilitationsschrift über diese Fragen.[57]

Ich arbeitete als Jurastudent in der Roten Hilfe. Außerdem wurde ich der Kontaktmann zu anderen linken Gruppen der Jugendbewegung, die teils pazifistische, teils nationalistische Ausgangspositionen hatten. Damals war der Gießener Nationalökonom Professor Friedrich Lenz ein Anziehungspunkt für nationalistische Studenten. Um ihn scharten sich viele Studenten, die jedoch bald kritisch zu werden begannen und die man für linke Positionen interessieren konnte. Ich fuhr damals alle zwei Wochen nach Gießen in das Oberseminar von Professor Lenz, um mit ihm und seinen Studenten zu diskutieren. Etwa im Jahre 1929 begann ich, den Sozialistischen Schülerbund mit aufzubauen. Darüber hinaus gab es ständigen Kontakt mit den sozialdemokratischen Studenten und mit den Arbeiterstudenten in der Akademie der Arbeit, die im Sozialistischen Deutschen Studentenbund organisiert waren.

Wie waren zu jener Zeit Deine Kontakte zur KPD selber?

Mit den Funktionären, die ich aus der Zeit vor und nach

56 W. I. Lenin, *Materialismus und Empiriokritizismus. Kritische Bemerkungen über eine reaktionäre Philosophie,* in: W. I. Lenin, *Werke,* Band 14, S. 7-366.

57 Friedrich Pollock, *Die planwirtschaftlichen Versuche in der Sowjetunion 1917-1927,* Wirtschaftswiss. Hab. Schrift, Schriften des Instituts für Sozialforschung an der Universität Frankfurt a. M., 2. Band, Leipzig 1929.

1923 kannte, blieb ich in ständigem Kontakt. Meine Position in der Partei verbesserte sich dagegen erst Ende des Jahres 1925, als der ultralinke Kurs aufgegeben wurde; erst dann konnte ich wieder in einer Parteieinheit aktiv mitarbeiten.

Hattest Du auch mit Franz Neumann, Ernst Fraenkel und Otto Kahn-Freund, die doch Assistenten oder Doktoranden von Sinzheimer waren, Kontakt?

Ganz locker. Sie waren vier oder fünf Jahre älter als ich und damals schon an Gewerkschaftsschulen oder anderswo berufstätig. Fraenkel habe ich nach 1945 wiedergetroffen.

Wer waren während Deiner Studienzeit die wichtigsten Lehrer für Dich?

Immer habe ich von August Thalheimer gelernt, ihn aber selten gesehen – er lebte ja lange Zeit in Moskau.[58] Während der Zeit bis zur Oktoberniederlage 1923 war er für mich ein Idol; ich hielt alles, was er sagte, für richtig. Weiter schätzte ich wegen seiner praktischen Politik Heinrich Brandler sehr.[59] In gewissem Maße zählte wegen seiner historischen Arbeiten über die deutsche Arbeiterbewegung auch Paul Frölich zu den Politikern, die mir wichtig waren.[60] All diese Kommunisten

58 August Thalheimer (1884-1948) war von 1919 bis 1924 Mitglied der Zentrale der KPD und deren wichtigster Theoretiker. Mit der Wendung zur ultralinken Politik wurde er 1924 seiner Funktion enthoben und emigrierte in die UdSSR, von wo er 1928 nach Deutschland zurückkehrte und ab 1929 zusammen mit Heinrich Brandler die KPD-Opposition (KPO) leitete; vgl. Otto Bauer, Herbert Marcuse, Arthur Rosenberg, *Faschismus und Kapitalismus. Theorien über die sozialen Ursprünge und die Funktion des Faschismus*, hrsg. von Wolfgang Abendroth u. a., Frankfurt/Main 1967, S. 9; Karl Hermann Tjaden, a.a.O., Anhang I, S. 10 f.

59 Heinrich Brandler (1881-1967) wurde 1918 in die Zentrale der KPD berufen und war einer der Hauptvertreter der Einheitsfront-Politik in der KPD. Im Februar 1924 wegen »Rechts«abweichung seiner politischen Funktionen enthoben, emigrierte Brandler nach Moskau. Seit 1928 war Brandler, der in diesem Jahr nach Deutschland zurückgekehrt war, Mitglied der Reichsleitung der KPO; vgl. Wolfgang Abendroth, *Ein Leben im Dienste der Arbeiterbewegung. Heinrich Brandler gestorben*, in: *Neue Kritik*, Nr. 44, Sept./Okt. 1967, S. 3-6.

60 Paul Frölich (1884-1953), Sohn eines Arbeiters, seit 1902 in der Arbeiterbewegung tätig, besuchte Kurse des Leipziger Arbeitervereins, 1910 Redakteur am *Hamburger Echo*, 1914 Gegner der Burgfrieden-Politik, 1916 Herausgeber der Wochenschrift der Bremer Linken: *Arbeiterpolitik*, 1918 auf dem Gründungsparteitag der KPD in die Zentrale gewählt, Delegierter auf dem III. Weltkongreß der Komintern 1921, bis 1928 Lektor an der zentralen Parteischule der KPD. Dezember

waren keine Lehrer an der Universität. An der Universität habe ich außer Carl Grünberg, von dem ich viel gelernt habe, der aber sehr bald krank wurde und starb, niemanden als meinen Lehrer angesehen.

Von den Schriften, die damals diskutiert wurden – ›Geschichte und Klassenbewußtsein‹[61]*, ›Marxismus und Philosophie‹*[62] *–, warst Du nicht besonders beeinflußt?*

Diese Arbeiten wurden natürlich diskutiert, aber im Gegensatz zur Majorität der kommunistischen Studenten haben sie mich nicht sonderlich beeinflußt, da ich weniger stark von abstrakter Theorie her bestimmt war: Der Hauptakzent meiner Tätigkeit lag schon in der Zeit vorher und dann auch weiterhin im Bereich der praktischen politischen Arbeit. Ich arbeitete hauptsächlich in der Roten Hilfe, alles andere war im Grunde zweitrangig. Mit Horkheimer und Adorno hatte ich wenig zu tun, vom Standpunkt der aktiven Arbeiterbewegung her gesehen waren sie immer Außenstehende. Im Institut für Sozialforschung und über das Institut hinaus hatten sie natürlich Einfluß auf die verschiedenen Generationen linker Studenten. Auch Leute wie Walter Benjamin haben mich nur wenig interessiert. Mit ihnen habe ich hin und wieder in einem Café diskutiert, denn es bestand keine Feindschaft zwischen uns; aber meinen Interessen entsprach dieser Kreis nicht. *Geschichte und Klassenbewußtsein* habe ich eifrig gelesen, wie viele andere, habe es aber überspitzt gefunden und gedacht: Was der Lukács macht, ist Philosophie, und das ist sein Arbeitsbereich. Mir war es viel wichtiger, die Entlassungskampagne für Max Hölz von der Roten Hilfe aus mit zu organisieren, mit Willi Münzenberg und seinen Leuten die Brüsseler und die Frankfurter Antiimperialistische Konferenz vorzubereiten und Kontakte zu nationalrevolutionären Bewe-

1928 Ausschluß aus der KPD, Mitglied der KPO, Mitglied der Reichsleitung der KPO, 1932 Wechsel zur SAP, Mitglied des Parteivorstands. Ende 1933, nach Entlassung aus dem KZ, Emigration nach Paris, Mitglied der Auslandsleitung der SAP, 1941 Aufenthalt in New York, 1950 Rückkehr in die Bundesrepublik, Eintritt in die SPD, vgl. Karl Hermann Tjaden, a.a.O., Anhang I, S. 5 f.

61 Georg Lukács, *Geschichte und Klassenbewußtsein*, Berlin 1923.

62 Karl Korsch, *Marxismus und Philosophie*, 3. Aufl., Frankfurt/Main 1971, erschien erstmals im Jahre 1923 in: *Grünbergs Archiv für Geschichte des Sozialismus und der Arbeiterbewegung.*

gungen in Kolonialgebieten herzustellen. Mein Ziel an der Universität war es, Examen zu machen und dann Anwalt zu werden, denn diesen Beruf konnte ich praktisch anwenden. Im Frühjahr 1930 habe ich endlich das erste Staatsexamen gemacht.

Wenn man Deine juristischen Texte liest, hat man den Eindruck, daß Du sehr stark von der definitorischen und systematisierenden Schule Hans Kelsens beeinflußt bist?

Ich habe sehr viel von Kelsen gelesen, das ist richtig. Von ihm lernte ich zunächst wesentlich mehr als von Hermann Heller, der in Frankfurt Professor wurde, als ich schon Gerichtsreferendar war. Ich kenne auch Martin Drath aus dieser Zeit, er war Assistent bei Heller. Bei Kelsen war mir vor allem seine exakte definitorische Fähigkeit wichtig, weniger seine Methoden. Später konnte ich auch mit Hermann Heller mehr anfangen; im Laufe des Jahres 1932 bezog er in vielen staatsrechtlichen Fragen progressivere Positionen.[63] Bis dahin hatte ich ihm gegenüber Vorurteile, die gelegentlich unberechtigt scharf waren, das muß ich heute zugeben.

Diese Vorurteile rührten von Hermann Hellers früheren Schriften her, zum Beispiel von *Sozialismus und Nation*[64]. Juristisch war ich stark definitorisch und stark positivistisch beeinflußt; ich rezipierte kritisch die Interessenjurisprudenz. Ich war auch einmal für ein Semester in Tübingen, um den Zivilrechtler Rümelin zu hören, und ein Semester in Münster, um mich mit dem Kantianer Vorländer auseinanderzusetzen. In Münster war ich allerdings auch zu dem Zweck, die Partei wiederaufzubauen, die infolge der ultralinken Politik völlig zerschlagen war. In dieser Zeit habe ich dort den dialektischen Theologen Karl Barth gehört. Mit Vorländer habe ich so gut zusammenarbeiten können, daß er mich als Hilfskraft anstellte und mich später in Frankfurt einmal besuchte.

Die Partei ist in Münster nach dem Ausschluß der Ultralinken Ende 1925/Anfang 1926 total liquidiert gewesen. Es gab keine linke Gruppe an der Universität Münster; in der Stadt gab es einen einzigen kommunistischen Arbeiterfunktionär. Ihn suchte ich auf, und ganz langsam haben wir wieder etwas

63 Vgl. Hermann Heller, *Staatslehre*, 1934; Wiederabdruck Leiden 1963.
64 (1925) Berlin 1931.

aufgebaut, teilweise in Auseinandersetzung mit Klaus Zweiling[65], der damals in Münster Chefredakteur der sozialdemokratischen Zeitung war. Es erschien dort keine andere linke Zeitung, denn in dieser Gegend war alles vom Zentrum beherrscht.[66] In diesen Jahren – so würde ich heute sagen – hatte ich starke ultralinke Neigungen, obwohl ich organisatorisch auf dem rechten Flügel der KPD stand. Und ich war im Grunde stärker luxemburgianisch als leninistisch orientiert.

Welche Rolle spielten die Auffassungen Luxemburgs und Lenins nach der Oktoberniederlage von 1923 in der Partei?

Lenin spielt im Jahre 1923 noch keine zentrale Rolle; in der KPD ist die Autorität Rosa Luxemburgs mindestens ebenso groß. Erst 1924 kommt eine dogmatisierende Leninismus-Rezeption, die an den Schriften *Was tun?*[67] und *Ein Schritt vorwärts, zwei Schritte zurück*[68] orientiert ist. Von nun ab wird überall auf Lenins Organisationstheorie zurückgegriffen mit dem Ziel, die Vereinheitlichung der Partei voranzutreiben. Vor allem die Ultralinken proklamieren dieses Ziel, obwohl sie ja groteskerweise alles andere tun, als die Partei zu vereinheitlichen. Denn gleichzeitig beginnen sie untereinander die abstrusesten Debatten: Arthur Rosenberg gegen Karl Korsch, beide gegen Ruth Fischer und Maslow, usw., allerdings alle mit dem Ziel: Leninismus, d. h. Homogenisierung der Partei. Und unter Homogenisierung wird verstanden: Weg mit den innerparteilichen Diskussionen! Die entsprechende Mentalität hat sich aufgrund der Niederlage im Oktober 1923 und infolge der Illegalität 1923/24 bei den meisten Funktionären durchgesetzt und schließlich zur Verketzerung des Luxemburgianismus geführt. Ruth Fischer sagte einmal, der Luxemburgianismus sei eine Syphilis. Und so setzte es sich in den Köpfen fest. Ein Spiegel dieser widersprüchlichen aufeinanderfolgenden Strömungen in der Partei war z. B. Karl August Wittfogel.

65 Klaus Zweiling war in der SPD, später in der SAP und von 1924-1926 Redakteur des *Volkswillen* in Münster. Später wurde er führender Funktionär der SED und Chefredakteur der *Einheit*; vgl. Hanno Drechsler, a.a.O., S. 371.

66 Zur Programmatik und den sozialen Gruppierungen, die im Zentrum vertreten sind, vgl. Sigmund Neumann, a.a.O., S. 47 f.

67 *Was tun? Brennende Fragen unserer Bewegung*, in: W. I. Lenin, *Werke*, Band 5, S. 355-551.

68 *Ein Schritt vorwärts, zwei Schritte zurück*, in: W. I. Lenin, *Werke*, Band 7, S. 197-430.

Würde man seine sämtlichen Publikationen einmal aufarbeiten, so hätte man ein getreues Abbild jedes einzelnen Stimmungswandels in der Partei. Wittfogel hat jedesmal seine Meinung der herrschenden Strömung angepaßt. Übrigens wäre es falsch zu meinen, die abschätzige Sprache Ruth Fischers und Maslows gegenüber Rosa Luxemburg sei der Partei von außen aufgezwungen worden. Diese Situation entstand von innen heraus und war der Rolle der illegalen Partei nach dem Oktoberaufstand adäquat. In Wirklichkeit sind alle Thesen über die Kommunistische Partei, in denen behauptet wird, die Fehler der Partei damals seien in Moskau »ausgebrütet« worden, falsch. Zwar werden alle Fehler in der Geschichte dieser Partei von Intellektuellen in Ideologie umgewandelt, das gehört zu den negativen Rollen jeder Intelligenzschicht. Aber das, worauf es ankommt, ist, daß ein solcher Umschwung, ein Mentalitätsumschwung, jeweils breite Schichten der Parteiarbeiter ergreift. In Wirklichkeit sind ja die Darstellungen von bürgerlichen Historikern und die selbstbestätigenden Parteilegenden der verschiedenen Kommunistischen Parteien nur zwei Seiten derselben Medaille: Sie alle gehen an der Realität vorbei, weil sie immer nur vom Standpunkt der Spitzenfunktionäre ausgehen, nie aber die Basis analysieren.

Wie kam es, daß angesichts der ultralinken Wendung im Jahre 1924 kurz danach, im Spätsommer 1925, wieder eine entgegengesetzte Schwenkung einsetzte mit Parolen wie: »Heran an die Massen, mehr Betriebs- und Parlamentsarbeit«?

Die Schwenkung nach ultralinks von 1924 hatte eine sichtbare Selbstzerfleischung der Intellektuellen an der Spitze der Partei zur Folge. An der Spitze standen ja fast ausschließlich Intellektuelle, weder vorher noch später hat es in einem Zentralkomitee so viele Intellektuelle gegeben, wie zu dieser Zeit. Nebenbei gesagt, es gehört zu den bemerkenswerten Phänomenen der Geschichte, daß genau diese Intellektuellen immer wieder die Forderung erheben: Weg mit den Intellektuellen! Mit dem beginnenden Zerfall der Spitze und der zunehmenden Isolierung von den Massen geht die Partei von Niederlage zu Niederlage. Viele Arbeiterfunktionäre bleiben zwar in der KPD, resignieren aber vor der Ultralinken, arbeiten nicht mehr mit, sind nur noch passive Mitglieder. Daß die

Partei immer mehr an Rückhalt verliert, sieht man an den Dezemberwahlen 1924 und an den Reichspräsidenten-Wahlen von 1925. Die Sozialdemokratie hatte sich nach dem Verzicht auf ihren ursprünglichen Kandidaten Otto Braun im zweiten Wahlgang für den Zentrumsführer Wilhelm Marx ausgesprochen. Marx war kein Mann des demokratischen und demokratisierbaren Zentrumsflügels, also des Wirth-Flügels, sondern gehörte zum reaktionärsten Flügel innerhalb der Zentrumspartei; er war früher Generalsekretär des »Zentralverbandes deutscher Katholiken« und strikter Anhänger der Konfessions-Schule gewesen. Nach den Präsidenten-Wahlen wurde er Reichskanzler der Bürgerblock-Regierung. Für die Arbeiter war Marx kein akzeptabler Kandidat, viele blieben bei dieser Wahl zu Hause. Für sie war Ernst Thälmann der einzig wählbare Kandidat; aber auch für ihn wurden im 2. Wahlgang nur wenige Stimmen mehr abgegeben als im 1. Wahlgang.[69] Die sektenhafte Isolierung der KPD determinierte den Wahlausgang. Das Ergebnis war schließlich die Wahl Hindenburgs zum Reichspräsidenten. Thälmann war damals noch der verantwortliche Repräsentant der ultralinken Politik, er war der Typ des ehrlichen energischen Proleten, Transportarbeiter aus Hamburg. Indes fehlten ihm die Qualitäten des großen Parteiführers. Ich stimme weder in die Heroisierung Thälmanns ein noch in einen Fehler, den wir »Rechten« später gemacht haben: in seine Unterbewertung.

Hast Du selbst in irgendeiner Weise an dem Wahlkampf für den Reichspräsidenten teilgenommen?

Ich habe mich damals an den Kampagnen für Thälmann beteiligt, obgleich ich in scharfer Opposition zum ultralinken Kurs der KPD stand. Ich erinnere mich noch genau an die Nacht, in der wir das Wahlergebnis erfuhren. Mein Vater hatte einige junge Sozialdemokraten bei sich. Damals leitete er einen Chor der SAJ, mit dem er vor allem die Kampflieder der Arbeiterbewegung übte. Wir saßen in seinem Zimmer und sangen. Unsere Reaktion auf die Wahl Hindenburgs war, daß

69 Im zweiten Wahlgang am 26. April 1926, an dem sich 3,5 Mio. mehr Wähler beteiligten als am ersten Wahlgang vom 29. März 1925, erhielt Ernst Thälmann 60 000 Stimmen mehr und bekam insgesamt 1,9 Mio. Stimmen; vgl. Alfred Milatz, a.a.O., S. 119. Die höhere Wahlbeteiligung war eine Folge der Mobilisierung des Kleinbürgertums durch die Kandidatur Hindenburgs.

wir zusammen auf die Straße gingen, KJV und SAJ gemeinsam. Einige linke Studenten schlossen sich uns an; Arbeiter aus beiden Parteien stießen zu uns. Es war eine große Demonstration. Wir zogen vor das Polizeipräsidium. Abwechselnd wurde gerufen: »Hoch Marx, Hoch die Sozialdemokraten, Hoch Thälmann!« Wir riefen dies miteinander, nicht gegeneinander; wir sangen die Internationale und die Arbeitermarseillaise – so etwas war selbst in Zeiten möglich, in denen die KPD eine ultralinke Politik verfolgte.

Wie verlief die Entwicklung der KPD in der Zeit vor der Wahl Hindenburgs zum Reichspräsidenten?

Schon vorher steckt die Partei eine Niederlage nach der anderen ein. Im Mai 1924 finden die ersten Reichstagswahlen seit der Stabilisierung statt: Die SPD verliert erheblich, die KPD gewinnt zwar Stimmen dazu, trotz des Frankfurter Parteitages, der ja kurz zuvor, im April 1924, stattgefunden hatte. Das Verhältnis der SPD zur KPD ist etwa 5 : 3. Aber dennoch hat die KPD schon jetzt viel an Rückhalt eingebüßt, wenn man die Situation mit der vom August 1923, also einem dreiviertel Jahr vorher, vergleicht. Und so geht es Schlag auf Schlag weiter. Der Reichstag wird aufgelöst; es kommt die Reichstagswahl vom Dezember 1924. Die KPD verliert ungefähr ein Drittel ihrer Stimmen, und schließlich kommt die Wahl des Reichspräsidenten, Thälmanns Kandidatur, wo die KPD fast 800 000 Stimmen weniger hat als im Dezember 1924.[70]

Inzwischen hat die KPD fast allen innergewerkschaftlichen Einfluß verloren. Diese gesamte Entwicklung führt dazu, daß die Parteiarbeiter in den eigenen Reihen Kritik an der Führung anmelden. Zwar haben sie die ultralinke Wendung in den letzten Monaten mitgetragen und mitvollzogen, sie wälzen aber die Verantwortung auf die Parteizentrale ab, so, wie sie es auch 1923 getan hatten. Im August 1925 kommt es zum Offenen Brief des EKKI, zur Absetzung der Ultralinken,

70 Stimmenentwicklung der KPD und SPD 1924/25:

	Mai 1924	Dez. 1924	April 1925
KPD	3,7 Mio. (12,6%)	2,7 Mio. (9,0%)	1,9 Mio.
SPD	6 Mio. (20,5%)	7,9 Mio. (26,0%)	

Quelle: ebenda, S. 116 ff.

wobei allerdings die Thälmann-Gruppe im Zentralkomitee verbleibt.[71] Praktisch heißt das: Wiederherstellung des Kurses der »Versöhnler«[72], wie ihn Ernst Meyer, Arthur Ewert und andere vertreten. Die Gewerkschaftsabteilung des ZK geht nun wieder an die »Rechten«, an August Enderle und Jakob Walcher, beide sehr kluge und vernünftige Gewerkschaftler und Vertreter der Einheitsfront-Politik.[73]

In welche Richtung veränderte sich die Politik der KPD nach der Umbesetzung des Zentralkomitees im Jahre 1925?

Die Entwicklung der Partei geht sofort wieder aufwärts. Entscheidend trägt dazu die im Jahre 1926 durchgeführte Kampagne zur Enteignung der deutschen Fürsten bei. Nach der Stabilisierung sprechen die Gerichte den ehemals in Deutschland regierenden Fürstenhäusern große Entschädigungen zu. Die Fürsten sollten riesige Summen erhalten, während die Masse der Bevölkerung durch die Inflation enteignet worden war. Dieses Problem greift die Partei unter der neuen Führung klugerweise auf, denn es leuchtet den Massen unmittelbar ein. Bürgerliche radikaldemokratische Gruppen von Intellektuellen wie die um *Weltbühne* und das *Tagebuch* forcieren das Problem ebenfalls, es kommt zu Einheitsfront-Angeboten der KPD an die Spitzen von SPD und Gewerkschaften, die zunächst rigoros ablehnen. Nun aber geraten die sozialdemokratischen Arbeiter an der Basis in Bewegung und üben massiven Druck auf die Führungsspitze aus. Die KPD hält ihre Angebote aufrecht, macht also eine sehr konsequente Einheitsfront-Politik. Der SPD-Parteivorstand muß schließlich einem gemeinsamen Gesetzentwurf zustimmen. Ich habe die Kampagne zur Fürstenenteignung damals in Tübingen

71 Im August 1925 schickte das EKKI einen Offenen Brief an die KPD, in dem die Gewerkschaftsarbeit der KPD, deren Verselbständigung gegenüber der KI und die Beseitigung der innerparteilichen Demokratie innerhalb der KPD kritisiert wurden. Dieser Brief hatte eine Revision der ultralinken Politik und eine Änderung der Fraktionsstruktur zur Folge: Ruth Fischer und Maslow schieden aus der Zentrale aus, Vorsitzender des neuen Zentralkomitees wurde Ernst Thälmann; vgl. Karl Hermann Tjaden, a.a.O., S. 55. ff.

72 Die »Versöhnler« entsprechen der früheren Mittelfraktion. Ihr Name erklärt sich daraus, daß sie die Gegensätze zwischen den Fraktionen ausgleichen wollen; vgl. die Ausführungen auf S. 62, S. 111.

73 Vgl. August Enderle, Heinrich Schreiner, Jakob Walcher und Eduard Wekkerle, *Das rote Gewerkschaftsbuch*, Berlin 1932.

mitorganisiert. Man kann sich heute nicht vorstellen, wie gut die Kooperation zwischen uns und den Sozialdemokraten war, obwohl die Spitze der SPD verlangte, jede Partei solle für sich operieren. Das war ein gewichtiger Durchbruch für die KPD, von einem Tag zum andern gewann sie wieder an Einfluß. In der Kampagne zur Enteignung der Fürsten ist ihr die größte Mobilisierung gelungen, die die deutsche Arbeiterbewegung, die Revolutionsjahre ausgenommen, zuwege gebracht hat. Obwohl beide Kirchen jeden mit Exkommunikation bedrohten, der da mitmachen würde, weil es gegen das heiligste Eigentum der Monarchen von Gottes Gnaden ging, haben wir mehr Unterschriften für das Volksbegehren bekommen, als die Arbeiterparteien in den Januar-Wahlen 1919 an Stimmen erhalten hatten, nämlich etwa 12 Millionen Unterschriften.[74] In der Volksabstimmung über den Gesetzentwurf zur Enteignung der Fürstenhäuser bekamen wir noch mehr: 14,5 Millionen Stimmen.[75] Da beide Kirchen und ausnahmslos alle bürgerlichen Parteien zur Nichtbeteiligung an der Abstimmung aufgerufen hatten, wußte man, daß, wer an der Abstimmung teilnahm, dafür stimmen würde, so daß die Abstimmung praktisch eine offene war. Trotzdem gelang es, die Zahl der Stimmen für die Fürstenenteignung zu steigern – eine entscheidende politische Wendung, die in der ökonomischen Aufschwungphase, nicht etwa in der Krise zustande kam und die durch die konsequente Einheitsfront-Politik der Kommunistischen Partei, gegen den Willen des Vorstandes der Sozialdemokratischen Partei erzwungen worden war. Die Frühjahrswahlen von 1928 waren ein weiterer großer Erfolg sowohl für die Kommunisten als auch für die Sozialdemokraten auf Kosten der bürgerlichen Parteien: Beide Arbeiterparteien erhielten zusammen etwa 40 % der Stimmen.[76]

74 Nach Art. 73 Abs. 3 Weimarer Verfassung setzt ein Volksentscheid voraus, daß sich 1/10 der Stimmberechtigten dafür aussprechen (Volksbegehren).

75 Nach Art. 75 Weimarer Verfassung mußte sich die Mehrheit der Stimmberechtigten für den Gesetzentwurf aussprechen (Volksentscheid); vgl. zum Ablauf der Fürstenenteignungskampagne Alfred Milatz, a.a.O., S. 120 f.; Wolfgang Abendroth, *Aufstieg und Krise* . . ., a.a.O., S. 61 f.

76 In den Reichstagswahlen vom 20. Mai 1928 gewann die SPD 1,3 Mio. Wähler und verzeichnete insgesamt 9,2 Mio. (29,8 %) Stimmen. Die KPD gewann eine halbe Million neue Wähler und hatte insgesamt 3,2 Mio. (10,6 %) Stimmen; vgl. Alfred Milatz, a.a.O., S. 122.

Der große Erfolg der Einheitsfront-Politik kommt auch darin zum Ausdruck, daß es beiden gegenüber der Bürgerblock-Regierung oppositionellen Fraktionen der Arbeiterbewegung gelingt, im Reichstag die Verabschiedung des Arbeitsgerichtsgesetzes[77] und des Arbeitslosenversicherungs- und Arbeitsvermittlungsgesetzes[78] durchzusetzen: Sie können diese Gesetze, die große Vorteile für die Arbeiterklasse enthalten, nur durchbringen, weil sie gemeinsam in Opposition stehen und auf das Zentrum und die beiden liberalen Parteien (DVP, DDP) Druck ausüben können. Diese Parteien müssen den Gesetzen zustimmen, wenn sie nicht Stimmen von Arbeitern und Angestellten verlieren wollen. Doch trotz dieser Erfolge leitet die KPD schon vor den Reichstagswahlen 1928 eine neue ultralinke Wendung ein.

Welche Bedingungen hatten zu dieser neuerlichen Schwenkung geführt, wo doch die Erfahrung eben erst gezeigt hatte, daß die Massen die Einheitsfront befürwortet und mitgetragen hatten?

Das hat mehrere Gründe. Wohlgemerkt, worauf es mir ankommt, sind nicht die Überlegungen an der Spitze der KPD, sondern die Reaktionen in der Parteimitgliedschaft: Ihre soziale und sozialpsychologische Basis will ich darzustellen versuchen, denn darüber ist wenig bekannt. Die neuerliche ultralinke Wendung im Jahre 1928 von der Einheitsfront weg und hin zu einer verselbständigten, die Gewerkschaftszugehörigkeit der kommunistischen Funktionäre gefährdenden Politik wird im Februar 1928 in den Moskauer Besprechungen festgelegt.[79] Dem liegt folgender Tatbestand zugrunde: Die Ökonomen damals, zunächst auch noch die Masse der deutschen Arbeiter, sind mit ganz wenigen Ausnahmen der Mei-

77 *Arbeitsgerichtsgesetz vom 23. 12. 1926* (*RGBl* I, S. 507).

78 *Gesetz über Arbeitsvermittlung und Arbeitslosenversicherung vom 16. 7. 1927* (*RGBl* I, S. 187).

79 Durch Vereinbarung zwischen der deutschen und der sowjetischen Delegation auf dem EKKI-Plenum im Februar 1928 wurde die ultralinke Wendung eingeleitet. Im März 1928 wurde sie vom IV. Kongreß der Roten Gewerkschaftsinternationale, im Juli/August 1928 auf dem VI. Kongreß der Kommunistischen Internationale fortgeführt; vgl. Hermann Weber, a.a.O., Band 1, S. 191 f., 193 f., 195 f.; Wolfgang Abendroth, *Sozialgeschichte der europäischen Arbeiterbewegung*, 10. Aufl., Frankfurt/Main 1975, S. 114.

nung, daß die Konjunktur – es gibt zwar keine Vollbeschäftigung, aber einen ständigen konjunkturellen Aufschwung – anhält und daß man jetzt im »organisierten Kapitalismus«, so formuliert es Hilferding 1927 auf dem Kieler Parteitag der SPD[80], nicht mehr zwangsläufig mit Krisen rechnen muß. Das ist damals die generelle Meinung in der bürgerlichen, der liberalen und der sozialdemokratischen Volkswirtschaftslehre. Nun aber kommt Eugen Varga, ein bedeutender marxistischer Ökonom, Ende 1927 zu der These, daß ein konjunktureller Umschwung bevorstehe, daß die kontinuierliche, durch gelegentliche Streiks und Verhandlungen vermittelte ständige Verbesserung der Lebensbedingungen der Arbeiterklasse im kapitalistischen Staat nicht von Dauer sein werde. Der einzige westliche bürgerliche Beobachter, der zu dem gleichen Resultat gelangt, der Kölner Professor für Betriebswirtschaft Eugen Schmalenbach, formuliert seine Prognose sehr viel zaghafter und zieht natürlich andere Konsequenzen.[81] Die Russen und die Spitze der Kommunistischen Internationale folgern aus dieser Prognose, daß die Vorstellung von einer anhaltenden Konjunktur eine reformistische Illusion und deshalb falsch sei. Sie nehmen an, daß eine schwere ökonomische Krise *unmittelbar* bevorstehe, daß diese Krise den Zusammenbruch reformistischer Denkschranken in der Arbeiterbewegung nach sich ziehen werde und daß eine entsprechende Wendung in der Politik eingeleitet werden müsse. Im Ergebnis war die Varga-Untersuchung – wie sich bald herausstellte – richtig. Das wurde nachträglich auch von den »Rechten«, von Thalheimer und Brandler, erkannt, allerdings waren sie zunächst der Meinung, der konjunkturelle Umschwung sei noch nicht abzusehen: In diesem letzteren Punkt haben sie unrecht gehabt. Trotzdem waren die politischen Konsequenzen, die die KPD aus der Varga-Untersuchung zog, falsch, denn Verschiebungen im Denken und Handeln der Massen verlaufen anders. Politisch wäre es richtig gewesen, wenn man die gleichen Konsequenzen gezogen hätte wie in den Jahren 1922/23,

80 Vgl. Hanno Drechsler, a.a.O., S. 17 f.

81 Vgl. Eugen Schmalenbach, *Die Betriebswirtschaftslehre an der Schwelle der neuen Wirtschaftsverfassung.* Vortrag anläßlich der Tagung des Verbandes der Betriebswirtschaftler an deutschen Hochschulen am 31. Mai (1928) in Wien, in: *Zeitschrift für Handelswissenschaftliche Forschung*, 22. Jg., 1928, S. 241-251.

nämlich innerhalb der Konjunkturperiode an der Einheitsfront-Politik festzuhalten und sie fortzusetzen mit dem Ziel: Nehmt die SPD beim Wort, verlangt die Realisierung ihrer Forderungen nach – heute würden wir sagen: Mitbestimmung, damals hieß es – Wirtschaftsdemokratie. Nehmt sie beim Wort, und zwingt sie Schritt für Schritt weiter. Gerade in der Krise wird sich zeigen, wie weit man damit kommt. – Das wäre eine richtige strategische Konsequenz gewesen. Statt dessen findet nun eine ultralinke Wendung der KPD statt, die auch noch eine Scheinbestätigung erfährt: durch die Reichstagswahlen vom Mai 1928 mit einem erheblichen Erfolg der beiden Arbeiterparteien. Die Bürgerkoalition wird abgelöst von einer großen Koalition unter dem Reichskanzler Hermann Müller, SPD. Die SPD und ihre Minister in der Regierung[82] halten an der Illusion fest, daß die Konjunktur ewig währen und – wenn auch erst in ferner Zeit – ein friedlicher Übergang zum Sozialismus möglich sein werde. Der Wahlkampf von 1928 steht, wenn man die innerparteiliche Situation der SPD ins Auge faßt, unter dem Einfluß des linken Flügels; dieser linke Flügel ist noch stark. Er sammelt sich vor allem um die Zeitschrift *Klassenkampf*, die von Kurt Rosenfeld, Max Seydewitz, Heinrich Ströbel und Max Adler herausgegeben wird[83] und die in Berlin, in Sachsen, Schlesien und Hessen und in einigen anderen Bezirken starken Rückhalt hatte. Unter dem Einfluß dieser Gruppe war der Wahlkampf 1928 mit der Parole »Kinderspeisung statt Panzerkreuzer!« geführt worden, einer Parole also, die das Interesse der Arbeiterklasse an weiteren Reformen und am Abbau der Militarisierung ausdrückte, bzw. gegen eine weitere Ausdehnung des deutschen Imperialismus gerichtet war.[84] Die Kommunistische Partei hatte die gleiche Parole – verbunden mit vielen anderen, sehr viel weiterreichenden Forderungen – aufgestellt. Nach

82 Die Koalitionsregierung bestand aus dem sozialdemokratischen Reichskanzler Hermann Müller, den Sozialdemokraten Severing, Hilferding und Wissell sowie Vertretern aus der DVP, DDP, dem Zentrum und der BVP; vgl. Alfred Milatz, a.a.O., S. 123.

83 Seit dem 1. Oktober 1927 erschien in Berlin die Halbmonatszeitschrift *Der Klassenkampf – Marxistische Blätter*, deren Herausgeber Max Adler, Kurt Rosenfeld, Max Seydewitz und Heinrich Ströbel waren; die Zeitschrift erschien bis 1932; vgl. Hanno Drechsler, a.a.O., S. 21.

84 Vgl. ebenda, S. 35 f.

der Bildung der Koalitionsregierung Hermann Müller gibt nun diese Regierung im August 1928 bekannt, daß mit dem Bau des Panzerkreuzers begonnen werde.

Dieser Schritt zeigt die Auflösung des auf die Verteidigung der Demokratie gerichteten Bewußtseins in der sozialdemokratischen Führung an, denn die SPD hatte ihre Wähler getäuscht. In der Arbeiterklasse herrscht große Verwirrung. Unter den kommunistischen Arbeiterfunktionären verbreitet sich wieder eine ultralinke Stimmung, ist vom Verrat der SPD die Rede.

Dieser Affekt verstärkt sich noch, weil die politische Linie der SPD nun generell in eine Richtung weist, die eine Fortsetzung ihrer Haltung in der Panzerkreuzer-Frage bedeutet. Das zeigt sich in jeder Schlichtungsverhandlung zwischen den Tarifpartnern, es zeigt sich im Verhalten der Gewerkschaftsspitzen, die damals von der Regierung ebenso unter Druck gesetzt werden, wie heute unter der sozialliberalen Regierung. Dies alles aber veranlaßt den kommunistischen Arbeiterfunktionär zu glauben, daß die Losung: »Weg mit der Einheitsfront von oben!« richtig sei.

Hinzu kommt, daß die sozialdemokratische Führung und die Reichsregierung immer mehr sozialpolitische Positionen preisgeben. Beispiel dafür ist die Metallarbeiter-Auseinandersetzung im Ruhrgebiet. Dort werden vom Deutschen Metallarbeiterverband bestimmte lohnpolitische Forderungen aufgestellt, und es wird für diese Forderungen gestreikt. Die Unternehmer sperren aus. Es kommt zum Schiedsspruch, der bestimmte Konzessionen zugunsten der Arbeiter enthält. Der Schiedsspruch wird – wie es das damalige Arbeitsrecht zuläßt – für verbindlich erklärt und erlangt damit Gesetzeskraft.[85] Die Unternehmer beschließen, die Aussperrung fortzusetzen. Sie verletzen damit eindeutig die Normen des Arbeitsrechts und machen praktisch – wenn man so sagen will – einen begrenzten arbeitsrechtlichen Staatsstreich. Die Regierung, an der Sozialdemokraten maßgeblich beteiltigt sind, nimmt das

85 Durch Verbindlicherklärung des Reichsarbeitsministers konnte der Schiedsspruch einer Schlichtungsstelle bindende Kraft erlangen. Die Verbindlichkeitserklärung war nur möglich für Tarifverträge; vgl. Walter Kaskel, *Arbeitsrecht*, 3. Aufl., Berlin 1928, S. 368 f.

hin. Nach einigem Hin und Her findet sich Hugo Sinzheimer bereit, die Rolle des zweiten Schiedsrichters zu übernehmen, also des Schiedsrichters, der den ersten Schiedsspruch auslöscht. In diesem zweiten Schiedsspruch werden die Konzessionen zugunsten der Arbeiter wieder zurückgenommen.

Ich hatte damals heftige Auseinandersetzungen mit Sinzheimer: Er behauptete, er sähe die politischen Gefahren, die dadurch entstehen, daß man rechtsstaatliche Positionen aufgibt. Er meinte aber, wenn der Arbeitskampf zur Verteidigung des gesetzlichen Arbeitsrechts voll geführt würde, hätte das die Auflösung der Regierungskoalition zur Folge; das aber könne sich die SPD nicht leisten. Sinzheimer sagte damals, er habe es sich lange überlegt, ob er sich als Schiedsrichter gegen einen mit Gesetzeskraft versehenen Schiedsspruch zur Verfügung stellen solle, er habe aber nach großen Gewissensqualen eingesehen, daß er es tun müsse, um der Partei nicht zu schaden. Man sieht daran, wie es im Kopf eines sozialdemokratischen Juristen zugehen kann. Für den kommunistischen Arbeiterfunktionär bedeutet die Tatsache, daß die SPD das Rechtssystem auflöst, für das sie sich selber eingesetzt hatte, nochmals eine Bestätigung der Theorie vom Sozialfaschismus, die nun aufkommt. Er erkennt nicht, daß die Auflösung eines Rechtssystems, der langsame Rückzug zugunsten des Klassengegners, zum Wesen des kapitalistischen Staates gehört, aber kein Element des Faschismus ist. Der kommunistische Arbeiterfunktionär hoffte damals noch, der Sozialismus könne die kommende Krise bewältigen. Zudem hatte er noch keine Erfahrung mit dem Faschismus. Die italienischen Verhältnisse lagen ihm zu fern. Konnte er solche Unterschiede erkennen?

Für den größten Teil der kommunistischen Arbeiterfunktionäre wird die Haltung der SPD in der Metallauseinandersetzung also zum Beweis der Richtigkeit der Sozialfaschismus-These, während vorher die Mehrheit der Arbeiterfunktionäre keineswegs von ihr überzeugt war. Die ultralinke Tendenz setzte sich immer mehr durch. In den sozialdemokratischen Organisationen wurde die Opposition gegen den Kurs der Regierung zwar nicht aufgegeben, sie hielt sich noch, wurde aber entkräftet und wagte nicht mehr, allzu hart aufzutreten. Gleichzeitig trieb die Hermann-Müller-Regierung ihrer Auflösung entgegen, die dann nach dem vollen Ausbruch der ökonomischen Krise tatsächlich eintrat.[86] An ein Zusammenwirken von KPD und SPD war vorläufig nicht mehr zu denken. Hinzu kommt, daß die Sozialdemokratie viele Positionen im Polizeiapparat in Preußen und Hessen besetzt hatte, der sich bei Arbeiterdemonstrationen oft gegen sie wendete, aber faschistische Demonstrationen schützte. All diese Umstände und Ereignisse trugen dazu bei, daß die unteren Parteifunktionäre und das ZK der KPD die völlig falsche These formulierten: Das ist Sozialfaschismus.

Was war der genaue Inhalt dieser These vom Sozialfaschismus?

Die Tatsache, daß der bürgerliche Staatsapparat die Arbeiterklasse mit verschärfter Unterdrückung – unter Außerachtlassung von rechtsstaatlichen Schranken – bedrängte, wurde bereits mit Faschismus gleichgesetzt. Als Sozialfaschismus wurde die Form der Unterdrückung bezeichnet, die sich gleichzeitig sozialer Phrasen bediente; deshalb wurden die Sozialdemokraten als Sozialfaschisten beurteilt.[87] Eine andere Form des Faschismus bediente sich – dieser These zufolge – reaktionärer Phrasen: so zum Beispiel die Faschisten in Italien oder die 1928 noch nicht sehr bedeutenden Nationalsozialisten in Deutschland, die ja noch nicht mehr als 2,8 % Stimmen hatten.[88] Der »Stahlhelm«, die faschistoide Organisation der Deutsch-Nationalen und der Deutschen Volkspartei hatte zwar ohne Zweifel eine große Bedeutung, aber eine unmittelbare faschistische Gefahr – vergleichbar etwa mit dem Faschis-

86 Am 27. März 1930 trat die Koalitionsregierung unter dem sozialdemokratischen Reichskanzler Hermann Müller zurück, weil die Gewerkschaften, die Mehrheit der Reichstagsfraktion und der SPD-Arbeitsminister Wissell es abgelehnt hatten, in der Krise einer Verschlechterung der Arbeitslosenversicherung zuzustimmen; vgl. Wolfgang Abendroth, *Aufstieg und Krise* . . ., a.a.O., S. 66; Karl Dietrich Bracher, *Die Auflösung der Weimarer Republik*, 3. Aufl., Villingen 1960, S. 297 ff.

87 Vgl. Karl Hermann Tjaden, a.a.O., S. 173; schon nach der Niederlage vom Oktober 1923 war die Sozialdemokratie von einzelnen Autoren der KPD als »Helfershelferin des Faschismus« bezeichnet worden; vgl. *Der Sieg des Faschismus über die Novemberrepublik und die Aufgaben der Kommunistischen Partei Deutschlands*, in: *Internationale Pressekorrespondenz* Nr. 45 vom 10. November 1923, S. 1076 ff., abgedruckt in: *Komintern und Faschismus, 1920-1940. Dokumente zur Geschichte und Theorie des Faschismus*, hrsg. von Theo Pirker, Stuttgart 1965, S. 144-148.

88 Vgl. Alfred Milatz, a.a.O., S. 151.

mus in Italien – schien vor der Krise nicht zu bestehen. Doch in der kommunistischen Agitation war immer wieder vom Sozialfaschismus die Rede, und belegt wurde das damit, daß die Polizei unter sozialdemokratischer Führung gegen die Arbeiter vorging. Die politische Konsequenz lautete nun: Weg mit jeder Einheitsfront von oben, mit Sozialfaschisten ist keine Einheitsfront zur Wahrung demokratischer und zur Erkämpfung sozialistischer Positionen zu machen. In der praktischen Politik bedeutete dies, daß der Graben zu den Arbeitern, die in der Sozialdemokratischen Partei organisiert waren, weiter vertieft und schließlich unüberbrückbar wurde.

Welche innerparteilichen Konsequenzen brachte es mit sich, daß die sozialdemokratische Politik als sozialfaschistisch beurteilt wurde?

Diese Beurteilung kommt in der Partei im Jahre 1928 massiv auf und wird von den Mai-Wahlen 1928 ab immer häufiger vertreten, auch in der Parteiführung. Infolgedessen werden die »Versöhnler« zurückgedrängt, die bis dahin an der Spitze der KPD stehen und als ihre theoretische Zeitschrift neben der *Internationale*[89] die *Einheit*[90] haben. Ein großer Teil der Arbeiter der Kommunistischen Partei akzeptiert die Sozialfaschismus-These. Mit jeder arbeiterfeindlichen Maßnahme der Regierung Hermann Müller verstärkt sich diese Tendenz und führt zu heftigen Debatten. Als diese sich immer mehr verschärfen, verlassen Brandler und Thalheimer Moskau. Sie handeln damit gegen eine Entscheidung der KPdSU und kündigen gleichzeitig an, daß sie einen Fraktionskampf innerhalb der deutschen Partei beginnen werden. Zu dieser Zeit ist ihre Position in der Partei auch noch nicht aussichtslos: Die Breslauer Parteiorganisation, die Offenbacher Partei erklären sich für Brandler und Thalheimer. Hier in Frankfurt gibt es starke Widersprüche, aber es ist noch nicht endgültig entschieden. Zum Beispiel steht der damalige Organisationssekretär von Hessen, Alwin Heucke, auf der Seite von Brandler und

89 *Die Internationale. Zeitschrift für Praxis und Theorie des Marxismus.* Begründet von Rosa Luxemburg und Franz Mehring, hrsg. von der Zentrale der KPD; Berlin 1919-1939, ab 1933 illegal erschienen.

90 *Die Einheit. Wochenschrift für Fragen des Sozialismus und der Gewerkschaftseinheit*, Berlin 1926-1929.

Thalheimer; ähnlich ist die Lage auch andernorts, bis hinein in die Spitzenpositionen der Roten Hilfe. Brandler und Thalheimer werden zwar wegen grober Verletzung der Disziplin – sie sind ja beschlußwidrig aus Moskau abgefahren – ausgeschlossen[91], aber überall wird innerhalb der Partei noch diskutiert. In dieser Situation wird der 1. Mai 1929 zum entscheidenden Moment. Die Würfel waren gefallen.

Ehe wir über den 1. Mai sprechen, wäre es wichtig zu wissen, welche Rolle die Komintern und die Rote Gewerkschaftsinternationale bei der Durchsetzung des ultralinken Kurses im Jahre 1928 spielten. In Deiner ›Sozialgeschichte‹ hast Du die These aufgestellt, daß die Schwenkung zusammenhing mit den fraktionellen Auseinandersetzungen innerhalb der KPdSU, die zugunsten der Stalin-Gruppe ausgingen und ökonomisch zum Ausdruck kamen in einer verstärkten Kollektivierung und Industrialisierung.[92]

Meine Meinung ist, daß der Vorstoß der linken Opposition damals in der Sowjetunion partiell richtig war. Er resultiert aus der Zeit vor 1927 und wird im Jahre 1927, dem Jahr der Verbannung Trotzkis nach Alma Ata und der Niederschlagung der Demonstrationen zum 10. Jahrestag der Revolution von 1917 in Moskau und Leningrad, endgültig gestoppt. Richtig an dieser Position war die Behauptung, daß es einer Schwenkung bedürfe, um der Gefahr der Reproduktion des Kapitalismus im Bereich der agrarischen Produktion begegnen zu können. In der sowjetischen Wirtschaftspolitik, die zuvor noch Schwankungen in der einen oder anderen Richtung ausgesetzt war – man denke an die Bucharinisten[93] –, wird nun schlagartig eine ultralinke Wendung in der Kollektivierungsfrage vollzogen, zwangsweise, denn die wirtschaftlichen Schwierigkeiten waren nicht rechtzeitig bewältigt worden.

91 Nachdem Brandler und Thalheimer sich geweigert hatten, die ihnen vom ZK der KPD und dem EKKI gestellten Bedingungen als Voraussetzung ihrer weiteren Mitgliedschaft in der KPD anzuerkennen, wurden sie Ende Januar 1929 aus der KPdSU und der KI ausgeschlossen; vgl. Karl-Hermann Tjaden, a.a.O., S. 99 f.

92 Vgl. Wolfgang Abendroth, *Sozialgeschichte . . .*, a.a.O., S. 115 f.

93 Nikolai Bucharin, marxistischer Theoretiker, steht bis zur Kursschwenkung in der Kollektivierungsfrage auf der Seite Stalins. Bucharin tritt für die Stärkung des privatwirtschaftlich organisierten Agrarsektors ein; vgl. A. G. Löwy, *Die Weltgeschichte ist das Weltgericht – Bucharin: Vision des Kommunismus,* Wien 1969.

Diese Wendung in der UdSSR strahlt auf die übrigen kommunistischen Parteien aus. In der deutschen KP verstärkt sie die ultralinken Stimmungen, ohne daß dieses Problem von den Parteimitgliedern rational aufgearbeitet wird. Im übrigen meine ich, daß die Zusammenhänge zwischen der ultralinken Wendung in der russischen und der deutschen KP noch nicht genügend geklärt sind. Einiges zu diesem Problem kann den damals publizierten Dokumenten und Diskussionen entnommen werden.

Welche Materialien geben am ehesten Aufschluß über die innerfraktionelle Diskussion, die um 1928 in der KPdSU über die Wendung nach ultralinks geführt worden ist?

Während dieser ganzen Zeit erscheint nicht nur *Die Kommunistische Internationale*[94], eine theoretische Zeitschrift, sondern auch die *Internationale Pressekorrespondenz – Inprekorr*[95] –, die Zeitschrift der Kommunistischen Internationale, die eine Fülle von Dokumenten und Diskussionen, auch unterschiedliche Dokumente der verschiedenen Fraktionen, enthält. Die russischen Fraktionskämpfe können hier bis hin zur Zeit der Moskauer Prozesse genau verfolgt werden. Die *Inprekorr* erscheint kontinuierlich, manchmal zweimal in der Woche, manchmal wöchentlich, und versorgt die internationale Arbeiterpresse mit ausführlichen Informationen und mit Dokumentenmaterial. Auf dieses Quellenmaterial weise ich hin, um Legenden der Geschichtsschreibung in der BRD und in der DDR entgegenzuwirken. Die einen schreiben antikommunistische Apologien, die anderen verfochten lange Zeit hinsichtlich der Faktendarstellung die gleichen Thesen, um die abstrakte Richtigkeit jeder kommunistischen Politik zu behaupten, die es natürlich nicht gibt. Bis 1929/30 ist die kommunistische Arbeiterbewegung trotz der Entwicklung zum Stalinismus demokratischer und diskussionsfreudiger als die SPD im Jahre 1976. Das muß man wissen, und man kann sich Gewißheit darüber verschaffen, wenn man die *Inprekorr* aus

94 Zeitschrift des Exekutivkomitees der Kommunistischen Internationale, Petrograd, Leningrad- (Moskau-) Hamburg, Berlin, Basel, Strasbourg 1919-1938.

95 Deutsche Ausgabe Berlin 1921-1932, von 1933 bis 1939 als *Rundschau* in Basel fortgesetzt.

jenen Jahren durchsieht. Selbst in der ultralinken Periode ist das so, selbst während der Auseinandersetzungen mit Brandler und seinen Anhängern. Auch nach deren Ausschluß aus der Partei werden aktuelle Fragen kontrovers diskutiert, die Gleichschaltung setzt sich noch nicht vollständig durch.

Obwohl die damaligen Vorgänge bei weitem noch nicht aufgearbeitet sind, geht meine Vermutung dahin, daß die russische Wendung nach ultralinks auf die internationale Situation übertragen wurde, ohne daß es sich dabei um bewußte Manipulation handelte. Hinzu kam, daß die Komintern und die Rote Gewerkschaftsinternationale aus der richtigen ökonomischen Analyse von Eugen Varga, von der ich schon gesprochen habe, politisch die falsche, nämlich eine ultralinke Konsequenz zogen: Weg von der Einheitsfront-Politik, Kurs auf die Spaltung der Gewerkschaften und hin zum Endkampf, den die ökonomische Krise aus sich heraus produzieren müsse. Aber durch die Beschlüsse des EKKI, des VI. Weltkongresses und der Roten Gewerkschaftsinternationale[96] war in den kommunistischen Parteien noch nicht alles entschieden; unter den Mitgliedern gab es noch relevante Kräfte, die aus der ökonomischen Analyse andere, insgesamt rationalere Konsequenzen zogen. Allerdings waren diese Konsequenzen bei manchen nur partiell rational. Denn dem »normalen« Parteifunktionär, der anderer Ansicht war als der VI. Weltkongreß, schien es, als ob auch die Grundlage des Komintern-Beschlusses, also die ökonomische Analyse, falsch sei. Man sieht es ja, wir haben doch noch Konjunktur, so sagte er sich. Auch innerhalb des Funktionärskaders und in den Betriebsfunktionärskadern der KPD gab es bedeutsame Gruppen, die den neuen Kurs politisch für falsch hielten und die eher den Kurs fortsetzen wollten, der in der *Einheit* niedergelegt war. So wurde überall noch diskutiert. Die alte Versöhnler-Fraktion stand auf der Seite dieser kritischen Position.

96 Der VI. Weltkongreß der Kommunistischen Internationale fand vom 17. Juli bis 1. September 1928 in Moskau statt: Dort wurde zwar der »Kampf um die Massen« propagiert, es wurde aber nicht berücksichtigt, daß diese Massen in Westeuropa in der Mehrheit sozialdemokratisch organisiert waren; vgl. Karl Hermann Tjaden, a.a.O., S. 77 ff.; Hermann Weber, a.a.O., Band 1, S. 195 ff.; zu den Beschlüssen der anderen genannten Organisationen vgl. Wolfgang Abendroth, *Sozialgeschichte* . . ., a.a.O., S. 114.

Die »Rechten« in der KPD setzten sich vor allem für die Formulierung eines Aktionsprogrammes ein, in dem sie die Forderung nach Produktionskontrolle und anderer darauf bezogener Teilforderungen festlegen und damit die Schritte auf dem Weg zur Revolution genauer bestimmen wollten. Auch die Frage, ob ein solches Aktionsprogramm notwendig sei, war Gegenstand der innerparteilichen Auseinandersetzung.

Ja, natürlich. Die »Rechten« waren der Ansicht, man brauche ein solches Aktionsprogramm mit aktuellen, auf die Konjunktur bezogenen Forderungen und mit weitergehenden Übergangsforderungen, die über die gegenwärtige Krise hinausweisen.[97] Dabei sei vor allem zu berücksichtigen, daß das Aktionsprogramm am politischen Bewußtseinsstand der Massen anknüpfen muß und daß es ihnen vermittelt werden kann. Für ein solches Aktionsprogramm kann man in doppelter Weise eintreten. Entweder man agitiert abstrakt, indem man sich in allen Arbeiterorganisationen dafür einsetzt, oder man setzt es in wirkliche Aktionen um durch Einheitsfront-Vorschläge, d. h. durch Angebote auch an die Spitzen der konkurrierenden reformistischen Parteien. Denn es besteht kein Zweifel, daß die Sozialdemokratie in den Betrieben und Gewerkschaften zu dieser Zeit fast überall die Mehrheit hat. Für die Durchführung von Einheitsfront-Aktionen setzt sich auch die Fraktion der »Versöhnler«, darunter Ernst Meyer und Arthur Ewert, ein. Es wäre also falsch anzunehmen, daß zu Beginn des neuen Linkskurses der KPD die innerparteiliche Diskussion gänzlich unterdrückt worden sei. Das ist auch in der kommunistischen Tagespresse nicht der Fall: Hier kann man verfolgen, wie eine Betriebszelle dem Beschluß einer anderen Betriebszelle widerspricht und gegen ihn polemisiert, die Diskussion noch teilweise offen geführt wird. In diesen Diskussionen geht es inhaltlich um die Sozialfaschismus-These, die zwar schon existiert, aber praktisch noch nicht voll durchgespielt ist. Der Führung der KPD geht es um die Ablehnung jeglicher »Einheitsfront-Politik von oben«, d. h. sie will keine Abkommen mit sozialdemokratischen Organisationen mehr vereinbaren. Statt dessen soll nun die »Einheits-

97 Zur Diskussion um das Aktionsprogramm vgl. Karl Hermann Tjaden, a.a.O., S. 69 ff.

front von unten« praktiziert, d. h. die einfachen Mitglieder der SPD sollen für die Einheitsfront gewonnen werden.

Und wie wurde die Einheitsfront von unten in der praktischen Politik realisiert?

Im Betrieb kann die Betriebszelle mit irgendeinem gewerkschaftlichen Vertrauenskörper eine Einheitsfront-Aktion beschließen. Es ist dagegen nicht mehr zugelassen, z. B. die Bezirksleitung der SPD Hessen-Frankfurt zu einer gemeinsamen Aktion aufzufordern. Aktionsangebote an die Spitzen der SPD gelten nun nach Meinung der Führung der KPD als opportunistisch. Das heißt Einheitsfront von unten. Aber, wie gesagt, in der ersten Phase der Schwenkung nach ultralinks gibt es in der Partei noch Gruppierungen sowohl der »rechten« Fraktion als auch der »Versöhnler« – z. B. Clara Zetkin, Ernst Meyer und sehr lange die Bezirksleitung Stuttgart, die offen – auch in den Organen der Partei – eine andere Meinung verfechten.

Haben die Ereignisse des 1. Mai 1929 die Diskussionsmöglichkeiten innerhalb der Partei wesentlich beeinflußt?

Nach dem 1. Mai 1929 schlägt die Stimmung in der Partei deutlich um, denn in ihren Augen ist die Sozialfaschismus-These bestätigt worden. In Berlin beschließt die Gewerkschaftsführung, am 1. Mai nicht – wie sonst immer – eine Straßendemonstration, sondern nur Kundgebungen im Saal durchzuführen, von denen die Kommunisten wegen ihrer RGO-Politik und der Nichtbeachtung der Gewerkschaftsdisziplin praktisch ausgeschlossen werden sollen. Dieser Entscheidung schließen sich sozialdemokratische und auch linkssozialdemokratische Gewerkschafter an. Die Kommunistische Partei ruft daraufhin zu Straßendemonstrationen auf, so wie es immer seit 1890 am 1. Mai in Berlin Demonstrationen unter freiem Himmel gegeben hatte. Der sozialdemokratische Polizeipräsident von Berlin, Zörgiebel, verbietet auf Weisung des preußischen Innenministers, der Sozialdemokrat ist, und in Absprache mit dem sozialdemokratischen Reichsinnenminister Carl Severing die Straßendemonstration zum 1. Mai 1929. Einen Anlaß für dieses Verbot gibt es nicht; es wurde einfach behauptet, die Voraussetzungen für den Erlaß einer

Notverordnung lägen vor.[98] So wird in einer Zeit argumentiert, in der es keinerlei illegale Kämpfe der Arbeiterklasse gibt! Man muß außerdem bedenken, daß zwar auch in der Kaiser-Zeit die Demonstrationen zum 1. Mai verboten worden waren, daß sie aber trotzdem immer stattgefunden haben. Es gab dann zwar Auseinandersetzungen mit säbelschlagenden Polizisten, aber das war alles. Doch jetzt entwickelt sich die Lage anders. Die KPD ruft zur Demonstration auf; bei einem großen Teil der Berliner Arbeiter wächst inzwischen – auch aus Empörung über das Verhalten der Gewerkschaftsführung und der Polizei – der Einfluß der Kommunisten vorübergehend – trotz der Konjunktur und obwohl sich die Koalitionsregierung bisher nur an der Panzerkreuzer-Frage eindeutig zu erkennen gegeben hat. Also beteiligt sich ein großer Teil der Berliner Arbeiterklasse an der Straßendemonstration zum 1. Mai. Die Polizei schießt sie zusammen. Mehr als 30 Tote. Daraufhin kämpft ein Teil der Arbeiter gegen die Polizei. Natürlich endet die Aktion in einer Niederlage. So viele Tote bei einer Demonstration zum 1. Mai – man kann sich die psychologischen Folgen kaum vorstellen. Nun ist für die kommunistischen Arbeiter im ganzen Reich die Sozialfaschismus-These bestätigt, denn hatte es im kaiserlichen Obrigkeitsstaat Schüsse auf Demonstrationen, hatte es dabei Tote gegeben?[99] Auch bei den Sozialdemokraten und Gewerkschaftsfunktionären, die ihrer Führung treu geblieben waren, kam es nun zu einer Verhärtung der Position gegenüber den Angriffen von kommunistischer Seite. Zwar war auch nach ihrer Meinung der Schießbefehl des Polizeipräsidenten scharf zu kritisieren; da die Kommunisten ihre Position aber mit ultralinken Argumenten stützten, nämlich mit der Behauptung, die SPD handle sozialfaschistisch, konnte ihre berechtigte Kritik abgewehrt und konnten die Kommunisten bekämpft werden.

98 Nach Artikel 48 Abs. 4,2 Weimarer Verfassung konnten die Landesregierungen bei Gefahr im Verzuge bestimmte Grundrechte – u. a. auch das Demonstrationsrecht nach Art. 123 WV – außer Kraft setzen, »wenn die Sicherheit und Ordnung erheblich gestört oder gefährdet wird«.

99 Zur Darstellung des 1. Mai 1929 und zur Sozialfaschismus-Theorie aus der Sicht der KPD vgl. Klaus Neukrantz, *Barrikaden am Wedding*, Berlin 1931, Wiederabdruck 5. Aufl., Berlin 1973.

Die Aufgabe der Einheitsfront-Politik durch die KPD war aber schon bei der Vorbereitung des 1. Mai deutlich.

Die KPD hat sich auf die Auseinandersetzung am 1. Mai 1929 in Berlin, auf die zu erwartenden Repressionen vorbereitet, indem sie Widerstand und Einheitsfront von unten organisierte und praktizierte. Aber sie hat es explizit abgelehnt, Kontakte zur Führung der SPD oder der Gewerkschaften aufzunehmen. Das Kalkül einer Gruppe in der KPD bezog vielmehr eine Konfrontation mit der Polizei ein. Dies alles gehört zu den Vorstellungen ultralinker Politik und paßt auch in die Vorstellungsreihen der damaligen Majorität in der Spitze der KPD. Allerdings hatte man den Umfang der Auseinandersetzung mit der Polizei nicht vorausgesehen und auch nicht voraussehen können. War bis zu diesem Zeitpunkt durchaus noch innerparteilicher und parteilegaler Widerstand gegen die Isolationspolitik der Führung der KPD möglich und auch nicht ohne Aussicht auf Erfolg, so änderte sich das nun schlagartig. Diese Konsequenz war sozialpsychologisch unvermeidlich.

Was bedeuteten die Ereignisse des 1. Mai 1929 für die »Rechten« in der KPD?

Von Stund an sind die »Rechten« vollkommen isoliert; sie behalten als einzige geschlossene Organisation noch den Unterbezirk Offenbach mit Heinrich Galm[100], der zwar schon im Dezember 1928 aus der Partei ausgeschlossen worden war, dessen Unterbezirk diesen Beschluß aber ignoriert. Insgesamt sind die »Rechten« völlig isoliert; das gilt auch für Breslau, wo sie bis dahin führende Positionen innehatten. Man kann sich die psychologische Wirkung solcher Vorgänge heute kaum vorstellen: die Entwicklung treibt immer weiter nach ultralinks.

Du hattest zuvor bereits die Rote Hilfe erwähnt, in der Du tätig warst: Kannst Du ein wenig eingehender über Deine Arbeit in dieser Organisation berichten?

Ich habe in der Roten Hilfe gearbeitet, seit ich Student war.

100 Heinrich Galm (geb. 1895), Sattler und Gewerkschaftssekretär, trat 1920 mit der linken USP in die KPD ein und wurde 1928 ausgeschlossen. Anschließend wurde er Mitglied der KPO und Mitglied der Reichsleitung der KPO; vgl. Karl Hermann Tjaden, a.a.O., Anhang I, S. 6.

Mit anderen zusammen hatte ich die Verteidigung in politischen Prozessen vorzubereiten und Parteifunktionäre für richtiges Verhalten im Falle der Verhaftung zu schulen. In den Prozessen konnte ich erst nach dem Staatsexamen auftreten, aber ich arbeitete hier in Frankfurt mit einem Rechtsanwalt, der Mitglied der KAP war – Steinschneider –, zusammen. Bei der Vorbereitung von Prozessen haben wir jeweils überlegt, ob man den Hauptakzent darauf legen solle, eine geringe Strafe zu erwirken, oder ob das politische Auftreten wichtiger war. Wir haben dieses Problem von Fall zu Fall erörtert, eine allgemeine Strategie dafür gab es nicht.

Hatte die Rote Hilfe außer der Prozeßvorbereitung noch andere Aufgaben?

Die Rote Hilfe hatte die Funktion, Solidaritätskampagnen für politisch Inhaftierte einzuleiten und materielle Solidarität zu üben gegenüber Inhaftierten und ihren Familien.[101] So gab es nach der Oktoberniederlage 1923 sehr viele Verhaftungen, also mußten viele Familien versorgt werden. Eine für die Rote Hilfe typische Aktion, bei welcher eine breite Öffentlichkeit mobilisiert werden konnte, war die Kampagne für die Amnestie von Max Hölz. Dabei ist es wichtig zu wissen, daß Max Hölz, als er verurteilt wurde, nicht Mitglied der KPD, sondern der KAP war und daß die Aktionsformen, die er während der März-Aktion vertreten hatte, sogar vom linken Flügel der KPD, der ja die März-Aktion im Jahre 1921 eingeleitet hatte, verurteilt wurden. Hölz hatte nämlich – ebenso wie ein anderes Mitglied der KAP, Plättner – militärische Kommando-Aktionen mit eigenen, von ihm mobilisierten Kampftrupps unternommen. Er war im April 1921 vor Gericht

101 Vgl. Johannes Zelt, ...*und nicht vergessen – die Solidarität. Aus der Geschichte der Internationalen Roten Hilfe und der Roten Hilfe Deutschlands,* Berlin/DDR 1960, S. 11 f., 18 f.
1960, S. 11 f., 18 f.

102 Max Hölz hatte seit 1918 bewaffnete Widerstandsaktionen organisiert und sich bei den Kapp-Kämpfen in Sachsen und bei der Märzaktion 1921 beteiligt; vgl. Heinrich Hannover und Elisabeth Hannover-Drück, *Politische Justiz 1918-1933,* Frankfurt/Main 1966, S. 216; vgl. auch Hölz' Anklagerede gegen die bürgerliche Gesellschaft, gehalten vor dem Moabiter Sondergericht am 22. Juni 1921 in Berlin: *Revolutionäre Flugschriften,* o.O., o.J.; vgl. Heinrich Hannover und Elisabeth Hannover-Drück, *Politische Justiz* ..., a.a.O., S. 217 ff.

gestellt und zu lebenslangem Zuchthaus verurteilt worden.[102] Dieses hohe Strafmaß war extrem ungerecht, vor allem, wenn man bedenkt, daß den Beteiligten am Kapp-Putsch überhaupt nichts geschehen ist und daß die Mörder der Bürgerkriegsperiode aus den Freikorps und der späteren Reichswehr von den Gerichten protegiert wurden, während Max Hölz niemanden meuchlings umgebracht hatte.[103] Das Urteil gegen ihn wurde deshalb von den Arbeitermassen als in höchstem Maße ungerecht empfunden, obwohl sie keineswegs mit der politischen Position von Hölz übereinstimmten, sich aber mit einem zweifellos integren Manne identifizierten, der sein Leben für die Arbeiterklasse eingesetzt hatte. Wenngleich Max Hölz ein Ultralinker war, war es möglich, in einer sehr breiten Kampagne in ganz Deutschland die gesamte Arbeiter-Öffentlichkeit für seine Amnestierung zu mobilisieren. Es gelang sogar, einen großen Teil der bürgerlichen Intelligenz, z. B. Heinrich Mann, Arnold Zweig, zu gewinnen, die mit den politischen Vorstellungen von Max Hölz überhaupt nichts zu tun hatten und haben wollten, sich aber aus humanitären und rechtspolitischen Gründen für seine Freilassung engagierten. Dies war ein Verdienst und ein wichtiger Erfolg der Roten Hilfe. Nach der Stabilisierung konnte die Amnestie von Max Hölz schließlich durchgesetzt werden. Es wurde ein Amnestiegesetz ausgehandelt, das zu seiner Freilassung führte, allerdings in Wirklichkeit den Zweck hatte, die Nationalsozialisten, die im November 1923 in München einen Putschversuch gemacht hatten, zu amnestieren.[104]

Welche praktischen Aktionen hat die Rote Hilfe im Rahmen der Kampagne für Max Hölz durchgeführt und welche Bedeutung hatte die Tatsache, daß in der Roten Hilfe vor allem Mitglieder der KPD arbeiteten, die dem »rechten« Flügel zugehörten?

Die Kampagne für Max Hölz beginnt im Jahre 1923 und erreicht ihren Höhepunkt im Jahr 1924, zu einer Zeit also, in der die Kommunistische Partei im übrigen isoliert ist und sich ständig weiter isoliert. Die Rote Hilfe kann diese Isolierung

103 Vgl. Emil J. Gumbel, *Vom Fememord zur Reichskanzlei*, Heidelberg 1962, S. 32 ff.

104 Vgl. ebenda, S. 63 f.

teilweise überwinden, gerade weil in ihrer Führung »Rechte« sitzen, die damals noch nicht aus der Partei ausgeschlossen sind. Die Kampagne für Hölz besteht in erster Linie aus Massenveranstaltungen, auf denen meist zuerst Hölz' Frau spricht, dann Erich Mühsam, also ein Anarchist, danach irgendein bürgerlicher Intellektueller, der sich in dem jeweiligen Versammlungsort dazu bereit gefunden hat, möglichst auch ein sozialdemokratischer Arbeiter oder Arbeiterfunktionär.

Hat die Hölz-Kampagne Unterstützung auch in der bürgerlichen Presse gefunden?

Die sozialdemokratische Tagespresse hat sich zunächst, obgleich doch durch die vielen Versammlungen bereits eine breite Öffentlichkeit hergestellt war, gegen diese Kampagne gewandt. Eine Ausnahme machten ganz wenige links-sozialdemokratische Blätter; das waren die Frankfurter *Volksstimme*, die *Leipziger Volkszeitung*, die *Breslauer Volkszeitung* und die sozialdemokratische Zeitung in Zwickau – sie haben die Kampagne nicht sabotiert. Der *Vorwärts*[105] und die übrige sozialdemokratische Arbeiterpresse stellten sich dagegen auf den Standpunkt des »Rechts«staates. Sie argumentierten, daß bei einem solchen Verbrechen, wie es Max Hölz vorgeworfen werde, nämlich bei Hochverrat, lebenslanges Zuchthaus eine angemessene Strafe sei. Ähnlich argumentierte die gesamte links-bürgerliche Presse. Es hat einige Zeit gebraucht, bis sich die *Frankfurter Zeitung* – damals nicht nur die informativste, sondern auch die liberalste bürgerliche Zeitung im Deutschen Reich – auf die Seite der Kampagne stellte. Zunächst – das ist interessant an den bürgerlichen Zeitungen – machte sich diese Wendung im Feuilleton bemerkbar, dann griff sie auf die politische Redaktion über. Außer der *Frankfurter Zeitung* hat auch der *Dortmunder General-Anzeiger* positiv über die Kampagne für Hölz berichtet. Alle übrigen bürgerlichen Zeitungen verschwiegen sie oder bekämpften sie.

Hat die Rote Hilfe bei anderen Kampagnen eine ebenso große Massenbasis herstellen können?

Die Kampagne für Sacco und Vanzetti ist ähnlich erfolgreich

105 *Vorwärts*, Berliner Volksblatt, Zentralorgan der Sozialdemokratischen Partei Deutschlands, Berlin.

verlaufen.[106] Sacco und Vanzetti waren zwei italienische Anarchisten, die in den Vereinigten Staaten lebten und zu Beginn der zwanziger Jahre in einem Justizmord-Verfahren zum Tode verurteilt wurden. Es bestand kein Zweifel, daß sie die Täter des Verbrechens, dessen sie angeklagt und für das sie zum Tode verurteilt worden waren, überhaupt nicht sein konnten. Denn als das Sprengstoffattentat, das ihnen zur Last gelegt wurde, passierte, waren sie Hunderte von Kilometern vom Tatort entfernt. Trotzdem wurden beide verurteilt, blieben ewig in Haft, es liefen Revisionsverfahren, die immer wieder und ohne Ausnahme verworfen wurden. In den Vereinigten Staaten konnte man so etwas länger hinziehen als im Deutschen Reich, weil dort die Konkurrenz von staatlicher und Bundes-Gerichtsbarkeit ausnutzbar ist. Aber auch das Bundesgericht spielte mit – so wie es die anderen Instanzen vorher getan hatten. Obwohl alle Richter wußten, daß sie Unschuldige hinrichten lassen würden, wurde das Todesurteil aufrechterhalten. Deshalb organisierte die Internationale Rote Hilfe zusammen mit der Roten Hilfe Deutschlands eine internationale Kampagne gegen diese Todesurteile, als die Hinrichtung von Sacco und Vanzetti bevorstand. Die Internationale Rote Hilfe wie die deutsche Rote Hilfe standen während dieser ganzen Periode unter dem Einfluß der sogenannten »rechten« Fraktion in der KPD. Es gelang, in Deutschland mit dieser Kampagne, die in den Jahren 1926 und 1927 durchgeführt wurde, Massen in Bewegung zu bringen wie nie zuvor. In allen Städten fanden riesige Kundgebungen statt. Die bürgerliche Intelligenz beteiligte sich ebenfalls. Natürlich haben von den Bürgerlichen nur bestimmte Männer und Frauen mitgemacht; diejenigen Schriftsteller, die zwar als republikanisch galten, aber nicht übermäßig viel Rückgrat zeigten, zählen nicht dazu: zum Beispiel Gerhart Hauptmann oder Thomas Mann. Die *Stuttgarter Sonntagszeitung*, die *Weltbühne* und Leute wie Egon Erwin Kisch, Arnold Zweig, Lion Feuchtwanger oder Heinrich Mann haben die Kampagne unterstützt,

106 Weitere Einzelheiten der Kampagne für Sacco und Vanzetti vgl. Johannes Zelt, a.a.O., S. 93-99.

107 Zur schriftstellerischen und politischen Arbeit Egon Erwin Kischs vgl. Jürgen Rühle, *Literatur und Revolution. Die Schriftsteller und der Kommunismus*, München/Zürich 1963, S. 174-181.

Kisch[107] stand eindeutig auf der Seite der Arbeiterklasse. Die Sacco-Vanzetti-Kampagne war also sehr breit, trotz allem blieb sie erfolglos: beide wurden hingerichtet. Immerhin haben diese Kampagnen der deutschen Arbeiterklasse klargemacht, was die Klassenjustiz bedeutete, unter der die Arbeiter zuerst im Wilhelminischen Reich, dann noch stärker in der Weimarer Republik zu leiden hatten.[108]

Was bedeutete die Klassenjustiz in der Weimarer Zeit für die Arbeiterklasse?

Klassenjustiz wirkte sich in mehrfacher Hinsicht gegen die Arbeiterklasse aus. In der politischen Strafjustiz insofern, als sich die äußerste Rechte an Verbrechen und Morden leisten konnte, was immer sie wollte. In den Jahren 1919 und 1920 wurden Hunderte deutscher Arbeiter von den Freikorps ermordet.[109] Es begann mit der Ermordung linker und kommunistischer Arbeiterfunktionäre, griff dann über auf Mitglieder der USPD, traf auch Pazifisten wie Paasche, schließlich auch bürgerliche Politiker wie z. B. Erzberger und Rathenau.[110] In den beiden letzten Fällen wurden zwar ernstliche Strafverfahren eingeleitet, im übrigen aber stand die Staatsanwaltschaft auf der Seite der Mörder. Kam es dennoch zu einem Strafverfahren, so wurden Scheinstrafen ausgesprochen – ich erinnere an den sehr spät durchgeführten Prozeß wegen des Mordes an Rosa Luxemburg[111] –, oder es erfolgte Freispruch. Wenn sich dagegen Arbeiter politisch etwas »zuschulden kommen ließen«, hagelte es Strafen noch und noch – so bei allen sogenannten Gewaltdelikten, dann in extensiver Auslegung dieser Gewaltdelikte wegen Landfriedensbruchs und Hausfriedensbruchs bei Auseinandersetzungen in Versammlungen und schließlich bei Teilnahme an Massenstreiks oder bei gewaltsamen Auseinandersetzungen wie nach dem Kapp-Putsch. Für

108 Vgl. Ernst Fraenkel, *Zur Soziologie der Klassenjustiz* (Berlin 1927), abgedruckt in: ders., *Zur Soziologie der Klassenjustiz und Aufsätze zur Verfassungskrise 1931-1932*, Darmstadt 1968, S. 1-41.

109 Freikorps waren gegenrevolutionäre militärische Verbände, die von Offizieren der alten kaiserlichen Armee gebildet und geführt wurden; vgl. Arthur Rosenberg, a.a.O., S. 59 ff.; Emil J. Gumbel, a.a.O., S. 45 ff.

110 Vgl. Emil J. Gumbel, a.a.O., S. 42 ff.

111 Vgl. *Der Mord an Rosa Luxemburg und Karl Liebknecht* . . ., a.a.O., S. 59-126.

die Justiz der damaligen Zeit war es selbstverständlich, daß sie Anlässe dieser Art benutzte, um hohe Strafen zu verhängen.[112] Von dieser Regel gibt es übrigens eine interessante Ausnahme, die auch die Veränderung der Machtverhältnisse anzeigt: Nach dem 15. Januar 1919, also nach dem Berliner Januar-Aufstand und nach der Ermordung von Rosa Luxemburg und Karl Liebknecht, kam es zur Anklage wegen Hochverrats gegen die Angehörigen des Ausschusses, der Anfang Januar 1919 die Demonstration zum Schutz des Berliner Polizeipräsidenten Eichhorn organisiert hatte.[113] Liebknecht war schon ermordet, es blieb also noch die Anklage gegen Georg Ledebour, einen der tapfersten und aufrechtesten Führer des linken Flügels der Unabhängigen Sozialdemokratischen Partei.[114] Er wurde verhaftet und wegen Hochverrats vor das Schwurgericht gebracht. Die Aburteilung von Hochverrat fiel damals nicht in die Zuständigkeit des Reichsgerichts, sondern oblag den Schwurgerichten. In diesem Prozeß hat Georg Ledebour eine wichtige, ausgezeichnete Verteidigungsrede gehalten, die damals zu meiner politischen Entwicklung erheblich beitrug.

Kannst Du den Inhalt der Verteidigungsrede Ledebours kurz wiedergeben?

Ledebour argumentierte: Wenn man mich wegen Hochverrats, wegen der Einleitung der Januar-Demonstrationen anklagen will, wie steht es dann mit Friedrich Ebert? Friedrich Ebert ist durch Amtsübertragung Prinz Max von Badens Reichskanzler des Kaiserreichs geworden und ist gleichzeitig Mitglied des Rates der Volksbeauftragten, sozusagen in Konspiration gegen sich selbst. Wenn hier einer wegen Hochverrats angeklagt werden könnte, dann allenfalls Friedrich Ebert, der jetzt wiederum gegen sich selbst konspiriert, indem er zusammen mit der Obersten Heeresleitung versucht, die Re-

112 Vgl. Emil J. Gumbel, a.a.O., S. 46 f.; Heinrich Hannover und Elisabeth Hannover-Drück, *Politische Justiz* . . ., a.a.O., S. 18.

113 Vgl. zu den Januaraufständen und zur Rolle Eichhorns Arthur Rosenberg, a.a.O., S. 54 ff.

114 Georg Ledebour (1850-1947) war Mitglied des ZK der USPD auf ihrer Gründungskonferenz im Jahre 1917 und beteiligte sich an den Kämpfen im November 1918 und Januar 1919. Ledebour gründete 1924 den Sozialistischen Bund, den er 1931 in die Sozialistische Arbeiter-Partei überführte; vgl. Hanno Drechsler, a.a.O., S. 366 f.

volution zu liquidieren. Ledebour machte vor Gericht keinen Hehl daraus, was er moralisch von Friedrich Ebert hielt. Er hatte ihm das auch persönlich zu verstehen gegeben, denn er war aufgefordert worden, zusammen mit Friedrich Ebert in den Rat der Volksbeauftragten einzutreten, damals bei den Verhandlungen mit der Unabhängigen Sozialdemokratischen Fraktion am 9. November 1918. Bei dieser Gelegenheit hatte er seinen Fraktionsgenossen von der USP und den Delegierten der MSP, nämlich Ebert und Scheidemann, erklärt, daß er mit Leuten wie ihnen in keiner Regierung sitzen wolle, da sie moralisch inakzeptabel seien. Dies alles hat Ledebour in seiner Rede vor Gericht vorgetragen. Ich habe diese Rede, die auch historisch ein wichtiges Dokument ist, damals fast auswendig gekannt. Die Erkenntnisse, die ich durch diese Rede vermittelt bekam, haben wesentlich dazu beigetragen, daß ich nicht in die USP, sondern in den Kommunistischen Jugendverband gegangen bin – was an meiner Achtung und Verehrung für Ledebour nichts geändert hat.

Nach dieser Rede wird Ledebour im Februar 1919 freigesprochen. Einen Monat später sind die Machtverhältnisse schon so umgestaltet, daß die Prozesse in umgekehrter Richtung ausgehen: Seitdem hat die Justiz während der gesamten Weimarer Periode in allen strafrechtlichen Fällen, später auch in arbeitsrechtlichen Fällen, bei Presseauseinandersetzungen auf seiten der Reaktion gestanden. Sie hat dabei Rechtsbeugung begangen, hat Rechtsnormen in ihr Gegenteil verkehrt. Die Justiz wußte genau, was sie tat.[115] Die Arbeiterklasse wußte, was Klassenjustiz zu bedeuten hatte; sie erlebte es täglich. Auch sozialdemokratische Funktionäre oder Betriebsfunktionäre hatten kein Vertrauen zur Justiz mehr. Sie lebten allerdings in der Vorstellung, in den älteren bürgerlichen Demokratien, also z. B. in den Vereinigten Staaten, sei die Situation anders. Deshalb ist die Sacco-Vanzetti-Kampagne von großer Wichtigkeit gewesen: In Deutschland trug sie dazu bei, diese Illusionen zu überwinden, um so mehr, als Sacco und Vanzetti trotz der großen Massenbewegung hingerichtet, d. h. ermordet wurden. Diese Kampagnen der Roten Hilfe erlangten eine große politische Bedeutung; sie reichten weit

115 Vgl. Heinrich Hannover und Elisabeth Hannover-Drück, *Politische Justiz . . .*, a.a.O., S. 22-28.

hinaus über die kommunistische Arbeiterbewegung, wirkten tief in das sozialdemokratische Lager hinein und halfen, das Bewußtsein der Gemeinsamkeit innerhalb der Arbeiterbewegung zu erhalten.

Es gab doch auch umfangreiche Kampagnen zur Abschaffung des Abtreibungsparagraphen?

Ja, eigentlich ständig. Zu guter Letzt haben wir – das war in den Jahren 1931/32 – überlegt, ob wir eine Volksentscheid-Kampagne gegen diesen § 218 machen sollten; darüber wurde ausführlich diskutiert. Wir haben schließlich davon abgesehen, weil wir damit rechnen mußten, dann sofort verboten zu werden.

War die Arbeit der Roten Hilfe nicht auch dadurch stark behindert, daß sie eine Organisation im Umkreis der KPD war und die KPD von der Rechtsprechung als eine Organisation angesehen wurde, die permanent Hochverrat beging?

Ja, durch diese Rechtsprechung wurde die Arbeit sehr stark beeinträchtigt. Das Reichsgericht hat ja tatsächlich in seiner ganzen Judikatur ab 1922 immer wieder kommunistische Redakteure oder Funktionäre wegen Vorbereitung zum Hochverrat abgeurteilt.[116] Groß darin war der Senatspräsident Niedner, der zusammen mit dem Reichsanwalt Jorns diese Judikatur vorantrieb. Jorns wurde später als derjenige entlarvt, der hinter den Kulissen die Abdeckung des Verbrechens an Rosa Luxemburg und Karl Liebknecht organisiert hatte.

Im März 1928 erschien im *Tagebuch* ein Artikel über Jorns. Daß dieser Artikel nicht in der Zeitschrift *Sozialistische Politik und Wirtschaft*, an der Paul Levi mitarbeitete[117], nicht im *Klassenkampf*, nicht in der *Weltbühne*, die als »links außen« galten, sondern im *Tagebuch* veröffentlicht wurde, das als honett liberal angesehen wurde, war sehr publikumswirksam. In diesem Artikel wurde der Reichsanwalt Jorns beschuldigt, ein Verbrecher zu sein, der bei der Strafverfolgung wegen des Mordes an Rosa Luxemburg und Karl Liebknecht vorsätzlich Rechtsbeugung begangen und sich einer Begünstigung der

116 Vgl. ebenda, S. 228-233.

117 *Sozialistische Politik und Wirtschaft* erschien 1923-1928 als Wochenschrift der Gruppierung um Paul Levi mit geringer Auflage.

Mörder schuldig gemacht habe. Diese Behauptung wurde mit Fakten belegt. Es wurde angedeutet, daß Jorns' Verhalten Friedrich Ebert dazu veranlaßt hätte, ihn zum Reichsanwalt zu befördern. Jorns verklagte daraufhin das *Tagebuch* wegen Verleumdung. Paul Levi, damals Reichstagsabgeordneter der SPD, zu ihrem linken Flügel zählend, übernahm die Verteidigung des Redakteurs des *Tagebuch* und erwirkte einen Freispruch.[118] Das änderte natürlich nichts daran, daß Jorns Reichsanwalt blieb und im Faschismus noch weiter aufstieg.[119] Es änderte auch nichts daran, daß der Reichsanwalt Jorns weiter seine Anklagen wegen Vorbereitung zum Hochverrat gegen kommunistische Parteimitglieder verfaßte. Aber immerhin erregte dieses Verfahren große Aufmerksamkeit und lenkte das politische Interesse auf die Vorgänge in der Justiz. Damit kommen wir noch zu einem anderen Problem, nämlich dem der Linken in der Sozialdemokratischen Partei Deutschlands.

Paul Levi war ja der Repräsentant des linken Flügels der Sozialdemokratischen Partei Deutschlands: Haben sich diese Linken politisch oder juristisch in irgendeiner Weise an der Arbeit der Roten Hilfe beteiligt?

Das konnten sie sich nicht leisten. Sie konnten die Arbeit der Roten Hilfe nur hinter den Kulissen fördern, und das haben Männer wie Paul Levi und Kurt Rosenfeld, der ebenfalls zum linken Flügel in der SPD gehörte, auch getan. Beide waren Reichstagsabgeordnete und Anwälte und ließen sich jeweils als Anwälte einsetzen, wenn wir von der Roten Hilfe einen solchen Einsatz politisch für unvermeidlich und wichtig hielten. Auch in den Memoiren von Karl Retzlaw[120] kann man nachlesen, wie Retzlaw, Funktionär der KPD, wiederholt Paul Levi besuchte, den er von früher aus der Gruppe Internationale, also aus der Zeit des Krieges kannte. Solche Querver-

118 Vgl. Heinrich Hannover und Elisabeth Hannover-Drück, *Politische Justiz . . .*, a.a.O., S. 207 ff.

119 Vgl. ebenda, S. 213 f.

120 Karl Retzlaw, *Aufstieg und Niedergang, Erinnerungen eines Parteiarbeiters*, Frankfurt/Main 1971. Vgl. die Rezension dieses Buches von Wolfgang Abendroth, *Denken und Handeln revolutionärer Arbeiter zwischen den Weltkriegen*, in: *Stimme der Gemeinde*, 24. Jg., Heft 7/1972, S. 118-120.

bindungen gab es viele, trotz aller Verfeindungen aus dem Fraktionskampf von 1921. Auch Kurt Rosenfeld bemühte sich darum, er war Unabhängiger Sozialdemokrat und nach der Vereinigung von 1922 SPD-Mitglied. Die Diffamierung der Roten Hilfe, die von der gesamten bürgerlichen öffentlichen Meinung betrieben wurde, machten die linkssozialdemokratischen Führer ebenso wenig mit wie – nach einigem Schwanken, vor allem in den ersten Jahren – der durchschnittliche Arbeiterfunktionär der Sozialdemokraten. Innerhalb der Roten Hilfe wurde der tiefe Graben, der die Arbeiterbewegung durchzog, kaum wirksam. Dazu noch ein Beispiel aus meiner eigenen Erfahrung aus den Jahren 1931/32, aus einer Zeit also, da dieser Graben besonders tief war. Ich war Gerichtsreferendar und amtlich bestellter Vertreter einer katholischen Anwältin in Frankfurt, so daß ich in eigener Verantwortung als Verteidiger in Strafverfahren auftreten konnte. Diese Anwältin war demokratisch und loyal, eine Frau, vor der ich höchste Achtung hatte. Ganz bewußt hatten wir es nicht so organisiert, daß ich amtlich bestellter Vertreter unseres anderen Rote-Hilfe-Anwalts in Frankfurt wurde. Dieser Anwalt, Steinschneider – ich habe ihn bereits erwähnt –, war mutig und politisch zuverlässig, aber er war Mitglied der KAP, ein utopischer und deshalb diskreditierbarer Mann. Im Rahmen unserer Arbeit in der Roten Hilfe haben wir immer genau überlegt, in welchem Prozeß wir wen einsetzten, in welchem Prozeß ich aufzutreten hatte. Und in diesen Jahren, etwa ab 1930, liefen unendlich viele strafrechtliche Prozesse wegen der Straßenauseinandersetzungen, die ständig zwischen den Mitgliedern der NS-Organisationen und der Arbeiterbewegung stattfanden. Jede Demonstration der Arbeiter wurde von der Polizei niedergeknüppelt, jede größere Auseinandersetzung mit der SA führte zu Strafverfahren gegen die Arbeiter, doch nur selten gegen die Nationalsozialisten. Für die Rote Hilfe hatten wir ganz Hessen zu besorgen; wir waren dauernd unterwegs, man kann sich diese Arbeitsleistung kaum vorstellen.

In der gleichen Zeit hatten wir von der Roten Hilfe noch weitere Aufgaben zu erfüllen, zum einen die Schulung aller Jurastudenten der Roten Studentengruppe für Rote-Hilfe-Arbeit, vor allem für politische Strafverfahren; diese Aufgabe hatte ich damals zu organisieren. Zum anderen führten wir Schulungen durch, wie man sich in politischen Strafprozessen zu verhalten hatte, wenn man angeklagt und Mitglied einer von der KPD geführten Kampforganisation, nämlich des »Roten Frontkämpferbundes« oder der »Antifaschistischen Aktion«[121] war oder wenn man in dem »Reichsbanner« oder in der »Eisernen Front«[122], beides Organisationen unter Führung der SPD, organisiert war. Ich habe gleichzeitig bei Reichsbanner und Eiserner Front einerseits und bei Rotem Frontkämpferbund und Antifaschistischer Aktion andererseits Schulungen veranstaltet. Beide Leitungen wußten davon und haben diese Schulungen unterstützt, auch in der Zeit der größten Verfeindung. Formell war die Rote Hilfe also von der Sozialdemokratie verteufelt, de facto bestand durch die Rote Hilfe eine Einheitsfront zwischen KPD und SPD.[123] Zu der Zeit, als ich die Schulungen durchzuführen hatte, war ich selber weder Mitglied der KPD noch der SPD, in beiden Parteien war ich verfemt; ich war seit 1929 Mitglied der KPO. Daß dennoch solche Zusammenarbeit in der Roten Hilfe stattfand, zeigt ganz deutlich die große Rolle, die sie als Rechtsschutz- und Solidaritätsorganisation in der Weimarer Periode gespielt hat.[124]

Gab es eine feste Mitgliedschaft in der Roten Hilfe und kannst Du sagen, wie groß die Organisation ungefähr war?

Die Rote Hilfe war eine Mitgliederorganisation wie jeder

121 Der »Rote Frontkämpferbund« war ein 1924 gegründeter Kampfverband der KPD, der am 3. Mai 1929 verboten wurde. Ende September 1930 gründete die KPD den »Kampfbund gegen den Faschismus«, Ende Mai 1932 die »Antifaschistische Aktion« als Selbstschutzverbände gegen den Terror von SA und SS; vgl. Wolfgang Abendroth, *Zur Geschichte des Roten Frontkämpferbundes*, in: *Geschichte und Zukunft. Dem Verleger Anton Hain zum 75. Geburtstag am 4. Mai 1967*, hrsg. von Alwin Diemer, Meisenheim 1967, S. 18 ff., 31 ff.

122 Das »Reichsbanner Schwarz-Rot-Gold« wurde 1924 von Sozialdemokraten, Führern des demokratischen Flügels der Deutschen Demokratischen Partei und des katholischen Zentrums gegründet; die »Eiserne Front« entstand Ende 1931 als Verband zur Abwehr der faschistischen Gefahr, in dem Reichsbanner und Gewerkschaften zusammenarbeiteten; vgl. ebenda, S. 17 f.; Karl Rohe, *Das Reichsbanner Schwarz Rot Gold. Ein Beitrag zur Geschichte und Struktur der politischen Kampfverbände zur Zeit der Weimarer Republik*, Düsseldorf 1966, S. 66 ff., 392 ff.

123 Vgl. Johannes Zelt, a.a.O., S. 59 f., 64 f.

124 Vgl. ebenda, S. 45 ff., 85 ff.

andere Verein auch. Jeder konnte eintreten, unabhängig davon, in welcher anderen Organisation er außerdem Mitglied war. Die Zahl der Mitglieder kann ich nicht genau angeben; ich schätze, es waren im Reich weit mehr als 100 000. Hier im Bezirk Hessen hatten wir etwa 15 000 Mitglieder. Praktisch war es so, daß fast jeder alt-traditionelle kommunistische Arbeiterfunktionär Mitglied der Roten Hilfe war. Mitglieder waren allerdings nicht nur diejenigen, die in der Kommunistischen Partei weiterhin organisiert waren. Wurde jemand im Verlaufe der Fraktionsauseinandersetzungen aus der KPD ausgeschlossen, so blieb er jedenfalls in der Roten Hilfe und arbeitete dort weiter aktiv mit, gleichgültig, ob er die Partei aufgrund einer Wendung nach »rechts« oder ultralinks verlassen mußte. Es war auch ein kleiner Teil parteiloser Arbeiter und Intellektueller in der Roten Hilfe, Intellektueller, die weder kommunistisch noch proletarisch dachten, sondern entschieden demokratisch gesinnt waren. So waren zum Beispiel Abonnenten der *Weltbühne* oder der Stuttgarter *Sonntagszeitung* häufig auch Mitglieder der Roten Hilfe.

Neben der Roten Hilfe gab es in der Weimarer Republik auch die IAH, die Internationale Arbeiter-Hilfe: Worin bestand ihre Bedeutung?

Die Internationale Arbeiter-Hilfe war als Hilfsorganisation in den Hungerjahren, die nach dem Bürgerkrieg und nach dem Polnischen Krieg in der Sowjetunion folgten, entstanden und erlangte rasch weltweite Bedeutung. Viele Intellektuelle und sogar viele Rechtssozialdemokraten konnten für den humanitären Auftrag, den sich die IAH gegeben hatte, mobilisiert werden. So wurde sie in Notsituationen zur solidarischen oder, besser, zur sozialpolitischen Hilfsorganisation der Arbeiterklasse. Das gilt auch für Deutschland. Auf internationaler Ebene war dies ähnlich, doch war – soweit ich die Situation damals übersehen kann – das Gewicht der IAH in Deutschland am größten. Hier wurde die IAH anfangs von Willi Münzenberg organisiert. Er war der Gründer und Führer der Kommunistischen Jugendinternationale und stieg zu Beginn der zwanziger Jahre in die Führung der KPD auf. In der Zeit der ultralinken Führung unter Ruth Fischer und Maslow hatte er in der Parteiführung keinen Rückhalt und zog sich aus dieser praktischen politischen Tätigkeit zurück. Er konzentrierte seine Arbeit auf Verlagstätigkeit und auf die Organisierung der IAH. In seinem Verlag sammelte er alle diejenigen, die weder in der Roten Hilfe organisiert waren, noch sonst Möglichkeiten der politischen Arbeit fanden, z. B. aus der Partei ausgeschlossene Intellektuelle. Ihm war es gleichgültig, ob diese ehemaligen Parteimitglieder im Verlaufe der Auseinandersetzung mit Trotzki, also als sogenannte Ultralinke, oder ob sie als »Rechte« ausgeschlossen worden waren. Für Münzenberg war allein entscheidend, ob jemand in der Lage war, für marxistische Ziele propagandistisch zu arbeiten. Denn neben seiner Arbeit für die IAH gab er verschiedene Zeitschriften heraus, von denen die *AIZ*, die *Arbeiter-Illustrierte-Zeitung*, die größte Bedeutung erlangte. Diese Zeitschrift wurde von den Massen wirklich gelesen, im Betrieb kaufte sie auch der rechtssozialdemokratische Funktionär. Sie wurde zu einem der wichtigsten Instrumente der Meinungsbildung im Kampf gegen die bürgerlichen Illustrierten. Ihre kollektive redaktionelle Leitung war außerordentlich gut. In der Redaktion der *AIZ* und in der Vertriebsorganisation saßen kommunistische Arbeiter und Intellektuelle jedweder Richtung, alle von dem Willen bestimmt, den Klassenkampf weiterzutreiben und zu unterstützen.

Willi Münzenberg organisierte auch den Kontakt zu den national-revolutionären Bewegungen in den Kolonien. Lenin hatte programmatisch immer auf die Notwendigkeit dieser Arbeit hingewiesen: Er hatte darauf aufmerksam gemacht, daß in einem Zeitalter, in dem in einem Lande die Revolution bereits siege, vor allem die kolonialen Revolutionen dazu berufen seien, die Auflösung des Imperialismus voranzutreiben. Die national-revolutionären Bewegungen der damaligen Zeit waren gekennzeichnet durch sehr unterschiedliches intellektuelles Niveau und durch sehr widersprüchliche politische Fraktionierungen. In den meisten Ländern waren diese Bewegungen nicht kommunistisch orientiert, in wenigen Ländern waren sie es. Ich denke zum Beispiel an die große Bedeutung, die zu jener Zeit die Kommunistische Partei Indonesiens hatte und die durch die indonesische Eisenbahnarbeiterbewegung in den Gewerkschaften entstanden war. Jedenfalls kam es darauf an, die kommunistischen mit den ebenso wichtigen anderen anti-kolonialen Bewegungen, die sich nach dem Ersten Weltkrieg zu entfalten begannen, zusammenzubringen. Zwar fand die Entscheidungsschlacht für die Auflösung des Kolonialismus erst nach dem Zweiten Weltkrieg statt, nach sehr widersprüchlichen Prozessen und gewaltsamen Auseinandersetzungen – man denke an den Algerienkrieg, den Vietnamkrieg usw. Aber damals bahnte sich dieser Prozeß bereits an.

Es war Lenins Verdienst, das strategisch sofort erkannt zu haben. Die praktische Umsetzung dieser Erkenntnis übernahm Willi Münzenberg. Im Jahre 1926 organisierte er die erste große antiimperialistische Konferenz in Brüssel, auf der alle national-revolutionären Parteien, von den rechten bis zu den linken, vertreten waren: die Inder, also die Kongreß-Partei, die indonesischen bürgerlichen und sogar halb-feudalen anti-holländischen Parteien neben den indonesischen Kommunisten, die Vietnamesen, die Nordafrikaner, bei denen die national-revolutionären Bewegungen allerdings noch sehr schwach waren. Zu den Nordafrikanern, das sei nebenbei angemerkt, wurde später ein Freund von mir geschickt, um eine dauerhafte Organisation aufzubauen; er ist KPO-Mitglied gewesen und im Dritten Reich in Auschwitz umgekommen. Zu dieser Konferenz erschienen alle, diskutierten, lernten einander kennen und schlossen sich zur »Antiimperialistischen Liga« zusammen. Auch damals gab es schwierige Probleme. Ich erinnere mich an die israelisch-palästinensische Frage, die schon zu jener Zeit zu heftigen Auseinandersetzungen führte. Die Araber wollten nicht, daß man jüdische Siedler aus Palästina als Bundesgenossen heranzog und in die »Antiimperialistische Liga« aufnahm, obwohl unter diesen linkssozialistische Revolutionäre waren.

Im Jahre 1928 wurde in Frankfurt am Main wieder eine antiimperialistische Konferenz abgehalten. Ich lernte auf beiden Kongressen eine ganze Anzahl bürgerlich national-revolutionärer und sozialistischer Politiker der Kolonialländer kennen, die fast alle später vor der Befreiung ihrer Länder von den Kolonialherren lange Zeit inhaftiert wurden. Nach dem Zweiten Weltkrieg wurden sie führende Staatsmänner der Dritten Welt; unter ihnen waren Nehru und Bose aus Indien, Sukarno und Mohammed Hatta aus Indonesien und Tschu

En-lai. Die Kongresse dienten dazu, der Arbeiterbewegung klarzumachen, daß die Solidarität mit jeder national-revolutionären Bewegung und mit den Kommunisten unabdingbar sei.

Von den Kommunistischen Parteien aller Länder wurde praktische Solidarität geübt. Man denke nur an die verdienstvolle Rolle, welche die französische Kommunistische Partei in dieser Periode gegenüber allen national-revolutionären Bewegungen Nordafrikas spielte, selbst während der Phase, in der sie eine ultralinke Politik betrieb. Dies gilt auch für die deutsche Kommunistische Partei; auch sie hat in dieser Zeit viel für die national-revolutionären Bewegungen getan. Über die Presse und über einzelne praktische Aktionen wurde es so möglich, in großen Teilen der Arbeiterklasse das Bewußtsein der Solidarität zu wecken. War zum Beispiel irgendwo ein Nationalrevolutionär erschossen worden, so wurde eine Sammlung durchgeführt – Aktivitäten, mit denen nicht nur die Arbeiterklasse erreicht wurde, sondern auch Teile der bürgerlich-demokratischen Jugendbewegung. Es gelang, an dieser Frage auch einen Teil der sich sonst in Richtung auf den Nationalsozialismus hin entwickelnden national-revolutionären Jugend abzuspalten, indem wir diesen Gruppen klarmachten, daß die National-Revolutionäre in den Kolonien ebenfalls für eine Befreiung der Nation kämpften. Zu denjenigen, die wir auf diesem Wege erreichen konnten, gehörten Professor Friedrich Lenz, Hans Ebeling, Karl Otto Paetel und viele andere. Natürlich nahmen auch viele Linkssozialisten an dieser Bewegung teil.

Wir möchten nochmals auf die Rote Hilfe und die IAH zurückkommen. In der bürgerlichen Nachkriegsliteratur ist viel häufiger von der IAH als von der Roten Hilfe die Rede: Deiner Einschätzung nach aber hat die Rote Hilfe eine sehr viel größere politische Bedeutung gehabt?

Ohne Zweifel wird die Bedeutung der Roten Hilfe unterschätzt, weil die Historiker, die sich mit der Weimarer Republik beschäftigen, ihre Kenntnisse meist nur aus den damals erschienenen Zeitschriften beziehen.

Die IAH war niemals so groß wie die Rote Hilfe und politisch bei weitem nicht so wirksam. Hinzu kommt, daß bürgerliche Historiker das Problem der Klassenjustiz nicht sehen wollen oder können, und daß sie deshalb die Parteilichkeit der Justiz in der Weimarer Republik ignorieren. Darum können sie auch die Bedeutung der Roten Hilfe nicht erkennen.

Du sagtest, daß auf der Ebene des Rechtsschutzes für Proletarier die Einheitsfront in großem Maße funktionierte. Wie kam es dazu, wo doch auf der anderen Seite die beiden Arbeiterparteien so sehr verfeindet waren?

Die Mitglieder beider Parteien, ja sogar die der SPD treuesten Gewerkschaftsfunktionäre in den Betrieben, die ihre Vorstände in jedem Konflikt unterstützen, werden bei der Zuspitzung des Klassenkampfes in ihren rechtlichen Positionen zunehmend bedroht. Das erfahren sie bei jeder arbeitsrechtlichen und strafrechtlichen Auseinandersetzung. Infolgedessen bleibt auf dem Gebiet des Rechtsschutzes, wie auch in der Terminologie und im ideologischen Bereich, das Identitätsbewußtsein der Arbeiterbewegung erhalten. Die Mehrheitssozialdemokratie versucht zwar im Jahre 1921, mit dem Görlitzer Programm aus der marxistischen Terminologie auszubrechen[125], aber nach unten, zur Masse der Parteimitglieder dringt das nicht durch, und schon auf diesem Parteitag wendet sich eine breite Opposition in der Mehrheitssozialdemokratie dagegen. Diese Opposition hat einen sehr viel stärkeren Rückhalt in der Mitgliedschaft, als es der Zahl der Delegierten nach scheint. Daher kommt nach dem Nürnberger Parteitag von 1922, der zur Vereinigung von MSP und USP führt[126], eine breite Bewegung auf, die sich für ein neues Programm engagiert. Das im Jahre 1925 auf dem Heidelberger Parteitag verabschiedete Programm[127] hat eine relativ gute Einleitung, und die marxistische Terminologie in bezug auf das Klassenkampfdenken ist gewahrt. Dieses Programm entspricht der

125 *Programm der Sozialdemokratischen Partei Deutschlands* (Mehrheits-Sozialdemokratie) (Beschlossen zu Görlitz 1921), abgedruckt in: Wolfgang Abendroth, *Aufstieg und Krise* . . ., a.a.O., S. 102 ff.; vgl. auch ebenda, S. 57.

126 Vgl. ebenda, S. 57.

127 Sozialdemokratische Partei Deutschlands, auf dem Heidelberger Parteitag 1925 beschlossenes Programm, abgedruckt ebenda, S. 107 ff.; vgl. auch ebenda, S. 58.

Mentalität der sozialdemokratischen Arbeiter. Nicht zuletzt wird dieses Bewußtsein der Arbeiter entscheidend durch die Tagespresse sowohl der Kommunistischen als auch der Sozialdemokratischen Partei stabilisiert.

Die Terminologie wird in den Tageszeitungen aufrechterhalten und schlägt sich in den ständigen Berichten über innerparteiliche Debatten, Beschlüsse, Resolutionen usw. nieder. Die gemeinsame Sprache bleibt also trotz aller Verfeindung zwischen den Parteien, welche durch das politische Handeln der Mehrheitssozialdemokratie und die Sozialfaschismus-Theorie der KPD zementiert wird, bewahrt. Auch das Klassenbewußtsein der sozialdemokratischen Funktionäre bleibt bestehen – eine Situation, die schon aus diesem Grunde völlig anders ist als die heutige.

Wie würdest Du – ungeachtet der gemeinsam verwendeten proletarischen Klassensprache – die prinzipiellen politischen Unterschiede charakterisieren, die zwischen KPD und SPD bestanden?

Will man diesen Unterschied vom Programm der beiden Parteien her bestimmen, so liegt er in der Identifikation oder Nichtidentifikation mit der Weimarer Republik und dem Staat. Die Kommunistische Partei und, zunächst, die USP – ich erinnere an das Leipziger Aktionsprogramm von 1919 – wollen die Arbeiter zum Kampf für die Diktatur des Proletariats in der Form einer Rätedemokratie gewinnen.[128] Bei der KPD kommt ab 1924 die Identifikation mit einem nicht immer kritisch verstandenen, sondern dogmatisierten organisationstheoretischen Leninismus hinzu. Die sozialdemokratischen Parteien – das gilt nur sehr begrenzt für die rechte USP nach der Spaltung, also in den Jahren von 1920 bis 1922, aber es gilt uneingeschränkt für die MSP und bald – seit 1922/23 – auch für die Vereinigte Sozialdemokratie – halten die demokratische Republik für die am besten geeignete Grundlage der

128 ». . . die politischen Arbeiterräte . . .«, so heißt es im *Leipziger Aktionsprogramm*, »vereinigen in sich Gesetzgebung und Verwaltung. Ihre Wirksamkeit bedeutet die Umwandlung des kapitalistischen staatlichen Verwaltungsapparates, einschließlich der Gemeinden; sie bedeuten aber auch die Verwirklichung des Selbstbestimmungsrechts der Arbeiterklasse und ihren Zusammenschluß zwecks Abschaffung jeglicher Klassenherrschaft.« Ebenda, S. 99.

Transformation zu einer sozialistischen Produktionsweise, die formell ihr Ziel bleibt.[129] Die Weimarer Verfassung ermöglicht ja – ebenso wie das Grundgesetz in Artikel 15 – diese Transformation durch Artikel 155 und 156; sie hat einen sehr viel ausführlicheren sozial-rechtlichen Teil als das Grundgesetz. Die Sozialdemokratie hängt nun der Meinung an, daß sie die Weimarer Republik und deren Staatsapparat, nicht nur das Normensystem der Weimarer Verfassung zu verteidigen habe. So wird es für die Sozialdemokratie charakteristisch, daß sie sich mit der Weimarer Republik als *Staat*, nicht nur als *Verfassung* völlig identifiziert. Für die USP und später für die »Linke« innerhalb der Partei gilt das nicht in gleicher Weise. Die USP-Fraktion hat in der Schlußabstimmung der Nationalversammlung deshalb gegen diese Verfassung gestimmt. Später, seit dem Nürnberger Parteitag, tritt allerdings der größte Teil der USP-Führer zur Vereinigten Sozialdemokratischen Partei über und gibt die Unterscheidung zwischen Staatsapparat und Verfassungsnorm auf, setzt beide ineins. In dieser Frage ergibt sich also eine klare Differenz gegenüber der KPD. Nur in der linken Sozialdemokratie finden Einsichtsprozesse statt, die zu einer genaueren Einschätzung der Rolle des Staatsapparates führen. Die linken Sozialdemokraten betreiben durchaus eine soziologische Analyse des Staatsapparates und tragen sie immer wieder an die Funktionäre der SPD heran: Ich erinnere an die von Paul Levi seit 1923 herausgegebene Zeitschrift *Sozialistische Politik und Wirtschaft* bis zu ihrer Vereinigung mit der von Kurt Rosenfeld, Max Seydewitz und anderen herausgegebenen Zeitschrift *Der Klassenkampf* im Jahre 1928.[130] Und dieser linke Flügel innerhalb der Sozialdemokratischen Partei, der die Staatsideologie nicht übernimmt, gewinnt phasenweise durchaus an Bedeu-

129 In dem 1925 auf dem Heidelberger Parteitag beschlossenen Programm der Sozialdemokratischen Partei Deutschlands heißt es: »Die demokratische Republik ist der günstigste Boden für den Befreiungskampf der Arbeiterklasse und damit für die Verwirklichung des Sozialismus. Deshalb schützt die Sozialdemokratische Partei die Republik und tritt für ihren Ausbau ein«; ebenda, S. 109.

130 *Der Klassenkampf – Marxistische Blätter*, seit dem 1. Okt. 1928 mit der Zeitschrift *Sozialistische Politik und Wirtschaft* vereinigt, führt weiterhin den Titel *Klassenkampf* und hat als Untertitel die hinzugekommene Zeitschrift. Ab Dezember 1931 wird der *Klassenkampf* zum theoretischen Organ der SAP; vgl. Hanno Drechsler, a.a.O., S. 374.

tung, denn die generelle Identifikation des sozialdemokratischen Arbeiterfunktionärs mit Klassenbewußtsein bleibt erhalten und kann in jeder Krise wieder mobilisiert werden. Es ist sehr interessant zu verfolgen, wie die linkssozialdemokratische Gruppe Klassenprobleme ernst nimmt, während der rechtssozialdemokratische Flügel, der die Partei führt, Klassenprobleme zwar gelegentlich qua Terminologie artikuliert, aber mit dem Ziel, das Klassenbewußtsein aufzulösen. Der linkssozialdemokratische Teil wird unter zwei Voraussetzungen zu einem sehr bedeutenden Faktor: zum einen bei Verschärfung der realen Klassenkämpfe, bei Angriffen des Kapitals auf die Arbeiterklasse, also vor allem in Krisenperioden, zum anderen unter den Bedingungen einer richtigen, d. h. auf Einheitsfront gerichteten Politik der Kommunistischen Partei, denn dadurch wird der linke SPD-Flügel gestärkt. Realisiert die Kommunistische Partei die Einheitsfront-Politik, so ist es selbst in Konjunkturperioden möglich, den linken Flügel der SPD erheblich zu stärken, so daß die rechtssozialdemokratische Führung sogar *gegen* ihren Willen gezwungen ist, bei Einheitsfront-Aktionen mitzumachen. Die Kampagne für den Volksentscheid zur Fürstenenteignung ist dafür ein deutlicher Beweis. Betreibt die Kommunistische Partei selbst in Krisenzeiten keine solche Politik, sondern eine verfehlte Politik ultralinker Isolierung, z. B. indem sie die Sozialfaschismus-These praktisch anwendet, so sinkt der linke Flügel innerhalb der Sozialdemokratischen Partei zur Bedeutungslosigkeit herab, auch wenn objektiv die Lage noch so günstig für ihn zu sein scheint. Dieser Mechanismus zeigt sich immer wieder. Er wiederholt sich in der großen Krise ab 1930: Zwar gibt es in dieser Zeit Konflikte in der Sozialdemokratischen Partei, aber die Führung kann sich mit ihrer Tolerierungspolitik gegenüber der Brüning-Diktatur[131] widerstandslos durchsetzen und die Linke als kleine Randgruppe ausschließen.[132] Dabei muß man wiederum daran erinnern, daß der bedeutendste Führer dieser Linken bis zu seinem Tode im Jahre 1930 – sicherlich

131 Vgl. ebenda, S. 57 ff.

132 Im September 1931 werden Kurt Rosenfeld und Max Seydewitz aus der SPD ausgeschlossen, nachdem sie sich offen gegen die defensive, die Tolerierungs-Politik der SPD-Führung gegenüber der Brüning-Diktatur gewendet hatten. Ebenda, S. 87 ff.

nicht zufällig – ein früherer Kommunist ist, nämlich Paul Levi, der einst die Einheitsfront-Politik der KPD begründet und sie innerhalb der Sozialdemokratie als Linker fortgesetzt hatte.

Du hattest vorhin über den 1. Mai 1929 berichtet und gesagt, daß sich ab diesem Zeitpunkt der ultralinke Kurs vollends durchsetzt. Es gibt aber doch auch dann noch maßgebliche Gruppierungen innerhalb der KPD, die diesen Kurs politisch für falsch halten?

Ja, die Zahl der kommunistischen Arbeiterfunktionäre und Gewerkschaftler, die gegen den ultralinken Kurs sind, ist noch relativ groß. Immerhin zählt die KPO[133] rund 6000 Mitglieder, aber sie stehen nun außerhalb der KPD. Doch auch in der KPD selbst gibt es immer noch Widerstand: Die Fraktion der »Versöhnler«[134] bleibt zunächst in der KPD, sie wendet sich – ebenso wie wir in der KPO – gegen den ultralinken Kurs, spricht es allerdings vorsichtiger aus. Aber diese Situation verändert sich nochmals in der ökonomischen Krise: Die Hermann-Müller-Regierung wird im März 1930 gestürzt, es folgen die Brüning-Diktatur und mit ihr die Auflösung des Reichstages, die Reichstagswahlen vom September 1930 mit den sehr großen Stimmengewinnen für die NSDAP; auf sie komme ich noch zurück.

Welche Bedeutung hat der ultralinke Kurs der KPD, der ab 1928 eingeschlagen wird, für Deine politische Arbeit gehabt?

Ich selber habe die Widersprüchlichkeit, mit der sich die ultralinke Wendung durchgesetzt hat, erfahren. Ich bin allerdings nicht mehr als ein Beispiel. Ich war zu jener Zeit unterer Funktionär und wollte auch keine andere Rolle spielen. Zwar veröffentlichte ich gelegentlich einen Aufsatz, aber ich wollte auf keinen Fall in der Partei in höhere oder gar hauptberuf-

133 Die KPD-Opposition (KPO) wurde im Dezember 1928 auf einem Treffen der »Rechts«-Opposition der KPD als Organisation »innerhalb der KPD« gegründet: Ihre Mitglieder waren z. T. aus der KPD ausgeschlossen worden, z. T. traten sie freiwillig aus; vgl. Karl Hermann Tjaden, a.a.O., S. 111 ff.

134 Die »Versöhnler«, eine Gruppe um Ernst Meyer, Arthur Ewert, Hugo Eberlein, Gerhard Eisler und Georg Schumann, setzten sich ebenso wie die KPO für die Einheitsfront-Politik ein; diese Gruppe blieb jedoch in der KPD und fügte sich grundsätzlich der Parteidisziplin; vgl. Hermann Weber, a.a.O., Band 1, S. 17 f.

liche Funktionen aufsteigen. In dieser Zeit im Sommer 1930 hatte ich das juristische Referendarexamen bereits hinter mir. Erste Station der dreijährigen Referendarausbildung war damals das kleine Amtsgericht, also ein Amtsgericht mit weniger als fünf Richtern. Ich wurde nach Hechingen geschickt, in eine kleine Stadt, die dem Oberlandesgericht Frankfurt unterstand und die gleichzeitig ein Landgericht hatte, das für den ganzen Bereich Hohenzollern-Sigmaringen zuständig war. Am 9. Juni 1930 trat ich dort den Dienst an. Ich überlegte sofort, in welcher Weise ich dort politisch weiterarbeiten könnte. Ich hatte im Jahre 1926 ein Semester in Tübingen studiert und dort die Rote Studentengruppe, die infolge von Relegationen stark dezimiert worden war, wiederaufbauen geholfen. Aus dieser Zeit kannte ich einen KP-Genossen, der aus Hechingen stammte, Erwin Schuler. Ich nahm also Kontakt mit ihm auf; er war Wirtschaftswissenschaftler, Assistent an der Universität Tübingen und außerdem der führende Mann in der Kommunistischen Partei von Hechingen. Aktivität in der KPD Hechingens war ihm möglich, weil diese Stadt zu Preußen gehörte, Tübingen dagegen zum Land Württemberg. Da in Preußen damals eine kleine Koalition zwischen SPD, Zentrum und Deutscher Demokratischer Partei regierte, in Württemberg hingegen eine Koalition aus Deutsch-Nationalen, Bauernpartei und rechtem Zentrum, bestand keine Gefahr gegenseitiger Information – beide Regierungen standen in Feindschaft zueinander.

Erwin Schuler und ich leiteten gemeinsam eine antifaschistische Kampagne ein; es war die Zeit vor den Reichstagswahlen 1930 und die Zeit des Aufschwungs der NSDAP. Das Gebiet um Hechingen hatte vor allem Schuh- und Textilindustrie. Die ärmere Bevölkerung lebte von dieser Industrie ebenso wie die Bevölkerung der umliegenden Dörfer, jedenfalls soweit sie aus Kleinstbauern bestand, die von den Erzeugnissen ihres Hofes nicht existieren konnten. Die größtenteils katholische Bevölkerung war auf das regierende Zentrum wütend, sie hatte es gewählt, und trotzdem war die tiefgreifende ökonomische Krise gekommen. Die Sozialdemokratie führte den Wahlkampf von 1930 als Anti-Brüning-Wahlkampf. Wir zogen daraus politisch-regional die Konsequenz, Verbindung aufzunehmen zu der sehr kleinen Textilarbeiter-Verbandsorganisation im Kartell der Freien Gewerkschaften in Hechingen und zum Vorstand der Sozialdemokratischen Partei, um ihnen gemeinsame Aktionen vorzuschlagen. Wir organisierten dann ein Arbeiterkartell Hechingen zum Kampf gegen Brüning und gegen die Angriffe der Faschisten. Die theoretisch-programmatischen Grundlagen unserer Zusammenarbeit waren unklar und blieben es zunächst auch. Ich differenzierte zwar genau zwischen der obrigkeitsstaatlichen Diktatur Brünings und der faschistischen Diktatur der NSDAP, andere taten das nicht, weil ihnen die Aufarbeitung der italienischen Vorerfahrungen fehlte und sie über weniger Informationen verfügten. Das Arbeiterkartell bestand aus Vertretern der Sozialdemokratischen Partei, der KPD, des Arbeitersängerbundes als der größten Arbeiter-Kulturorganisation am Ort und der Freien Gewerkschaften. Mit den Sozialdemokraten vereinbarten wir, daß jeder zur Wahl der eigenen Partei auffordern konnte, daß wir uns aber nicht gegenseitig angreifen, sondern gemeinsam gegen Brüning und gegen die Nationalsozialisten kämpfen wollten. In den Wahlversammlungen, die wir auf den umliegenden Dörfern abhielten, sprachen Erwin Schuler oder ich, redete ein Sozialdemokrat und manchmal auch ein Gewerkschaftler. Verschiedentlich sprach auch der Dirigent des Arbeitersängerbundes, ein Lehrer, der übrigens gleichzeitig der jüdischen Gemeinde Hechingens vorstand. Der Arbeiter-Turn- und Sportbund war in Hechingen sehr schwach – andernorts hatte die Arbeitersportbewegung dagegen eine sehr gewichtige Funktion für die Selbstintegration der Arbeiterklasse. Wir zogen in der Besetzung, wie ich sie beschrieben habe, von Ort zu Ort und hielten Wahlversammlungen. Allmählich wurden immer höhere Anforderungen an uns gestellt. Denn häufig wurden wir – zum Beispiel auch von katholischen Arbeitern – spontan aufgefordert, Versammlungen zu organisieren. Da wir alle aber gleichzeitig unseren Berufen nachkommen mußten, holten wir uns zusätzliche Redner: »versöhnlerische« KPD-Abgeordnete und KPO-Abgeordnete aus dem württembergischen Landtag in Stuttgart. Sozialdemokratische Abgeordnete oder Redakteure konnten wir allerdings nicht gewinnen: Unser Versuch, mit Kurt Schumacher in Kontakt zu kommen, mißlang, denn er war extrem antikommunistisch. Schumacher – damals der führende Redakteur der sozialdemokratischen Tageszeitung in Stuttgart – war ohnehin kein »linker« Sozialdemokrat. Er war aktivistisch, aber antimarxistisch.

Gleichwohl und trotz des ultralinken Kurses der KPD haben wir damals einen erfolgreichen Wahlkampf führen können: In Hohenzollern-Sigmaringen, vor allem in Hechingen, erhielt die KPD fast zehnmal mehr Stimmen als in den Wahlen von 1928. Die für die Sozialdemokratie abgegebene Stimmenzahl hatte gleichzeitig gegenüber 1928 um 20 % zugenommen, die NSDAP hatte im Vergleich zu den Reichstagswahlen 1928 weder Stimmen gewonnen noch verloren. Um so betroffener waren mein Freund Erwin Schuler und ich, als wir von den Wahlergebnissen aus den übrigen Bereichen Deutschlands hörten.[135] Meine Mutter, die Mitglied der SPD war, hatte mir in ihren Briefen schon angekündigt, daß ein solcher Wahlausgang bevorstehe. Wir schrieben uns dauernd, denn wir waren eine sehr eng integrierte Familie. Schuler und ich waren aber so im Banne unserer lokalen Erfahrungen im Wahlkampf, daß wir ihr nicht geglaubt hatten. An diesem Beispiel aus der Zeit in Hechingen ersieht man, welche Möglichkeiten bestanden hätten, wäre die Aktionseinheit der Arbeiter zustande gekommen: Ein Teil der Arbeitnehmer mit Mittelschichtenbewußtsein und ein Teil der Angestellten hätten dann zweifellos anders optiert.

Hing das Wahlergebnis von 1930 auch damit zusammen, daß die Einheitsfront-Politik auf der unteren Ebene, wie ihr sie praktiziert habt, sonst nirgendwo angewendet wurde?

Ja. Man muß dabei bedenken, daß nach dem 1. Mai 1929 und nach der Schiedsspruch-Politik der Regierung der Großen Koalition im Metallarbeiterkampf – über beides habe ich schon gesprochen – die Arbeiter in den Betrieben erbittert gegeneinander stehen. Zwar gebrauchen sie noch die gemeinsame marxistische Sprache, die hin und wieder hilft, Brücken zwischen ihren beiden Lagern zu bauen, aber im übrigen

135 Bei den Wahlen vom 14. 9. 1930 erhielten die Nationalsozialisten 6,38 Mio. (18,2 %) der Stimmen und wurden damit zur zweitstärksten Partei; vgl. Alfred Milatz, a.a.O., S. 133; *Der Sieg des Faschismus,* in: *Internationale Pressekorrespondenz* Nr. 81 vom 26. 9. 1930, S. 1998, abgedruckt in: *Komintern und Faschismus . . .,* a.a.O., S. 157 f.

stehen sich die Arbeiter der KPD und der SPD als Feinde gegenüber und werfen sich gegenseitig vor, die Arbeiterbewegung zu ruinieren. Sie führen Krieg gegeneinander. Das ist die generelle Lage im Wahlkampf des September 1930.[136]

Wie würdest Du es einschätzen, wenn im gesamten Reich eine Einheitsfront-Politik von der KPD betrieben worden wäre?

Festzuhalten ist zunächst, daß die ideologisch kleinbürgerlich orientierten Teile der Arbeiterklasse, also die Angestellten und die unteren Beamten, in der Krise den Faschisten nachgelaufen sind. Sie fanden keine Führung durch die Arbeiterklasse, deren Parteien gegeneinander kämpften, und sie sahen deshalb keinen anderen Ausweg. Hätte eine strategisch durchdachte Politik der KPD vorgelegen, welche die zweifellos immer zur Preisgabe von Klassenpositionen und von demokratischen Rechten neigende Spitze der reformistischen Partei zu Einheitsfront-Aktionen gezwungen hätte, so wären wahrscheinlich völlig andere Konstellationen entstanden. Diese Chance war im Jahre 1930 bereits vertan. Die Einheitsfront-Angebote der KPD am 20. Juli 1932[137], im November 1932[138] und dann nochmals am 30. Januar 1933[139] kamen zu spät: Der integrationistische Flügel in der Sozialdemokratie, der auf Erhaltung der bürgerlich-demokratischen Republik durch Anpassung an die Forderungen der herrschenden Klasse während der Krise hoffte, war inzwischen organisatorisch so stark geworden, daß er jede Politik des energischen Widerstandes verhindern konnte. Natürlich hätte man am 20. Juli 1932 kämpfen können, möglicherweise, vielleicht sogar wahr-

136 Vgl. Heinz Neumann, *Die internationale Bedeutung der deutschen Reichstagswahl,* in: *Internationale Pressekorrespondenz* Nr. 69 vom 15. 8. 1930, S. 1677, abgedruckt ebenda, S. 152 f.

137 Im Mai hatte die sozialdemokratische Regierung in Preußen ihren Rücktritt erklärt; seitdem bestand eine geschäftsführende Regierung. Unter dem Vorwand, daß in Preußen die öffentliche Sicherheit und Ordnung gefährdet sei, wurde am 20. 7. 1932 unter Berufung auf Art. 48 Weimarer Verfassung Reichskanzler von Papen als Reichskommissar für Preußen bestellt; vgl. Karl Dietrich Bracher, a.a.O., S. 573, 582 ff.; vgl. die Ausführungen auf S. 128 f.

138 Anlaß waren die Reichstagswahlen vom 6. November 1932; vgl. die Ausführungen auf S. 135.

139 Am 30. 1. 1933 berief Hindenburg Adolf Hitler zum Reichskanzler; Thälmann wandte sich an die SPD mit einem Aufruf zur Einheitsfront; vgl. Hermann Weber, a.a.O., Band 1, S. 246.

scheinlich wäre man geschlagen worden, aber immerhin im aktiven Kampf gegen das Bündnis von Staatsapparat und Faschismus. Das aber hätte die Situation klar verändert, denn Kampfwillen und Klassenbewußtsein wären erhalten geblieben. Das gleiche gilt für die späteren Einheitsfront-Angebote. Zwar wurde die Aussicht, zu siegen, immer geringer, aber man wäre im Kampf untergegangen und hätte eben deswegen in breiten Teilen der Arbeiterklasse Klassenbewußtsein bewahrt. Die Bewahrung und Weiterentwicklung von Klassenbewußtsein war ein Ziel, das für die KPO jedenfalls zentral war und das im Mittelpunkt ihrer Arbeit stand.

Wie hat die KPD – im Unterschied zur KPO, über die wir noch sprechen werden – den heraufkommenden Faschismus theoretisch und praktisch eingeschätzt?

In den Jahren 1929 bis 1932 verfügt die KPD nicht über eine reale Analyse des Faschismus. Wohl ist die Erkenntnis verbreitet, daß der bürgerliche Rechtsstaat im Zerfall begriffen ist, daß eine Massenbewegung zugunsten des Faschismus, also der monopolkapitalistischen Diktatur, in den Mittelschichten immer größeren Einfluß gewinnt. Aber eine reale Analyse dieser sehr differenzierten Probleme unterbleibt, weil über die Beobachtung des Tatbestandes hinaus, daß der Rechtsstaat zerfällt und daß die SPD sich immer mehr nach rechts hin orientiert, alle weiterreichenden Gedanken einfach verdrängt werden. Die KPD ist die Gefangene ihrer eigenen These vom Sozialfaschismus.[140]

Wie wurde der Faschismus innerhalb der SPD beurteilt?

Innerhalb der SPD gibt es keine einheitliche Analyse; auch nicht in der Führungsspitze: Sie beschränkt sich auf verbale Randbemerkungen und verzichtet auf den Kampf gegen den Zerfall des bürgerlichen Rechtsstaates aus Angst vor dem totalen Faschismus. Die SPD übersieht dabei, daß sie, indem sie durch immer neue Kapitulationen auf die aktive Vertretung der Arbeiterinteressen verzichtet, die Randschichten der abhängigen Arbeiter, also einerseits junge Erwerbslose, die noch

140 Vgl. Hans Jäger, *Die Nationalsozialistische Deutsche Arbeiterpartei*, in: *Internationale Pressekorrespondenz* Nr. 46 vom 3. 6. 1932, S. 1427-1431, abgedruckt in: *Komintern und Faschismus* . . ., a.a.O., S. 158-167.

kein Klassenbewußtsein haben, andererseits Angestellte, in eine Verzweiflungssituation hineinstößt, in der diese Schichten durch die faschistische Massenbewegung manipulierbar und ihr zugetrieben werden. Die SPD redet zwar immer wieder gegen den Faschismus und gegen diese Massenbewegung, aber sie bildet kein Gegengewicht, da sie in der Praxis auf die energische Verteidigung der Arbeiterinteressen und der demokratischen Verfassungsnormen verzichtet. Im Gegenteil, sie kopiert die Totalitarismustheorien – sie werden damals noch nicht so bezeichnet, sind dem Inhalt nach aber mit denen der Gegenwart identisch. Die SPD behauptet nämlich, daß Kommunismus gleichbedeutend sei mit Faschismus, daß auch der Kommunismus eine Diktatur gegen die Arbeiter sei und daß die Arbeiter sowohl gegen den Faschismus wie auch gegen den Kommunismus kämpfen müßten. Dies ist der rechtssozialdemokratische Standpunkt, der Standpunkt des Parteivorstandes und die Position der preußischen und hessischen Staatsregierung. In beiden Ländern sind ja die Sozialdemokraten immer noch an der Regierung, in Preußen bis zum 20. Juli 1932, in Hessen bis zum bitteren Ende.

Wurde die Totalitarismustheorie auch in der linken SPD vertreten?

Auf dem linken Flügel der SPD artikulieren sich sehr verschiedene Positionen, ohne daß es zu einer einheitlichen Theorie kommt. Das reicht von dem linkssozialdemokratischen Theoretiker Arkadij Gurland bis zu Ernst Eckstein[141] usw. Anhand der Zeitschrift *Klassenkampf* kann man die verschiedenen Auffassungen genau verfolgen. Eine Strategie oder eine Konzeption wird nicht entwickelt, weil die klassenpolitische Grundlage des Faschismus nicht analysiert wird. Gelegentlich wird die Politik der UdSSR unterstützt; trotzdem wagt es keiner, sich von der antibolschewistischen, wir würden heute sagen: Totalitarismus-Konzeption der rechten Sozialdemokratie zu distanzieren. Das bedeutet – trotz aller Einheitsfront-Forderungen –, daß man darauf verzichtet, eine

141 Ernst Eckstein war Rechtsanwalt in Breslau und zunächst führendes Mitglied der Breslauer SPD; 1931 wurde er Mitbegründer der SAP und kam in deren Parteivorstand. 1933 wurde er verhaftet und im Mai 1933 zu Tode gefoltert; vgl. Hanno Drechsler, a.a.O., S. 363.

gemeinsame strategische Position mit den Kommunisten zu finden und sich ihnen als möglicher ernstlicher Bündnispartner anzubieten, so daß deren Sozialfaschismus-Theoreme überzeugend hätten überwunden werden können. So widerlegt sich der linkssozialdemokratische Standpunkt, soweit es ihn als eigenständige Theorie überhaupt gibt, in der Praxis selbst. Im Gegensatz zur KPD und zur SPD orientiert sich die KPO an einer sehr realistischen Analyse des Faschismus, die vor allem von August Thalheimer entwickelt worden ist.

Kannst Du die wesentlichen Elemente der Faschismus-Theorie Thalheimers kurz nennen?

Thalheimer führt aus, daß der Faschismus eine Diktatur innerhalb einer monopolkapitalistischen Gesellschaftsordnung darstellt, gestützt auf breite, der Mentalität nach kleinbürgerliche Massenbewegungen, die aus einer ökonomischen Krise hervorgehen. Diese Massenbewegung ist ein disparater Haufen, der dem entspricht, den Bonaparte (Napoleon III.) im Gefolge der Revolution von 1848 hinter sich hatte.[142] Damals ging es allerdings um eine Bewegung innerhalb liberal-kapitalistischer Produktionsverhältnisse, ebenso wie bei der Gefolgschaft des Generals Boulanger Ende der achtziger Jahre in Frankreich. Immerhin, dieser disparate Haufen wird von der Spitze der faschistischen Organisation zusammengefaßt.

Thalheimer hatte seine Faschismustheorie[143] in den Jahren 1923/24 zu entwickeln begonnen, und seine hier geschilderten Überlegungen finden sich in ähnlicher Weise bei Clara Zetkin in ihren Reden aus den zwanziger Jahren wieder. Beide entfalteten ihre Auffassungen zunächst bezogen auf die Vor-

142 Thalheimer analysierte den Faschismus, indem er auf die Methoden und Kategorien zurückgriff, die Marx entwickelt hatte, um die Verschiebung der Klassenverhältnisse in Frankreich von der Februarrevolution des Jahres 1848 bis zum Staatsstreich Bonapartes am 2. Dezember 1851 darzustellen; vgl. Karl Marx, *Der achtzehnte Brumaire des Louis Bonaparte*, in: Marx/Engels, *Werke*, Band 8, S. 111-207.

143 Thalheimers Faschismustheorie ist publiziert in *Gegen den Strom*, der Zeitschrift der KPD (O), die von 1929 bis 1935 erschien. Vgl. August Thalheimer, *Über den Faschismus*, in: *Gegen den Strom*, Jg. 1930, S. 32 f., 48 f., 66 f.; Wesentliche Artikel aus dieser Zeitschrift sind wiederabgedruckt in dem Band: *Der Faschismus in Deutschland. Analysen der KPD-Opposition aus den Jahren 1928-1933*, eingeleitet und herausgegeben von der Gruppe Arbeiterpolitik, Frankfurt/Main 1973.

bereitung der Situation von 1923. Nach der Stabilisierung im Jahre 1924 hatte sich die faschistische Massenbewegung rasch verlaufen – man denke an das Ergebnis der Reichstagswahlen von 1924 und 1928. Thalheimer war der Ansicht, daß ein zweiter Aufstieg dieser Bewegung als Folge der schweren Krise von 1929 zu erwarten sei und daß ihr Sieg Schlimmeres als den Bonapartismus bringen würde: sie würde auf der Basis der neuen ökonomischen Verhältnisse des Monopolkapitalismus organisatorisch gefestigt und dauerhaft mit dem Staatsapparat als permanenter Terror-Maschinerie verschmolzen werden können.

Welches waren die praktischen Konsequenzen, die sich aus Thalheimers Faschismustheorie ergaben?

Nach Thalheimers und Zetkins Überlegungen kam alles darauf an, die faschistische Massenbewegung rechtzeitig, also vor ihrem Aufstieg und der Eroberung der Regierungsgewalt, durch die Einheitsfront der Arbeiterparteien, durch machtvolle Gegenbewegungen der Arbeiterklasse zu schlagen. Kleinbürgerlich denkende Massen dieser Art können sich machtvollen Arbeiteraktionen anschließen. Wird nämlich von diesen Massen, die abhängig arbeiten, von den Angestellten und den unteren und mittleren Beamten, praktisch erfahren, daß die kämpfenden Arbeiter eine reale Macht darstellen, so können sie auch verstehen lernen, daß ihre wirklichen Interessen von diesen Arbeitern vertreten werden. Dann aber fungieren sie eben nicht mehr auf der Seite der faschistischen Diktatur.

Die Analyse Thalheimers hat insofern einen gewissen Mangel, als das Problem der Machtüberleitung, also die Unifikation des Staatsapparates – der ja gerade nicht aus solchen kleinbürgerlichen Massen besteht – mit dem Faschismus und das Problem der Wendung des Monopolkapitalismus zum Faschismus nicht konsequent genug durchdacht sind. Dieses Problem hebt später Dimitroff in seiner berühmten Rede auf dem VII. Weltkongreß der Kommunistischen Internationale im Jahre 1935 mit Recht, aber leider ausschließlich hervor, und in dieser Ausschließlichkeit trifft es auch wieder nicht zu.[144] Aber tatsächlich ist es ein zentrales Problem. Man muß

144 Vgl. Giorgi Dimitroff, *Die Offensive des Faschismus und die Aufgaben der Kommunistischen Internationale im Kampf für die Einheit der Arbeiterklasse gegen*

der Frage noch intensiver nachgehen, wodurch sich der Bonapartismus im Prozeß der bürgerlich-liberalen Revolution und im bürgerlich-liberalen Kapitalismus grundsätzlich vom Faschismus, der ja dem Monopolkapitalismus politisch adäquat ist, unterscheidet. Für den Faschismus – so erweist es sich in Italien und später auch im Deutschen Reich – ist es kennzeichnend, daß eine dauerhafte Unifikation von faschistischer Massenorganisation und Massenbewegung, Staatsapparat und monopolkapitalistischer Verfügung über die Produktionsmittel besteht. Eine dauerhafte Unifikation dieser Art war dagegen im Bonapartismus nicht möglich, denn Napoleon III. konnte die hinter ihm stehende Massenbewegung, die »Dezemberbande«, niemals stabilisieren: Die »Dezemberbande« steigt in der Krise auf, trägt zu den Herrschaftsformen Bonapartes bei, und ihr Masseneinfluß verschwindet wieder mit dem Abflauen der Krise. Zwar gelangen einige Leute aus ihr in Spitzenfunktionen des Staates, aber damit hat sich ihre Rolle erfüllt. Im übrigen funktioniert der Staatsapparat weiter wie zuvor. Im Faschismus Mussolinis ist das bereits deutlich anders; extrem anders ist die Entwicklung des Faschismus im Deutschen Reich. In der bonapartistischen Bewegung wird die Machtüberleitung vom liberalen Kapital nicht organisiert, sondern nur geduldet, während der Faschismus in Italien und Deutschland von den Spitzen des Monopolkapitals zuerst unterstützt und dann herbeigeführt wird. Hier leitet das Monopolkapital eine besondere Form dauernder wachsender staatsvermittelter Kontrolle im gesamten ökonomischen Prozeß ein, eine Kontrolle, die nicht nur – wie im Bonapartismus – im Einzelfall stattfindet, sondern systematisch und kontinuierlich. Außerdem erfolgt im Faschismus eine unmittelbare Verschmelzung von Staatsapparat und permanent aufrechterhaltener faschistischer Massenorganisation, eine Entwicklung, die deshalb qualitativ etwas völlig anderes darstellt als der Bonapartismus Napoleons III.

In der Analyse Thalheimers, das will ich nochmals hervorheben, ist das Problem der faschistischen Massenbewegung jedenfalls richtig entwickelt. Wir haben solche faschistischen

den Faschismus, in: VII. Weltkongreß der Kommunistischen Internationale, *Referate. Aus der Diskussion, Schlußwort, Resolutionen*, Frankfurt/Main 1971, S. 74-138.

Massenbewegungen im Jahre 1923 in der Inflationskrise, als die verschiedenen völkischen Gruppen zur Massenbewegung werden, und auch ab 1929 in der großen Weltwirtschaftskrise, als die NSDAP aufzusteigen beginnt. Die Faschismus-Analyse Thalheimers ermöglicht es auch, die richtigen politischen Konsequenzen zu ziehen in der Weise, daß gegen eine solche Massenbewegung nur das machtvolle und geschlossene Auftreten der Arbeiterklasse helfen kann, so daß diejenigen Teile der abhängig Arbeitenden, die in ihrer Verzweiflung dazu neigen, zu den Faschisten überzugehen, politisch an die Arbeiterklasse gebunden werden und die Arbeiterklasse sich zu einer wirkungsvollen Alternative gegen die monopolkapitalistische Herrschaft entwickelt. Dies erkannt zu haben, ist das Verdienst Thalheimers und später auch Trotzkis. Die Richtigkeit von Thalheimers Analyse zeigt sich in Frankreich im Jahre 1934, in Spanien ab 1934/36, denn dort werden die faschistischen Massenbewegungen durch die Arbeiterklasse, die einheitlich auftritt, zunächst zurückgeworfen.

Gewann die KPO an politischer Bedeutung angesichts der Tatsache, daß sie über die weitaus realistischere und präzisere Analyse des Faschismus verfügte?

Die KPO ist, eben weil sie ihre Arbeit an der Faschismus-Theorie Thalheimers orientieren kann, die einzige Gruppe, die einen Ausblick auf eine sinnvolle politische Praxis zu bieten vermag. Aber sie ist isoliert von den Arbeitermassen und kann deshalb keinen praktischen Einfluß gewinnen. In der Krisensituation, wie wir sie Ende 1929 haben, in der die Klassenkampfprobleme vom Standpunkt eines jeden Gewerkschaftsfunktionärs, eines jeden Arbeiters tagtäglich wachsen, besteht überall die Überzeugung, daß in dieser Situation, in der man einem Entscheidungskampf entgegengeht, die Neugründung einer besonderen politischen Partei oder einer besonderen Gruppe, wie es die KPO ist, unsinnig ist. Deshalb kann es der KPO nicht gelingen, eine breite Bedeutung zu erlangen; sie kann nicht zum Mobilisator werden.

Hing die Isolierung der KPO auch damit zusammen, daß die Arbeiter, die kommunistisch oder sozialdemokratisch organisiert waren, nur schwer dazu zu bringen waren, auf die bisherige Organisation und Mitgliedschaft zu verzichten, und zwar auch dann, wenn sie die politische Linie, die ihre Organisation vertrat, nicht billigten?

Diese Überlegung ist nur begrenzt richtig; sie ist keinesfalls eine generelle historische Regel. Ich möchte an die Erfahrungen aus den Jahren 1919 und zu Anfang des Jahres 1920 erinnern. Damals haben die Arbeiterfunktionäre aus dem Verhalten der Mehrheitssozialdemokratie insofern gelernt, als sie einen Organisationswechsel vornehmen und von der MSP zur USP gehen. Und in modifizierter Form wiederholt sich das in den Jahren 1922/23, als sich die beiden sozialdemokratischen Parteien zur VSP vereinigen und die Kommunistische Partei rasch anwächst. Viele der früheren Mitglieder der USP sind damals zur KPD übergetreten.

Waren nicht entscheidender dafür, daß die KPO, die für eine Einheitsfront-Politik eintrat, keine Massenbasis erlangen konnte, die konkreten Erfahrungen, die die Arbeiter mit sozialdemokratischer Politik immer wieder machten und die sie dazu bewogen, an der Sozialfaschismus-Theorie festzuhalten?

Das gilt ohne Zweifel für die kommunistischen Arbeiter. Ihnen ist eine Sperre zur kritischen Einsicht aufgebaut dadurch, daß die SPD tagtäglich, auch nachdem die Brüning-Diktatur[145] errichtet ist, eine Scheinbestätigung der Sozialfaschismus-Theorie liefert. Die Brüning-Diktatur ist zwar keine faschistische, sondern eine obrigkeitsstaatliche Diktatur zugunsten des Großkapitals, und die SPD ist ganz gewiß nicht sozialfaschistisch, also ganz gewiß nicht der Hauptgegner der Arbeiterklasse. Die Sozialfaschismus-Theorie ist also in jeder Beziehung Unsinn. Sie verhindert, daß die wichtigste Vorbedingung der Einheitsfront erfüllt wird: Druck der Mitglieder und der Funktionäre auf die sozialdemokratische Parteiführung und die Führung der Gewerkschaften.

Aber man muß dabei bedenken, daß diese Theorie dem äußeren Anschein nach dauernd bestätigt wird. Die Sozialdemokratische Partei führt den Wahlkampf 1930 noch mit Paro-

145 Ende März 1930 wurde eine neue Regierung gebildet: Reichskanzler wurde der Zentrumsabgeordnete Brüning, der in sein Kabinett Volkskonservative und Vertreter der Deutschen Volkspartei aufnahm; vgl. Arthur Rosenberg, a.a.O., S. 207.

len wie »Verteidigt die Verfassung gegen die ständige Aushöhlung der Verfassung durch Brüning; verteidigt den Lebensstandard der Arbeiterklasse gegen die ständige Reduzierung des Lebensstandards mittels Notverordnungen«. Und diese gleiche Sozialdemokratie stimmt unmittelbar nach der Einberufung des Reichstages für die Notverordnungen Brünings. Aus Angst vor dem Ansteigen der faschistischen Stimmen und der drohenden Diktatur kapituliert die sozialdemokratische Führung nun völlig vor der obrigkeitsstaatlichen Diktatur, die sie soeben noch als ihren Feind bezeichnet hatte. Und in der SPD sind nach dem Wahlerfolg der Nationalsozialisten auf Kosten der bürgerlichen Parteien alle so entsetzt, daß selbst in den linken Parteieinheiten und unter den linken sozialdemokratischen Abgeordneten es zunächst niemand wagt, gegen die Führung aufzutreten. Eben dieser Tatbestand verstärkt wiederum innerhalb der KPD die These vom Sozialfaschismus. Allmählich sammeln sich in der SPD – wenn auch nur vorübergehend – wieder die Kräfte, die gegen diesen Kurs opponieren. Daher wird die Zahl der Reichstagsabgeordneten größer, die für die Verteidigung der Verfassung gegen ihre ständige Verletzung durch die Regierung Brüning eintreten. Es werden auf unterer Ebene auch verschiedene Einheitsfront-Aktionen durchgeführt, allerdings lokal begrenzt. Insgesamt aber bleiben die Vorbehalte gegeneinander bestehen: es bleibt die sozialdemokratische Kapitulation vor Brüning, es bleibt die Vorstellung der Kommunisten vom Sozialfaschismus. Das geht schließlich so weit, daß Reichspräsident von Hindenburg einen noch deutlicher obrigkeitsstaatlich orientierten Reichskanzler an die Macht bringt, von Papen, daß von Papen der Sozialdemokratie die letzten Machtpositionen, die sie noch hatte, zerschlägt[146] – und daß auch dann die Sozialdemokratie nichts anderes zu tun weiß, als nach dem Staatsgerichtshof zu rufen. Das ist lächerlich.

Welche Rolle spielte der linkssozialdemokratische Flügel im Hinblick auf die Kapitulation der SPD-Führung vor den verschiedenen Reichsregierungen, die mit Hilfe von Notverordnungen regierten?

146 Gemeint ist von Papens Staatsstreich in Preußen vom 20. Juli 1932; vgl. Karl Dietrich Bracher, a.a.O., S. 582 ff.

Bei der Sozialdemokratie wird im Jahre 1931 eine Randgruppe von linken Oppositionellen ausgestoßen[147]; einige dieser Oppositionellen, z. B. Arkadij Gurland, bleiben in der Partei – ebenso wie die Gruppe der »Versöhnler« in der KPD geblieben war. Seydewitz gehört zu denen, die ausgeschlossen werden, und obwohl hinter ihnen geschulte, alte gewerkschaftliche Funktionäre und ein großer Teil der sozialdemokratischen Jugendorganisationen stehen, haben sie mit der von ihnen gegründeten Sozialistischen Arbeiterpartei Deutschlands (SAP) keinerlei Aussicht, politisch wirkungsvolle Arbeit zu leisten. Denn wie die Massen auch immer über die Politik ihrer Partei denken mochten, eines ist ihnen klar: Die Arbeiterbewegung steht vor Entscheidungskämpfen, so daß es völlig ausgeschlossen ist, rasch noch eine dritte Partei der Arbeiterklasse aufzubauen. Das führt dazu, daß die SAP genauso eine Sekte bleibt, wie es auf der kommunistischen Seite die KPO ist. Auch die SAP ist in dem, was sie politisch vertritt, der sozialdemokratischen Führung weit überlegen, aber sie bleibt ohne organisatorische und politische Bedeutung.

Du hast verschiedene Male von der KPO gesprochen, die im Jahre 1928 gegründet wurde und der Du selbst angehört hast: Wie sahen Programm und Mitgliederstruktur dieser Gruppe aus?

Über die weitgehend zutreffende Einschätzung des Faschismus durch Thalheimer, der auch führendes Mitglied der KPO war, und über das sich daraus für die KPO ergebende Konzept der Einheitsfront habe ich schon gesprochen. 90 Prozent der Mitglieder der KPO sind Arbeiterfunktionäre, die aus der Gründungsphase der kommunistischen Massenbewegung stammen; sie kommen meist aus der KP (Spartakusbund). Wenige, z. B. Heinrich Galm aus Offenbach und die Mehrheit der Offenbacher KPO-Gruppe, kommen aus der linken USP der Zeit vor 1920. In der KPO überwiegen die Arbeiterfunk-

147 Im September 1931 wurden Max Seydewitz und Kurt Rosenfeld, die Führer der linken Opposition innerhalb der SPD, aus der Partei ausgeschlossen; auf der Reichskonferenz oppositioneller Sozialdemokraten, die von Seydewitz und Rosenfeld einberufen war, wurde am 4. Oktober 1931 die SAP gegründet; vgl. Hanno Drechsler, a.a.O., S. 106 f.

tionäre.[148] Die Studenten und Intellektuellen spielen in der KPO eine wesentlich geringere Rolle, als die Studenten innerhalb der KPD einst bei der ultralinken Wendung zur Zeit des Frankfurter Parteitags 1924 gespielt hatten.

Wie verhielt sich die Studentenschaft in dieser Zeit politisch?
In den Jahren 1928/29 stehen die Studenten – auch die jüdischen – fast alle rechts, sei es obrigkeitsstaatlich-monarchistisch, sei es faschistoid oder schon faschistisch. Die letzteren sind im Nationalsozialistischen Deutschen Studentenbund organisiert. Die Studenten, die sich für Demokratie und Marxismus entscheiden, bilden bis 1928/29 eine extrem kleine Minderheit; Zentren dieser Gruppen sind damals Frankfurt und Berlin.

Welche praktische Arbeit habt ihr in der KPO geleistet, mit welchen Mitteln habt ihr versucht, eure Basis zu verbreitern?
Wir haben mühselige Fraktionsarbeit gemacht. Wir sind zum Beispiel in einzelnen Berufsgewerkschaften aufgetreten. In der Weimarer Republik sind die Gewerkschaften ja als Berufsverbände organisiert – mit zwei Ausnahmen: der Fabrikarbeiterverband für die Chemische Industrie und der Deutsche Metallarbeiterverband – beide sind Industriegewerkschaften.[149] Wir versuchen also, in den Gewerkschaften und Betrieben Fuß zu fassen; es ist ein sehr mühseliger Kampf in diesen Arbeiterorganisationen. Wir leisten vor allem Schulungsarbeit. Wir unternehmen einmal hier, einmal dort Versuche, gemeinsame Arbeiteraktionen durchzuführen, aber sie gewinnen keine größere Bedeutung. Die KPO existiert ohne Zweifel unter Ausschluß der Arbeitermassen. Dem kommunistischen Arbeiterfunktionär, der in der KPO ist, wird von Jahr zu Jahr bis zur totalen Kapitulation des bürgerlichen Obrigkeitsstaates vor dem Faschismus am 30. Januar 1933 zunehmend klarer, daß er sich zwar im Besitz einer richtigen politischen Analyse und Erkenntnis befindet, daß dies alles aber nicht weitergegeben und nicht vermittelt werden kann.

148 Zur Programmatik und Mitgliederstruktur der KPD (O) vgl. Karl Hermann Tjaden, a.a.O., S. 150 ff., 118 ff.

149 Vgl. August Enderle, Heinrich Schreiner, Jakob Walcher und Eduard Wekkerle, a.a.O., S. 69 f.; Hans Limmer, a.a.O., S. 49 f.

Daraus zieht einmal diese, einmal jene Gruppe in der KPO die Konsequenz, zur KPD zurückzukehren oder zur SAP überzugehen.

Welche Bedeutung hatte die ›Neu Beginnen‹-Gruppe angesichts der Verfeindung der beiden Arbeiterparteien und angesichts der Tatsache, daß die KPO nicht zu einer Massenpartei wurde?

Die ›Neu Beginnen‹-Gruppe[150] war ihrem Gesamtkonzept nach ein konspiratives Abenteuer. Ich habe diese Bewegung selber mitgemacht, berichte also meine eigenen Erfahrungen und Fehler. Als deutlich wird, daß eine Einheitsfront-Politik zwischen KPD und SPD nicht durchsetzbar ist, suchen wir nach anderen Wegen, sie doch noch zustande zu bringen. Wir versuchen, in der KPD und in der SPD mittlere Funktionen zu bekommen, um von diesen Positionen her gemeinsame Aktionen durchzuführen. Dazu brauchen wir eine Theorie der lediglich konspirativen politischen Arbeit; wir entwickeln sie aus Lenins Schrift *Was tun?* Das Konzept, das Lenin dort entwirft, ist zugeschnitten auf eine reale illegale Situation, auf eine reale, zu konspirativer Arbeit gezwungene Partei. Wir übernehmen dieses Konzept, wenden es allerdings nicht gegenüber dem bürgerlichen Staat und auf die teilweise Illegalität an, unter der wir im Obrigkeitsstaat bereits arbeiten müssen, sondern wir konstruieren in unserer Phantasie eine totale Illegalität gegenüber den Parteiapparaten der Arbeiterbewegung, treten ihnen als eine geheimnisvolle Organisation gegenüber, mit dem Ziel, die Rolle der leninistischen bolschewistischen Partei und die Führung der Arbeitermassen zu übernehmen.

Praktisch sieht unsere Arbeit so aus, daß wir einige Genossen in die SPD, einige in die KPD schicken, die dort mittlere Funktionen wahrnehmen sollen. Später sollen auf dieser Grundlage gemeinsame Aktionen eingeleitet werden. Damit dieser Plan gelingt, muß unsere Organisation streng geheim bleiben, es kann nichts öffentlich diskutiert werden. Auf diese Weise graben wir jedoch uns selbst das Wasser ab.

150 Vgl. Kurt Kliem, *Der sozialistische Widerstand gegen das Dritte Reich, dargestellt an der Gruppe »Neu Beginnen«*, Diss., Marburg 1957.

Dies ist ein Beispiel dafür, wie aus einer Isolierung heraus sektierererische politische Prozesse entstehen. Auch die Fetischisierung der Organisation, wie sie die ›Neu Beginnen‹-Gruppe betrieben hat, ist Ausdruck dieser Isoliertheit.

Du sagst, daß die KPO ebenfalls isoliert blieb, obwohl sie politisch die richtigen Erkenntnisse hatte. Wurden damit die Analyse und die Zielsetzung der KPO faktisch widerlegt?

Nein, keineswegs. Die Analyse und das Fernziel bleiben gültig; es fehlt nur die Vermittlung zwischen beiden. Und diese Vermittlung ist aus objektiven Gründen nicht realisierbar. Die Ansätze zur praktischen Arbeit werden ebensowenig falsch, doch bleiben sie isoliert und zufällig. Sie gelingen in einem Dorf in Thüringen, in einem Dorf in Hessen, in einem Arbeiterdorf in Baden-Württemberg. Aber so wird – außer in kleinstem lokalen Rahmen – nichts in Bewegung gesetzt. Die Zeit reicht nicht mehr, daraus machtvolle Aktionen der Arbeiterklasse zu entfalten; wir stehen unmittelbar vor der Entscheidung. Es kommt Ende Mai 1932 zum Sturz Brünings und dann zur Regierung Franz von Papens.[151] Zur Verteidigung Brünings gegenüber Papen konnte man niemanden mobilisieren. Aber man hätte natürlich etwas tun müssen zum Schutze der immer noch in Resten rechtsstaatlichen preußischen Verwaltung, die ja dann am 20. Juli 1932 entmachtet wird.

Hast Du an den Diskussionen teilgenommen, die in den Arbeiterparteien vor dem Staatsstreich in Preußen geführt worden sind?

Ich habe zu jener Zeit als Mitglied der Gruppe ›Neu Beginnen‹ noch dauernden Kontakt mit der Führung der KPO. Durch meine Aufgaben in der Roten Hilfe stehe ich auch mit den militanten, für die ständigen Straßenkämpfe mit der SA aktivierbaren Funktionären beider Parteien, der KPD und der SPD, in Verbindung. Ich habe über die Schulungen, die ich als Mitglied der Roten Hilfe in den Militärorganisationen der beiden Parteien durchzuführen hatte, schon berichtet. Außerdem stehe ich mit den Spitzen beider Arbeiterparteien in

151 Am 1. Juni 1932 trat eine neue rechtsgerichtete Regierung, deren Mitglieder fast ausnahmslos deutschnational orientiert waren, unter Franz von Papen ihr Amt an; vgl. Karl Dietrich Bracher, a.a.O., S. 533 f.

Beziehungen: zum Beispiel mit Walter Fisch, der zur Bezirksleitung der KPD gehört, der auch aus der Studentenbewegung kommt; mit Oskar Müller, dem späteren Minister in Hessen, den ich von Kindesbeinen an kannte und mit dem ich befreundet war, und im Kommunistischen Jugendverband mit Emil Carlebach, der heute die *Tat*[152] leitet; er war damals noch Schüler. Schließlich habe ich mit dem Chef der Eisernen Front und des Reichsbanner, mit dem Gewerkschaftssekretär Anton Döring Verbindung – einen sehr guten Kontakt übrigens, der auch während der Illegalität bis zu meiner Verhaftung weiterbesteht.

Wir alle sehen, daß der Staatsstreich in Preußen unmittelbar bevorsteht. Welchen Sinn konnte der Regierungswechsel von Brüning zu Papen haben, wenn nicht den, die SPD völlig auszuschalten? Aber uns ist auch klar, was diese Entwicklung für die Arbeiterbewegung zu bedeuten hat – und also wollen wir Aktionen vorbereiten. Es kommt der 20. Juli 1932; die SPD hat in Frankfurt im Hippodrom zu einer Versammlung aufgerufen. Anton Döring, der Chef der sozialdemokratischen militärischen Organisationen, will ebenso kämpfen wie die kommunistischen Genossen. Auf beiden Seiten besteht der Wille zum gemeinsamen Kampf. Wir sitzen mit den Genossen von den militärischen Organisationen, mit denen wir noch aus der Studentenbewegung verbunden sind, zusammen in der Wohnung der sozialdemokratischen Stadtverordneten Elsa Bauer, die der gesellschaftliche Mittelpunkt der sozialdemokratischen Intellektuellen war. Dorthin kamen oft Sinzheimer, Paul Tillich und andere. Auch Kommunisten sind an diesem Abend dort versammelt. Wir alle hoffen, daß jetzt losgeschlagen wird. Wir nehmen an, daß sich die Frankfurter Polizei neutral verhalten wird, und hoffen, daß die Darmstädter Polizei bei diesen Kämpfen auf unserer Seite steht. Bei allen herrscht ein entschlossener Wille zur Einheitsfront-Aktion. Die KPD macht der SPD zentral, d. h. nicht nur in unserem Bezirk, das Angebot, einen gemeinsamen Generalstreik und Abwehrkampf zu organisieren. Die Führung der SPD lehnt ab; sie sagt, sie werde sich streng legal verhalten und den

152 Emil Carlebach (geb. 1914) war Mitglied des Kommunistischen Jugendverbandes, wurde 1934 verhaftet und war bis 1945 im KZ Buchenwald; heute ist er Chefredakteur der antifaschistischen Wochenzeitung *Die Tat*.

Staatsgerichtshof anrufen; im übrigen müsse die richtige Antwort bei den nächsten Wahlen am 31. Juli gegeben werden. Auf der Versammlung im Hippodrom gibt es Pfeifkonzerte, als die Entscheidung der SPD-Führung bekannt wird. Bei uns macht sich Verzweiflung breit, Döring ist völlig resigniert. Denn spontan war zunächst eine Einheitsfront entstanden, nicht nur in Frankfurt, sondern in vielen Städten. Sie war nun wieder zerstört.

Die Wendung zur Einheitsfront-Politik hatte sich in Frankfurt schon einige Wochen vorher vorbereitet. Zu Beginn des Sommersemesters 1932 besetzt die SA die Universität. Unter dem Vorwand, gegen die Rote Studentengruppe vorgehen zu wollen, verprügelt sie auch jüdische Studenten. Die Polizei steht dabei und greift zunächst nicht ein. Polizeipräsident ist immer noch der Sozialdemokrat Ehrler. Die linken Studenten organisieren nun eine Gegenaktion. An ihr beteiligen sich die Rote Studentengruppe und – seit Jahren zum ersten Mal – der Sozialistische Deutsche Studentenbund. An der Spitze der Roten Studentengruppe steht ein extrem linientreuer Kommunist, Josef Dünner, ein glänzender Redner, typischer Repräsentant dieser jungen Studentengeneration, die erst auf dem Höhepunkt der Krise in die Kommunistische Studentenbewegung gelangt ist. Gemeinsam rufen die beiden Organisationen zu einer Demonstrationsversammlung im Volksbildungsheim auf. Es werden Flugblätter vor den Betrieben verteilt. Für die Versammlung müssen wir außer dem großen Saal des Volksbildungsheims noch den großen Saal des Zoo nehmen. Beide Säle sind von Arbeitern überfüllt. Zum Beispiel haben die Arbeiter des Metallbetriebs »Voigt und Häffner« damals sofort gestreikt; sie eilen zuerst in der Universität den Studenten zu Hilfe und kommen später auch in die Versammlungen. Die Arbeiter sind mehrheitlich Sozialdemokraten. Man kann an diesem Beispiel die Stimmung der Arbeiter deutlich ablesen.

Wenn aber die Arbeiter am 20. Juli 1932 bereit waren, eine Einheitsfront zu bilden und zu kämpfen, wie ist es dann zu erklären, daß sie der Parteiführung der SPD folgten?

Am 20. Juli sind die Arbeiter in den Militärorganisationen beider Parteien, in der Antifaschistischen Aktion und in der

Eisernen Front, zum bewaffneten Kampf entschlossen. Auch Döring, Chef der Eisernen Front, will kämpfen, weil er weiß, daß seine Arbeiter hinter ihm stehen. Doch dann kommt der Befehl von oben, daß nicht gekämpft werden darf. Dieser Befehl setzt sich sofort durch, weil die Arbeiter nach der langen Periode vorher glauben, daß sie ohne ihre Führungen und ohne ihre Organisationen nicht mehr handeln, geschweige denn die bestehenden Organisationen sprengen und andere an ihre Stelle setzen können. Das unterscheidet diese Situation völlig von der der Jahre 1918, 1919/20 sowie von der Lage der Jahre 1922/23. Und so wird in der SPD-Veranstaltung im Hippodrom zwar gebrüllt und gepfiffen, als die sozialdemokratischen Abgeordneten sagen, daß die Parole »Kampf gegen den Staatsstreich« unsinnig sei und fallengelassen werden müsse und daß die Wahlen das Entscheidende seien. Aber das Schimpfen und Pfeifen bleibt folgenlos.

Man sieht, es existierten Ansätze von Gegenbewegungen, aber sie waren nicht autonom. Es waren keine revolutionären Bestrebungen. Man mußte aus der Verteidigung heraus kämpfen, das entsprach der Stimmung unter den Arbeitern. Der Ausgang der Reichstagswahlen im Juli 1932 zeigt einen Tiefpunkt des Stimmenanteils der Arbeiterbewegung und den Höhepunkt des Einflusses der NSDAP vor der Machtergreifung. Denn nun schwillt das Selbstbewußtsein der Nationalsozialisten an, und also laufen ihnen die kleinbürgerlichen Massen zu – das Selbstbewußtsein der Arbeiterbewegung ist im Vergleich dazu gering. Zwar gehen die Stimmen der Kommunisten nicht zurück, sondern wachsen sogar noch, während die Zahl der SPD-Wähler leicht zurückgeht. Aber die Mobilisierung der Wähler zur Wahlbeteiligung ist sehr groß, und die neuen Wähler engagieren sich nicht zugunsten der früheren Partei Papens, also des Zentrums, erst recht nicht zugunsten der liberalen bürgerlichen Parteien, der Staatspartei oder der DVP. Diese Parteien sind im Bewußtsein der Wähler überholt; deshalb stimmen sie für die NSDAP.[153]

153 Die NSDAP erlangte 13,75 Mio. Stimmen und hatte somit ihren Stimmenanteil in knapp zwei Jahren von 18,2 % auf 37,3 % erhöht. Der Stimmenanteil der SPD sank von 24,5 auf 21,6 %. Für die KPD stimmten 5,3 Mio. Wähler, ihr Stimmenanteil erhöhte sich somit von 13,1 auf 14,3 %; vgl. Alfred Milatz, a.a.O., S. 142 f.

Nach den Reichstagswahlen bleibt von der Einheitsfront-Bewegung nichts übrig. Das Urteil, das der Staatsgerichtshof in Sachen »Preußen gegen Reich« fällt, ist ein Kompromiß ohne praktische Bedeutung.[154] Mit der Ablehnung des Einheitsfront-Angebotes der KPD durch die SPD war die Entscheidungsschlacht verloren. Daß die KPD ein solches Angebot machte, war ein großer, aber nur vorübergehender Fortschritt. Daß dieses Angebot abgelehnt wurde, hatte einen deutlichen Rückschlag in der Stimmung der kommunistischen Parteimitglieder zur Folge. Die Sozialfaschismus-Theorie schien abermals bestätigt zu sein und lebte wieder auf. Umgekehrt hatte die Sozialfaschismus-Theorie der Kommunisten für die Sozialdemokratie die Funktion, eine gemeinsame Arbeit mit den Kommunisten ablehnen zu können. Dieser ganze negative Mechanismus verschärft sich in der folgenden Zeit. Der kommunistische Funktionär, der den gemeinsamen Abwehrkampf gewollt hat und meist arbeitslos ist, sagt sich, die SPD fördere den Faschismus sogar dann noch, wenn sie selbst betroffen sei. Inzwischen ist die KPD zu einer Partei der Arbeitslosen geworden, denn parallel zu ihrer Sozialfaschismus-Theorie praktiziert sie weiter die RGO-Politik.

Kannst Du den Inhalt der Politik der Revolutionären Gewerkschaftsopposition (RGO) genauer schildern?

In den verschiedenen Phasen der letzten Jahre der Weimarer Republik änderte sich die RGO-Politik mehrmals. Die RGO-Politik beginnt im Jahre 1928 damit, daß Arbeiterfunktionäre, die wegen kommunistischer Betätigung aus der freien Gewerkschaftsbewegung ausgeschlossen worden sind, organisatorisch erfaßt werden. Die rechtssozialdemokratische Gewerkschaftsführung hatte auch in den Zeiten einer rationalen kommunistischen Gewerkschaftspolitik mal hier, mal dort einen einzelnen kommunistischen Arbeiterfunktionär ausgeschlossen. Die rationale Antwort einer revolutionären Fraktion innerhalb der Gewerkschaften, sei es einer kommunistischen oder einer linkssozialdemokratischen Fraktion, wäre

154 In dem Urteil des Staatsgerichtshofes vom 25. 10. 1932 wurde die endgültige Absetzung der SPD-Regierung in Preußen zwar für ungültig erklärt, die vorübergehende Verschiebung der sachlichen Zuständigkeiten auf den Reichskommissar aber als zulässig anerkannt; vgl. Karl Dietrich Bracher, a.a.O., S. 637 ff.

der Kampf für dessen Wiederaufnahme gewesen. Der Ausgangspunkt dazu hätte sein müssen, daß die Gewerkschaftsführung ihre Pflicht zur Überparteilichkeit verletzt, wenn sie Gewerkschaftsfunktionäre ausschließt, nur weil sie Kommunisten oder Linkssozialisten sind. Jetzt, seit der ultralinken Wendung von 1928, ändert sich die Gewerkschaftspolitik der KPD in der Weise, daß eine besondere Organisation für die wegen kommunistischer Betätigung aus den Gewerkschaften ausgeschlossenen Arbeiter geschaffen wird: die »Revolutionäre Gewerkschaftsopposition«. Die Ausgeschlossenen sollen zusammen mit den anderen noch nicht ausgeschlossenen kommunistischen Arbeitern innerhalb der Gewerkschaften auftreten. Auf diesem Wege wird natürlich ein Vorwand für neue Ausschlüsse aus der Gewerkschaft geschaffen. Denn man kann keine »legale« innergewerkschaftliche Fraktion bilden, welcher der Form nach auch Kollegen angehören, die ausgeschlossen worden sind. Insofern war die erste Phase der Wendung zur RGO-Politik politisch falsch, so sehr sie moralisch gerechtfertigt war. Denn sie bot dem Gegner – also der rechtssozialdemokratischen Gewerkschaftsführung – Zugriffschancen, die dann auch weidlich genutzt wurden.

Die zweite Phase der RGO-Politik setzt sich praktisch durch, als 1929 in der Metallarbeiterauseinandersetzung die Gewerkschaftsführung auf Druck der Reichsregierung Hermann Müller hin kapituliert hat. Bis dahin war die KPD der Auffassung, Lohnstreiks seien Streiks der Gewerkschaften und müßten grundsätzlich mit und in der Gewerkschaft unter Beachtung ihrer Satzungen und ihrer Disziplin geführt werden. Natürlich ist dies nur die generelle Linie, die nicht ausschließt, daß Arbeiter in bestimmten Situationen spontan streiken wollen und sich damit durchsetzen. Die Führung gewerkschaftlicher Kämpfe *ohne* und *gegen* die Gewerkschaften wird nun aber zur generellen Forderung der RGO. Damit liefert sie ein weiteres Argument für Ausschlüsse von Kommunisten aus den Gewerkschaften. Während der aufkommenden Krise wird diese Begründung immer häufiger als Anlaß zu Ausschlüssen herangezogen. Während der ersten Phase der Krise gab es in den Betrieben verschiedentlich spontan und unkoordiniert Bestrebungen, sich gegen Lohnminderungen zu verteidigen. Es gab eine große Anzahl betrieblicher Kämpfe und Streiks gegen die Lohnkürzungen, Kämpfe, die von der RGO initiiert worden waren. Weil sie aber als selbständige Aktionen ohne die Gewerkschaften durchgeführt wurden, endeten sie damit, daß die meisten Betriebe von kommunistischen Arbeitern »gesäubert« wurden. Diese kommunistischen Arbeiter wurden außerdem aus der Gewerkschaft ausgeschlossen. Praktisch wurde die RGO zu einer kommunistischen Gewerkschaft von Arbeitslosen bzw. von solchen, die morgen arbeitslos sein würden.[155] Damit widerlegte sich die RGO-Politik selbst.[156] Allerdings muß man hier eines klarstellen: Diese Entwicklung wurde von der kommunistischen Führung nicht begriffen und auch nicht vorausgesehen; dahinter stand nicht etwa der böse Wille, die Gewerkschaften zu spalten, wie das post festum von der bürgerlichen und sozialdemokratischen Geschichtsschreibung dargestellt wird, wenn sie behauptet, die RGO habe zusammen mit der NSBO die Gewerkschaftsbewegung und die Demokratie in Deutschland zertrümmern wollen. Alle diese Totalitarismuslegenden, die zum Beispiel auch Karl Dietrich Bracher andeutet[157], sind schlicht falsch. Dies gilt auch für die Memoirenliteratur von Sozialdemokraten wie z. B. Friedrich Stampfer.[158]

Das ändert allerdings nichts daran, daß die RGO-Politik ein schwerwiegender strategischer Fehler war, der zum organisierten Selbstmord des kommunistischen Flügels der Arbeiterbewegung führte. Denn in der gleichen Zeit, als die Kommunisten bei den politischen Wahlen ständig Stimmen gewannen, bis sie im November 1932 fast so stark waren wie die Sozialdemokraten, wurden sie innerbetrieblich völlig machtlos. Man muß aus den damaligen Situationen auch für heute lernen und

155 Ende 1931 waren 78 % der Parteimitglieder arbeitslos, im April 1932 waren es bereits 85 %; vgl. Hermann Weber, a.a.O., Band 1, S. 243.

156 Vgl. die eingehende Darstellung und Kritik des RGO-Kurses der KPD bei August Enderle, Heinrich Schreiner, Jakob Walcher und Eduard Weckerle, a.a.O., S. 133-139; zur heutigen Auseinandersetzung mit diesem Problem vgl. Autorenkollektiv, *Sozialistische Gewerkschaftsarbeit und »Revolutionäre Gewerkschaftsopposition« – Probleme und Perspektiven sozialistischer Gewerkschaftsarbeit und ihre organisatorische Scheinlösung in der RGO*, in: *Probleme des Klassenkampfs*, Heft 8/9, 1973, S. 145-160.

157 Vgl. Karl Dietrich Bracher, *Die Auflösung der Weimarer Republik*, a.a.O.

158 Friedrich Stampfer, *Die vierzehn Jahre der ersten deutschen Republik*, 3. Aufl., Köln 1947.

sich zum Beispiel sehr genau überlegen, ob man spontane Streiks durchführt oder auch ob man innerbetriebliche Konkurrenzlisten bei Betriebsratswahlen aufstellt, vor allem, weil die Gefahr besteht, daß daraus von rechten Gewerkschaftsführern organisatorische Konsequenzen gezogen werden. Es gibt Situationen, in denen man nicht anders kann, in denen Spontanaktionen zum Beispiel der einzige Ausweg sind, um den Kampfwillen überhaupt aufrechtzuerhalten. Die RGO-Politik hat jedoch ganz sicher zur Liquidierung des kommunistischen Einflusses in der Gewerkschaftsbewegung geführt. Wäre die Lage in den Gewerkschaften anders gewesen, so hätte der ADGB-Vorstand seine Überläuferpolitik im April 1933 gar nicht betreiben können. Das Verhalten des Vorstands des ADGB im März und April 1933 war nun wirklich aktive Unterstützung des Faschismus[159], ebenso wie die Zustimmung der Reichstagsfraktion der SPD zur »Friedensresolution« Hitlers vom 17. Mai 1933. Was die Führungen des ADGB und der SPD hier praktizierten, war Selbstmord, und es hat ihnen nicht das geringste genutzt: Auch sie kamen ins Konzentrationslager. Wilhelm Leuschner, damals Gewerkschaftsführer, hat aus seinem Fehlverhalten gelernt – im Gegensatz zu vielen anderen, welche die damaligen Ereignisse in ihren Memoiren oder in anderen Publikationen noch glorifizieren, wie zum Beispiel Carl Severing.[160]

War die RGO-Politik der alleinige Grund dafür, daß sich die KPD zur Partei der Arbeitslosen entwickelte, oder gab es noch andere Faktoren, die zur Veränderung der Mitgliederstruktur beitrugen?

Immer wieder finden sich vereinzelt gewerkschaftliche oder sozialdemokratische mittlere Funktionäre, die angesichts der Kapitulationspolitik der SPD in Empörung geraten und von heute auf morgen zur KPD übertreten. Außerdem gibt es Fluktuationen in der Mitgliederschaft selbst. Die KPD ist in

159 Vgl. Hans-Gerd Schumann, *Nationalsozialismus und Gewerkschaftsbewegung. Die Vernichtung der deutschen Gewerkschaften und der Aufbau der »Deutschen Arbeitsfront«*, Hannover, Frankfurt/Main 1958, S. 56 ff.; vgl. die Ausführungen auf S. 139.

160 Vgl. Carl Severing, *Mein Lebensweg*, Band 2: *Im Auf und Ab der Republik*, Köln 1950.

dieser Zeit von Fluktuationen stärker betroffen als die Sozialdemokratische Partei, die immerhin ihren Rückhalt in den Betrieben behält.[161] Wohlgemerkt, die Sozialdemokratische Partei ist damals ihrer Mitgliederstruktur nach Arbeiterpartei, Partei der industriellen Arbeiter – anders als heute, wo sie eine Partei ist, deren Mitglieder, vornehmlich aber ihre Funktionäre, im öffentlichen Dienstleistungsbereich beschäftigt sind. Nachdem die Kommunisten sich durch die RGO-Politik selbst eliminiert haben, erlangt die SPD in den Betrieben sogar eine Monopolstellung. An den Stempelstellen für die Arbeitslosenunterstützung dagegen laufen Mitglieder der SPD vielfach zu den Kommunisten über.

Veränderte sich die Lage in der Arbeiterbewegung bis zur Machtübernahme Hitlers wesentlich?

Gegen Ende des Jahres 1932 festigt sich die Papen-Diktatur immer mehr durch Beherrschung des Staatsapparates. Es entstehen Konflikte zwischen dem Kabinett Papen und der Nationalsozialistischen Partei. Die Lage in der Arbeiterklasse ändert sich während dieser Zeit kaum, sie bleibt im Grunde so, wie ich sie geschildert habe. Bei den Reichstagswahlen vom November 1932 geht die Zahl der für die NSDAP abgegebenen Stimmen deutlich zurück. Die Kommunisten dagegen haben erhebliche Stimmengewinne zu verzeichnen, die Sozialdemokratie wiederum verliert Wähler.[162] Die Arbeiterbewegung wird zwar nicht machtvoller, aber ihr prozentualer Anteil an den abgegebenen Stimmen wächst. Es ist eine Situation, die der von 1922/23 ähnlich ist. Die Konsequenz, die das Monopolkapital daraus zieht, lautet: An die Macht mit Hitler, sonst verliert die faschistische Bewegung an Boden, nimmt die Arbeiterbewegung an Einfluß zu. Dieser Trend setzt sich in

161 Vgl. Hartmann Wunderer, *Materialien zur Soziologie der Mitgliedschaft und Wählerschaft der KPD zur Zeit der Weimarer Republik*, in: *Gesellschaft. Beiträge zur Marxschen Theorie* 5, hrsg. von H.-G. Backhaus u. a., Frankfurt/Main 1975, S. 257-277.

162 In den Reichstagswahlen vom 6. November 1932 gingen die Stimmen der Nationalsozialisten um 2 Mio. zurück: ihr Stimmenanteil sank von 37,3 % auf 33,1 %. Die KPD gewann fast 700 000 Stimmen, und der Anteil der für sie abgegebenen Stimmen erhöhte sich um 2,6 % auf 16,9 %. Die SPD dagegen verlor mehr als 700 000 Wähler und bekam noch 20,4 % der Stimmen; vgl. Alfred Milatz, a.a.O., S. 145 ff.

der Zeit vom November 1932 bis Januar 1933 schließlich durch.

Aus Anlaß der Machtübernahme Hitlers hat die KPD nochmals ein Einheitsfront-Angebot an die SPD gemacht?

Ja; auch hier zeigt sich wieder, daß die KPD vorübergehend zu lernen beginnt. Immer dann, wenn ihre Angebote abgelehnt werden, fällt die Partei sogleich auf ihre ultralinke Position zurück. Sie pendelt zwischen Einheitsfront-Angeboten und Sozialfaschismus-Propaganda. Vor den Wahlen im November kommt es in Berlin zu einer entscheidenden Auseinandersetzung, nämlich dem Lohnkonflikt in den Berliner Verkehrsbetrieben. Die KPD zeigt auch in diesem Fall, daß sie lernt, denn sie trägt den Kampf gegen die Bestrebungen der Berliner Stadtverwaltung, die Löhne herabzusetzen, innerhalb der dafür zuständigen Gewerkschaft aus. Ihre Forderung lautet also: Lohnstabilisierung. Es kommt zur Urabstimmung, über deren Ergebnis es sehr widersprüchliche Aussagen gibt – man wird das nie nachprüfen können. Nach dem damaligen Gewerkschaftsrecht konnte ein Streik nur durchgeführt werden, wenn 80 % der Gewerkschaftler dafür stimmten. In der *Roten Fahne* und in der Berliner Tageszeitung des Internationalen Sozialistischen Kampf-Bundes (ISK)[163], *Der Funke*, hieß es, daß sich weit mehr als 80 % für den Streik ausgesprochen hätten; die Gewerkschaftsbürokratie behauptete das Gegenteil. Deshalb forderten nicht nur die KPD und die RGO, sondern auch Willi Eichler, der Chefredakteur des *Funken*, zum Streik auf. Die Nazis waren bisher mit ihrer NSBO[164] immer als Streikbrecher-Organisation aufgetreten, bei jedem Streik, egal, ob er von der RGO organisiert oder ob er ein gewerkschaftlicher Lohnstreik war. Jetzt bekamen sie Angst,

163 Der ISK, 1925 gegründet, war eine kleine nichtmarxistische Gruppe, die sich aktiv gegen die Anpassungspolitik der SPD-Führung wandte und gelegentlich eine Einheitsfront mit den Kommunisten anstrebte. Nach 1930 kämpfte sie energisch gegen das autoritäre Regime und später gegen das Dritte Reich; vgl. Wolfgang Abendroth, *Aufstieg und Krise* . . ., a.a.O., S. 62; Werner Link, *Die Geschichte des Internationalen Jugend-Bundes (IJB) und des Internationalen Sozialistischen Kampf-Bundes (ISK)*, Diss., Meisenheim 1961.

164 Die Gründung der »Nationalsozialistische[n] Betriebszellenorganisation« (NSBO) wurde im Jahre 1929 auf dem Nürnberger Parteitag der NSDAP beschlossen; vgl. Hans-Gerd Schumann, a.a.O., S. 35 ff.

daß sie bei den bevorstehenden Wahlen schlecht abschneiden könnten. Sie forderten daher ebenfalls zum Streik auf, zum ersten Male, hängten sich lediglich an den Streikbeschluß der großen Mehrheit der Arbeiter an. Übrigens war die Majorität der streikwilligen Arbeiter in den Berliner Verkehrsbetrieben bis zu diesem Konflikt sozialdemokratisch organisiert oder orientiert. Auch der Betriebsrat war hier sozialdemokratisch geführt. Es kam zum Streik, der von den Massen stark unterstützt wurde, ebenso von den drei kommunistischen Tageszeitungen in Berlin, *Rote Fahne, Berlin am Morgen, Berlin am Abend*, und dem *Funken* des ISK. Trotzdem endete er mit einer Niederlage, und trotz des Manövers der NSBO kam es in den Novemberwahlen zu einem Stimmenrückschlag der Nationalsozialisten. Die Gesamtentwicklung war vom Standpunkt des Kapitals und vom Standpunkt der Nationalsozialisten aus bedrohlich geworden.

Ich war damals Gerichtsreferendar am Oberlandesgericht Frankfurt in der letzten Station vor dem 2. Staatsexamen. Ich kannte sehr viele Referendare, die Mitglieder der NSDAP waren und nach den Wahlen im November 1932 aus der Partei austraten. Sie hatten darauf gesetzt, daß die Nationalsozialisten an die Macht kommen würden. Und da es nur ein sehr kleines Angebot an Juristenstellen gab, hatten sie gedacht, daß sie rasch aufsteigen könnten, wenn sie in der NSDAP seien. Nun verließen sie die Partei auf dem schnellsten Wege. Ein für kleinbürgerliche Massen typisches Verhalten: sie schwankten wie ein Rohr im Winde. Kaum war der 30. Januar 1933 da, waren natürlich alle wieder in der NSDAP. Und noch viele andere kamen dazu. Die Stimmenrückgänge in der Zwischenphase waren ein Zersetzungselement, denn eine faschistische Partei lebt vom dauerhaften Aufstieg; sie hat ja sonst nichts zu bieten.

An den Kommunalwahlen in Thüringen Anfang Dezember 1932 läßt sich dasselbe beobachten. Hier verloren die Nationalsozialisten sogar im Vergleich zu den Novemberwahlen erheblich an Stimmen. Vom Monopolkapital her gesehen war es somit nur folgerichtig, eine Petition an Hindenburg zu richten und zu verlangen, er möge Hitler zum Kanzler machen. Die Petition wurde von Schacht, Thyssen usw. unterzeichnet; nur wenige hielten sich fern und schlossen sich erst später an.[165]

Dieser Druck der Monopolherren war notwendig, denn wer konnte garantieren, daß die kommunistische Führung eines Tages nicht doch lernen würde, die Einheitsfront-Politik systematisch und konsequent zu handhaben? Hier kann man noch einmal an einem konkreten Beispiel die Grenzen der Faschismus-Analyse Thalheimers zeigen: Die NSDAP ist nicht aus *eigener* Kraft – wenngleich toleriert von der herrschenden Klasse – zur Macht gelangt, sondern sie kommt *mit Hilfe* der herrschenden Klasse, die Druck auf die Spitze des Staatsapparates ausübt, an die Macht. Und zwar zu einem Zeitpunkt, da ihr Einfluß zurückgeht.

Welche Folgen hatten die Erfolge der KPD bei den Wahlen im November 1932 für die Politik der Partei?

Innerhalb der Kommunistischen Partei wächst in dieser Zeit der Druck zur Einheitsfront. Trotz der Auseinandersetzung mit der SPD und der rechten Gewerkschaftsführung aus Anlaß des Verkehrsarbeiterstreiks verschärft sich auch in Berlin dieser Druck. Im Januar 1933 gibt es in Berlin eine Riesendemonstration zur Verteidigung des Karl-Liebknecht-Hauses, des Parteihauses der KPD, als SA und SS vor diesem Haus aufmarschieren. Auch die sozialdemokratischen Arbeiter wollen an der Verteidigung des Liebknecht-Hauses teilnehmen. Der *Vorwärts* wagt es nicht mehr, entschieden dagegen aufzutreten. Die Führung der SPD schwankt, ob sie zu dieser gemeinsamen Aktion ihre Zustimmung geben soll; die Mehrheit ist allerdings dagegen. Die Regierung Schleicher[166] hatte eine Gegendemonstration gegen die SA und SS unter freiem Himmel verboten. Die KPD unterwirft sich diesem Verbot und beschränkt sich darauf, das Karl-Liebknecht-Haus mit Tausenden ihrer Anhänger zu besetzen. So kommt es zu keiner gemeinsamen Aktion.

Dann kommt der 30. Januar 1933, an dem Hitler die Macht an sich reißt, und alles ist aus. Es ergeht wieder ein Einheitsfront-Angebot der KPD, und die SPD lehnt abermals ab. Die

165 Vgl. George F. W. Hallgarten, *Hitler, Reichswehr und Industrie. Zur Geschichte der Jahre 1918-1933*, Frankfurt/Main 1962, S. 108 f.

166 Kurt von Schleicher löste am 3. Dezember 1932 von Papen als Reichskanzler ab. Zum Kabinett Schleicher vgl. Karl Dietrich Bracher, a.a.O., S. 677 ff.

KPD verfolgt diese Politik – allerdings schwankend – bis zur Notverordnung weiter, die nach dem Reichstagsbrand vom 27. Februar 1933 erlassen wird[167] und die Verhaftung Tausender von Kommunisten zur Folge hat. Und dann gibt es wieder einen totalen Rückschlag nach ultralinks, als die Gewerkschaftsführung ab März 1933 in Etappen vor den Nationalsozialisten kapituliert und schließlich zu ihnen überläuft: Der 1. Mai 1933 ist nur der Schlußpunkt hinter der ganzen Entwicklung, die bereits im März 1933 begonnen hat. Die Gewerkschaften erklären zunächst, sie wollten mit den Sozialdemokraten nichts mehr zu tun haben, sie hielten sich nicht mehr für eine klassenkämpferische Organisation, sondern wollten mit der NSBO verhandeln und die Regierung Hitler unterstützen. Am 14. April ruft die Führung des ADGB die Arbeiter auf, am 1. Mai, dem »Tag der nationalen Arbeit«, nicht klassenkämpferisch und nicht im Namen der internationalen Arbeiterbewegung zu demonstrieren, sondern die Rede Adolf Hitlers anzuhören und die »nationale Erhebung« zu unterstützen.[168] Auch die Führung der Sozialdemokraten leistet nur halbherzig Widerstand. Als nämlich der Reichstag zusammentritt, um über das Ermächtigungsgesetz[169] zu beraten, das immerhin von der SPD abgelehnt wurde, wagt der sozialdemokratische Abgeordnete Otto Wels nicht, daran zu erinnern, daß 81 gewählte Abgeordnete der Kommunistischen Partei das Parlament nicht betreten dürfen und – soweit sie nicht der Polizei und der SA entkommen konnten – in »Schutzhaft« sind. Er erwähnt diesen Tatbestand mit keinem Wort. Er erwähnt nur ganz am Rande, daß es besser wäre, wenn die – etwa 12 – sozialdemokratischen Abgeordneten, die inzwischen verhaftet und ins KZ gebracht waren, im Reichstag anwesend wären. Daß fast alle kommunistischen Abgeordneten ebenfalls im KZ saßen, interessierte ihn nicht. Dem war vorausgegangen, daß der Versuch der Berliner Sozialistischen Arbeiterjugend, illegale Organisationen vorzubereiten, von ihrem damaligen Reichsleiter Erich Ollenhauer verboten wor-

167 *Notverordnung zum Schutz von Volk und Staat vom 28. 2. 1933* (*RGBl* I, S. 83).

168 Vgl. Hans-Gerd Schumann, a.a.O., S. 58 f.

169 *Gesetz zur Behebung der Not von Volk und Reich vom 24. 3. 1933* (*RGBl* I, S. 141).

den war. Es wurde sogar mit dem Ausschluß aus der SPD gedroht für den Fall, daß solche Versuche weiter vorangetrieben würden. Der Parteivorstand der SPD forderte schließlich von der SAJ, ihre Organisationstätigkeit so lange einzustellen, wie dies der Polizeipräsident von Berlin verlange. Außerdem beschloß der Parteivorstand der SPD, aus der Sozialistischen Internationale auszutreten, weil diese die Unwahrheit sage, wenn sie behaupte, es gäbe in Deutschland so etwas wie Konzentrationslager.[170]

Die Rückwirkung dieser Politik der Parteiführung der SPD auf kommunistische Arbeiter und Funktionäre kann man sich leicht vorstellen. Alle Einheitsfront-Bestrebungen verschwinden, es kommt zu einem totalen Rückschlag, der in der ersten Phase der Illegalität so weit geht, daß rechtssozialdemokratische Gewerkschaftsfunktionäre illegal zur KPD übertreten – so z. B. ein führender Metallarbeiter-Funktionär in Frankfurt am Main –, weil sie zu der Ansicht gekommen sind, daß die Sozialfaschismus-Theorie richtig sei. Als dann am 2. Mai 1933 die Gewerkschaftsführung abgesetzt wird, hätte man trotz allem selbst für sie kämpfen müssen.[171] Aber konnte man das von einem sozialdemokratischen Arbeiter erwarten, dem die Gewerkschaftsführer tags zuvor noch erzählt haben, er müsse für Hitler demonstrieren und nicht nur die Kommunisten, sondern auch die Sozialdemokraten preisgeben?

170 Vgl. für diese Periode der sozialdemokratischen Politik: Erich Matthias und Rudolf Morsey, *Das Ende der Parteien 1933*, Düsseldorf 1960, S. 151 ff.

171 Am 2. Mai 1933 stürmten SA und SS die Häuser der Freien Gewerkschaften und die Redaktionsbüros der freigewerkschaftlichen Presse. Führende Gewerkschaftsfunktionäre und Redakteure der Gewerkschaftspresse wurden in Schutzhaft genommen; vgl. Hans-Gerd Schumann, a.a.O., S. 70 ff.

III. Faschismus

Welche Folgen hatte die faschistische Machtergreifung für Deine weitere juristische Tätigkeit?

Den Sieg der faschistischen Diktatur habe ich wie viele meiner politischen Freunde am 20. Juli 1932 nur für eine Frage der Zeit gehalten. Individuell hatte ich die Hoffnung, vorher noch das Assessorexamen machen zu können. Aber kurz vorher triumphierte der Faschismus. Ich war damals in einer merkwürdigen Situation. Hans Mayer[1] war damals fast genauso weit wie ich. Er war in Köln, ich am Oberlandesgericht in Frankfurt. Das Assessorexamen mußte in Berlin im preußischen Justizministerium abgelegt werden. Hans Mayer »rutschte« als Jude gerade noch durch. Ich habe ihn beneidet. Solche widersprüchlichen Situationen gab es. Ich war nur politisch, nicht aber »rassisch suspekt« und wurde sofort, noch vor der Verabschiedung des Gesetzes über die Wiederherstellung des Berufsbeamtentums vom April 1933[2], vom Dienst suspendiert. Zunächst wurde mir vom Oberlandesgerichtspräsidenten, der das Hausrecht hatte, das Betreten des Oberlandesgerichts verboten. Ich habe mich nur begrenzt daran gehalten, nämlich nur als Referendar am Oberlandesgericht, nicht aber als amtlich bestellter Vertreter einer Rechtsanwältin, der ich gleichzeitig war, denn darauf bezog sich das Verbot nicht. Ich trat also weiter in Verfahren auf. Diese meine nebenberufliche Tätigkeit endete am 1. April, als die SA das Gericht besetzte und mich festnahm. Ich wurde zusammen mit Hugo Sinzheimer, der zufällig ebenfalls an diesem 1. April im Gericht war, in Haft genommen. Nach der Verkündung des Gesetzes zur Wiederherstellung des Berufsbe-

1 Hans Mayer (geb. 1907), Studium der Rechtswissenschaft und Literaturgeschichte, 1931 Gründungsmitglied der SAP, Mitte 1933 Emigration in die Schweiz. Mayer wird 1949 Professor für Kultursoziologie und Literaturgeschichte in Leipzig, geht 1963 in die BRD. 1965 wird er Professor in Hannover und ist inzwischen emeritiert; vgl. Olaf Ihlau, *Die roten Kämpfer. Ein Beitrag zur Geschichte der Arbeiterbewegung in der Weimarer Republik und im Dritten Reich*, Diss., Meisenheim 1971, S. 173.

2 *Gesetz zur Wiederherstellung des Berufsbeamtentums vom 7. 4. 1933* (*RGBl.* I, S. 175).

amtentums wurde mir sofort meine Entlassung aus dem juristischen Vorbereitungsdienst zugestellt, unmittelbar vor dem Assessorexamen. Ebenso erging es mir mit meiner fast fertigen Dissertation bei Hugo Sinzheimer. Das Promotionsverfahren konnte nicht fortgeführt werden. Das war vorläufig das Ende meiner juristischen Tätigkeit.

Welche Bedeutung hatte die Sozialfaschismus-Theorie nun, nachdem sich der Faschismus durchsetzte, für die Politik der KPD?
Diese Frage berührt ein sehr widerspruchsvolles Kapitel. Die Sozialfaschismus-Theorie ist – wie ich schon gesagt habe – ab 1932 immer wieder einmal aufgegeben worden. Es ist klar, daß die KPD ihr Einheitsfront-Angebot an die SPD nach dem Sturz der Preußenregierung nicht machen und gleichzeitig die Sozialfaschismus-Theorie vertreten und behaupten konnte, die SPD sei die Hauptstütze der Bourgeoisie. Hinzu kommt ein anderes Moment. Am 30. Januar 1933 fand in Berlin eine riesige Demonstration für die Hitlerregierung statt. Nicht nur dort, sondern in allen deutschen Großstädten marschierte die SA zusammen mit dem »Stahlhelm« in Fackelzügen durch die Straßen. Die Faschisten hatten jetzt vollen Rückhalt im Kleinbürgertum. Die Stimmung im Kleinbürgertum, das im November 1932 begonnen hatte, den Nationalsozialisten den Rücken zu kehren, wandelte sich. Es ist falsch, wenn behauptet wird, daß die Stimmung bereits bei den Wahlen in Lippe-Detmold umgeschlagen sei.[3] Dies war vielmehr nur ein lokaler Erfolg in einem kleinen Bezirk, der durch massive Propaganda erzielt worden war. Die Zerfallstendenz der NSDAP war damit noch nicht aufgehoben. Erst die Machtergreifung Hitlers brachte die Wende. Die Stimmung schlug bei den kleinbürgerlichen Massen, beim mittleren und unteren Beamtenapparat usw. um. Diese Massen liefen vor allem von der Deutschen Volkspartei oder von den Deutsch-Nationalen zu den Nationalsozialisten über. So fanden die Aktionen der SA nicht nur in Berlin bei dem berühmten Fackelzug, sondern in allen

3 Die Lippe-Detmold-Wahlen fanden am 15. Januar 1933 statt. Gegenüber den Reichstagswahlen vom 6. November 1932 verbesserte die NSDAP ihren Stimmenanteil von 34,7% auf 39,5%; vgl. Karl Dietrich Bracher, a.a.O., S. 702.

deutschen Städten Unterstützung. Die SA und der »Stahlhelm«, die überall demonstrierten, erlangten großen Einfluß auf diese Schichten. Aber gleichzeitig bildeten sich – das wird meist übersehen – in allen deutschen Städten spontane Gegendemonstrationen der proletarischen Massen an diesem 30. Januar 1933, auch in Frankfurt. Die Arbeiter strömten zusammen, die Kommunistische Partei formulierte die Parolen. Die sozialdemokratischen Arbeiter beteiligten sich an diesen Demonstrationen ebenso wie die Mitglieder des »Reichsbanner«. In dieser Situation gab es keine Gegensätze unter den Arbeitern, wohl aber in der Führung. Aktionen, die über solche spontanen Demonstrationen hinausgingen, waren natürlich nicht möglich, wenn sie von der Führung der Gewerkschaften und der SPD abgelehnt wurden. Denn jeder Arbeiter im Betrieb wußte, daß er Kopf und Kragen riskierte, wenn er streikte: Es herrschte Massenarbeitslosigkeit. Er konnte es sich nicht leisten, die Arbeit niederzulegen, es sei denn, die Organisationen stünden dahinter – und das war gerade nicht der Fall. Die gegensätzlichen Reaktionen bei den Spitzen und den mittleren Funktionären, aber erst recht bei den mit den Kommunisten oder Sozialdemokraten sympathisierenden Arbeitern kann man sich unschwer vorstellen. Obwohl von der Spitze der KPD nach dem 30. Januar vier Wochen lang immer wieder halbherzige Einheitsfront-Bemühungen ausgingen, schwenkte, nachdem diese Versuche keinen Erfolg hatten, in den unteren und mittleren Gruppen die Stimmung wieder völlig auf die Sozialfaschismus-Theorie um.

Wie wurde die faschistische Machtergreifung von der KPD und von der SPD eingeschätzt?
Weder die Spitze der KPD und SPD noch die meisten der kleinen Splittergruppen hatten eine klare Vorstellung davon, daß nun die Würfel gefallen waren und so schnell nichts mehr zu ändern war. Daß es von jetzt ab eine neue geschichtliche Periode von langer Dauer geben würde, war weder von der KPD noch von der sozialdemokratischen Führung, weder von einem Großteil der kommunistischen Funktionäre noch von den sozialdemokratischen Funktionären, noch von denen der SAP als einer kleinen Zwischengruppe verstanden worden. Alle nahmen an, daß sie durch eine falsche Politik im Moment

zurückgedrängt seien, daß es zwar eine faschistische Regierung gebe, daß aber nicht von einer dauerhaften Niederlage gesprochen werden könne. Denn ein wirklicher Kampf habe nicht stattgefunden. Dies war der generelle Eindruck. Die einzigen Gruppen, die die Lage anders beurteilten, waren die Brandler-Fraktion, also die KPD(O), und die ›Neu Beginnen‹-Gruppe.

Wie erklärst Du, daß gerade diese beiden Gruppen eine realistischere Einschätzung gewonnen haben?
Die ›Neu Beginnen‹-Gruppe ist eine Abwandlung der Brandler-Fraktion. Und für die Brandler-Fraktion ist die Erklärung einfach: Die KPD-Opposition ist, soziologisch gesehen, eine enge, isolierte Gruppierung altkommunistischer Funktionäre mit dem Erfahrungsgehalt der Periode seit dem Ende des Ersten Weltkrieges. Diese Funktionäre haben natürlich die Fähigkeit zu begreifen, wann und wo historische Entscheidungen fallen. Das war in der Zeitschrift *Gegen den Strom* auch theoretisch vorbereitet.

Woran lag es, daß die Sozialdemokratie insgesamt den historischen Bruch, den die faschistische Regierungsübernahme bedeutete, nicht erkannte?
Die Führung der SPD vertritt integrationistisch-reformistische Vorstellungen, sie kann nur innerhalb der kapitalistischen Gesellschaftsordnung denken und agieren. Die mittleren Gruppen der SPD-Funktionäre, die noch Arbeiterfunktionäre sind, denken wirklich reformistisch und behalten den Klassenstandpunkt bei. In beiden Vorstellungsweisen zeigt sich indes gleichermaßen, daß Erkenntnis einer historischen Wendung auf der Basis reformistischer Theoriebildung nicht möglich ist. Denn dieser Theoriebildung ist die Unfähigkeit immanent, über die Schranken der jeweiligen Periode, in der man steht, hinauszudenken. Deshalb war es kein Wunder, daß Reformisten wie Rudolf Hilferding, aber auch die unteren Funktionäre vor 1929 wiederholt versucht haben, glauben zu machen, daß es eine Wirtschaftskrise im organisierten Kapitalismus überhaupt nicht mehr geben könne.

Und so konnten die Reformisten die politisch-historische Wende, nämlich den Übergang von der obrigkeitsstaatlichen zur faschistischen Diktatur, ebenfalls nicht begreifen. Breitscheid oder Stampfer oder welcher Richtungsrepräsentant in der Sozialdemokratie auch immer waren außerstande, sich Faschismus und Wende zum Faschismus überhaupt vorzustellen. Erst recht kamen sie nicht auf den Gedanken, daß die Arbeiterbewegung im Faschismus illegalisiert werden würde. Die gleiche Kurzsichtigkeit fand sich bei den Liberalen jedweder Observanz. Zwar gab es sehr kleine Gruppen, etwa in und um die *Weltbühne*, die mehr begriffen. Aber breitere Schichten, z. B. der »normale« Redakteur einer bürgerlichen Zeitung, liberal, intelligent, gebildet und informiert, wie er war, konnte sich nicht vorstellen, was da kommen würde. Ich habe in Frankfurt oft mit Redakteuren der *Frankfurter Zeitung* diskutiert. Ich hatte damals eine Freundin – sie war linientreue Kommunistin –, deren Vater Redakteur an dieser Zeitung war. Er war Jude. Auch er hat – ebenso wie die anderen – nicht geglaubt, daß eine historische Wende eingetreten sei. Es ist eine alte Erfahrung, daß man eine derartige Wende nur vom theoretischen Standpunkt des Marxismus aus erkennen und daß solche Erkenntnis nur von erfahrenen Kadern der Arbeiterklasse, nicht von der Gesamtklasse erwartet werden kann.

Wie beurteilst Du die Stellung der linken Sozialdemokraten zu diesem qualitativen Bruch zwischen obrigkeitsstaatlicher Diktatur und Faschismus? Die Frage taucht auf, weil sich Sozialdemokraten wie Otto Kirchheimer damals nicht einem blinden Verfassungslegalismus überantwortet haben. Vielmehr waren sie der Auffassung, daß nicht die Legalität abstrakt verteidigt werden, sondern geprüft werden müsse, ob das soziale Substrat der Legalität noch vorhanden sei. Wenn dieses soziale Substrat, also das formelle Klassengleichgewicht zwischen Bürgertum und Proletariat, erloschen sei, müsse die Stellung der Sozialdemokratie zur Verfassungsordnung sich ändern, d. h. sie müsse kämpfen.[4]

Einzelne haben diese Einsicht, aber nur einzelne. Kirchheimer[5] kannte ich damals schon. Man darf nicht vergessen, daß

4 Vgl. Otto Kirchheimer, *Verfassungsreform und Sozialdemokratie*, in: *Die Gesellschaft* 10. Jg., Heft 1/1933, S. 20-35; wiederabgedruckt in: Otto Kirchheimer, *Funktionen des Staates und der Verfassung*, Frankfurt/Main 1972, S. 79-99.

5 Otto Kirchheimer (1905-1965), Studium der Philosophie, Geschichte und

die wenigen marxistischen Juristen – man konnte sie an zwei Händen abzählen – über die Parteischranken hinweg diskutierten. Kirchheimer hatte in der letzten Phase vor der faschistischen Wende so viel an Marxismus gelernt, daß er imstande war, die Notwendigkeit des Kampfes zu erkennen. Ansätze zu einer solchen Einsicht finden wir sogar bei dem, der als Haupt der sozialdemokratischen Juristen galt, bei Hermann Heller. Man konnte es in seiner *Staatslehre* verfolgen. Kirchheimer sah das allerdings viel klarer. Andere sozialdemokratische Juristen haben dies nicht begriffen. Kirchheimer hatte das Klassenproblem wirklich durchdacht; er war von allen der begabteste und intelligenteste – aber er war eine Ausnahme.

Und ebenso ist es, generell, bei linkssozialdemokratischen Funktionären, wenn wir uns die SAP ansehen. Die SAP ist zu dieser Zeit ebenfalls bereits verändert, weil ein Teil der KPO 1932 zur SAP übergewechselt ist. Selbstverständlich hat Paul Frölich, der führende Kopf dieser neuen Gruppierung in der SAP[6], die Probleme nicht anders beurteilt. Ich stand damals mit ihm in Verbindung. In der Frage, wie man fraktionell arbeiten sollte, vertraten wir verschiedene Positionen, inhaltlich beurteilten wir die politische Situation gleich. Ich sah in Heinrich Brandler wie auch in Paul Frölich weiterhin meine politischen Lehrer. Die KPO-Minderheit, die in die SAP ging und dort die Führung übernahm, schätzte also die politische Situation klar ein und erkannte die qualitative Wendung zum Faschismus deutlich. Die SAP-Mitglieder, die vom linken Flügel der Sozialdemokratie herkamen, schwankten in ihrer Beurteilung hingegen ebenso wie die Mehrheit der Sozialdemokraten und die Kommunisten. Sie alle meinten, daß die Arbeiterbewegung zwar eine Niederlage erlitten habe, daß aber nicht mit einer langfristigen historischen Wende gerechnet werden müsse.

Rechtswissenschaft, Mitglied der SPD, des Republikanischen Richterbundes. Veröffentlichungen in *Die Gesellschaft, Die Justiz, Der Klassenkampf* u. a. 1933 Emigration zunächst nach Frankreich und anschließend in die USA, dort Arbeit am emigrierten Institut für Sozialforschung, später am State Department. Seit 1955 Professor an der New School for Social Research in New York, anschließend an der Columbia-Universität; vgl. Wolfgang Luthardt, Einleitung zu dem Aufsatz von Kirchheimer, *Staatsgefüge und Recht des dritten Reiches* (zuerst 1935), in: *Kritische Justiz*, 9. Jg., Heft 1/1976, S. 36 ff.

6 Vgl. Karl Hermann Tjaden, a.a.O., S. 288 f., 293.

Wie kam es, daß diese Vorstellungen auch von Mitgliedern der KPD vertreten wurden?

Wenn wir die KPD soziologisch analysieren, so zeigt sich, daß von den altgeschulten, erfahrenen Funktionären nur noch einzelne wie Walter Ulbricht und Wilhelm Pieck übriggeblieben waren. Clara Zetkin stirbt 1933 in Moskau; sie ist damals schon lange aus der politischen Arbeit ausgeschieden, weil sie zu alt war. Von den alterfahrenen Gruppen, die alle Revolutionskämpfe mit durchgestanden haben, die in allen Kämpfen der Restaurationsperiode der Weimarer Republik dabei waren, ist in der KPD – von einigen wenigen mittleren und höheren Funktionären abgesehen – also kaum noch jemand vorhanden. Was an geschlossenen Gruppen dieser Tradition noch existiert, gehört entweder zur Brandler-Fraktion, d. h. zur KPO, oder zu der von der Brandler-Fraktion abgespaltenen KPO-Minderheit, die in die SAP gegangen ist, oder zu den Resten der sogenannten trotzkistischen Fraktionen – jedenfalls nicht zur KPD. Als der Faschismus siegte, herrschte in der KPD der Typ des nach Beginn der Stabilitätsperiode, also nach 1924, aktivierten Arbeiterfunktionärs vor, dem die Erfahrungen historischer Wendungen fehlen. Zwar hatte er schon viele Vormärsche und Rückzüge und auch Krisen erlebt, niemals aber eine historische Wende. Dieser kommunistische Funktionär vertrat nun die Auffassung, daß es eine schwere ökonomische Krise gebe, daß diese Krise zum Zusammenbruch des Kapitalismus führen werde und dann die Arbeiterklasse die Macht ergreifen könne. Ich habe schon gesagt, daß es in dieser Zeit kaum noch Kommunisten in den Betrieben gibt, daß sie vielmehr arbeitslos sind und sich an den Stempelstellen sammeln. Auch unter den Intellektuellen und Studenten ist es so, daß, wer zu den altgeschulten Kadern gehörte, inzwischen in irgendeine Oppositionsgruppe gegangen ist, nur in wenigen Fällen eine höhere Leitungsfunktion in der KPD innehat. Die in der KPD für die Meinungsbildung bestimmend sind, haben in ihrer Mehrzahl die Parteimitgliedschaft erst während der Krisenperiode von 1929/1930 erworben. So haben sie also keine reale, sondern nur eine theoretische Vorstellung von konterrevolutionären Brüchen. Die These, welche die sozialdemokratische Führung im Hinblick auf die drohende faschistische Gefahr vertritt, daß Deutschland nicht Italien sei, entspricht durchaus den Vorstellungen des kommunistischen Intellektuellen und des Arbeiterfunktionärs – selbst wenn er es nicht in dieser Weise formuliert, sondern anders ausdrückt. Es war somit sehr schwer, solchen Genossen klarzumachen, daß die politische Arbeit jetzt nur noch in streng konspirativer Form stattfinden könne, weil eine neue Periode begonnen hatte.

Die KPD war also auf die Illegalität unter dem Faschismus nicht vorbereitet?
Natürlich hatte sie organisatorische Vorbereitungsmaßnahmen getroffen. Aber sie richtete sich auf eine Illegalität ein, von der sie annahm, daß sie der in den Jahren 1923/24 ähnlich sein und daß sie auch nicht viel länger dauern würde.

Mit welcher organisatorischen Bindung und Perspektive hast Du ab 1933 gearbeitet?
Ich bin damals der Meinung gewesen, daß die Perspektive, welche die Kommunistische Partei in der Illegalität in Richtung auf Massenarbeit entwickelt, zwar falsch ist, ging aber gleichzeitig davon aus, daß man Kader erhalten und entwikkeln kann nur dann, wenn man ständigen Kontakt zu ihnen hat, denn nur so behält man ihr Vertrauen. Das war auch der Standpunkt der Brandler-Fraktion. Als Mitglied der Gruppe ›Neu Beginnen‹ arbeitete ich als ständiger Kontaktmann zur KPO und zur KPD. Andere Mitglieder der ›Neu Beginnen‹-Gruppe waren Kontaktleute zur SPD. Beide Organisationen, sowohl die KPO wie die ›Neu Beginnen‹-Gruppe, vertraten jetzt als längerfristige Perspektive eine mehr zurückgezogene Arbeit mit dem Ziel, Organisationstätigkeiten und Schulungen aufrechtzuerhalten. Ich bin damals der Ansicht gewesen, daß es vor allen Dingen darauf ankomme, die besten Kader der alten kommunistischen Bewegung zu erhalten und die guten Kader der alten reformistischen Bewegung aus ihren Irrtümern zu befreien. Damit stand ich im Gegensatz zu den Leitungen der KPD und der SPD, zu denen ich jedoch ständig Verbindung hielt.

Wie sah Deine praktische politische Arbeit ab 1933 aus?
Mit ein paar Genossen schreibe und redigiere ich einen Presse-

dienst, in dem, im Gegensatz zu den linientreuen KP-Zeitungen, nichts von dem optimistischen Unsinn über Massenaktionen steht. Die Bezirksleitung der KPD übernimmt diese Auffassung teilweise, und das geht so eine ganze Zeit lang. Ich setze mich mit den Redaktionen von Betriebszeitungen oder Ortszeitungen zusammen und versuche, ihnen klarzumachen, daß es wirkliche Massenaktionen nicht geben wird. Sie machen sich immer wieder Illusionen; in unserem Pressedienst steht so etwas hingegen nicht. Damit gewinne ich das Vertrauen von kommunistischen Funktionären wieder, das ich wegen meiner »Abweichlerei« verloren hatte. Aber auch zu vielen sozialdemokratischen und gewerkschaftlichen Funktionären stellt sich über diese Einschätzung das Vertrauen wieder her.

Ab wann gab es diesen Pressedienst, der von euch zusammengestellt wurde?
Praktisch von Anfang Februar bis Oktober 1933, also schon in der vollen Illegalität. Auf diese Weise wird mein Kontakt auch zu ehemals rechtssozialdemokratischen, reformistischen Funktionären, z. B. Johanna Kirchner, wieder sehr viel besser. Das hat sich später bezahlt gemacht. Denn diese Funktionäre beginnen jetzt langsam zu begreifen; Ende März z. B. ist ihnen klar, daß eine totale Verschiebung eingetreten ist und daß die Leitungen total versagt haben. Ihr Glaube an ihre Partei ist dahin. Vorher hatten sie zwar gelegentlich Differenzen, aber doch immerhin Vertrauen in die Führung. So sah das in sehr, sehr vielen Fällen aus.

Wie war die politische Stimmungslage der Arbeiter und der bürgerlichen und faschistischen Kräfte im März 1933?
Das Ergebnis der März-Wahlen zeigt, daß es stimmenmäßig noch eine relativ stabile Sozialdemokratie gab und eine nur wenig geschwächte Kommunistische Partei.[7] Es ist bei diesen Wahlen von vornherein klar, daß kein kommunistischer Abgeordneter ins Parlament einziehen wird; daran hat auch keiner der Wähler mehr geglaubt. Trotzdem kommt diese Akklamation für die Kommunistisiche Partei zustande, die

7 Die Wahlen vom 5. März 1933 brachten der KPD 12,3%, der SPD 18,3% und der NSDAP 43,9%; vgl. Alfred Milatz, a.a.O., S. 149 f.

stärker ist, als ich damals erwartet habe. Ich bin erfreut darüber, ohne daß dieses Wahlergebnis an meiner Gesamteinschätzung etwas geändert hätte. Auch die Zahl der sozialdemokratischen Wähler ist höher, als ich gedacht hatte. Daß die Nationalsozialisten so viele Stimmen dazugewinnen – die absolute Mehrheit haben sie ja nicht bekommen, sondern 43,9% –, ist erklärlich, denn für eine faschistische Partei führt die Beteiligung an der Macht, selbst wenn vorher ihr Stimmenanteil gesunken war, selbstverständlich zu einem starken Aufschwung. Wohin sollten die kleinbürgerlichen und schwankenden Massen sich jetzt auch wenden, die abhängigen Arbeiterschichten mit kleinbürgerlicher Mentalität, die Angestellten, viele der jungen Erwerbslosen, die nicht im Produktionsprozeß standen, jetzt, nachdem die liberal-bourgeoisen Parteien keinen Anziehungspunkt mehr bilden konnten? Die Zentrumspartei blieb stabil, zum Teil hatte sie neue Wählerschichten – der normale jüdische Wähler, für das damalige Deutsche Reich eine ganz erhebliche Zahl, wählt jetzt nämlich Zentrum. Er geht zum Zentrum aus Gründen des Selbstschutzes, denn er glaubt, dies sei die stabilste bürgerliche Partei. Das ungeheure Ansteigen der Wahlbeteiligung ist ein Novum, bestimmt von den kleinbürgerlichen Massen, die den Nationalsozialismus als Wende empfinden. Auf dieser Seite ist die Begeisterung echt. Das ist übrigens der Unterschied zwischen der damaligen Situation und der Situation von 1914. Im Jahre 1914 war auch die Arbeiterklasse begeistert, jetzt ist sie es nicht, in keiner Weise. Das Bürgertum ist mitgerissen – es geschehen groteske Dinge. Ich hatte von der Schule her einen Kameraden, den ich immer wieder einmal an der Universität traf. Er ist drei Jahre älter als ich, Germanist. Ursprünglich war er rechtsliberal, jetzt ist er ein Mann, dessen Verhalten typisch ist für die bündische Jugendbewegung und gleichzeitig für die Deutsche Demokratische Partei. Ich begegne ihm Anfang April 1933 zufällig auf der Straße, und er erklärt mir in allem Ernst, ihm sei es wie Schuppen von den Augen gefallen, er habe zum ersten Male nationalsozialistisch gewählt, der Nationalsozialismus bedeute die große historische Wende. Das Verhalten dieses Mannes, der damals Privatdozent ist und bald Professor wird, ist typisch: Großbürgerliche und kleinbürgerliche Schichten, Arbeitnehmerschichten mit kleinbürgerlicher Mentalität fallen in einen Begeisterungstaumel.

Die Arbeiterklasse selbst resigniert ängstlich. Die politisch aktiven Arbeiterkader in ihrer übergroßen Mehrheit, ob mit ultralinken KPD-Vorstellungen oder mit reformistischen Vorstellungen, sind der Meinung, es sei zwar falsch gewesen, daß die Arbeiter den Kampf gegen den Nationalsozialismus nicht aufgenommen haben, aber eine Niederlage hätten sie nicht erlitten, und die faschistische Herrschaft würde nicht von langer Dauer sein. Der Kampf werde also fortgesetzt mit der Perspektive, daß die Macht bereits im Winter 1933/34 in den Händen der Arbeiterklasse sein werde. Dies sei mit Hilfe der aktiven Massen und derer, die man auf dieses Ziel hin mobilisieren könne, möglich. Die Altkadergruppen haben im Vergleich zu diesen Vorstellungen eine sehr viel realistischere Perspektive.

Wie wirkte sich die Machtergreifung durch die Faschisten in den Betrieben aus?

An den Ergebnissen der Betriebsratswahlen kann man die Situation in den Betrieben sehr gut ablesen. Bei den Betriebsratswahlen im März und April 1933 erhält die NSBO im Durchschnitt etwa 25% der Stimmen, etwa 75% haben sich also den Nazis verweigert. Die Stimmen für die NSBO kommen von den Angestellten, die im GdA organisiert sind, außerdem von den Mitgliedern des DHV.[8] Der GdA hatte vor 1933 immer etwa 20%, der DHV ungefähr 12% der Stimmen gehabt. Addiert man diese Stimmenanteile, so kann man folgern, daß die Arbeiter, im Gegensatz zu den Angestellten, wie schon früher entweder freie, sozialdemokratisch geführte oder christliche Gewerkschaften wählten. Die Arbeiter denken nicht daran, zu den Nationalsozialisten überzulaufen. Sie resignieren allerdings und wissen, daß Gewerkschaftsarbeit im alten Sinne für lange Zeit unmöglich geworden ist. Die Mehrheit der Arbeiterklasse beteiligt sich nicht an illegaler Propagandaarbeit. Aber wenn ich damals in einem Großbetrieb eine illegale Betriebszeitung verbreitete, so nahm mir fast jeder Kollege ein Exemplar ab, man ließ mich nicht »hochgehen«.

8 DHV: Deutschnationaler Handlungsgehilfenverband; GdA: Gewerkschaftsbund der Angestellten; vgl. Hans-Gerd Schumann, a.a.O., S. 66.

Ich schwamm noch in der Sympathie der Massen. Das war die Situation während der ersten Phase der Illegalität im Faschismus.

Wie stellte sich die SPD zur Vorbereitung illegaler Arbeit?
Die SPD verbietet der Sozialistischen Arbeiterjugend die Vorbereitung illegaler Kaderarbeit.[9] Fritz Erler und andere werden ausgeschlossen, weil man ihnen einen Verstoß gegen dieses Verbot nachweisen konnte; sie standen vorher bereits in Kontakt mit der ›Neu Beginnen‹-Gruppe. Erich Ollenhauer hatte diesen Beschluß der SPD zu verantworten.

Zur gleichen Zeit veröffentlicht die Sozialistische Internationale unter Federführung von Friedrich Adler in allen westlichen Ländern eine Erklärung über die deutschen Konzentrationslager, über den Terror in Deutschland.[10] Die Inlandsleitung der SPD meint, diese Information sei zwar einigermaßen richtig, die Legalität der SPD könne jedoch viel besser gewahrt werden, wenn sie nun aus der Sozialistischen Internationale austreten und die nationalsozialistische Regierung des Deutschen Reiches gegen diese internationale »Verleumdung« schützen würde. Nach dem Austritt erläßt die Regierung Hitler zwar noch nicht das Verbot der Organisation der SPD, sondern das Verbot der Organisationstätigkeit, ein Verbot, das von den Leitungen der SPD überall eingehalten wird. Diese Entwicklung trägt zur Auflösung der Sozialdemokratischen Partei bei. Zwar findet eine Umstrukturierung statt mit der Folge, daß einige der sogenannten Linken in die Führung aufgenommen werden, um der endgültigen Auflösung entgegenzuwirken.[11] Aber gleichzeitig erfolgt die Kapitulation der Gewerkschaften vor dem Nationalsozialismus, über die ich schon gesprochen habe.

9 Vgl. Karl Dietrich Bracher, Wolfgang Sauer und Gerhard Schulz, *Die nationalsozialistische Machtergreifung*, Köln und Opladen 1962, S. 195.

10 Vgl. Wolfgang Abendroth, *Aufstieg und Krise . . .*, a.a.O., S. 68; Karl Dietrich Bracher u. a., *Die nationalsozialistische Machtergreifung*, a.a.O., S. 195.

11 Am 26. April 1933 wurde der Vorstand der SPD umgebildet – mit dem Ziel der Verjüngung und Aktivierung der Partei; vgl. Karl Dietrich Bracher u. a., *Die nationalsozialistische Machtergreifung*, a.a.O., S. 196.

Änderte sich die Politik der KPD gegenüber der SPD in der ersten Phase der Illegalität?
Der »normale« KPD-Funktionär sieht im Verhalten der SPD wiederum eine Bestätigung der Sozialfaschismus-Theorie. Das sagt auch die Führung. Die Führung und die unteren Kader der KPD nehmen außerdem an, daß die SPD jetzt auseinanderfallen werde; sie rechnen damit, daß die SPD-Mitglieder – unzufrieden mit ihrer Führung – Sympathien für die KPD entwickeln werden.

In dieser Zeit setzt auch ein Stimmungswandel bei manchen Funktionären des ADGB und anderer freigewerkschaftlicher Organisationen ein. Die Jugendorganisation des Zentralverbandes der Angestellten, der stärksten Organisation der freigewerkschaftlich organisierten Angestellten, beginnt in Frankfurt am Main unter Führung des Funktionärs Paul Müller, der vorher ein typischer linker Sozialdemokrat war, illegal mit der KPD zusammenzuarbeiten. Diese Jugendorganisation orientiert sich bald an der »linientreuen« KPD, übernimmt zum Teil die Sozialfaschismus-These; das ist sozialpsychologisch durchaus verständlich. Man kann sich vorstellen, was das für mich bedeutet: ich lehne die Sozialfaschismus-These ab, mache aber gleichzeitig zusammen mit ein paar anderen Genossen einen Pressedienst, der teilweise von der Frankfurter KPD verbreitet wird. Ich versuche, an meiner Linie festzuhalten. Die Brandler-Fraktion weist mich darauf hin, daß ich mich stark gefährde. Die ›Neu Beginnen‹-Fraktion meint, daß sie nur in der SPD arbeiten könne, und rät mir, mich von der KPD zurückzuziehen, da die Arbeit konspirativ zu gefährlich sei. Dennoch habe ich meine Arbeit fortgesetzt, weil ich eine langfristige Perspektive verfolgte.

Deine Arbeit damals ist also nicht auf eine kurzfristige Änderung des politischen Unterdrückungssystems hin orientiert?
Meine Perspektive ist langfristig, die der meisten Genossen nicht. Mir ist völlig klar, daß an dem politischen System vorerst nichts geändert werden, daß spontanes Klassenbewußtsein vorläufig nicht erzeugt werden kann, weil der Druck von außen zu stark ist und weil außerdem der konjunkturelle Aufschwung einsetzt. Eine Änderung wird erst in einer völlig neuen Situation, wahrscheinlich erst nach einem Kriege, mög-

lich sein. Mir geht es darum, Kader zur Bildung von Klassenbewußtsein für einen neuen, sehr viel späteren Kampf heranzubilden. Das ist meine Perspektive. Ich teile sie insoweit durchaus mit der Spitze der ›Neu Beginnen‹-Gruppe ebenso wie mit der Gruppe um Brandler und Thalheimer und deren Repräsentanten. Die Differenz gegenüber beiden besteht darin, daß ich der Auffassung bin, diese Perspektive lasse sich nur in Kadern durchsetzen, die an die noch existierenden Kader der beiden großen Parteien anknüpfen. Und das heißt, daß die existierenden Massenorganisationen jetzt in illegale Kaderorganisationen transformiert werden müssen, um für die Folgezeit eine aktivierbare neue Generation in der Arbeiterbewegung heranzubilden. Darin liegt die Differenz zu meinen Leitungen.

Gab es noch andere KPO-Genossen, die Deine Auffassung teilten?
Ja, es gab viele, die sich zumindest in der praktischen Arbeit ebenso verhielten wie ich.

Wie sah eure Pressearbeit 1933 aus?
Die Sache sieht technisch so aus, daß wir einen Pressedienst in möglichst hoher Auflage herstellen. Dieser Pressedienst wird an die Redaktionen illegaler Stadtteil- und Betriebszeitungen verteilt, die hektographierte Zeitungen herausbringen und den Pressedienst für ihre Zwecke nutzen. Genossen setzen diese Zeitungen für Geld ab, so daß der Pressedienst finanziert werden kann. In dieser ersten Phase der Illegalität hat der Arbeiter, ob Sozialdemokrat, ob Kommunist, Sympathie für den, der illegal arbeitet. Er beteiligt sich zwar nicht, begreift auch noch nicht, daß er sich durch seine bloße Zustimmung schon erheblich gefährdet. Jedenfalls hat er Sympathien, und also ist die illegale Arbeit von unten nicht bedroht. Die Bedrohung kommt vielmehr ausschließlich von der Gestapo und ihren Spitzeln: Denunziationen aus der Arbeiterschaft selbst gibt es noch nicht. Wir können diese Arbeit bis in den Spätherbst 1933 fortsetzen. Redaktionell beruht der Pressedienst auf der Auswertung ausländischer Zeitungen und der *Inprekorr* bzw. der *Baseler Rundschau*; wir haben aber auch zusätzlich Nachrichten verwertet, die uns illegal arbeitende Genossen übermittelt haben.

In welchem Zusammenhang stand Deine Verhaftung im Jahre 1933?
Die Verhaftung am 1. April 1933 im Frankfurter Oberlandesgericht war reiner Zufall; ich befand mich im Gerichtsgebäude, als die SA es besetzte, um jüdische Rechtsanwälte zu schikanieren. Ich war im Gericht als Linker bekannt. Es kam dann auch zu einer Hausdurchsuchung. Meine Eltern wußten natürlich längst Bescheid, daß ich wieder einmal verhaftet war, und hatten dafür gesorgt, daß bei der Hausdurchsuchung nichts gefunden werden konnte. Im Gericht sprach es sich herum, daß Sinzheimer und ich – unabhängig voneinander – verhaftet worden waren. Also rief irgendein Kollege in einer Nachbarwohnung an, um meine Eltern zu benachrichtigen; wir hatten nämlich kein Telefon. Daraufhin »säuberte« die ganze Familie die Wohnung. Die Polizei durchsuchte das Haus und fand nichts. Nach zwei Tagen wurde ich wieder aus der Haft entlassen. Ich wurde damals weder verhört, noch hat man mir sonst etwas angetan. Schlimmer war, daß ich aus dem Beruf, d. h. aus dem juristischen Referendardienst, entlassen wurde.

Wovon hast Du damals gelebt?
Zunächst bekomme ich von meinem Vater Geld. Er wird ein Vierteljahr später ebenfalls aus dem Dienst entlassen, erhält aber eine Pension. Sie ist nicht übermäßig hoch, denn mein Vater ist erst 59 Jahre alt. Aber man kann davon leben. Wir leben schlecht, müssen uns wirklich extrem einschränken, zumal auch mein Schwager rausfliegt. Er ist Metallarbeiter und kommunistischer Funktionär. Er ist ein hochqualifizierter Metallarbeiter; aber es wird jetzt zu heikel für den Betrieb, einen Mann, von dem man weiß, daß er Kommunist ist, weiter zu beschäftigen. Mein Schwager bekommt Arbeitslosenunterstützung und später in Potsdam wieder eine Arbeit. Nach meiner Verhaftung 1937 siedeln meine Eltern nach Potsdam über, um in der Nähe meiner Schwester zu sein.

Waren damals viele Genossen in einer ähnlichen Lage wie ihr?
Unsere persönliche Lage ist durchaus typisch. In dieser Zeit der ansteigenden Konjunktur werden viele der alten festgefügten Kader auseinandergerissen, denn wenn man den Arbeits-

platz aus politischen Gründen verliert, ist der Erwerb eines neuen Arbeitsplatzes nur durch einen Wechsel des Wohnortes möglich. Das bedeutet bei Fortsetzung illegaler Arbeit neue Kontaktaufnahme, mit allen Gefahren und Verzögerungen. Direkter überregionaler Kontakt besteht nur von Leitung zu Leitung, nicht aber zwischen den Arbeitern unten im Betrieb, die erst z. B. in Hamburg, dann in Frankfurt tätig sind. Diese Erfahrung macht auch mein Schwager: Er bekommt 1934 den neuen Arbeitsplatz deshalb, weil einer seiner alten Freunde eine Stelle als Meister in einem Metallbetrieb in Potsdam hat. Durch den Wechsel des Wohnortes wird der Arbeiter aus dem organisatorischen Zusammenhang gerissen. Das trägt erheblich zur Reduktion der Mitglieder innerhalb des alten Organisationsgefüges bei. Verstärkend kommt hinzu, daß Verhaftungs- und Verfolgungswellen immer rascher aufeinander folgen. Die Konzentrationslager füllen sich. Und nach dem Reichstagsbrand werden viele Genossen in einem Hochverratsprozeß angeklagt und verurteilt. Es gibt heute kaum einen unter meinen alten Genossen und Freunden aus der Zeit vor 1933, der nicht längere Zeit »gesessen« hätte. Nach seiner Haftentlassung überlegt sich jede illegale Gruppe, die noch existiert, natürlich sehr genau, ob sie den Genossen wieder in ihre Arbeit integriert, denn die Gruppe gefährdet sich dadurch. Und der betroffene Genosse überlegt es sich ebenfalls gründlich, denn er weiß nicht, wie gründlich er selber überwacht wird.

Gibt es zu dieser Zeit noch eine gemeinsame Prozeßvorbereitung der Arbeiterparteien?
Kaum, die Rote-Hilfe-Arbeit ist jetzt fast zerschlagen. Es gibt eine kleine Anzahl sozialdemokratischer Anwälte, früher zum rechten Flügel der SPD gehörend, die jetzt der Roten Hilfe ähnliche Anwaltsfunktionen übernehmen. Die alten Rote-Hilfe-Anwälte sind ausnahmslos aus dem Beruf geflogen, selbst dann, wenn sie bürgerlichen Parteien angehört hatten. Die Anwältin, bei der ich als Referendar mit dem Etikett »ständig bestellter Vertreter« arbeitete, so daß ich jederzeit vor Gericht auftreten konnte, mußte im April 1933 ihren Beruf aufgeben. Die Anwaltskammer schloß sie aus. Sie hatte »Hochverräter« und Kommunisten verteidigt. Diese Anwältin

war katholisch und gehörte zum linken Flügel der Zentrumspartei in Frankfurt, deren Organ die *Rhein-Mainische Volkszeitung* war, die einzige wirklich demokratische Zentrumszeitung. Das weitere Geschick dieser Frau ist typisch für die Zeit. Sie war eine bürgerliche Anwältin, keine Sozialistin. Sie hatte demokratische Überzeugungen und wirklich nichts mit klassenpolitischer Analyse der Arbeiterbewegung im Sinn. Natürlich ärgerte sie manches an der SPD, und noch mehr am Verhalten ihrer eigenen Partei, des Zentrums; aber deswegen war sie noch keine Marxistin. Sie war in Frauenrechtsfragen engagiert, wenn auch in anderer Weise als wir. Über den § 218 habe ich jahrelang heftig mit ihr diskutiert, denn sie war ja katholisch. Sie nahm mir aber nichts übel; ich durfte meine Auffassungen haben, und sie achtete mich, wie ich sie achtete. Nachdem sie aus dem Beruf geworfen war, ging sie zu ihrer Familie ins Rheinland zurück und baute sich dort eine neue Existenz dadurch auf, daß sie mit 45 Jahren Medizin studierte. Die Rote-Hilfe-Tätigkeit war also vorbei. Es war auch sinnlos, etwa noch für das richtige Verhalten vor Gericht juristisch zu schulen, denn rechtsstaatliche Erwägungen waren in der Judikatur grundsätzlich ad acta gelegt. Insofern war dieser Bereich der Roten-Hilfe-Tätigkeit funktionslos geworden. Um so wichtiger wurde eine andere Aufgabe: die Versorgung der Familien der Verfolgten. Sie war schon früher Bestandteil der Arbeit der Roten Hilfe gewesen und wurde jetzt zu ihrem Hauptinhalt. Diese Arbeit nahm einen solchen Umfang an, daß wir nicht mehr genügend Mittel aufbringen konnten, zumal ja die regelmäßigen Geldspender arbeitslos oder selbst verhaftet waren.

Wie kommt es dazu, daß die Solidarität mit der illegalen Tätigkeit innerhalb der Arbeiterklasse allmählich schwindet?
Dieser Prozeß beginnt schon Ende 1933 und verstärkt sich im Laufe des Jahres 1934. Langsam zerfallen die alten Organisationsstrukturen. Das Organisationsgefüge der KPD bleibt – trotz ständigen Wechsels in den Führungen infolge von Verhaftungen – zunächst erhalten. Da die KPD ihre Arbeit immer noch auf die Massen hin orientiert, sind die Verluste entsprechend hoch, unnötig hoch. Dazu ein Beispiel: Wenn die KPD zu einer öffentlichen Demonstration aufruft, kommen die

Genossen in größerer Zahl zusammen. Die Folgen kann man sich vorstellen: Die Genossen laufen ins Nichts. Aber da sie immer noch davon ausgehen, daß ein revolutionärer Aufschwung bevorstehe, folgen sie den Parolen ihrer Partei, machen sie die Fehler mit. Auch in der Verbreitung von Literatur ist die Partei unvorsichtig. Es werden viel zu hohe Auflagen von illegaler Literatur hergestellt; die Verbreitung hat hohe personelle Verluste zur Folge. In den Betrieben verliert der illegal tätige Arbeiter allmählich das Gefühl, daß er mit der Sympathie der anderen Kollegen rechnen kann. Der Terror verschärft sich, und der Arbeiter im Betrieb und an der Stempelstelle weiß, daß er etwas riskiert, wenn er diese Sympathie offen zum Ausdruck bringt. Und so findet sich der eine oder andere, der aus Angst verrät, wenn irgend jemand eine illegale Broschüre verkauft oder gekauft hat. Auch dadurch wachsen die Verluste rasch.

Gleichwohl halten die illegalen Kader der KPD und teilweise auch der SAP an ihrer falschen optimistischen Perspektive fest. Sie sehen sich dadurch bestätigt, daß sozialdemokratische Gruppen inzwischen zur KPD stoßen, die wütend auf ihre Partei sind, die sich nicht energisch genug am illegalen Kampf beteiligt. Diese Sozialdemokraten sagen sich, daß die Kommunisten offenbar recht hatten mit ihrer Sozialfaschismus-Theorie. Ein sozialdemokratischer Jungfunktionär z. B., der vorher rechter Sozialdemokrat war, zum »Reichsbanner« gehörte und Mitte 1934 – desillusioniert von seiner Partei – Kommunist wird, ist nun um so starrer auf die falsche Linie festgelegt. Dadurch kann sich die ultralinke Theorie und Perspektive der KPD nicht nur halten, sondern sogar festigen.

War nicht auch die Perspektive des von der Emigrations-SPD herausgegebenen Prager Manifests vom Januar 1934[12]*, trotz seiner guten Analyse, insofern verkürzt, als von der aktuellen Möglichkeit und Notwendigkeit des revolutionären Kampfes gesprochen wurde?*

Auf lange Sicht war diese Perspektive richtig. Es gibt keine Ablösung des Faschismus ohne einen revolutionären Prozeß

12 *Das Prager Manifest von 1934*, abgedruckt in: Wolfgang Abendroth, *Aufstieg und Krise . . .*, a.a.O., S. 114 ff.

im Innern eines faschistischen Landes oder ohne Einwirkung des Auslandes, meist durch einen Krieg, wie die Geschichte bewiesen hat. Aber die Zwischenzeit wird im *Prager Manifest* überhaupt nicht erkannt. Dabei stand eine lange Zwischenphase mit hartem Kampf um die langsame Erziehung von Arbeiterkadern zum Klassenbewußtsein bevor. Diese Einsicht fehlt ebenfalls im *Prager Manifest.* So kommt es auch hier zu falschen Vorstellungen über die Bedingungen, unter denen man politisch arbeiten kann.[13]

Welches berufliche Ziel hast Du nach der Etablierung des Faschismus angesteuert?
Um irgendeine Chance beruflicher Tätigkeit zu haben, wollte ich promovieren. Meine alte Doktorarbeit bei Sinzheimer über das Betriebsrätegesetz, die 1933 so gut wie abgeschlossen war, war Makulatur geworden. Eine Promotion bei Sinzheimer war ohnehin ausgeschlossen. Ich entschloß mich, in die Schweiz zu gehen, um dort eine neue Arbeit anzufangen. Ich hatte mich immer für Völkerrecht interessiert, im Referendarexamen z. B. verwickelte ich den Frankfurter Völkerrechtler Strupp in eine heftige Diskussion. In Basel saß Professor Arthur Baumgarten, den ich sehr schätzte, ein wirklich demokratischer Jurist, Rechtsphilosoph und Strafrechtler. Er stammte aus der Baseler Oberschicht. Ich kannte ihn von Frankfurt her. Damals war er noch nicht Marxist, näherte sich aber marxistischen Methoden. Daher kannten ihn in dieser Zeit auch alle linken Juristen in Frankfurt. Man konnte mit ihm sachlich diskutieren. Ihn interessierten zum Beispiel Probleme der praktischen Verteidigung demokratischer Rechtsnormen. Er verließ 1933 sofort die Universität Frankfurt. Im November 1934 traf ich ihn in Basel wieder. Er wies mich darauf hin, daß man sich als Reichsdeutscher nicht mehr an der Baseler Universität einschreiben könne, und empfahl mir, nach Bern zu gehen, weil es dort noch keine Immatrikulationssperre gäbe. In Basel hätte ich in einem halben Jahr promovieren können, in Bern mußte ich zwei Semester immatrikuliert gewesen sein, ehe man mich zur Promotion zuließ.

13 Zur Entstehungsgeschichte des *Prager Manifestes* vgl. Jutta von Freyberg, *Sozialdemokraten und Kommunisten. Die Revolutionären Sozialisten Deutschlands vor dem Problem der Aktionseinheit 1934–1937*, Köln 1973, S. 33 f.

Das war eine bittere Pille. Ich fuhr also nach Bern und immatrikulierte mich dort. Um in Bern als Ausländer promovieren zu können, mußte man in der mündlichen Prüfung ein dem Advokaturexamen adäquates Rigorosum ablegen. Dazu arbeitete ich mich nun in das schweizerische Obligationenrecht ein, was eine schwere zusätzliche Arbeitsbelastung bedeutete. Ich machte schließlich zwei Scheine im Obligationenrecht und eine große Arbeit, eine Digestenexegese. Ich saß tagelang von morgens 9 bis abends 10 Uhr in den Bibliotheken, vor allem in der ausgezeichneten Berner Stadtbibliothek, in der die gesamte juristische Literatur des 16. bis 18. Jahrhunderts vorhanden ist. Ich mußte, um die Digestenexegese machen zu können, wieder Latein lernen, und las es schließlich so wie Englisch oder Französisch. Seminare, an denen ich teilnehmen mußte, und Vorlesungen unterbrachen diesen Rhythmus. In den Bibliotheken arbeitete ich drei Stunden für die Scheine und während der restlichen Stunden für die Dissertation.

Meine berufliche Perspektive war, nicht in Frankfurt, sondern anderswo im Reich in der Wirtschaft eine legale Betätigung als promovierter Jurist zu finden. Ich war der Meinung, daß ich, um dieses Ziel zu erreichen, ein gutes Examen machen mußte. Schließlich promovierte ich bei Walther Burckhardt in Bern über die völkerrechtliche Stellung der B- und C-Mandate – es war im Februar 1935; zu meiner Freude erhielt ich die Note »summa cum laude«. Als Dissertation lagen aus dem später mit Hilfe des Frankfurter Staatsrechtslehrers Friedrich Giese publizierten Buch[14] lediglich die Teile über die Rechtsquellen und die rechtliche Struktur des Mandatssystems vor. Ich habe diese Arbeit dann erweitert um eine umfassende Darstellung der Überwachungspraxis durch den Völkerbund. Die Erweiterung wurde nach dem Zusammenbruch (1947) von der juristischen Fakultät der Universität Halle als Habilitationsschrift anerkannt.

Änderte sich Deine illegale Tätigkeit durch die Arbeit an der Promotion?

14 Wolfgang Abendroth, *Die völkerrechtliche Stellung der B- und C-Mandate*, Breslau 1936.

Meine illegale Tätigkeit verschiebt sich insofern, als ich zwar in der Hauptsache im Reich bin, denn ich habe nicht das Geld, ständig in Bern zu leben. Dennoch muß ich dort ein Zimmer mieten; während des Semesters bin ich dann jeweils zwei Monate in Bern. In Bern treffe ich mich mittags mit ein paar Genossen, die ich von Frankfurt her kenne, zusammengeweht aus allen Fakultäten. Mein engster Freund in Bern ist ein ungarischer Genosse aus der ungarischen Sozialdemokratie. Neben seiner politischen Arbeit studiert er Volkswirtschaft. Auch Erich Gerlach, meinem ultralinken Fraktionsgegner, begegne ich wieder; jetzt sind wir ein Herz und eine Seele. Ein alter KPO-Genosse gehört ebenfalls zu unserem Kreis. Allesamt verabreden wir uns für eine bestimmte Zeit in einem billigen Lokal eines Berner Warenhauses. Unsere Treffen sind eine Kombination aus wissenschaftlicher Arbeit, politischer Diskussion und, vor allem, Information. Unsere Gruppe besteht aus 8 bis 10 Leuten, darunter sind auch Schweizer.

Dies wirkt auf meine Tätigkeit in Deutschland zurück. Meine alten Kontakte in Frankfurt stellen sich wieder her, und neue Kontakte treten hinzu. Brandler und Thalheimer sind jetzt in Paris. Zu Trotzki habe ich groteskerweise ebenfalls Kontakt – über einen mit mir befreundeten Jura-Studenten in Basel, einen alten Trotzkisten und Freund von Karl Korsch. Ich bin nie ein Anti-Trotzkist gewesen, aber auch nie ein Trotzkist. Auch das ist charakteristisch für das Verhalten meiner Generation aus der Arbeiterbewegung. Wenn man die Memoiren von Karl Retzlaw[15] liest, der viele Jahre mehr in der Arbeiterbewegung auf dem Buckel hat als ich, so findet man die gleiche Vorurteilslosigkeit gegenüber allen Fraktionen. Mit Trotzki also korrespondiere ich über die strategische Linie der europäischen Arbeiterbewegung; über die Lage und Perspektive in Europa sind wir in manchen Fragen einer Ansicht. Mit Brandler und Thalheimer bleibe ich in allen wesentlichen Fragen einig.

Wie hast Du Deine illegale Arbeit in Deutschland weitergeführt?

In dieser Zeit habe ich keine festen Funktionen. Ich bringe aus

15 Vgl. Karl Retzlaw, a.a.O.

dem Ausland neue Nachrichten und Materialien mit und habe zur rascheren Vermittlung von Informationen auch an KP-Gruppen beigetragen. Zu Hause schreibe ich meine Dissertation. Während ich wissenschaftlich arbeite, bin ich gleichzeitig immer eingespannt in illegale Kontakte. Ich entsinne mich z. B. des Stimmungsumschwungs, der sich in dieser Zeit in der KPD auf Grund der bisherigen Verluste vollzieht. Ich beteilige mich an den Auseinandersetzungen, um diesen Umschwung voranzutreiben. Von draußen bringe ich die Informationen über den langsamen Wandel zur Volksfront und Einheitsfront mit, und so versuche ich, das Durcheinander in der KPD-Führung, in der die Dahlem-Fraktion weiterhin einen ultralinken Kurs steuert, während Walter Ulbricht und Wilhelm Pieck eine vernünftigere Perspektive hatten, mit zu verringern. Es gibt heftige Kontroversen. Das spiegelt sich auch in den KPD-Materialien dieser Zeit wider. Wenn man z. B. einmal die *Rundschau über Politik, Wirtschaft und Arbeiterbewegung*[16] in die Hand nimmt, dann zeigt sich, daß die Beiträge dieser Gruppen in entgegengesetzte Richtungen zielen, ohne daß sie formell gegeneinander polemisieren. Das gleiche gilt für die Zeitschriften *Kommunistische Internationale* und *Internationale*, die illegal weiterhin erscheinen.

Ich bin natürlich über diese Tendenzen zu einer rationaleren Strategie in der KPD erfreut. In den Emigrationsleitungen der KPD, mit denen ich ebenfalls Kontakte unterhalte, ist sehr viel deutlicher als für die Genossen im Reich die Wendung in der Saar-Politik zu bemerken. Urprünglich war die Linie der KPD für die Saar-Volksabstimmung im Januar 1935 gewesen: Trotz allem für den Anschluß der Saar an Deutschland, für eine »rote Saar im Deutschen Reich«.[17] Das war unsinnig, eine Parole des organisierten Selbstmordes. Solange die ultralinke Richtung dominiert, wird diese Parole aufrechterhalten. Erst später vollzieht sich in der deutschen KP eine Wendung zur Vernunft, die auch in einer veränderten Haltung gegenüber

16 Unter diesem Titel wurde die *Internationale Pressekorrespondenz* von 1933 bis 1939 illegal wietergeführt. Sie erschien in Basel.

17 Vgl. Horst Duhnke, *Die KPD von 1933 bis 1945*, Köln 1972, S. 160; *Geschichte der deutschen Arbeiterbewegung*, hrsg. vom Institut für Marxismus-Leninismus beim Zentralkomitee der SED. Kapitel X: *Periode von Januar 1933 bis August 1939*, Berlin/DDR 1969.

der Saar-Frage zum Ausdruck kommt.[18] Sie geht parallel zur Wendung in der Politik der KP Frankreichs vor sich, die sich bereits vorher, im Februar 1934, durchzusetzen beginnt. Die Februarkämpfe in Österreich 1934 haben entscheidend zu dieser Wendung beigetragen, die jedoch nirgendwo widerspruchslos verläuft. Sie ist also keineswegs schlagartig »auf Befehl Moskaus« erfolgt, wie in der Literatur meist behauptet wird. Diese Veränderung der Strategie vermittle ich den Genossen. Ich erinnere mich an Gespräche – das war Anfang 1934, nach meiner ersten Rückkehr aus Bern – mit einem damals führenden KPD-Genossen, den ich seit 1920 kannte. Er stand immer noch ultralinks, war ein jüdischer Prolet, ein tapferer Mann. Ihm mache ich klar, daß die RGO-Politik falsch ist. Zunächst hat er meine Einwände und Argumente nicht akzeptiert, aber nach einer vierwöchigen Diskussion habe ich es geschafft, ihn zu überzeugen. Leider war er, als ich das nächste Mal zurückkam, eingesperrt. Er saß im Zuchthaus und wurde dann umgebracht. Seine Frau hat mir übrigens vor eineinhalb Jahren aus Berlin geschrieben; ich wußte gar nicht, daß sie noch lebte, in Ostberlin in einer Siedlung für verdiente Widerstandskämpfer. Von dort kam ihr Brief. Als ich ihr antwortete, war sie schon tot.

Wurde Anfang des Jahres 1934 von der KPD eine generelle Wendung zur Einheitsfrontpolitik vollzogen?
Weitgehend nicht von den Mitgliedern, sondern von der Leitung der Partei. Für Teile der Mitgliedschaft ist dieses Gespräch, von dem ich berichtet habe, typisch. Es ist schwierig, die Genossen zu überzeugen, selbst wenn sie inzwischen langfristig auf die Einheitsfront hinarbeiten. Mit den Rechten in der Sozialdemokratie wollen sie nichts zu tun haben: Man denke an die Zustimmung der SPD-Fraktion zur Friedensresolution Hitlers am 17. Mai 1933, man denke an die Neuwahl des Parteivorstandes der SPD am 19. Juni 1933.[19] Nach der

18 Am 29. Juni 1934 machte die KP-Saar dem Bezirkskomitee der Saar-SPD ein Einheitsfront-Angebot. Am 2. Juli 1934 kam ein Abkommen zustande. Es wurde später, nachdem die Saar-Liberalen hinzugestoßen waren, zu einem Volksfrontabkommen erweitert; vgl. Horst Duhnke, a.a.O., S. 161.

19 Vgl. Wolfgang Abendroth, *Aufstieg und Krise . . .*, a.a.O., S. 68; Karl Dietrich Bracher u. a., *Die nationalsozialistische Machtergreifung*, a.a.O., S. 199. Nachdem

Abstimmung der Reichstagsfraktion am 17. Mai 1933 beruft die Inlandsleitung unter Paul Löbe eine Reichskonferenz der Sozialdemokraten ein, mit dem Ziel, sich von dem emigrierten Teil des Parteivorstandes (Richtung *Neuer Vorwärts*), der Widerstand leisten will, zu trennen.[20] Die Reichskonferenz findet legal statt, sie wird von den Nazis geduldet: Selbstkastration bis zum äußersten. Die Konferenz beschließt, daß eine Neuwahl des Parteivorstandes nötig sei, schon um die nach Prag gegangenen Vorstandsmitglieder auszuschalten. In dem neuen Vorstand sitzen nur noch »arische« Genossen. Die SPD unter Paul Löbe paßt sich also so weit an Hitler an, daß keine Juden mehr in den Parteivorstand gewählt werden.[21] Wenige Tage später verbieten die Nazis die SPD. Der SPD ist es also ebenso ergangen wie dem ADGB. Beide ließen sich öffentlich kastrieren, so daß sie nirgends mehr Kredit hatten. Selbst der 17. Mai genügte noch nicht als Kapitulation. Und anschließend kamen sie ins KZ. Die Berichte über die Haltung der SPD standen in den Zeitungen. Jeder der illegal Tätigen wußte davon. Deshalb war es verständlich, daß in der KPD die Initiative zur Durchsetzung der rationalen Einheitsfront- und Volksfront-Politik und einer Politik langfristiger Perspektive nicht von unten, sondern von oben kam.

Wie fand diese Aufarbeitung innerhalb der Führung statt?
Das muß noch erforscht werden aus den Materialien, die wir haben. In der französischen Kommunistischen Partei findet die Wandlung seit Februar 1934 statt. Damals ist die Partei noch teilweise ultralinks, aber der Aufmarsch der monarchistischen und faschistischen Verbände in der Nähe der Deputiertenkammer rüttelt Teile ihrer Führung wach. Dann kommt nochmals ein ultralinker Rückschlag, weil sich die Führung der SFIO – der Sozialistischen Partei also – und des CGT, des reformistischen Gewerkschaftsbundes, weigern, die PCF und

die Emigrationsleitung der SPD am 18. Juni 1933 zum gewaltsamen Sturz der Hitlerregierung aufgefordert hatte, sprach die Berliner Parteileitung der SPD den emigrierten Führern das Recht ab, im Namen der SPD aufzutreten; vgl. Karl Dietrich Bracher u. a., ebenda.

20 Vgl. Karl Dietrich Bracher u. a., ebenda.

21 Vgl. *Geschichte der deutschen Arbeiterbewegung*, a.a.O., S. 35.

den CGTU[22], den revolutionären Gewerkschaftsbund, als gleichberechtigt zu respektieren. Aber dann geht es rasch voran, hin zur Einheitsfront-Politik zur Abwehr des Faschismus. In Frankreich ist das formelle Einheitsfront-Angebot an die Sozialisten schon im Juni 1934 gemacht worden. Darauf folgt sehr bald die Erweiterung zur Volksfront, die nun die linken bürgerlich-demokratischen Kräfte einschließt.

In der gleichen Periode beginnt diese Differenzierung sehr deutlich auch in der deutschen Führung. Bis dahin sind es einige Bezirksleitungen, die zu einem Kurswechsel raten. In Frankfurt z. B. gibt es eine solche Bezirksleitung unter einem früheren »Versöhnler«. So ergeben sich einige Ansätze zu einer rationaleren Politik, obwohl die Stimmung der Mitglieder noch anders ist. Die Mitglieder sind in einer besonders schwierigen Lage, denn an der Spitze gibt es immer wieder ultralinke Rückschläge, über die ich schon gesprochen habe. Nun aber, seit Anfang des Jahres 1934, beginnen in der Parteispitze Auseinandersetzungen, stimuliert durch die französische Kommunistische Partei, deren Wendung der der Moskauer Leitung vorangeht. Die Gruppe Pieck–Ulbricht der KPD versucht, gegen die andere Gruppe, die die Mehrheit im ZK hat, eine Wendung zur Einheitsfront-Politik durchzusetzen. Zunächst bleiben beide Gruppen in einem Gleichgewicht zueinander; allerdings hat die Gruppe Pieck–Ulbricht, die auf eine rationale Politik hinarbeitet, anfangs auch nicht die Mehrheit der illegalen Parteimitglieder auf ihrer Seite. Das weiß ich aus bitteren eigenen Erfahrungen, denn ich bringe aus der Schweiz Material mit, schaffe es in verschiedene Kreise und kann dort die Stimmung kennenlernen. Ende des Jahres 1934 aber ist die Auseinandersetzung um die Einheitsfront-Strategie praktisch zu deren Gunsten entschieden.

Wie erklärst Du, daß sich innerhalb der Führungsgruppe der KPD eine realistischere Perspektive des antifaschistischen Kampfes einstellt?

Pieck und Ulbricht hatten wohl immer schon eine solche

22 SFIO – Section Française de l'Internationale Ouvrière; CGT – Confédération Générale du Travail; PCF – Parti Communiste Français; CGTU – Confédération Général de Travail Unitaire.

Perspektive erwogen. Ich habe das damals nicht in dem Maße gewußt, wie ich es heute nach Gesprächen mit Heinrich Brandler weiß. Kurz nachdem Brandler aus Kuba nach Westdeutschland zurückkam, besuchte ich ihn und schimpfe auf Walter Ulbricht. Ich weiß nicht mehr, was damals gerade in der DDR passiert war. Wir saßen in der Nacht zusammen, und Brandler erklärte mir, er sei stolz darauf, daß er Walter Ulbricht auf dem Leipziger Parteitag im Jahre 1922 ins ZK geholt habe. Ulbricht habe ganz bestimmte Qualitäten, deshalb bereue er dies nicht. Es zeigte sich in diesem Gespräch mit Brandler, daß er immer wieder Verbindungen zu Ulbricht gehabt hatte und daß Ulbricht nach Brandlers Meinung niemals eine wirklich konsequente ultralinke Position eingenommen hat: Ulbricht gehörte – ebenso wie Pieck – zu den alten Arbeiterkadern; deshalb behielt er wohl bestimmte vernünftige Ansichten bei. Weitere Belege als die Gespräche mit Heinrich Brandler habe ich dafür nicht.

Ab März 1934 beginnt also die Wendung hin zu einer Einheitsfront-Politik innerhalb der KPD, wobei der Parallelvorstoß des Faschismus in Frankreich einer der entscheidenden Impulse wird.[23] Diejenigen, die diese Wendung befürworten, sind meist alte Genossen der Gruppe Internationale, also des Spartakus-Bundes.[24] Die, die auf der ultralinken Seite bleiben, sind entweder spät – häufig erst nach 1929/30 – zur Partei gekommen oder, wenn sie älter sind, ehemalige Mitglieder der linken USP.

Die Auseinandersetzung über die Einheitsfront-Politik ist – das muß man stets berücksichtigen – nicht so sehr als individuelles Phänomen oder gar als Gegenstand moralischer Wertung zu betrachten, sondern vor allem als soziologisch interpretierbarer Sachverhalt, der sich aus den Erfahrungen der verschiedenen Generationen in der KPD erklären läßt.

Welche Rolle hast Du selbst bei der Durchsetzung der Einheitsfront-Politik gespielt?

Durch meine häufigen Aufenthalte im Ausland und den Kontakt zu den Genossen in Deutschland kann ich diesen wider-

23 Vgl. Wolfgang Abendroth, *Sozialgeschichte* . . ., a.a.O., S. 122 f.

24 Vgl. die Ausführungen auf S. 17.

sprüchlichen Prozeß genau verfolgen und beobachten und immer wieder versuchen, mich in verschiedenen Zirkeln und in Kadern oppositioneller Gruppen gegen die Selbstisolierung und für die Einheitsfront-Politik einzusetzen. Wenn ich in Frankfurt bin, versuche ich, die Gruppen zusammenzubringen, die den Kontakt zueinander verloren hatten, die ich aber persönlich gut kenne. So knüpfe ich die Verbindung zwischen einer Gruppe ehemaliger Mitglieder des SJV und früheren jungen Sozialdemokraten und einigen KPD-Leitungen, die politisch bereits für die Einheitsfront-Strategie eintreten, und ermögliche ein Treffen zwischen ihnen. Das wurde später, im Jahre 1937, als ich in Berlin verhaftet wurde, gegen mich verwendet. Die Gestapo erfuhr von diesem Zusammentreffen durch einen führenden KPD-Genossen, der eine Leitungsfunktion nicht nur in Hessen, sondern in allen westlichen Bezirken hatte. Mit ihm hatte ich jene Verbindung hergestellt. Als er »hochging« und die Gestapo dahinterkam, daß eine Zusammenführung der Gruppen stattgefunden hatte, gestand dieser KPD-Genosse, daß das durch mich geschehen sei. Er tat es nicht aus Bosheit oder aus Feigheit, sondern weil er annahm, daß ich nicht mehr nach Deutschland zurückkommen würde. Denn in Zürich hatte er mit anderen Genossen vereinbart, daß ich in der Schweiz bleiben müsse und nicht mehr nach Deutschland zurückkommen dürfe. Er ging also davon aus, daß diese Vereinbarung eingehalten wurde, und nannte deshalb meinen Namen in der Annahme, es würde mir nichts schaden; nicht um freizukommen oder um Prügeln zu entgehen, sondern um der Gestapo überhaupt etwas zu sagen und sie von anderen, gefährlicheren Spuren abzulenken: Eine solche Aussage kostete nichts. Als dieser Genosse schließlich als Belastungszeuge in meinem Prozeß gegen mich auftreten mußte, sagte er, er habe bei seiner ersten Aussage bewußt gelogen, kein Wort davon sei wahr gewesen. Im selben Prozeß passierte es dann, daß ein anderer Genosse, den ich noch als jungen Sozialdemokraten kennengelernt hatte, die ursprüngliche Aussage des ersten Genossen bestätigte. Auch das war nicht seine Schuld: Man hatte nicht rechtzeitig Kontakt zu ihm aufnehmen können. Dieser Genosse hat später mir gegenüber immer einen Schuldkomplex gehabt, der objektiv unbegründet war. Ich trug selber Schuld an diesem Verlauf. In meinen Vernehmungen habe ich mir dadurch geholfen, daß ich Personen und Ereignisse erfand. Das war meine einzige Rettung; denn es kostete die Gestapo Zeit – sie mußte zunächst einmal nachforschen, und ich war für einen Moment ihre Prügel los. Außerdem konnte niemandem etwas geschehen, denn der Sachverhalt, den ich erzählte, war ebenso frei erfunden, wie die Personen, die ich nannte und die es gar nicht gab. Übrigens haben mir ab 1935 viele Genossen geraten, in der Schweiz zu bleiben. Sie glaubten, auf Grund meines guten Examens würde ich dort wohl eine Arbeitsgenehmigung erhalten. Daran war praktisch aber gar nicht zu denken. Ich wäre zweifellos, wie viele andere, dort während des Krieges in ein Internierungslager gekommen.

Hast Du jemals erwogen zu emigrieren oder war es für Dich klar, daß Du weiterhin in Deutschland arbeiten wolltest?
Meine Hauptabsicht war es, in Deutschland zu bleiben. Gerade bei meinen zeitweiligen Aufenthalten in der Schweiz beobachtete ich, welche albernen politischen Kontroversen es unter den Emigranten, und zwar besonders unter den Intellektuellen, gab; sie verloren sich im gegenseitigen Cliquenkampf, den sie außerdem noch ideologisch aufputzten. Jeder persönliche Krach bekam sofort die Bedeutung einer tiefgründigen politischen Differenz, zu der rasch eine Theorie gefunden wurde. Das erlebte ich immer wieder, nicht nur unter den Emigranten in der Schweiz, sondern auch bei den Emigranten in Amsterdam, hörte es aus Paris. Mich in solche Verstrickungen zu begeben, hatte ich keine Lust. Ich wußte – so weit war ich über die Geschichte der Arbeiterbewegung informiert –, daß das bei jeder Emigration so gewesen war, zum Beispiel bei den deutschen politischen Emigranten nach 1848. Nicht anders war es in der russischen Emigration vor 1917. Ein großer Teil des Gezänks zwischen den Cliquen in der russischen Sozialdemokratie, einschließlich der bolschewistischen Fraktion, hatte partiell irrationale Züge. In der Überspitzung der Differenzen zeigte sich die sozialpsychologische Komponente der Emigration. Ich entschied mich also anders. Wovon hätte ich auch leben sollen? Ich hatte die Hoffnung, irgendwo im Reich als Jurist unterzukommen. Denn der wirtschaftliche Aufschwung in Deutschland war jetzt unverkennbar; er

wurde durch die Rüstungskonjunktur angekurbelt. Ich wollte von irgendeiner Stelle aus meine politische Arbeit im Reich fortführen, denn ich war der festen Überzeugung, daß die wirklichen Entscheidungen nicht in der Emigration fallen würden. Viele rieten mir, Russisch zu lernen und in den Auswärtigen Dienst einzutreten oder mich in der Schweiz zu habilitieren und von meinem Onkel, der dort lebte, Geld zu nehmen oder nach Holland zu gehen, um dort in einer Bibliothek oder im Institut für Sozialgeschichte zu arbeiten. Alle diese Ratschläge halfen mir nicht; sie widersprachen meiner Auffassung von den Aufgaben, die ich als Funktionär der Arbeiterbewegung hatte.

Hast Du in Deutschland vor Deiner Verhaftung noch eine Möglichkeit gefunden, beruflich zu arbeiten?
Ja, im Februar 1935 habe ich das Examen, also den Doktor gemacht; im März 1935 ging ich nach Deutschland zurück, um eine Stelle zu suchen. Meine Vorstellungen über die Chancen, die ich hatte, erwiesen sich allerdings sehr bald als falsch. Im Annonceteil verschiedener Zeitungen wurden zwar von Exporthandelsfirmen immer wieder Juristen gesucht, die über Kenntnisse des Internationalen Rechts verfügen sollten. Und also schrieb ich auf jede solche Annonce. Das, was darauf folgte, spielte sich in immer gleicher Weise ab: Ich wurde wegen der guten Examina zur Vorstellung eingeladen. Dann fragte man mich regelmäßig zuerst nach meinem Assessorexamen, das ich ja nicht hatte ablegen können. Am Ende dieser kurzen Gespräche stand stets die Bemerkung, daß ich zwar ein qualifizierter Mann, meine Anstellung aber nicht möglich sei. Die Konjunktur, so wurde mir gesagt, würde sicherlich weitergehen, und es käme wohl eine Zeit, da man froh sein würde, mich im Hause zu haben. Vorerst sei das aber nicht möglich. Das wiederholte sich, ob im Büro des I.G. Farben-Konzerns – daß ich mich dort beworben hatte, stellte sich erst später heraus, denn diese Anzeige war anonym aufgegeben worden – oder im Verlag de Gruyter, der einen Lektor für Völkerrecht in der Rechtswissenschaftlichen Abteilung suchte. Ich bin dann schließlich durch die Vermittlung einer sozialdemokratischen Genossin, Elsa Bauer, früher Bankiersfrau und Stadtverordnete in Frankfurt, und des früheren

Frankfurter Stadtkämmerers Asch – beide in Amsterdam in der Emigration – Mitte des Jahres 1936 bei einer kleinen Berliner Bank untergekommen. Bis zu meiner Verhaftung im Februar 1937 bin ich des öfteren in Holland gewesen, um Freunde zu besuchen und Informationen zu sammeln. Meinen Reisepaß hatte man mir erstaunlicherweise nicht abgenommen. In dieser Bank fand ich also nur durch Vermittlung aus dem Ausland eine Arbeit.

Ich wohnte bei meiner Schwester in Potsdam und verdiente 150 oder 200 Mark – eine lächerliche Bezahlung, die sich daraus ergibt, daß ich als Volontär beschäftigt war. Der Bankier nutzte meine Lage aus; er kannte meine politische Auffassung. Er wußte natürlich nicht, daß ich in Berlin sofort wieder die konspirative politische Arbeit aufnahm. Ich mußte damals sogar in die Deutsche Arbeitsfront eintreten, um die Stelle bei der Bank zu bekommen. Später, so nahm ich mir vor, wollte ich mir eine andere Stellung besorgen, denn ich hoffte, daß ich nun, wo ich bereits eine Arbeit hatte, nicht mehr nach dem fehlenden 2. Examen gefragt würde. Man hätte mich wohl nicht mehr politisch verdächtigt, sondern angenommen, daß ich kleine kriminelle oder Disziplinar-Delikte begangen hätte – das wäre nicht weiter schlimm gewesen. Aber der Plan schlug fehl, weil die Verhaftung dazwischenkam.

Mit welchen illegalen Gruppen hast Du Kontakte gehabt?
Die konspirativen Kontakte, die ich in Berlin knüpfe, gehen in dreierlei Richtung: zur Reichsleitung der KPO, die in Berlin sitzt, zu einer KPD-Gruppe, deren politischen Standort ich nicht klar einordnen konnte und zu der ich über eine holländische KP-Leitung Verbindung bekomme. Und schließlich suche ich nach anderen versprengten Gruppen – immer mit dem Ziel, zusammenzuarbeiten. Zu dieser Zeit, nach dem VII. Weltkongreß der Komintern von 1935[25], hatte sich die Linie der KPD völlig geändert. Genauso wie die PCF fordert die KPD jetzt nicht nur Einheitsfront-, sondern Volksfront-Politik.

Daraus resultiert nun ein Konflikt zwischen der KPD einerseits und der KPO andererseits, weil die KPO die Erweite-

25 Vgl. *VII. Weltkongreß der Kommunistischen Internationale*, a.a.O.

rung der Einheitsfront zur Volksfront, also die Einbeziehung auch bürgerlicher Demokraten, ablehnt. Brandler, den ich nach wie vor als einen der bedeutendsten Führer der deutschen Arbeiterbewegung verehre, ist – ebenso wie Thalheimer – der Ansicht, daß ein Koalieren mit bürgerlichen Demokraten politisch unzulässig sei. Sie sind für Einheitsfront, aber nicht für Volksfront, die sie für opportunistisch halten. Sie meinen, daß bürgerliche Demokraten erst dann herangezogen werden sollten, wenn sie sich bewußt auf den proletarischen Klassenstandpunkt gestellt haben. Diese Auffassung vertritt – durchaus in Übereinstimmung mit Brandler und Thalheimer – auch die KPO in Berlin. Albert Schreiner[26], einer der Reichsleiter der KPO, ein alter Genosse aus dem Roten Frontkämpfer-Bund, der zur Spartakus-Gruppe gehört hatte und Kontakte zur SAP unterhält, vertritt eine entgegengesetzte Auffassung: Er, in der Emigration, wie auch ich, der ich im Reich bin, halten, ohne daß wir Kontakt zueinander haben, die Volksfront-Politik für richtig. Trotzdem habe ich mit der Reichsleitung der KPO weiter zusammengearbeitet. Ich fahnde noch nach anderen Gruppen und erfahre aus Amsterdam, daß in Berlin eine Gruppe um Heinrich Deiters existiere. Er war früher in Frankfurt Oberschulrat gewesen, ein rechter Sozialdemokrat. Ich suche Deiters auf. Deiters hat einen Zirkel mit Adolf Grimme[27], dem späteren niedersächsischen Kultusminister, organisiert, an dem ich fortan regelmäßig teilnehme. Dieser Zirkel hat lange bestanden; er ist erst sehr spät »hochgegangen«.

Wie kam es zu Deiner Verhaftung im Jahre 1937?
Die Reichsleitung der KPO flog auf, als Hans Löwendahl, ein führender Genosse, verhaftet wurde. Er war Jurist, Jude. Ich kannte ihn gut. Löwendahl hatte als Kurier für die Reichsleitung der KPO ständig mit einem anderen Genossen zusammengearbeitet, den ich schon einmal im Zusammenhang mit

26 Albert Schreiner (geb. 1892) war Metallarbeiter, Mitglied der KPD seit ihrer Gründung und ab 1924 in Opposition gegen deren Führung. Seit 1928 Mitglied der Reichsleitung der KPO. Nach 1945 im Bildungswesen der SBZ tätig, lebt in der DDR; vgl. Karl Hermann Tjaden, a.a.O., Anhang I, S. 10.

27 Adolf Grimme (1889-1963), 1930–32 preußischer Kultusminister, religiöser Sozialist, entschiedener Schulreformer. In Haft 1942 bis 1945.

den antiimperialistischen Aktionen erwähnt habe. Dieser Genosse war lange Zeit zu den algerischen und tunesischen Nationalisten delegiert. Um Examen zu machen, kam er vor 1933 nach Deutschland zurück. Auch er wurde später verhaftet und noch kurz vor Kriegsende in Auschwitz umgebracht. Er und Löwendahl waren damals die wichtigsten ständigen Kuriere zwischen Paris und Berlin und zwischen den einzelnen Bezirken der KPO. In dieser Zeit brachte ich von Berlin aus an den Wochenenden gelegentlich Material der KPO zu anderen Bezirksleitungen nach Köln, nach Frankfurt, nach Offenbach usw. Aber in der Hauptsache war das die Funktion dieser beiden Genossen. Löwendahl wurde bei irgendeinem Materialtransport gefaßt und in Köln, woher er stammte, verhaftet. Er fing an, zu »singen«. Ich habe die Hintergründe dafür aufklären können, als wir uns später auf einem Gefangenentransport trafen. Daß er sehr viele Genossen verraten hat, ist nur dadurch zu erklären, daß die Gestapo-Methoden verschärft worden waren. Die Gestapo hatte herausgefunden, daß Löwendahl homosexuell war. Wir wußten das nicht, auch ich nicht, obgleich ich ihn seit vielen Jahren vom Studium her kannte. Wir hielten ihn für außerordentlich zuverlässig. Die Gestapo legte in seine Zelle einen anderen Homosexuellen, der ein Spitzel war. Ihm hat er alles berichtet. Mit Hilfe dieses Spitzels bekam nun die Gestapo alle Informationen in die Hand und war in der Lage, Löwendahl ständig weiter zu erpressen. So flog die Reichsleitung der KPO auf, dazu eine große Zahl von Bezirksleitungen, auch Unterbezirksleitungen; auch ich flog auf. Ich wurde in der Firma, in der ich arbeitete, am 22. Februar 1937 verhaftet. Damit begann für mich die üble Zeit in der Prinz-Albrecht-Straße, dem Gefängnis des Reichssicherheitshauptamtes.

Konntest Du Deine Aussagen auf irgendeine Weise mit anderen Genossen abstimmen?

Gewisse Möglichkeiten gab es. Die Zellen, in denen wir saßen, lagen im Keller, vor dem sich ein Vorraum befand, der von der SS bewacht wurde. Wenn man zu den Vernehmungen hochgebracht wurde, die im ersten oder zweiten Stock stattfanden, wartete man zunächst mit anderen Gefangenen in diesem Vorraum. Ich saß da neben ein paar Mitgliedern der Reichsleitung der KPO, die ich kannte. Wir konnten uns trotz der Beobachtung durch die SS untereinander verständigen. Auf diese Weise ist es mir möglich gewesen – über die ganze üble Behandlungsmethode der Gestapo in der Prinz-Albrecht-Straße brauche ich wohl nicht zu berichten –, jeden Kontakt zu leugnen, so daß am Ende auch Hans Löwendahl aussagte, es sei möglich, daß die übrigen ihn nicht kennten. Die Gestapo kam also in den Verhören nicht voran. Ich wurde dann von der Prinz-Albrecht-Straße ins Polizeigefängnis am Alexanderplatz verlegt. Das ist seit kaiserlichen Zeiten das Polizeigefängnis von Berlin. Im »Alex« lebte ein Heer von Wanzen, in der Prinz-Albrecht-Straße gab es natürlich nichts dergleichen, dort waren die Zellen sauber. Die meisten Genossen waren – wegen der physisch schwer zu überstehenden Verhörmethoden – froh, wenn sie von der Prinz-Albrecht-Straße in ein anderes Gefängnis kamen. Ich habe es im »Alex« sehr viel schwerer ausgehalten als in der Prinz-Albrecht-Straße: Es ist ein individuelles Sonderproblem, daß ich es nicht ertragen kann, von Ungeziefer gepeinigt zu werden. Auch im Polizeigefängnis kamen die Untersuchungsbeamten nach einiger Zeit nicht weiter. Sie wußten zwar von Löwendahl, daß ich im Ruhrgebiet und im Rheinland illegal gearbeitet hatte, konnten diese Arbeit aber zunächst nicht genauer lokalisieren. Sie brachten mich in Verbindung mit KPO-Gruppen des Ruhrgebiets, die z. T. auch durch Löwendahl »aufgeflogen« waren, vor allem aber mit der entscheidenden Gruppe in Düsseldorf. Ich wurde also nach Düsseldorf verlegt. Die Behandlungsmethoden der Gestapo dort waren noch schlimmer als in der Prinz-Albrecht-Straße, weil sie dort – anders als in Berlin – ohne jegliche Intelligenz arbeitete. Ich saß im dortigen Polizeigefängnis, das ordentlich ausgestattet war mit anständigen Klos, ohne Eimer. In den Polizeigefängnissen gab es für uns Politische keinen Kollektiv-, sondern nur Einzelrundgang, um Abstimmungen der Aussagen zu verhindern, was übrigens nie ganz gelang. In diesem Gefängnis entdeckte ich einen Genossen von der KPD, mit dem ich sehr eng sowohl in Amsterdam, im Reich als auch früher in der Roten Studentengruppe in Frankfurt zusammengearbeitet hatte. Sie hatten ihn wie mich übel zugerichtet. Ich hatte also ständig Angst, daß ich die Beziehung zu diesem Genossen preisgeben könnte. Er hatte seinerseits erfahren, daß ich da war, und auch er hatte Angst. Unsere Zusammenarbeit hätte leicht herausgefunden werden können, wenn man uns gegenübergestellt hätte. Aber die Gestapo hat nie in dieser Richtung kombiniert. Der Genosse bekam eine sehr hohe Zuchthausstrafe wegen Hochverrats. Später habe ich ihn durch Zufall wiedergetroffen; es war lange nach 1945 in Bayern. Auch ein anderer KPD-Genosse, der als Belastungszeuge gegen mich auftreten sollte, machte keine Aussagen gegen mich. Mir konnte also nichts nachgewiesen werden. Schließlich kam die Gestapo auf die Idee, mich nach Frankfurt zu bringen, in der Hoffnung, daß man dort etwas herauskriegen würde. Gelegentlich hatten die Verhöre auch ihre Komik. Ich wurde oft nach einem Genossen »Fritz« gefragt, den ich natürlich nicht kannte. Die Gestapo hat nie herausgefunden, daß mein eigener illegaler Deckname damals »Fritz« war.

Hattest Du irgendwelche Vorbereitungen für eine mögliche Verhaftung getroffen?
Ich habe immer damit gerechnet, einmal verhaftet zu werden. So hatte ich mit meinen Eltern und mit meiner Schwester vorab Verständigungsmöglichkeiten für diesen Fall verabredet. Und das hat auch gut geklappt.

Sobald ich die erste Möglichkeit zu schreiben bekomme, verwende ich in meinen Briefen an die Familie eine vorher vereinbarte Chiffre, aus der hervorgeht, was geschehen ist. Auf diese Weise teile ich mit, welche Genossen im Reich unbedingt gewarnt werden müssen, weil Löwendahl mit ihnen gearbeitet hat, sie also jeden Tag »hochgehen« können. Daß Löwendahl derjenige ist, der die Informationen weitergab, war mir schon nach den ersten Vernehmungen bei der Gestapo in Berlin in der Prinz-Albrecht-Straße klargeworden. Meine Mutter hat sich also aufgemacht, die Bezirke informiert und die Genossen gewarnt, in vielen Fällen mit Erfolg: Die Genossen reagieren sofort und verschwinden ins Ausland. In einem Fall, der mir besonders leid tat, hat sie keinen Erfolg gehabt: Es handelte sich um einen Frankfurter Genossen, den ich seit meiner Jugend gut kannte – er gehörte zur KPO. Er meinte, die Warnung sei unsinnig, und blieb. Er wurde verhaftet. In seinem Prozeß habe ich später als Zeuge aussagen müssen und behauptet, ich hätte ihn seit 1930 nie mehr gesehen und gesprochen. Auch er hielt sich daran. Aufgrund der Aussage Löwendahls kam er ins Zuchthaus und dann ins KZ nach Dachau. Vom KZ wurde er 1944 in der SS-Brigade Dirlewanger zum Soldaten gemacht; er kam nicht in ein Strafbataillon 999. Man muß dazu wissen, daß der Armeeteil 999 eine Gruppe von Strafbataillonen in der Wehrmacht war, die SS-Brigade hingegen die Strafdivision der SS. Diese Brigade hat unzählige Greueltaten begangen. In ihr überwogen wegen krimineller Delikte abgeurteilte SS-Leute mit entsprechender Mentalität. In den Strafbataillonen 999 waren die Politischen mit den »normalen« Kriminellen zusammen eingezogen. Der Genosse geriet in russische Kriegsgefangenschaft. Dort haben sie ihm zunächst nicht glauben wollen, daß er politischer Gefangener gewesen ist, weil er zu einer SS-Brigade gehört hatte. Dementsprechend wurde er zunächst behandelt. Als schwerkranker Mann wurde er 1946 aus der sowjetischen Gefangenschaft entlassen.

Die Verständigung mit meinen Eltern hat gut geklappt. Ich bekam hin und wieder die Genehmigung, einen Brief zu schreiben, auch im Zuchthaus. So war auch während des Faschismus eine gewisse Kommunikation möglich, weil wir die als solche kaum erkennbare Form der Chiffrierung vereinbart hatten.

Wie ging der Prozeß aus, der gegen Dich geführt wurde?
Von der Anklage blieb nicht viel übrig, eigentlich gab es nur einen Belastungszeugen. In der Urteilsbegründung des Oberlandesgerichts Kassel hieß es, daß mein politischer Standort bekannt und daß ich als Intellektueller besonders gefährlich sei, zumal ich immer für die Einheitsfront-Politik eingetreten sei. Aber konkret wußten sie wenig von meiner illegalen Tätigkeit. Infolgedessen kam ich glimpflich mit 4 Jahren Zuchthaus wegen Hochverrats davon. Die Untersuchungshaft wurde nur teilweise angerechnet.

Wo hast Du die Strafe abgesessen?
Ich werde im November 1937 ins Zuchthaus Luckau in der Niederlausitz eingeliefert. Dorthin werde ich geschickt, weil ich in Berlin verhaftet worden bin. Es ist übrigens dasselbe

Zuchthaus, in dem Karl Liebknecht während des Ersten Weltkrieges gesessen hatte. Die Zellen sind überbelegt. In den Zellen, die eigentlich Ein-Mann-Zellen sind, liegen jeweils vier Mann. Das Verhältnis von Politischen zu Kriminellen war damals 2 : 1 zugunsten der Politischen. Die Zuchthausverwaltung hat Wert darauf gelegt, daß in jeder Zelle mindestens ein Krimineller war, um die Politischen zu beaufsichtigen. Doch die Kriminellen – auch in meiner Zelle – waren so unaufmerksam und ahnungslos, daß man sie überspielen konnte.

Konntest Du im Zuchthaus politische Kontakte knüpfen?
Ich habe gute Kontakte zu den Politischen, die nunmehr fast alle für die Einheitsfront eintreten. Es gibt unter den Politischen Diskussionen über die politische Linie, vor allem mit jenen, welche die große Mehrheit bilden, nämlich mit den KPD-Genossen, aber auch mit solchen, die nicht unbedingt linientreu sind. Die Debatten sind sehr kameradschaftlich. Auch zu den stursten KPD-Genossen besteht ein kameradschaftliches Verhältnis wie zu allen anderen. Die Kameradschaftlichkeit und Toleranz geht sehr weit. Eines Tages wird ein alter ehemaliger Berufsoffizier, ein adliger Major, der zur Westarp-Gruppe – einer Restgruppierung der DNVP – gehörte, eingeliefert. Unter den vielen politischen Gefangenen im Zuchthaus sind höchstens drei, die keiner proletarischen Partei angehören. Dieser Mann also, Reaktionär, Monarchist, lieb, aber beschränkt, liegt in der Zelle neben mir. Er erfährt, daß ich Akademiker bin, Jurist, und faßt Vertrauen. Beim Rundgang im Zuchthaus – es ist Kollektivrundgang – schiebt er sich hinter mich und flüstert mir ins Ohr, wie schrecklich es doch sei, daß alle rundherum Kommunisten seien, mit ihnen könne man kein Wort wechseln – und so etwas passiere ausgerechnet ihm. Auch diesen Mann haben die kommunistischen Genossen in seiner Zelle aufgerichtet, ihm physisch und psychisch geholfen, ihm, einem völlig gebrochenen Mann, der die Kommunisten zunächst uneingeschränkt ablehnte. Die Intensität der Kameradschaftlichkeit unter den Politischen, die in der großen Mehrheit Berliner KPD-Mitglieder waren, ist für jemanden, der das nicht selbst erlebt hat, unvorstellbar. Sie beschränkte sich nicht nur auf Genossen.

Wie ist es euch gelungen, Kontakte und Kommunikationsmöglichkeiten im Zuchthaus herzustellen?
Zunächst haben wir im Zuchthaus nur begrenzte Möglichkeiten, miteinander zu kommunizieren. Zum einen bestehen Verbindungen von Zelle zu Zelle, zum anderen kann man in den Gottesdiensten Kontakte herstellen. Dies ist allerdings nur denen möglich, die nicht aus der Kirche ausgetreten sind – gerade die »Politischen«, auch ich, gehören aber keiner Kirche mehr an. Im übrigen sind Verbindungen nur denkbar, wenn man in den »Kalfaktoren«-Apparat eindringt.

Kennzeichnend für die innere Organisation der Strafanstalt ist es, daß Gefangene den einzelnen Wachtmeistern als Hilfskräfte zur Hand gehen. Sie, die »Kalfaktoren«, arbeiten als Essenträger, als Verteiler der zu verarbeitenden Rohstoffe bei der Arbeitsausgabe, als Austräger der frischen und Einsammler der schmutzigen Wäsche und dergleichen mehr. Mit derartiger Kalfaktorentätigkeit sind zunächst Gefangene betraut, die für die Zuchthausbeamten alte Bekannte sind, also Gefangene, die bereits verschiedentlich im Zuchthaus gewesen waren. Dazu gehören die kriminellen, nicht aber die politischen Gefangenen.

Im Zuchthaus Luckau, in das ich komme, besteht eine Besonderheit: hier werden vor allem Verurteilte aus Berlin eingewiesen. Die Angehörigen der subproletarischen Schicht, des Lumpenproletariats, sind seit Beginn der Weimarer Republik in Berlin in einem Vereinssystem organisiert. Für die einzelnen Verbrechensarten, ob Einbruch, Betrug oder Zuhälterei, gab es je besondere Verbände, die in einem Dachverband, einem »Ring«, zusammengefaßt sind. Diese »Ringvereinler« beherrschen den Kalfaktorenapparat und damit das gesamte Kommunikationssystem zwischen den Gefangenen in allen Zellen und Abteilungen des Zuchthauses. Die Kalfaktoren haben eine Schlüsselstellung.

Wollten wir Verbindungen unter den Politischen quer durch die Zellen schaffen, so galt es, mit möglichst qualifizierten Genossen in den Kalfaktoren-Apparat einzudringen. Denn die Stabilisierung, die Information und die Diskussion unter den gefangenen Genossen hielten wir für die wichtigste Aufgabe des Widerstandes in der Strafhaft. Wir konnten unser Ziel nur erreichen, wenn wir die »Ringvereinler« dazu brachten, den Wachtmeistern wichtige Politische als Kalfaktoren vorzuschlagen. Manche von uns konnten ihnen nützlich sein; ich als Jurist konnte sie in bezug auf ihre laufenden Strafverfahren beraten, ihnen Gnadengesuche schreiben. Langsam, nach Überwindung der Vorurteile der Politischen gegenüber den Kriminellen, wurde es uns tatsächlich möglich, in den Kalfaktoren-Apparat einzudringen. Ich selbst kam in die Wäschetrocknerei und hatte von dort aus Zugang zu allen Teilen des Zuchthauses. Andere Politische übernahmen ähnliche Funktionen, und es gelang uns schließlich, die Information im gesamten Zuchthaus systematisch zu betreiben und auszubauen.

So holte der Hauptwachtmeister, dem die Verwaltung unterstand, einen Politischen nach dem anderen in die Wäscheverwaltung. Einer der unseren saß als Heiztrockner in der Wäscheverwaltung, er wurde als Obertrockner im Zuchthaus bekannt. Er hielt vor allem mit dem Hauptwachtmeister der Küche Kontakt. Dieser Hauptwachtmeister der Küche war ein früherer Sozialdemokrat, der nur »formell« in die NSDAP gegangen war. Er war zwar relativ wenig geschult und auch nicht sonderlich intelligent, aber ein anständiger Mann. Mit ihm konnte man reden. Er hörte für uns Rundfunk, sogar Auslandssender. In allen Bereichen waren die Kalfaktor-Posten bald zur Hälfte von den Ringvereinlern, zur anderen Hälfte von uns besetzt.

Wenn wir die Wäsche brachten, konnten wir uns in den Zellen aufhalten und diskutieren; wir konnten auf diese Weise – wenn auch selten – illegale Materialien verbreiten, die wir in den schwer kontrollierbaren Zentralstellen des Zuchthauses, der »Hausmeisterei«, der »Wäschetrocknerei« oder der Waschanstalt herstellten. Für unsere Kommunikation war die Fluktuation der Gefangenen durch die Außenkommandos des Zuchthauses, durch Abschiebungen von einem Zuchthaus ins andere sowie durch Entlassungen ein erschwerendes Element. So wurde z. B. mein alter »Obertrockner«, ein guter Berliner Arbeitergenosse, der später gefallen ist, entlassen. Aber wir konnten die Nachfolge immer wieder organisieren und so die Kontinuität unserer Arbeit sicherstellen. Wir blieben ständig mehr als 1000 politische Gefangene in diesem Zuchthaus, stets in der überwiegenden Mehrheit Mitglieder der KPD. Doch bildete das frühere Parteibuch keine Schranke zwischen den »Politischen«.

Änderte sich die Einstellung der politischen Gefangenen zu den Kriminellen?
Nach einiger Zeit herrscht von uns aus auch gegenüber den meisten Kriminellen ein Kameradschaftsdenken. Schwieriger ist es, ein kameradschaftliches Verhalten und relative Toleranz gegenüber den Sexualverbrechern zu üben. Einem klassenbewußten Proleten klarzumachen, daß diese Menschen auch Opfer der Gesellschaft sind, war nicht einfach. Trotzdem ist es uns in gewissem Maße gelungen.

Gab es im Zuchthaus politische Auseinandersetzungen?
Über die Haltung zum jeweiligen Kurs der Sowjetunion gibt es von Anfang an Auseinandersetzungen, aber sie halten sich vorerst noch in Grenzen. Ich habe bei meiner scharfen Kritik an den Moskauer Prozessen einen Sinologen auf meiner Seite. Unter den ca. 1000 politischen Gefangenen sind vielleicht 10 Intellektuelle. Dieser Sinologe, Dr. Philipp Schaeffer[28], ein sehr kluger alter Genosse, kommt aus dem Berliner Universitätsbetrieb und ist dort auch »hochgegangen«. Er hat mich übrigens dazu gebracht, Persisch und Arabisch zu lernen; es gibt merkwürdigerweise entsprechende Lehrbücher in der Zuchthausbibliothek. Er macht mir klar, daß ich so meine Rezeptionsfähigkeit üben und also meine wissenschaftliche Arbeitsfähigkeit retten könne. Ich habe ihm dafür in manchen anderen Fragen geholfen. Uns beiden setzt die Periode der Moskauer Prozesse und das Ergebnis der Prozesse sehr zu. Wir haben durch die Erzählungen eines Wachtmeisters über Rundfunkmeldungen davon erfahren. Die Anfänge hatte ich noch in der Freiheit mitbekommen. Nun steigert sich in der UdSSR der Terror immer mehr. Für uns beide sind die Namen der Verurteilten aller oppositionellen Fraktionen in der UdSSR in unserer politischen und wissenschaftlichen Entwicklung ja keineswegs nur abstrakte Begriffe gewesen; sie haben unser Denken mitbestimmt. Die Behauptungen der

28 Zur Person von Dr. Philipp Schaeffer vgl. Günther Weisenborn, *Der lautlose Aufstand*, 2.Aufl., Hamburg 1954, S. 186, 214.

Anklage können wir deshalb nicht glauben. Unsere seelische Verfassung ist entsprechend. Bei aller Sturheit anderer kommunistischer Genossen, mit denen wir über die Prozesse reden, kommt es jedoch noch nicht zu einem wilden Fraktionskampf. Dieser Kampf beginnt erst nach der mit dem Sturz des sowjetischen Außenministers Litwinow[29] einsetzenden Wende der sowjetischen Außenpolitik. Ich habe diese Wendung nach dem Münchener Abkommen[30] als Reaktion auf diesen Verrat der Westmächte für möglich gehalten und sie damals zum Ärger vieler Genossen vorausgesagt. Ich habe sie verurteilt, dabei aber nicht genügend bedacht, daß die Russen natürlich jonglieren mußten, um der Gefahr zu entgehen, daß sich praktisch eine Koalition aller gegen sie dadurch bildet, daß die Weltmächte für den Fall eines Angriffs Hitlers auf die UdSSR Neutralität üben. Als der Nichtangriffspakt zwischen Hitler und Stalin abgeschlossen wird[31], habe ich im Zuchthaus eine heftige Debatte, einen scharfen Fraktionskampf entfacht, in dem ich entschieden gegen diesen Vertrag Stellung nahm. Ich habe ihn überbewertet, weil ich in meinem damaligen Denken mit der Kenntnis des wilden Terrors in der stalinistischen Periode der Sowjetunion belastet war. Ich kennzeichne

29 Der sowjetische Außenminister Litwinow hatte am 16. April 1939 dem britischen Botschafter in Moskau den Abschluß eines Beistandspakts zwischen Großbritannien, Frankreich und der Sowjetunion vorgeschlagen. Am 3. Mai 1939 schied Litwinow »auf eigenen Wunsch« – so hieß es in einer sowjetischen Pressemitteilung – aus dem Amt. Sein Nachfolger wurde Molotow. Dieser personelle Wechsel leitete die Änderung der sowjetischen Außenpolitik gegenüber Deutschland ein. Vgl. Roy A. Medwedew, *Die Wahrheit ist unsere Stärke. Geschichte und Folgen des Stalinismus*, Frankfurt/Main 1973, S. 488 f.

30 Am 29.September 1938 wurde in München zwischen Deutschland, Großbritannien und Italien ein Abkommen geschlossen, das die Tschechoslowakei verpflichtete, die sudetendeutschen Gebiete aufzugeben und ihrer Eingliederung in das Deutsche Reich zuzustimmen. Die Sowjetunion, die am 16. Mai 1935 mit der Tschechoslowakei ein Militärbündnis geschlossen hatte, dessen Beistandsverpflichtung wirksam werden sollte, wenn auch Frankreich Beistand leistete, wurde zur Münchener Konferenz nicht eingeladen. Vgl. Helmuth K. G. Rönnefarth und Heinrich Euler, *Konferenzen und Verträge*. Vertrags-Ploetz, Teil II, 4. Band, 1914–1959, Würzburg 1959, S. 130 ff., S. 154 ff.

31 Am 23. August 1939 wurde der deutsch-sowjetische Nichtangriffspakt, am 28. September 1939 der deutsch-sowjetische Grenz- und Freundschaftsvertrag geschlossen. Zu beiden Verträgen gehörten geheime Zusatzprotokolle, in denen die Sowjetunion und Deutschland ihre Interessensphären abgrenzten. Die beiden Verträge und die Zusatzprotokolle sind abgedruckt in: *Der Nationalsozialismus, Dokumente 1933–1945*, Frankfurt/Main 1957, S. 229 ff., S. 233 ff.

den Pakt als den 4. August 1914 für die Kommunistische Internationale.[32] Heute weiß ich, daß diese Bewertung nicht richtig war: Der Pakt hatte seine Mängel; aber daß die Sowjetunion einen solchen Pakt schließen mußte, wenn sie nicht in einen isolierten Krieg mit Hitler hineingeraten wollte, ist inzwischen klar. Damit rechtfertige ich nicht den Stalinismus, sondern analysiere die damalige außenpolitische Situation, die ich im Zuchthaus nicht voll übersehen konnte. Bei dem Fraktionskampf ist das Verhältnis zwischen Befürwortern und Gegnern des Paktes unter den politischen Gefangenen zunächst etwa 2 : 1. Von den tausend politischen Gefangenen kommen etwa zwei bis drei aus der KPO, ein paar aus dem ISK und aus der SAP, vielleicht zehn aus den verschiedenen Gruppierungen der Sozialdemokratie, die übrigen fast alle aus der KPD. So sind in dieser Frage die alten Fraktionsgrenzen nicht mehr bestimmend. Die Auseinandersetzung selber wird mit viel Polemik von beiden Seiten ausgetragen, wie es nun einmal – leider – zur Soziologie eines Fraktionskampfes gehört. Die Kontroversen sind jedoch bald, lange vor dem Angriff Hitlers auf die Sowjetunion, wieder abgeklungen. Ich begann einzusehen, daß ich den Gegensatz zu weit getrieben hatte, und die anderen merkten, daß ihre Argumentation überspitzt gewesen war.

Fand im Zuchthaus politische Schulungsarbeit statt?
Wir machen im Zuchthaus ständig Marxismuskurse. Wegen der Überfüllung des Zuchthauses gibt es ein paar Sammelzellen mit 40 Mann. Die Genossen, die Schulung haben wollen, werden durch Wachtmeister, auf die wir Einfluß haben, in diese Zellen dirigiert. Zwar sind dort auch Kriminelle, aber sie tolerieren, was immer man macht, wenn man ihre gegenseitigen Onanieverhältnisse nicht stört – eine sehr wichtige Sache im Zuchthaus. Nach Arbeitsschluß setzen wir uns abends zusammen. Ich bin in eine Sammelzelle verlegt worden, um solche Kurse abhalten zu können. Andere Genossen verfahren in anderen Zellen ähnlich. In den Zellen gibt es Blaulicht,

32 Am 4. August 1914 hatte die Reichstagsfraktion der SPD die Kriegskredite bewilligt; dieses Datum bezeichnet den Bruch in der Sozialistischen Internationale; vgl. W. I. Lenin, *Der Zusammenbruch der II. Internationale*, in: W. I. Lenin, *Werke*, Band 22, S. 107–119.

damit man nachts das Klo oder den Eimer findet. Ich habe von dieser blau überpinselten Birne an einer Stelle die Farbe weggekratzt und einen Lichtspalt geschaffen. In dem Bett darunter schlafe ich und kann lesen. Das hat natürlich nicht zur Verbesserung meiner ohnehin geschwächten Sehkraft beigetragen. Aber auf diese Weise kann ich Arabisch und Persisch lernen, jedenfalls nachts, denn tagsüber arbeite ich in der Wäschetrocknerei, zuletzt als »Obertrockner«. Abends also setzen wir uns, etwa 10 Leute, zusammen und machen einen Kurs über marxistische Ökonomie, einen Kurs über historischen Materialismus usw. Wir haben vor allem die jungen Genossen aus dem Kommunistischen Jugendverband, die im Zuchthaus sitzen, und die noch keine genügende Schulung haben, ausgebildet. Dazugeholt habe ich auch einen Kriminellen, einen hervorragenden Schachspieler. Er ist sehr lernfähig, wird politisiert und kann sich aus der kriminellen Psychologie lösen. Mein bester Schüler unter den Politischen war ein junger Berliner Kommunist, Werner Illmer.[33] Er ist während des Krieges in Griechenland auf dem Peloponnes zur ELAS übergegangen, wurde bei einer Propaganda-Aktion unter den deutschen Soldaten gefangen und erschossen.

Nicht nur in meiner Zelle wird unterrichtet, sondern ebenso in Nachbarzellen von anderen Genossen. Das ist eine durchdachte Form der Kaderarbeit. Alle diese Formen der Kaderarbeit zielen – nach dem VII. Weltkongreß der Komintern von 1935 – auf die Einheitsfront-Politik. Die Illusion einer raschen Liquidierung des Faschismus ist verschwunden, ebenso die Vorstellung, es seien unmittelbare Massenaktionen und Massenarbeit denkbar. Auch bei der Kommunistischen Partei und bei ihren Kadern gibt es jetzt eine längerfristige Perspektive.

Wann wurdest Du aus dem Zuchthaus entlassen?
Ich komme am 30. Mai 1941, unmittelbar vor dem Beginn des Krieges gegen die Sowjetunion – er beginnt am 22. Juni 1941 –, heraus. Ich werde von der Gestapo an einen Berliner Wirtschaftsprüfer und Steuerberater als juristische Hilfskraft vermittelt. Mein Monatsgehalt beträgt 200 Mark. Ich unterlie-

33 Zur Person Werner Illmers vgl. Kurt Nettball, *Strafdivision 999*, Berlin/DDR 1965, S. 87 ff.

ge einer ständigen Meldepflicht bei der Gestapo in Potsdam. Ich gehe zu meinen Eltern zurück, die jetzt in Potsdam wohnen. Sehr langsam und mit äußerster Vorsicht knüpfe ich wieder Kontakte. Mit einem Arbeitergenossen, der vor mir entlassen worden war – er war vor mir »Obertrockner« –, klappt es am schnellsten. Der Kontakt wird sehr sorgfältig über die Tochter meiner Schwester vorbereitet; sie ist ein kleines Mädchen, das ist unauffällig. Gleichzeitig versuche ich, von dieser schlecht bezahlten Arbeit wegzukommen. Inzwischen gibt es nur noch wenige Juristen mit Kenntnissen des deutschen und des ausländischen Rechts. So schreibe ich wieder auf Annoncen und komme zuletzt bei einer Gesellschaft für Außenhandelsbeziehungen unter. Sehr seriös ist mir diese Firma nicht erschienen. Der Chef ist merkwürdigerweise ein Antifaschist, der jedoch mit der SS und dem Oberkommando der Wehrmachts-Einheiten seine Geschäfte macht und dabei glänzend verdient. Er stammt aus einer alten bekannten liberalen Familie aus Norddeutschland. Bevor er mich einstellt, überzeugt er sich, daß ich ebenfalls gegen die Nazis bin. Er weiß zwar, daß ich politisch vorbestraft bin; aber er ist sich noch nicht ganz sicher, ob ich nicht übergelaufen bin. In diesem Unternehmen arbeite ich zunächst nebenbei, weil ich noch an den Wirtschaftsprüfer gebunden bin, werde dann aber voll eingestellt und am Ende gut bezahlt. Ich bin zuständig für internationales Privatrecht und habe die groteskesten Fälle zu lösen.

Der Chef dieser Außenhandelsgesellschaft ist dem Typ nach ein Spieler. Mir und meiner Familie gegenüber zeigt er sich sehr hilfsbereit. So versorgt er uns gelegentlich mit zusätzlichen Lebensmitteln. Auch dabei hat er manchmal erstaunliche Einfälle. So läßt er beispielsweise eine ungarische Gans von der Gestapo-Leitstelle in Wien an mich, den entlassenen Zuchthäusler, der sich wöchentlich bei der Gestapo in Potsdam melden muß, schicken. Meine Tätigkeit bei ihm dauert nicht lange. Im Februar 1943 werde ich zur Strafdivision 999 eingezogen.

Was war die Funktion der Strafdivision?
Die politischen Gefangenen mit Zuchthausstrafe werden seit Mitte 1942 in die Strafdivision gesteckt. Wenn man nur mit

Gefängnis vorbestraft war, kam man zur »normalen« Wehrmacht. Wer wegen Hochverrats mit Zuchthaus vorbestraft war, galt durch den Verlust der bürgerlichen Ehrenrechte als »wehrunwürdig«. Entsprechendes galt für die kriminellen Zuchthäusler. Diese Schicht von Gefangenen wird nun für den Krieg dienstbar gemacht, indem eine besondere Einheit von »wehrunwürdigen« Soldaten aufgestellt wird: die Strafdivision 999. Solange die Nazis glauben, daß der Rußlandfeldzug ein Spaziergang sei, brauchen sie noch keine Zuchthäusler. Nach der Winterschlacht vor Moskau 1941 aber wissen sie, daß der Krieg länger dauern wird. Also kommt Anfang 1942 der Befehl zur Gründung von Wehrunwürdigen-Einheiten; Mitte 1942 werden alle Bataillone dieser Art – es waren über 30 Bataillone – unter der Ziffer 999 gegründet. In den ersten Bataillonen überwiegen die politischen Gefangenen. Aufgrund schlechter Erfahrungen mit diesen Einheiten im Afrika-Feldzug verfällt man auf den Gedanken, jeder einzelnen Einheit eine große Anzahl Krimineller beizugeben, um die Politischen unter Aufsicht halten zu können. Die Kriminellen sehen in dieser Aufgabe eine Chance, ihre Wiedereingliederung in die bürgerliche Gesellschaft durch Streichung des Ehrverlustes zu erlangen. Bei guter Führung und Bewährung im Kampf konnten sie »wehrwürdig« und sogar befördert werden. Dann erhielten sie Urlaub wie der normale Soldat auch. Diese Möglichkeiten hatten wir Politischen natürlich nicht.

Das System der Strafdivisionen gehört zu den Widersprüchen des faschistischen Systems. Es bleibt ein »Dual-State«, ein Doppelstaat[34], mit Rechtsnormen auf der einen und dezisionistischer Gewalt auf der anderen Seite. Ganz ohne Rechtsnormen kann auch der widersprüchlichste faschistische Staat nicht existieren, wenn er auf der Basis der kapitalistischen Gesellschaftsordnung verbleibt.

Wie lief Deine Einberufung im einzelnen ab?
Bei dem zweiten Schub der Einberufenen, mit dem ich am 3. Februar 1943 eingezogen werde, sind gut ein Drittel Kriminelle. Auf dem Potsdamer Bahnhof in Berlin treffe ich viele

34 Vgl. Ernst Fraenkel, *Der Doppelstaat*, Frankfurt/Main, Köln 1974.

Leute aus dem Zuchthaus wieder, ein paar Politische, aber ebenso viele »Ringvereinler« und andere Zufallskriminelle. Auch mein Freund Werner Illmer ist dabei.

Bevor ich eingezogen wurde, hatte ich meine spätere Frau kennengelernt. Als ich aus dem Zuchthaus herauskam, erfuhr ich, daß eine frühere politische Freundin von mir Kontakt zu meinen Eltern gehalten hat. Sie stammte aus einer Frankfurter sozialdemokratischen Familie und studierte damals in Marburg. Ich hatte sie an einem Wochenende 1942 dort besucht; sie machte mich mit ihrer Freundin Lisa bekannt, die in Marburg Geschichte studierte. Sie kam nicht aus der Arbeiterbewegung, sondern war durch die Erfahrung des Krieges Pazifistin und Antifaschistin geworden. Ende Februar 1943 wollten Lisa und ich heiraten.

Am 2. Februar 1943 erhielt ich den Gestellungsbefehl für den nächsten Morgen um 9 Uhr auf dem Potsdamer Verschiebebahnhof in Berlin. Ich wollte Lisa vorher unbedingt noch sehen. Mein Chef war genauso aufgeregt wie ich, schon deshalb, weil er mich nun als Arbeitskraft verlor. Zunächst glaubte er, er könnte mich von der Wehrmacht freistellen lassen, und ließ seine sämtlichen Beziehungen spielen, natürlich vergeblich. Dann schickte er ein Blitztelegramm nach dem anderen nach Marburg mit abenteuerlichen Zugkombinationen, die alle nicht stimmten. Jedenfalls schaffte es Lisa mit Hilfe dieser Telegramme, daß sie in einem Wehrmachtstransport nach Berlin mitfahren konnte. Sie kam noch rechtzeitig in Potsdam an. Heiraten konnten wir natürlich nicht mehr. Das mußten wir auf die Zeit nach dem Krieg vertagen, weil »wehrunwürdige« Soldaten keine Heiratsgenehmigung erhielten. Davon wußten wir zu jener Zeit allerdings noch nichts.

Lisa brachte mich mit meinen Eltern zum Bahnhof. Das Publikum dort war merkwürdig, Lisa war ganz entsetzt: Die typischen »Ringvereinler«, Zuhälter usw., waren für sie eine völlig neue Erfahrung. Wir wurden verladen, das Ziel kannten wir nicht. Nach tagelanger Bahnfahrt erreichten wir den Heuberg auf der Schwäbischen Alb, früher ein Konzentrationslager, jetzt ein Truppenübungsplatz für die 999-Bataillone. Um die Verbindungen der Politischen untereinander zu stören, wurden die Einheiten, denen wir zugeteilt wurden, die Kompanien also, immer wieder neu zusammengestellt. Die

Ausbildung war sehr hart, z. B. 75-km-Märsche mit vollem Gepäck in einem Tag und einer Nacht, während die Ausbilder natürlich fuhren. Die Offiziere – ebenso die Unteroffiziere und Gefreiten – waren mit nur sehr wenigen Ausnahmen 150prozentige Nazis. Dementsprechend war die Behandlung. In meinem Bataillon war das Zahlenverhältnis von Politischen zu Kriminellen 2 : 1.

Welche Verbindungen bestanden zwischen den Politischen im Strafbataillon 999?
Die Politischen waren aus allen Teilen des Reiches zusammengewürfelt. Das galt auch für die einzelnen Kompanien, um den Kontakt der Politischen untereinander zu erschweren. Wir durchschauten diese Absicht rasch, dennoch kannten wir den einen oder anderen, sei es aus dem Zuchthaus, sei es aus der früheren politischen Tätigkeit, die ja häufig in verschiedenen Bezirken stattgefunden hatte. Im Bataillon war sehr rasch wieder eine politische Organisation aufgebaut. Von früheren Partei- oder Fraktionsschranken war dabei selbstverständlich keine Rede mehr. Das blieb so bis zum bitteren Ende. Allerdings war der Kontakt zur Arbeit im Reich bald so gut wie abgerissen. Wie vorher im Zuchthaus waren wir auf uns selbst angewiesen. Uns allen war klar, daß unsere Pflicht darin bestand, alles nur Mögliche für die Niederlage des Dritten Reiches in diesem Krieg zu tun. In meiner Kompanie freundete ich mich bald mit zwei früheren KPO-Genossen aus Leipzig und einem früheren SAP-Genossen aus Hamburg besonders an. Das lag nicht an ihrer fraktionellen Herkunft, sondern einfach daran, daß sie geistig sehr beweglich waren.

Wir wurden zuerst kurz in Jugoslawien und dann in Griechenland eingesetzt. Zu den Partisanenbewegungen in beiden Ländern haben wir sogleich Kontakt herzustellen versucht.

Wie habt ihr es praktisch angestellt, Kontakte zu den Partisanen zu bekommen?
Wir sind im besetzten Land, das wir gegen die Partisanen und dann – auf den griechischen Inseln – gegen die Engländer schützen sollten, zunächst in die Kneipen gegangen. Eine andere Möglichkeit gab es nicht. Aber weder in Jugoslawien noch in der Gegend des Olymp haben wir dabei Erfolg

gehabt, denn in diesen ländlichen Gegenden kann keiner der Bewohner Englisch, Französisch oder Deutsch, natürlich auch die griechischen Bauern nicht. Auf der Insel Lemnos dagegen, wo wir lange Zeit liegen, finden wir sehr schnell Kontakt. Der SAP-Genosse aus Hamburg, ein Volkswirt – er ist später in Prag umgekommen –, ein Arbeitergenosse aus der KPO und ich können Englisch; ich kann – das war für die Kontaktaufnahme zu Intellektuellen wichtig – außerdem Französisch. Die Griechen in den Kneipen kriegen bald heraus, daß wir vom Strafbataillon sind. Sie schicken ihre Studenten, um uns zu kontaktieren. Mit ihnen gibt es keine Sprachschwierigkeiten. Weil die Universitäten während des Krieges geschlossen sind, sind viele von ihnen in Lemnos, auf ihrer Heimatinsel.

Ich werde in Lemnos auf Grund meiner Sprachkenntnisse nach kurzer Zeit in die Schreibstube der Inselkommandantur beordert. Die Inselkommandantur war die zentrale Verwaltungsstelle für die Zivilbevölkerung. So liegt z. B. die Versorgung der Griechen mit Reisepapieren und Personalausweisen in unserer Hand, und wir können mit ihnen sehr gut konspirativ zusammenarbeiten. Der erste Inselkommandant durchschaut zwar, was wir tun, es ist ihm aber völlig gleichgültig, solange nur die Organisation klappt.

Welche Folgen hatte die Zusammenarbeit mit den griechischen Partisanen?

Ich will es an einem Beispiel erläutern: Eines Abends kehre ich von der Inselkommandantur in die Kaserne meiner Einheit zurück. Das ist ein Weg von drei Kilometern. Ich besuche dabei einige alte Genossen in einem Seitenteil der Kaserne, einer griechischen Ruine aus der Periode der venezianischen Herrschaft. Draußen steht ein Posten mit MGs, der aufpassen soll, daß kein englisches Kriegsschiff landet. Mit einem MG im Arm komme ich aus dem Gebäude heraus, ich wollte es nämlich einem anderen Genossen bringen; das war durchaus legal und nicht gefährlich. Dabei verfehle ich die Treppe und falle mit dem MG 7 oder 8 Meter in die Tiefe. Es ist dunkel. Ich stoße mir das MG in den Leib und werde ohnmächtig. Nachdem mich jemand gefunden hat, komme ich ins Lazarett. Der Chef des Lazaretts – typisch für die damalige Situation – ist ein Kinderarzt, der wenig Erfahrung hat und nicht begreift, was mit mir los ist. Er meint, ich hätte mir ein paar Rippen gebrochen, und behandelt mich entsprechend. Ich habe entsetzliche Schmerzen und werde immer wieder ohnmächtig, mein Zustand verschlimmert sich zusehends. Der Arzt kann mir nicht helfen, zumal er keine Instrumente hat, mit denen er mich genau hätte untersuchen können. Die griechischen Genossen, mit denen ich dauernd Treffs hatte, wundern sich, daß ich nicht mehr erscheine. Sie erfahren, daß ich im Lazarett liege, und schicken mir einen griechischen Chirurgen. Er erkennt, daß ich Darmverschluß habe, und operiert mich im deutschen Lazarett mit Hilfe des Kinderarztes. Es geht gut, und ich werde wieder gesund.

Wir halten bis zum Abzug der deutschen Truppen mit den griechischen Genossen engen Kontakt. Ich will noch einen anderen Fall berichten, in dem sie uns geholfen haben. Einer unserer Offiziere, der nicht bösartig, aber auch kein Antifaschist war, hatte sich in seinem Zimmer betrunken. Aus dem offenen Fenster tönten laut griechische Nachrichten vom britischen Sender Jerusalem. Der Offizier hatte den Sender nicht aus politischen Gründen eingestellt, er wollte nur Musik hören, schlief aber dabei ein. Ein paar griechische Genossen hörten vor dem Haus diesen Sendung mit »Feind«-Nachrichten. Sie gingen in die Offiziersstube und stellten das Radio ab. Weil er gutmütig war und sie das wußten, haben sie ihn vor einem Kriegsgerichtsverfahren bewahrt.

Wie eng habt ihr mit der griechischen Widerstandsbewegung zusammengearbeitet?

Mit den demokratisch-revolutionären Gruppen der Inselbevölkerung und ihren Organisationen und mit der relativ starken Organisation der griechischen Kommunistischen Partei standen wir in enger Verbindung. Den Kontakt zur KP hatten uns griechische Intellektuelle vermittelt, und in unserer Zusammenarbeit wurden wir deutschen »Politischen« von den KP-Genossen als gleichberechtigt anerkannt. Die Kommunistische Partei war im faschistischen System des Generals Metaxas seit Beginn der dreißiger Jahre als erste Partei ebenso hart verfolgt worden wie wir in Deutschland, hatte sich aber während der Illegalität stabilisieren können. Jetzt war sie auf der Insel Lemnos die stärkste Partei, führend im Insel-Komitee der EAM und von einem klugen und erfahrenen Zahnmediziner geleitet, der in Frankreich studiert hatte. Die antikommunistische Opposition gegen die deutsche Besatzung, die das EAM-Bündnis ablehnte, hatte ihren Rückhalt hauptsächlich im Verwaltungsapparat, der formell der Militärverwaltung unterstellt war. Da ich als »Schreiber« in der Militärverwaltung beschäftigt war, konnte ich auch zu diesen Oppositionellen gute Kontakte herstellen und verhindern, daß sie gegen die EAM in irgendeiner Weise tätig wurden.

Als im Juli und August 1944 der Rückzug der deutschen Truppen auf das Festland vorbereitet wurde, erfuhren wir, daß die wichtigsten Produktions- und Elektrizitätsunternehmen zerstört werden sollten. Wir erhielten diese Information so rechtzeitig, daß ein anderer Genosse – Metallarbeiter aus Österreich, bis zum Februar-Aufstand 1934 Sozialdemokrat und dann Kommunist –, der wegen seiner technischen Kenntnisse von den Militärbehörden in das Elektrizitätswerk abkommandiert war, und ich zusammen mit den griechischen Genossen diese Zerstörung verhindern konnten. Daraufhin waren wir allerdings gezwungen, »in die Berge zu gehen«. Die deutschen Truppen einschließlich der beiden 999-Bataillone, die in Lemnos stationiert waren, schifften sich kurze Zeit später ein; wir wurden sogleich von der ELAS nach Lesbos gebracht, kamen unter das Kommando der dort inzwischen stationierten ELAS-Truppen und halfen in der Verwaltung und bei der Durchführung von Propaganda-Aktionen, die für die deutschen Truppen in Griechenland bestimmt waren. Zu dieser Zeit war die ELAS noch dem britischen Headquarter »Middle East« und dessen Kommandostelle auf Chios unterstellt; der offene Bruch, der im Dezember 1944 zu den schweren Auseinandersetzungen führte, stand noch bevor. Aber das gegenseitige Mißtrauen zwischen Engländern und Griechen wuchs ständig, weil die englischen Politiker allzu unverhüllt verkündeten, daß sie die griechische Monarchie wiederherstellen und eine soziale Revolution in Griechenland notfalls mit Gewalt verhindern würden.

Wie warst Du in englische Kriegsgefangenschaft gekommen, und wie war es Dir dort ergangen?

Die Engländer hatten von unserer Existenz in Mythilini auf

Lesbos erfahren. Sie verlangten alsbald unsere Auslieferung als »Kriegsgefangene«. Unsere griechischen Freunde wehrten sich dagegen, solange sie konnten, mußten aber schließlich nachgeben, wollten sie den offenen Konflikt mit der britischen Armee vermeiden. So wurden wir also nach Chios kommandiert; von dort ging es nach kurzem Aufenthalt weiter nach Alexandria. Von nun an waren wir wirklich Kriegsgefangene und wurden mit dem Auto auf der Wüstenstraße nach Mahdi südlich von Kairo gebracht, wo sich das britische Hauptquartier befand. Nachdem wir von den Briten vernommen worden waren – so, wie man allerorts politische Feinde vernimmt –, steckte man uns in ein Lager für Kriegsgefangene, das zwischen Niltal und Suez-Kanal in der Wüste lag. Später wurde ich nochmals in ein anderes Lager am Bittersee verlegt. Mein Freund aus Österreich kam in ein Sonderlager für österreichische Gefangene; ich wurde in sogenannte antifaschistische »Cages« im Lager gebracht, die sich erst nach der Kapitulation von Rhodos am 8. Mai 1945 mit vielen Strafsoldaten aus dem Bataillon 999, also mit alten »Politischen», füllten. Bis dahin waren wir Politischen in der Minderheit, waren die meisten Mitinsassen in diesen Cages ehemalige Fremdenlegionäre ohne politische Motivation. Zusammen mit anderen Freunden und mit einem Juristen aus Berlin, einem früheren SPD-Mitglied und seit 1931 SAP-Genossen, begann ich, für die »Politischen«, die es gab, systematische marxistische Schulungen zu veranstalten. Bald ging es auch darum, die alten »Politischen« – ausnahmslos Genossen, die aus der Arbeiterbewegung kamen und meist Industriearbeiter waren – auf Verwaltungsarbeit vorzubereiten, die im vom Faschismus befreiten Deutschland später zu tun sein würde.

Die englische Führung im Lager billigte diese unsere Tätigkeit keineswegs. Der Berliner Jurist, von dem ich gerade berichtet habe, und ich wurden für einige Zeit in den »Carcer«, in das Lagergefängnis gesteckt. Aber für uns war allein wichtig, daß wir von der Solidarität aller politischen Gefangenen des Bataillons 999 gestützt wurden. Während des Rücktransports nach Deutschland nach der Kapitulation vom 8. Mai 1945 wurden die »Politischen« in jeder Hinsicht benachteiligt – ganz anders als jene, die ebenfalls Juristen, zugleich aber Offiziere der Wehrmacht und Mitglieder der NSDAP gewesen waren und die, im Gegensatz zu uns, nach Ansicht des Headquarters »Middle-East« für den Wiederaufbau in Deutschland dringend benötigt wurden. Mit Hilfe einiger nach USA und England emigrierter Freunde und eines jüdischen Sergeanten aus Palästina gelang es einigen wenigen von uns, auf dem Umweg über das »Umerziehungslager« im »Wilton Park« in Südengland, schließlich Ende November 1946 nach Deutschland zurückzukommen. In diesem Lager wurden wir übrigens keineswegs als Lehrer der Demokratie, sondern als Männer, welche die Demokratie ebenso wie die Nazis erst zu lernen hätten, behandelt.

Während unseres Aufenthalts in England bemühten wir uns, zu erwirken, daß auch alle anderen »Politischen« aus der Gefangenschaft in Ägypten entlassen würden, ein Bemühen, das zur Folge hatte, daß im Januar 1947 die übrigen Mitglieder des Bataillons 999 freikamen. So lange konnten die konservativen Generale des Headquarters »Middle East« die Labour-Regierung in London an der Nase herumführen. Dies hatte insofern weittragende Bedeutung, als wichtige antifaschistische Kader in den entscheidenden ersten Monaten nach der Befreiung vom Faschismus beim Wiederaufbau der Arbeiterbewegung und der Verwaltung ausgeschaltet blieben. Es handelte sich immerhin um mehrere Hundert erfahrener Funktionäre aus der deutschen Arbeiterbewegung.

Ehe wir über Deine Zeit in der SBZ sprechen, wollen wir noch einmal auf den Widerstand der Arbeiterbewegung gegen den Faschismus eingehen: Wie hat die praktische Arbeit der KPO während des Dritten Reiches ausgesehen und wie lange war Widerstandsarbeit überhaupt möglich?

Nicht nur für die KPO, sondern für alle kleinen sozialistischen Oppositionsgruppen gilt, daß sie in der ersten Phase der Illegalität am besten organisiert waren.[35] Das hat einen einfachen Grund: Diese Organisationen waren, gleichgültig, wie ihre Theorie aussah, relativ begrenzte Kaderorganisationen,

35 Vgl. Wolfgang Abendroth, *Historische Funktion und Umfang des Widerstandes der Arbeiterbewegung gegen das Dritte Reich*, in: *Festschrift für Otto Brenner zum 60. Geburtstag*, hrsg. von Peter von Oertzen, Frankfurt/Main 1967, S. 303-321.

die durch Druck auf die großen proletarischen Organisationen Politik zu machen versuchten. Während in der KPO erprobte Arbeiterfunktionäre an der Spitze standen, hatten in der SAP junge Kader aus den linkssozialdemokratischen Jugendgruppen eine erhebliche Bedeutung; Willy Brandt ist ein typisches Beispiel dafür. Aber bald spielten seit dem Ersten Weltkrieg erfahrene, früher kommunistische Kader – die sogenannte KPO-Minderheit – die führende Rolle in der SAP: Jakob Walcher, Paul Frölich und ihre Freunde. Gegenüber diesen Kaderorganisationen hatte die Gestapo zunächst nur geringe Zugriffsmöglichkeiten. Ihr fehlte es an Informationen, denn die alte politische Polizei der Weimarer Zeit, die in der Gestapo aufging, hatte sich auf die KPD und die RGO konzentriert, die viele, konspirativ weniger erfahrene Mitglieder hatte, Mitglieder nämlich, die erst seit der Mitte der zwanziger Jahre zur Bewegung gestoßen waren. Von der Politik der anderen proletarischen Organisationen unterschied sich die KPO insofern, als sie von der Einschätzung ausging, daß der Faschismus für eine lange Zeit gesiegt habe. So vertrat die KPO die Perspektive eines langen illegalen Kampfes, bei dem Massenarbeit zunächst noch nicht im Vordergrund stand.[36] Zwar wurde gelegentlich eine Flugblattaktion unternommen, die Kräfte aber wurden nicht voll darauf konzentriert. Vielmehr war es das Ziel, Kader zu erhalten und von den Kadern aus weiterzuoperieren. Infolgedessen geriet die KPO auch nur dort, wo sie 1932 noch Massenorganisation war – zum Beispiel in Offenbach –, in der ersten Phase der Illegalität in die Fänge der politischen Polizei und wurde zerschlagen. Die KPO konnte ihre illegale Reichsleitung in Berlin länger aufrechterhalten als alle anderen entsprechenden Kaderorganisationen: bis zum Anfang des Jahres 1937. Diese Leitung korrespondierte mit der illegalen Leitung in Paris und ließ sich von ihr weitgehend dirigieren. Andererseits führte das bei der KPO dazu, daß sie zwar in der illegalen Kaderschulung, in der Konstituierung von Kadern und in der Kommunikation der Kader untereinander Erfolge erzielte, daß sie aber aufgrund dieser Politik z. T. auch sektiererisch dachte. Das war eine typische Eigenschaft von Kadern dieser

36 Zum Widerstand der KPO vgl. auch Karl Hermann Tjaden, a.a.O., S. 320 ff.

Art; sie ergab sich leicht in einer solchen Situation, konnte aber durchaus selbstkritisch überwunden werden. Es wäre interessant, daraufhin einmal die verschiedenen Fraktionen der russischen Sozialdemokratie zwischen 1907 und 1917 zu untersuchen. Sektiererisch war das Denken in der KPO insofern, als sie die Wendung zur Volksfront-Politik aufs schärfste bekämpfte: Ihr Ziel war es, eine Einheitsfront der Arbeiterklasse gegen den Faschismus herzustellen; sie lehnte es jedoch ab, sie zu bürgerlich oppositionellen Kreisen hin zu erweitern.

Die Kaderstruktur hatte noch ein weiteres schweres Manko. Die KPO gewöhnte sich an eine relative Sicherheit. Sie hielt die illegale Reichsleitung in Berlin aufrecht, was ein gravierender Fehler war. Denn auch diese Reichsleitung – und nicht nur die Auslandsleitung in Paris – war praktisch über alles in den einzelnen Bezirken informiert. Die illegale Arbeit der KPO konnte daher mit einem Schlag aufgerollt werden. So geschah es, wie ich bereits berichtet habe, als 1937 Hans Löwendahl, ständiger Kurier zwischen Berlin, Paris und den einzelnen Bezirken, der Gestapo in die Hände fiel. Von dieser Stunde an spielte die KPO im illegalen Kampf im Reich keine selbständige Rolle mehr. Ihre restlichen Mitglieder schlossen sich anderen Gruppierungen an, auch die, die nach Verbüßung ihrer Strafen wieder frei wurden. So blieb diese Arbeit im Sinne der Erhaltung von Kadern objektiv lohnend.

Welche Bedeutung hatten die Reste der KPO für den weiteren Widerstand der Arbeitbewegung?

Frühere KPO-Mitglieder haben im Widerstand weiterhin eine große Rolle gespielt. In den Gruppierungen, wie sie sich vor Kriegsausbruch oder kurz danach wiederherstellen, z. B. in der sächsischen Gruppierung, gibt es auch KPO-Leute in der Leitung. Diese sehr breite Gruppe wird von Georg Schumann[37], einem früheren »Versöhnler«, geführt. Es ist eine völlig einheitliche Arbeitergruppe, die sich selbst als Volksfront-Gruppierung bezeichnet. Ihre konspirative Sprengung erfolgt erst sehr viel später, nämlich 1943/44, als die Gestapo die meisten Mitglieder, vor allem die Führung, verhaftet. Sie

37 Vgl. Ilse Kraus, *Die Schumann-Engert-Kresse-Gruppe. Dokumente und Materialien des illegalen antifaschistischen Kampfes, Leipzig 1943–1945*, Berlin/DDR 1960.

sind alle zum Tode verurteilt und hingerichtet worden.

Es gibt in diesen illegalen Gruppen: in Mannheim, im Ruhrgebiet, in Berlin, in Sachsen, in Thüringen, keine Fraktionsgegensätze. Die politische Strategie zielt nun ausnahmslos auf ein Volksfront-Bündnis. So kommt es von der Berliner Spitze der Gruppe um Franz Jacob – früher in Hamburg –, Hermann Saefkow und Bernhard Bästlein[38] zum Kontakt mit dem Kreisauer Kreis[39], der ebenfalls eine Initiative in dieser Richtung ergriffen hatte. Wiewohl an allen diesen Widerstandsgruppen KPO-Leute beteiligt sind – schon allein auf Grund ihrer langen Erfahrung in der Arbeiterbewegung –, kann man jetzt nicht mehr von einer eigenen KPO-Organisation sprechen. Im Zuchthaus ist es im Grunde nicht anders. Nach 1937 sitzen Hunderte von KPO-Leuten, praktisch der gesamte aktive Mitgliederkern, hinter Gittern.

Hatten Fraktionsgrenzen in der späteren Phase der Illegalität noch eine Bedeutung?

Ich kann hierzu aus eigener Erfahrung berichten. Ich saß vor und nach den fraktionellen Auseinandersetzungen über den Augustvertrag von 1939 in der illegalen Zuchthausleitung, um die marxistische Bildung und die Verbreitung der Nachrichten in der Strafanstalt zu organisieren, unabhängig davon, daß ich aus der KPO kam. Die Kommunisten der KPD, auch wenn sie einst ultralinks und dogmatisch waren, auch wenn sie noch so sehr den stalinistischen Terror in der UdSSR vor sich selbst rechtfertigten, blieben jetzt bei der Einheitsfront-Linie: Der Faschismus war der Hauptfeind. Auch ISK-Leute wurden, ungeachtet ihres Antikommunismus, in die Einheitsfront einbezogen. Nach meiner Entlassung aus dem Zuchthaus haben ehemalige KPD-Leute, in Kenntnis meiner früheren fraktionellen Stellung in der KPO, ohne alle Bedenken mit mir Kontakt aufgenommen. Aus Gründen der Sicherheit gab es

38 Vgl. Gerhard Nitzsche, *Die Saefkow-Jacob-Bästlein-Gruppe. Dokumente und Materialien des illegalen antifaschistischen Kampfes 1942–1945*, Berlin/DDR 1957.

39 Der Kreisauer Kreis war eine bürgerliche und sozialdemokratische Widerstandsgruppe, die umfangreiche Pläne für die wirtschaftliche und politische Gestaltung eines zukünftigen Deutschland entwickelte. Zum Kontakt zwischen dem Kreisauer Kreis und der Jacob-Gruppe der illegalen KPD vgl. Horst Duhnke, a.a.O., S. 508 ff.; Ger van Roon, *Neuordnung im Widerstand. Der Kreisauer Kreis innerhalb der deutschen Widerstandsbewegung*, München 1967, S. 274 f.

Abgrenzungen, nicht aber aus fraktionellen Gesichtspunkten. So haben wir manche früheren politischen Gefangenen nicht in unsere illegalen Organisationen einbezogen, weil wir sie für zu naiv und konspirativ nicht für ausreichend zuverlässig hielten. In meiner Kompanie bei »999« hatten ein früherer SAP-Mann, ich als früherer KPO-Mann und ein KPD-Genosse praktisch die Leitung der illegalen Organisation. Auch bei der Aufnahme der Kontakte zur EAM und ELAS[40] interessierten Fraktionsgrenzen überhaupt nicht.

40 EAM: Koalition der linken und republikanischen Widerstandsgruppen Griechenlands mit Dominanz der Kommunisten; ELAS: militärischer Arm der EAM. Vgl. David Horowitz, *Kalter Krieg. Hintergründe der US-Außenpolitik von Jalta bis Vietnam*, Band 1, Berlin 1969, S. 56 ff.

IV. Sowjetische Besatzungszone

Wie kam es dazu, daß Du in die Sowjetische Besatzungszone gegangen bist?

Im November 1946 kam ich aus britischer Gefangenschaft zu Lisa, meiner heutigen Frau, nach Marburg. Ich war entschlossen, das zweite juristische Staatsexamen auf jeden Fall zu machen, denn die Restauration war inzwischen weit fortgeschritten, und ich würde ohne dieses Examen beruflich nichts anfangen können, ohne in mir unliebsame Abhängigkeit zu geraten. Deshalb fuhr ich nach Wiesbaden zu Georg August Zinn, den ich aus der Zeit vor 1933 flüchtig kannte; er war damals bei den sozialdemokratischen Studenten und nunmehr hessischer Justizminister. Er informierte mich darüber, daß zwar eine Prüfungsordnung für das Assessorexamen vorhanden, daß es aber gegenwärtig nicht möglich sei, meinetwegen und wegen eines anderen Kandidaten, der dieses Examen ebenfalls rasch ablegen wollte, eine Prüfungskommission zusammenzustellen. Er empfahl mir deshalb, für 1 bis 1½ Jahre wieder in den Referendardienst zurückzugehen, falls ich in Hessen das Assessorexamen machen wolle. Das wollte ich allerdings nicht. Ich hatte ja die dreijährige Referendardienstzeit bereits vor dem Dritten Reich absolviert; außerdem war ich inzwischen 40 Jahre alt geworden. Anderenfalls, so meinte Zinn, müsse ich zur Zentralverwaltung Justiz der Sowjetischen Besatzungszone nach Berlin fahren; dort sei es möglich, die Prüfung sofort abzulegen. Mit einem inoffiziellen Schreiben Zinns – offiziell durfte es nicht sein, weil Zinn der amerikanischen Besatzungsbehörde unterstand –, das an den Leiter der Justizverwaltung der Sowjetischen Besatzungszone, Eugen Schiffer[1], gerichtet war, reiste ich nach Berlin und ging Weihnachten 1946 mit meiner Frau illegal über die Grenze zu meinen Eltern, die in Potsdam wohnten.

Über die Bahnverbindungen und die Lebensumstände in

1 Eugen Schiffer (1860–1954). Als Mitglied der Deutschen Demokratischen Partei von 1919–1921 zuerst Reichsfinanzminister, dann Reichsjustizminister. 1945–1948 Chef der Deutschen Justizverwaltung der Sowjetischen Besatzungszone.

Berlin, wie sie zu jener Zeit bestanden, macht man sich heute überhaupt keine hinreichenden Vorstellungen mehr. Es gelang mir, nach tagelanger abenteuerlicher Fahrt, in Potsdam anzukommen und mit Schiffer Verbindung aufzunehmen. Schiffer war früher einmal Nationalliberaler gewesen und hatte sich beim Kapp-Putsch entsprechend verhalten: Er blieb in Berlin, als das übrige Kabinett floh und den Generalstreik unterstützte. Ihn hatten die Russen zum Chef der Justizverwaltung gemacht. Ich konnte mich um seine früheren politischen Sünden nicht kümmern, in den Westzonen geschah nichts anderes.

Als ich zu Schiffer komme, treffe ich dort Hilde Benjamin, die ich als kommunistische Studentin aus der Arbeiter- und Studentenbewegung bereits kenne. Ihr Mann, ein Bruder Walter Benjamins, umgekommen im Dritten Reich, gehörte zur »Versöhnler«-Fraktion, er war kommunistischer Abgeordneter und auch Jurist. Hilde Benjamin war linientreue Kommunistin und hatte als Rechtsanwältin für die Arbeiterbewegung gearbeitet. Jetzt ist sie in der Justizverwaltung Leiterin der Personalabteilung. Schiffer und Benjamin teilen mir mit, daß ich die Prüfung relativ rasch werde machen können; es werde eine Verzögerung nur deshalb geben, weil der Leiter des Prüfungsamtes gerade in den Westen gegangen sei. Dieser Mann, das sei nebenbei bemerkt, war inzwischen Staatssekretär im Kultusministerium in Hannover geworden. Ich habe ihn später kennengelernt, er war ein bürgerlicher Jurist. Ohnehin gab es in der Justizverwaltung der SBZ damals vorwiegend bürgerliche Juristen. Schiffer empfiehlt mir außerdem, mich in der Zwischenzeit beim Justizminister des Landes Brandenburg zu melden und dort zu arbeiten; es gebe nämlich wenig verläßliche Juristen, deshalb müsse ich sofort eingesetzt werden. Ich setzte mich darauf hin mit Stargardt, dem Justizminister von Brandenburg, in Potsdam in Verbindung; er war früher deutsch-nationaler Landtagsabgeordneter, ist jetzt Mitglied der Ostzonen-CDU. Da ich »summa cum laude« promoviert hatte, übertrug Stargardt mir die Gesetzgebungs-Abteilung beim Ministerium. Dort arbeitete ich nun als Referendar und wurde zum »Richter kraft Auftrags« ernannt, entsprechend den alten Begriffen, die schon vor 1933 in der preußischen Justizverwaltung verwendet wurden. Ab

10. Januar 1947 arbeitete ich im Justizministerium, entwarf Gesetze für das Land Brandenburg, verhandelte mit dem Landtag, mit dem Fraktionsführer der SED, Wilhelm Pieck, den ich von früher her kannte. Er war in der Roten Hilfe tätig gewesen und begrüßte mich als alten und ihm bekannten Genossen. Unsere Zusammenarbeit klappte sehr gut. Da die Zeit verging, ohne daß ich die Möglichkeit bekam, das Assessorexamen zu machen, drängte ich Pieck, der Mitglied des Parteivorstandes der SED war, mir diese Möglichkeit endlich zu verschaffen.

Vizepräsident der Zentralverwaltung Justiz der SBZ und Leiter der Prüfstelle war damals Melsheimer, ein einflußreicher Mann, der ein glänzender Jurist war und später Generalstaatsanwalt der DDR wurde. In der Zeit vor 1933 gab es kaum jemanden, der mit Auszeichnung sein Assessorexamen machte. Er war ein solcher Einzelfall. In der Weimarer Republik wurde er ins Justizministerium geholt und gleichzeitig zum Kammergerichtsrat ernannt. Im Kammergericht hat er – vorher Sozialdemokrat – dank seinem Examen das Dritte Reich überdauert und es geschafft, stets in Zivilabteilungen beschäftigt zu werden. Melsheimer hat mich als Präsident des neuen Prüfungsamtes zusammen mit dem Öffentlichrechtler Hans Peters von der Humboldt-Universität – einem Zentrumsmann und späteren CDU-Mitglied und Professor in Köln – und zwei pensionierten Oberlandesgerichtsräten und Ministerialbeamten geprüft. Wer Mitglied der NSDAP gewesen war – und die Juristen waren es so ziemlich alle gewesen –, kam als Prüfer für das Justizprüfungsamt der SBZ nicht in Frage. Die beiden uralten Leute, die mich prüften, waren 1933 schon so alt gewesen, daß sie nicht mehr in die NSDAP eintreten mußten.

Anfang Mai 1947 machte ich endlich mein zweites Examen, nachdem ich mich schon vorher an der Universität Halle habilitiert hatte. Aber damit nicht genug. In der bundesdeutschen Situation spielte mein zweites Examen noch einmal eine Rolle. Ich kam 1951 von Wilhelmshaven, meiner ersten westdeutschen Professur, nach Marburg in die Philosophische Fakultät auf den politikwissenschaftlichen Lehrstuhl. Ich traf wieder auf Zinn, der nun Ministerpräsident war, und wurde durch ihn ins juristische Prüfungsamt am Oberlandesgericht in Frankfurt berufen. Die juristische Fakultät in Marburg war der Ansicht, daß ein Mann, der noch nicht einmal das zweite Staatsexamen hätte, nicht berechtigt sei, angehende Juristen zu prüfen, und intervenierte gegen meine Berufung beim Oberlandesgerichtspräsidenten. Natürlich wußte auch die Juristische Fakultät in Marburg, weshalb ich im Dritten Reich das mündliche Examen nicht hatte ablegen können. Sie wußte auch, daß ich in Leipzig, in Jena und in Wilhelmshaven eine staatsrechtliche Professur gehabt hatte, die mir automatisch die Prüfungsberechtigung und die Befähigung zum Richteramt verlieh. Gleichwohl versuchten sie, meine Berufung ins hessische Prüfungsamt zu verhindern. Nun, ihr »Irrtum« konnte leicht ausgeräumt werden, und sie mußten mich jahrelang als Mitprüfer akzeptieren. Ihr Vorgehen gegen mich ist allerdings typisch für die Einstellung der bundesrepublikanischen Professorenschaft – und nicht nur für diese – gegenüber politisch Verfolgten des Dritten Reiches.

Du wolltest ursprünglich also nicht in die SBZ gehen?
Als ich aus der Kriegsgefangenschaft kam, war ich wegen der alten Verbindungen entschlossen, in den Westzonen zu arbeiten, obwohl meine Eltern in der SBZ lebten und mein Vater von dort zunächst nicht weg konnte. Er war damals 71 Jahre und, als das Dritte Reich endete, von den Behörden sofort in den Schuldienst geholt worden. Er war ein alter Mann, hat aber die Aufgabe als Leiter der Schule gern übernommen. Bis zu seinem 75. Geburtstag war er im Amt.

Welcher Partei hast Du damals angehört?
Ich bin im Herbst 1946 als Kriegsgefangener in London in die SPD eingetreten. Der stalinistische Terror hat mich dazu bewogen. Allerdings blieb ich weiter Anhänger einer Einheitspartei, nur wollte ich sie nicht auf die Sowjetische Besatzungszone allein beschränkt wissen. Hinzu kam, daß viele Mitglieder der sozialdemokratischen Führung in den Westzonen früher nicht Mehrheitssozialdemokraten gewesen waren, sondern aus Splitterparteien (KPO, SAP, ISK) stammten oder sogar KPD-Mitglieder gewesen waren, wie z. B. Herbert Wehner. Ich hatte die Hoffnung, die SPD könnte wieder zu einer sozialistisch-marxistischen Partei werden, zumal sich die

alte sozialdemokratische Rechte in der Auseinandersetzung mit dem Dritten Reich disqualifiziert hatte. Formell war mein Mitgliedsbuch am 1. 1. 1947 in Berlin ausgestellt.

Wie sahen Deine Erwartungen zur Entwicklung in Deutschland aus?
Meine Hoffnungen für die Entwicklung in Deutschland sah ich zunächst durch die ersten Kommunal- und Landtagswahlen in den westlichen Besatzungszonen bestätigt. In Hessen z. B. gab es bei der Wahl zur Verfassunggebenden Versammlung vom 30. Juni 1946 eine Mehrheit der Arbeiterparteien: SPD und KPD hatten 49 Sitze, CDU und LDP, die spätere FDP, 44 Sitze.[2] Der Koalitionsregierung, welche die geltende Verfassung vorbereitet hatte, gehörte auch die KPD an. Unter der Verfassungsurkunde stand der Name eines kommunistischen Ministers, Oskar Müller, eines Mannes, den ich seit meiner Kindheit kannte. Walter Fisch, der Fraktionsführer der KPD im Hessischen Landtag, befürwortete diese Koalition. Sie zerbrach erst nach der Verabschiedung der hessischen Verfassung auf Druck der amerikanischen Besatzungsbehörden zu Beginn des Kalten Krieges. Die Volksabstimmung über diese Verfassung erbrachte eine gewaltige Mehrheit dafür, auch die Sonderabstimmung über den Sozialisierungsartikel 41. Nur die LDP, die spätere FDP, hat geschlossen dagegen gestimmt.

Welche Tätigkeiten hast Du ausgeübt, nachdem Du das Assessor-Examen gemacht hattest?
Ich wurde durch die Sowjetische Militär-Administration (SMA) in die »Deutsche Justizverwaltung der Sowjetischen Besatzungszone« einberufen, sehr zum Ärger der Landesregierung von Brandenburg. Man ernannte mich zum »Oberjustizrat«, denn man benutzte noch die Amtsbezeichnungen der königlich-preußischen Staatsregierung. Das lag vor allem daran, daß die Sowjetische Militäradministration immer noch mit einer Vereinigung der vier Besatzungszonen rechnete, die in Deutschland ein demokratisch organisiertes, aber die legale Transformation in den Sozialismus erlaubendes System be-

2 Vgl. *Archiv der Gegenwart* 1946/47, S. 797.

gründen würde. Man konnte dies den damaligen Anweisungen der SMA für gesetzgeberische Entwürfe und Maßnahmen genau entnehmen, den Anweisungen, nach denen wir zu arbeiten und die wir auszuführen hatten.

Ich saß damals in der Justizausbildungs- und Prüfungsabteilung und hatte die Aufgabe, Lehrpläne zu erarbeiten und für die Volksrichter-Ausbildung Lehrer zu gewinnen.[3] Die Arbeit nahm mich inhaltlich und zeitlich stark in Anspruch. Wenn es einmal zu einem Konflikt im Hause kam – es waren keine schwerwiegenden Konflikte –, so waren mir einerseits Hilde Benjamin – später Justizministerin der DDR –, die ich – auch menschlich – schätzen lernte, andererseits der Pfarrer Harald Poelchau, früher Gefängnispfarrer von Plötzensee, jetzt Leiter der Abteilung Strafvollzug, stets eine Hilfe. Das galt auch dann, wenn manche der SED-Genossen auf zu strenger Parteidoktrin beharrten.

Die Debatte um die Rechtslage Deutschlands nach der Kapitulation begann nun auch in der Deutschen Justizverwaltung. Ich hatte zu diesem Problem schon vorher, noch als Angehöriger des Potsdamer Justizministeriums, einen Aufsatz in der *Neuen Justiz* veröffentlicht[4], in der ich auch später immer wieder staatsrechtliche Arbeiten, vor allem über die Länderverfassungen in der amerikanischen, französischen und sowjetischen Besatzungszone – die britische Besatzungszone hatte noch keine Verfassungen entstehen lassen –, publizierte. In diesem Aufsatz habe ich energisch die These vom Untergang des Deutschen (Dritten) Reiches als Folge der totalen Kapitulation vertreten und nachgewiesen, daß die vier Mächte dessen Rechtsnachfolger geworden sind und sich durch das Potsdamer Abkommen gegenseitig verbindlich verpflichtet haben, einen *neuen* gesamtdeutschen demokratischen Staat zu rekonstituieren. Diese meine Position wurde von Alfons Steiniger[5] und vor allem von dem damaligen thüringischen Justiz-

3 Vgl. Wolfgang Abendroth, *Die Justizreform in der Sowjetzone Deutschlands*, in: *Europa Archiv*, 3. Jg., September 1948, S. 1539–1546.

4 Vgl. Wolfgang Abendroth, *Die Haftung des Reiches, Preußens, der Mark Brandenburg und der Gebietskörperschaften des öffentlichen Rechts für Verbindlichkeiten, die vor der Kapitulation vom 8. 5. 1945 entstanden sind*, in: *Neue Justiz*, 1. Jg., Heft 4/5, 1947, S. 73–81.

5 Alfons Steiniger (geb. 1904), vor 1933 juristischer Mitarbeiter der *Weltbühne*, habilitierte sich 1948 in Berlin bei Hans Peters über »Das Blocksystem«. Bis zu

minister Helmut Külz[6] angegriffen. Sie alle wollten an der damals und auch heute noch in Westdeutschland herrschenden These von der Kontinuität des deutschen Zentralstaates von Bismarck zu Weimar und Hitler über die Kapitulation hinaus festhalten. Unter dem Vorsitz Eugen Schiffers wurde unter den führenden Juristen der Länderministerien und der Deutschen Justizverwaltung über diese Frage hart diskutiert. Die anwesenden sowjetischen Juristen nahmen keine Stellung zu diesen Problemen; Eugen Schiffer und Hilde Benjamin habe ich schließlich von der Richtigkeit meiner Auffassung überzeugen können. Neben vielen Dienstreisen zu den Schulen, welche die Volksrichter-Ausbildung durchführten, und zu verschiedenen Universitäten mußte ich an der Universität Halle gleichzeitig meine Dozentur verwalten. Ich kann heute nur schwer verstehen, wie ich die viele Arbeit damals physisch bewältigen konnte, zumal die Ernährungsbedingungen hart waren.

Während ich in der Zentralverwaltung arbeitete, verengte sich der politische Spielraum in der SBZ immer mehr. Die Chancen zu einer Vier-Zonen-Lösung schwanden zusehends wegen der Wendung der USA zur Restauration und der parallellaufenden Umwandlung der Entnazifizierung zur Renazifizierung mit Hilfe von »Persilscheinen« in den westlichen Besatzungszonen bei Wiederherstellung der alten ökonomischen Machtpositionen.[7] Die Labour-Regierung in England mußte sich dieser Wendung aus Gründen der ökonomischen Abhängigkeit ihres Besatzungsgebietes in der Bizone anschließen. Bevin, der damalige britische Außenminister, setzte sich denn auch für eine – wie er es selbst formulierte – »resolute acceptance of American leadership« ein. Diese Entwicklung im Westen hatte auf der anderen Seite die Wiederbelebung sturer klassisch-stalinistischer Herrschaftsmethoden und Denkweisen in den Köpfen vor allem der Geheimdienst-Offi-

seiner Emeritierung war er der führende Völkerrechtslehrer der Humboldt-Universität und der DDR.

6 Helmut Külz (geb. 1903), Sohn des liberaldemokratischen Parteiführers Wilhelm Külz, später Senatspräsident am Bundesverwaltungsgericht, ist seit 1968 Honorarprofessor der juristischen Fakultät der Universität Gießen.

7 Vgl. Reinhard Henkys, *Die nationalsozialistischen Gewaltverbrechen. Geschichte und Gericht*, Stuttgart/Berlin 1964, S. 193 f.

ziere in der Sowjetischen Militär-Administration zur Folge. Ein Zeichen dafür war z. B. in meinem Arbeitsbereich die Tatsache, daß Paschukanis' Buch[8] wieder auf die Liste der Bücher kam, die als angeblich »profaschistisch« aus den wissenschaftlichen Bibliotheken ausgesondert werden mußten – für mich übrigens Grund genug, Paschukanis in der *Neuen Justiz* freundlich zu erwähnen.[9]

Trotz dieser sich abzeichnenden Verengung gab es noch viele Gegentendenzen nicht nur in der SBZ, sondern auch in der offiziellen sowjetischen Deutschland-Politik. Es sei hier etwa an die Lehre Anton Ackermanns vom »besonderen deutschen Weg zum Sozialismus« erinnert – dieser Weg wurde offen in der *Einheit* vertreten –, und daran, daß trotz aller Schwankungen schließlich im Verfassungsentwurf des Volksrates für einen einheitlichen deutschen Staat noch Ende 1948 das »Block«-System zwar empfohlen, aber den politischen Parteien im Parlament auch das Recht zugestanden wurde, sich gegen die Beteiligung am Regierungsblock und für eine Opposition zu entscheiden. Die Bestimmung wurde in die erste Verfassung der DDR übernommen[10]; dieser Version hatte die SMA zugestimmt. Man muß auch bedenken, daß die entschiedensten Demokraten in Literatur und Kunst, die während des Faschismus emigriert waren, also Männer wie Heinrich Mann, Bertolt Brecht, Lion Feuchtwanger, Hanns Eisler und Paul Dessau, bessere Arbeitsmöglichkeiten in der Sowjetischen Besatzungszone vorzufinden glaubten als in den drei westlichen Besatzungszonen; mit Recht, denn im öffentlichen Leben des Westens wurden sie kaum beachtet.

Gleichwohl schritt die Einengung in der SBZ voran und führte – typisch für die damalige Atmosphäre – bald wieder zu Schnüffelei nach früheren »Abweichlern«. Von dieser Schnüffelei waren ehemalige Mitglieder der KPD und der KPO

8 Vgl. Eugen Paschukanis, *Allgemeine Rechtslehre und Marxismus* (Berlin 1929), Wiederabdruck Frankfurt/Main 1966.

9 Vgl. Wolfgang Abendroth, *Mitteis. Vom Lebenswert der Rechtsgeschichte*, Weimar 1947, Buchbesprechung in: *Neue Justiz*, 1.Jg., Heft 10/1947, S. 226.

10 Vgl. Wolfgang Abendroth, *Zwiespältiges Verfassungsrecht in Deutschland. Die Verfassung der »Deutschen Demokratischen Republik« im Vergleich zum Bonner Grundgesetz*, in: *Archiv des öffentlichen Rechts*, Band 76 (37. Band der Neuen Folge), Heft 1, 1950/51, S. 1–25.

zuerst stärker betroffen als linksbürgerliche Demokraten. Der Konflikt zwischen der Sowjetunion und Jugoslawien bereitete sich vor und trat plötzlich vor aller Augen offen zutage. Es half uns nichts, wenn wir erkannten, daß die Wendung zur restalinisierenden Verengung, die – gerade auch in der Auseinandersetzung mit Tito – immer deutlicher hervortrat, eine falsche, überzogene Reaktion auf die wiedererwachende restaurative Aggressivität des amerikanischen Imperialismus war. Inzwischen war durch die völkerrechtswidrige einseitige Währungsreform des Westens – sie widersprach eindeutig dem Potsdamer Abkommen – auch die Spaltung Deutschlands vorläufig entschieden.

In dieser Zeit zog ich mich – damals noch immer Mitglied der SPD in Berlin – aus der Justizverwaltung zurück und widmete mich vor allem meiner Arbeit an der Universität Halle, in der Hoffnung, Freiräume wahrnehmen zu können. Ich nahm einen Ruf zunächst auf das völkerrechtliche Extraordinariat in Leipzig, später auf den öffentlich-rechtlichen Lehrstuhl der Universität Jena an.

Weshalb bist Du aus der Sowjetischen Besatzungszone geflohen?

Ein Kurier des Ortsbüros der SPD war verhaftet worden. Daß dieses Büro damals schon mehr oder minder zur Agentur des amerikanischen Geheimdienstes herabgesunken war, wußte ich nicht. Behauptungen in dieser Richtung, wie sie von der SED-Führung verbreitet wurden, hielt ich für die üblichen Propaganda-Übertreibungen, die jeden Fraktionskampf in der Arbeiterbewegung begleiten.

Die Nachrichtensperre zwischen den Besatzungszonen hatte zur Folge, daß ich das Erlahmen des Klassenbewußtseins in der westdeutschen Arbeiterbewegung, das damals einsetzte, nicht richtig einschätzen konnte. Auch die inneren Rückschläge der englischen Labour-Party, der französischen SFIO und der italienischen Arbeiterbewegung unterschätzte ich; ich hoffte vielmehr, daß die Entwicklung der Klassenkämpfe in den Westzonen doch noch zu einer einheitlichen Lösung für Deutschland und am Ende zur Wiederherstellung einer einheitlichen Arbeiterpartei für Gesamtdeutschland führen würde. So wollte ich Lisa, meine Frau, unser Kind und auch mich nicht den überflüssigen Risiken einer Konfrontation mit dem sowjetischen Geheimdienst aussetzen, zumal ich den Konflikt nicht suchte. Wir flohen also über West-Berlin zu unseren Schwiegereltern nach Bremen. Ich wollte nun in Westdeutschland weiterkämpfen: in den Reihen der SPD und in ihrem Umkreis, obgleich ich die innere Widersprüchlichkeit dieser Partei kannte. Hilde Benjamin schrieb ich einen langen Brief, in dem ich ihr meinen Standpunkt darlegte und versprach, auf keinen Fall irgendeiner antisowjetischen und antikommunistischen Position Handlangerdienste zu leisten und keinesfalls gegen den sozialistischen Aufbau in der Sowjetischen Besatzungszone Stellung zu beziehen. Ich würde stets den Grundsätzen der Oktoberrevolution treu bleiben, so sehr ich mir natürlich Kritik an undemokratischen Formen dieses Aufbaus vorbehalten müsse. Dies schien mir richtig, und ich denke, ich habe dieses Versprechen gehalten, obwohl ich später verketzert worden bin. So ernannte man mich z. B. in der *Neuen Justiz* zum »pseudomarxistischen Trotzkisten«[11], was damals als Schimpfwort galt. So hoch ich auch manche Leistung Trotzkis stets geschätzt habe und schätze[12]: Trotzkist bin ich niemals gewesen, und das wußten auch alle alten Genossen in der DDR. Ich war schon deshalb nicht Trotzkist, weil es unmöglich ist, in die häufig widerspruchsvollen Wendungen Trotzkis von einer zur anderen Position eine einheitliche Linie zu bringen und weil er dabei gewiß auch sehr viele Fehler gemacht hat.

Überleitend zu den nächsten Jahren in der Bundesrepublik muß ich allerdings vorausschicken, daß ich mir den Weg der westdeutschen Arbeiterbewegung damals nicht so schwierig und so sehr durch Niederlagen und Rückschläge belastet vorgestellt habe, wie er sich dann in Wirklichkeit erwies.

11 Alfons Steiniger, *Die Hamburger Tagung deutscher Völkerrechtslehrer im April 1949*, in: *Neue Justiz*, 3. Jg., Heft 5/1949, S. 122.

12 Vgl. die gelungene Würdigung Trotzkis durch Wilhelm Herzog, *Menschen, denen ich begegnete*, Bern 1959, S. 34–40.

V. Bundesrepublik

Wie kam es zu Deiner Berufung als Professor nach Wilhelmshaven?

Als ich Ostern 1948, noch von der SBZ aus, an der Tagung der Völkerrechtslehrer in Hamburg teilnahm, besuchte ich anschließend Adolf Grimme, den ich aus der Berliner Zeit vor meiner Verhaftung kannte und der Kultusminister in Hannover war. Grimme berichtete mir von dem geplanten Projekt einer Hochschule in Wilhelmshaven.

Welche Form der Hochschule war in Wilhelmshaven vorgesehen?

Dort sollte das Konzept der früheren Akademie der Arbeit in Frankfurt weiterentwickelt werden. Von den Arbeiterorganisationen vorgeschlagene Arbeiter ohne Abitur sollten gemeinsam mit anderen Studenten ein sozialwissenschaftliches Studium beginnen, das sie am Ende zur Arbeit in diesen Organisationen oder im öffentlichen Dienst befähigen oder auch zu juristischen Examina hinführen sollte. In diesem Konzept klangen Überlegungen an, die auch in der Volksrichter-Ausbildung und in den Arbeiter- und Bauernfakultäten der Universitäten in der SBZ eine Rolle gespielt hatten. Diesen Plänen kam Hamburg mit der Gründung der Hochschule für Gemeinwirtschaft zuvor, einer Hochschule, die schon nach kurzer Zeit zur Hochburg von Professoren wurde, die sich zuerst an den Faschismus, jetzt an die Restauration anpaßten. Die Hochschule in Hamburg wurde vom DGB mit finanziert, für ein weiteres Projekt aber reichte das Geld nicht, zumal Niedersachsen schon damals ein armes Land war. Dennoch wurde ich vom Kultusministerium bald darauf noch einmal auf das Projekt in Wilhelmshaven angesprochen; man schlug mir vor, ich sollte dort die »Hochschule für Arbeit, Politik und Wirtschaft« aufbauen. Auch Juristen sollten dort ausgebildet werden, jedenfalls so weit, daß sie ihr Studium an einer anderen Universität abschließen könnten. Zunächst war die Einrichtung von sechs Lehrstühlen vorgesehen. Ich akzeptierte das mir vorgelegte Konzept und ging am 1. Januar 1949 als

Professor für Öffentliches Recht und Politik nach Wilhelmshaven.

Ich hatte damals noch ein Angebot von der Juristischen Fakultät der Freien Universität in Berlin. Dort wurden Rechtslehrer und andere Wissenschaftler gesucht. Aus Westdeutschland kamen nur wenige dorthin, es sei denn, sie waren aus der Zeit des Dritten Reiches so belastet, daß sie anderweitig keine Stelle fanden. Als einer der wenigen wirklichen Demokraten ging Martin Drath nach Berlin. Er war dort relativ isoliert und drängte mich, hinzukommen. Ich schwankte, Lisa entschied für Wilhelmshaven. Sie wollte vor allem wegen der zu erwartenden Isolierung nicht nach Berlin. Damit hatte sie recht: In der Berliner Atmosphäre hätte ich in den fünfziger Jahren kaum Entfaltungsmöglichkeiten gehabt.

Welche Rolle hast Du in Wilhelmshaven gespielt und wie war das Studium aufgebaut?
Ich wurde Rektor der neuen Hochschule. Damals, nach 1949, suchte man noch Aushängeschilder dieser Art, fühlten sich die Rechten noch nicht wieder in voller Sicherheit. Daher wurde ich auch in den Vorstand der »Vereinigung der Deutschen Staatsrechtslehrer« gewählt. An die Hochschule wurden kurz nach mir zwei weitere Professoren berufen, die nicht auf meiner Seite standen, und bald hatte ich in der Ordinarienversammlung eine sichere Mehrheit gegen mich. In Wilhelmshaven konnte man sowohl mit dem Studium der Ökonomie als auch der Jurisprudenz beginnen; einen Studienabschluß gab es an dieser Hochschule nicht, dazu hatten wir eine viel zu geringe Zahl von Lehrstühlen. Die Konzeption eines sozialwissenschaftlichen Grundstudiums behielten wir bei – für die damalige Zeit war dies eine durchaus progressive Vorstellung.

Welche Studenten kamen nach Wilhelmshaven?
Neben den Abiturienten sollten Arbeiterstudenten immatrikuliert werden, die mit einem Abschlußexamen in Wilhelmshaven die Hochschulreife für alle anderen Universitäten, möglichst unter Anrechnung ihres bisherigen Studiums, erwerben konnten. Zunächst so geplant, veränderte sich die Lage aber schon während des ersten Semesters in anderer Richtung. Ich hatte vor, mit dem DGB der britischen Besatzungszone eine

Kooperation zustandezubringen und ihn zu veranlassen, mir Arbeiterstudenten nach Wilhelmshaven zu schicken. Diese Hoffnung zerschlug sich, weil sich der DGB bereits mit der Hamburger Hochschule und der Akademie der Arbeit in Frankfurt/Main geeinigt und entsprechend festgelegt hatte. Das hatte zur Folge, daß die Studenten, die ohne Abitur zum Studium nach Wilhelmshaven kamen, in der Mehrheit solche waren, die ihr Abitur wegen des Krieges nicht hatten ablegen können. Sie brachten sehr unterschiedliche Voraussetzungen mit, erlangten aber die Hochschulreife, wenn sie zwei oder drei Semester in Wilhelmshaven studierten und eine Prüfung ablegten. Immerhin verbesserten sich meine Beziehungen zum niedersächsischen DGB, und ich erhielt geringe Unterstützung: Schließlich kamen auch einige Arbeiterstudenten. Typisches Beispiel ist der heutige Bundesbildungsminister Rohde, der in Wilhelmshaven Examen gemacht hat. Mein Assistent war damals Rüdiger Altmann; heute ist er Geschäftsführer des Deutschen Industrie- und Handelstages.

Unter den Studenten überwogen diejenigen, die kein Abitur hatten; in ihrer Minderheit kamen sie aus der Arbeiterklasse, in ihrer Mehrheit aus dem Kleinbürgertum. Für diese Studenten, die keine Hochschulreife hatten, wurde ein »Propädeutikum« eingerichtet, dessen Abschlußexamen als dem Abitur gleichrangig anerkannt war. An ihm unterrichtete auch meine Frau, als einzige von allen Lehrkräften unentgeltlich.

Einige Studenten sammelten sich im Sozialistischen Deutschen Studentenbund, der in Wilhelmshaven – verglichen mit anderen Universitäten – stärker war. Ihm stand eine »bündische« Gruppe gegenüber, die sich ebenfalls größtenteils aus Studenten ohne Abitur zusammensetzte und von einem Professor für Ökonomie gefördert wurde. Die politische Richtung dieser Gruppe war nationalistisch und konservativ.

Gab es Möglichkeiten, mit den Professoren politisch zu kooperieren?

Unter den Professoren gab es außer mir zunächst keinen Sozialisten, so daß eine Kooperation mit ihnen kaum möglich war. Auch eine Zusammenarbeit im hochschulpolitischen Bereich war nur sehr begrenzt zu verwirklichen, denn die anderen Hochschullehrer wollten mit der ursprünglichen Konzeption der Hochschule in Wilhelmshaven nichts zu tun haben. Ihre Vorstellung ging dahin, im Rahmen des üblichen Wissenschaftsbetriebes aufzusteigen an Universitäten, an denen die Restauration damals schon voll eingesetzt hatte. Und so wurde ich jedesmal, wenn irgendein sachliches Problem zu lösen war, das Fragen der Funktion dieser neuen Hochschule berührte, überstimmt. Aus diesem Grunde gelang es auch nicht, ein verbindliches Konzept für ein gemeinsames sozialwissenschaftliches Grundstudium durchzusetzen. Ein Kollege, mit dem ich besser kooperieren konnte, war der Soziologe Max Graf Solms. Mit ihm war ich seit der gemeinsamen Frankfurter Studentenzeit befreundet. Trotz aller politischen Meinungsverschiedenheiten war er mir menschlich und pädagogisch eine wichtige Stütze, zumal er marxistisches Denken wenigstens als der Diskussion wert akzeptierte. Sein Arbeitsgebiet war Sozialgeschichte. Unsere Gegenspieler waren ein Ökonom und ein Finanzwissenschaftler. Der Ökonom, in Erlangen habilitiert, war der Typ eines Jungenschaftsführers; der Finanzwissenschaftler war im Dritten Reich zum Professor aufgestiegen. Als ich diese Kollegen vom Kultusministerium empfohlen bekam, wußte ich noch nichts von ihrer politischen Herkunft, denn mir fehlten seit 1933 alle Kenntnisse über den akademischen Nachwuchs in Deutschland.

Professor für Sozialrecht war ebenfalls ein Kollege – später Senatspräsident des Bundessozialgerichts –, der eine eindeutige politische Vergangenheit aufzuweisen hatte. Wie die anderen hoffte auch er, von Wilhelmshaven aus rasch an eine andere Universität berufen zu werden, und folgte der herrschenden Ideologie. In der Restaurationsperiode war dies die Ideologie eines aufgesetzten, veräußerlichten Christentums, die Akklamation für Wirtschaftswunder, soziale Marktwirtschaft, CDU und Adenauer-Politik – Ideologien, die auch schon vor der formellen Konstitutierung der BRD verbreitet waren. Mein einziger sicherer Bundesgenosse, ein Kollege von völlig anderer Struktur, war der einstige Gießener Ökonom Friedrich Lenz, den ich bereits erwähnt habe. Er hatte sich während des Dritten Reiches nicht angepaßt und durch Aneignung der analytischen Positionen von Marx viel zu seinem bereits großen historischen Wissen hinzugelernt. Leider war er in der Ordinarienversammlung an der Hochschule Wilhelmshaven nicht abstimmungsberechtigt; er hatte wegen seines hohen Alters nur einen Lehrauftrag. So also war der Lehrkörper in Wilhelmshaven zusammengesetzt: Wenn es darauf ankam, hatte ich keine Mehrheit auf meiner Seite.

Bestanden Beziehungen zwischen der Hochschule in Wilhelmshaven und anderen Universtitäten?
Hauptgegner im Kampf um die Hochschulrechte für Wilhelmshaven war die Universität Göttingen, damals die einzige Universität in Niedersachsen. Die Angehörigen der Göttinger Universität sahen ihr Monopol bedroht. So versuchten sie, im Ministerium gegen jede Erweiterung der Hochschule in Wilhelmshaven und vor allem gegen eine Ausweitung der Befugnisse dieser Hochschule zu intervenieren. Ich mußte mich als Rektor mit dem Kultusministerium von Niedersachsen auseinandersetzen. Dabei konnte ich den Minister Richard Voigt, den Nachfolger Grimmes, der die besten Elemente der sozialdemokratischen Lehrertradition aus der Periode vor 1933 zu vertreten versuchte, auf meine Seite bringen, nicht aber die Bürokratie seines Ministeriums und den ebenfalls sozialdemokratischen Ministerpräsidenten Kopf; er stand unter dem Einfluß der Göttinger. Außerdem hatte er sich mit einem Ministerialapparat aus »alten Herren« der Korporationen umgeben, die einst im Dritten Reich ihr Parteiabzeichen erworben hatten.

Wie bewertest Du heute Deine Arbeit in Wilhelmshaven?
Diese Arbeit war insofern sinnvoll, als ich einen Teil der Arbeiterstudenten ausbilden konnte, die später teils in den Gewerkschaften Funktionen übernommen, teils weiter studiert haben. In dieser Periode des beginnenden ökonomischen Aufschwungs und der Vorherrschaft eines noch nicht integrativen Reformismus in der SPD hatte ich auch einige KPD-Studenten. Sie erlitten später traurige Schicksale, weil manche von ihnen nach dem Ersten Strafrechtsänderungsgesetz des Jahres 1951[1], also schon lange vor dem KPD-Verbot von 1956, hinter Gittern verschwanden.

Neben meiner Lehrtätigkeit habe ich mich an den Diskus-

1 *Erstes Strafrechtsänderungsgesetz vom 30. 8. 1951 (BGBl* I S. 739).

sionen um die Gründung einer »Vereinigung für Politische Wissenschaft« und einer »Vereinigung der Deutschen Staatsrechtslehrer« beteiligt. Schon bei der Gründung im Jahre 1950 haben diejenigen Professoren ein starkes Übergewicht in der Vereinigung der Staatsrechtslehrer, deren wissenschaftliche Laufbahn im Dritten Reich begonnen hat.

Man kann also sagen, daß die Restauration auf der Ebene der Universitäten schon 1950 fast abgeschlossen war?
Ja, ohne Zweifel. Im Lehrkörper der Universität bildeten diejenigen Professoren den »linken« Flügel, die sich im Dritten Reich nur teilweise angepaßt oder totgestellt hatten, wie z. B. Alfred Weber in Heidelberg. In den ersten Jahren der Bundesrepublik wurden diese Professoren häufig zu Rektoren oder Dekanen gewählt, in Frankfurt am Main z. B. Böhm oder Coing. Beide waren aber keinesfalls genuine Antifaschisten. Freilich gehörte Böhm zum Freiburger Widerstandskreis[2], einer Gruppe, die der Ideologie von der »Sozialen Marktwirtschaft« anhing und die nur dann Bedenken gegen den Faschismus hatte, wenn ein Krieg drohte, denn dieser Krieg konnte ja auch verloren werden. So jedenfalls äußerte sich Generaloberst Beck im Jahre 1938; den grundsätzlichen Zusammenhang von Kapitalismus und Faschismus erkannte der Freiburger Kreis nicht einmal in Ansätzen. Böhms Opposition in bezug auf politische Probleme war allerdings ernster zu nehmen, weil sie nicht nur taktisch, sondern immerhin moralisch begründet war. Böhm war von Ricarda Huch beeinflußt, war ihr Schwiegersohn. Doch blieb seine Position eine Ausnahme.

Aber der Freiburger Kreis hatte Kontakt zu anderen Widerstandsgruppen wie dem Kreisauer Kreis und zu dem Kreis um Ludwig Beck?
Im Hinblick auf den Krieg gegen die Sowjet-Union gab es von der Beck-Gruppe[3] zunächst keinen Widerstand: Insoweit be-

2 Diesem Widerstandskreis gehörten Staatswissenschaftler, Nationalökonomen und Historiker an, die an der Freiburger Universität lehrten; vgl. Hans Rothfels, *Die deutsche Opposition gegen Hitler*, Frankfurt/Main 1958, S. 109.

3 Vgl. Beck und Goerdeler, *Gemeinschaftsdokumente für den Frieden 1941–1944*, hrsg. von Wilhelm Ritter von Schramm, München 1965.

fürwortete sie den Zweiten Weltkrieg. Dagegen war die Opposition der Kreisauer grundsätzlicher. Bezieht man die Situation an den Universitäten mit ein, so konnte man feststellen, daß zwar Bedenken unter den Professoren im Hinblick auf einzelne Positionen der Nationalsozialisten bestanden, daß aber nur wenige – etwa in der Zeit um 1943 – begriffen hatten, daß der Krieg verloren war. Durch Zufall habe ich in Erfahrung bringen können, welcher Art die Diskussionen waren, die in den Jahren 1943/44 inoffiziell an der Leipziger Universität geführt wurden. Der einzige, der manchen seiner Kollegen klarzumachen versuchte, daß der Krieg verloren war und daß es deshalb darauf ankäme, sich vorsichtig umzuorientieren, war Professor Carl Schmitt. Es gelang ihm nicht, die anderen zu überzeugen; nicht einmal jene, die Anhänger seiner eigenen Schule waren, konnte er auf seine Seite bringen. Sie meinten offensichtlich, daß Schmitt sich irre. Schmitt, ein sehr intelligenter Mann, hatte vor 1933 mit seinen dezisionistischen Theorien die Wendung zum Faschismus unterstützt und war in den ersten Jahren des Dritten Reiches ein entschiedener Vertreter faschistischen verfassungsrechtlichen Denkens.[4]

Wie hat sich nach der Gründung der Bundesrepublik die Restauration in den juristischen Fakultäten durchgesetzt?
In dieser Zeit wurde z. B. Ludwig Raiser Rektor der Göttinger Universität: Er war nicht kompromittiert wie viele andere, und darauf wurde noch Wert gelegt. Zur gleichen Zeit aber wurden alle ehemaligen Nationalsozialisten, die es damals gab, an die juristischen Fakultäten berufen.[5] Das galt auch für die Universität in Frankfurt, obgleich Max Horkheimer ihr Rektor wurde. Ähnlich sah es in der »Vereinigung der Deutschen Staatsrechtslehrer« aus: Dort wurde ich auf Veran-

4 Carl Schmitt (geb. 1888) war seit 1921 Professor für öffentliches Recht, später Kronjurist im deutschen Faschismus; vgl. Helmut Ridder, *Ex oblivione malum. Randnotizen zum deutschen Partisanenprogreß*, in: *Gesellschaft, Recht und Politik*, hrsg. von Heinz Maus, Neuwied und Berlin 1968, S. 309 ff. Vgl. auch Carl Schmitt, *Politische Theologie. Vier Kapitel zur Lehre von der Souveränität*, München und Leipzig 1934; ders., *Legalität und Legitimität*, Berlin 1932, Neuauflage Berlin 1968.

5 Vgl. für den Bereich des Arbeitsrechts: Roderich Wahsner, *Das Arbeitsrechtskartell. Die Restauration des kapitalistischen Arbeitsrechts in Westdeutschland nach 1945*, in: *Kritische Justiz*, 7. Jg., Heft 4/1974, S. 369–386.

lassung von Professor Hans Peters in den ersten Vorstand gewählt. Peters hatte mich im Jahre 1947 im Assessorexamen mitgeprüft, er war damals Mitarbeiter der Deutschen Justizverwaltung der SBZ. Nachdem er – ein katholischer Verwaltungsrechtler – an der Berliner Humboldt-Universität gelehrt hatte, war er 1949 nach Köln übergesiedelt, als dieser Wechsel trotz der Gründung der Bundesrepublik noch legal möglich war. Während des Faschismus war Peters zwar im Amt geblieben, hat sich aber mit dem System in keiner Weise, auch nicht in seinen Publikationen, identifiziert.

Ich wurde in den Vorstand gewählt, weil man wußte, daß ich im Dritten Reich nicht dabeigewesen war, daß ich im Zuchthaus gesessen hatte. Man konnte mich also den Juristenvereinigungen im Ausland vorweisen. Dies war die einzige Konzession, zu der sich die Hochschulen gegenüber demokratischem Denken veranlaßt sahen. Immerhin war in dieser Phase der Restauration noch nicht wieder alles möglich: So wurde Carl Schmitt nicht in die »Vereinigung der Staatsrechtslehrer« aufgenommen. Der Antrag auf Aufnahme war gestellt, wurde aber zurückgezogen, nachdem die Kollegen in Einzelgesprächen vorsichtig darauf hingewiesen worden waren, daß, wenn sie für den Antrag stimmten, man möglicherweise ihre eigenen Schriften aus der Zeit des Dritten Reiches nachlesen und zitieren würde. Dieses Argument reichte aus, um die Kollegen zu überzeugen. Über die früheren Schriften der NS-Juristen und auch der anderen Wissenschaftler, das sei nebenbei bemerkt, gibt es ein sehr brauchbares Publikationsverzeichnis, nämlich den Gelehrten-Kürschner von 1940/41.[6]

Bald wendete sich die Situation in der »Vereinigung der Staatsrechtslehrer« vollends. Als im Jahre 1953 auf der Jahrestagung dieser Vereinigung über den Sozialstaat verhandelt werden sollte, lehnte der Vorstand bereits ein Referat von mir ab. Ich habe in Form von Diskussionsbeiträgen praktisch dennoch referiert[7] und das geplante Referat in der Festschrift

6 Vgl. *Kürschners Deutscher Gelehrten-Kalender 1940/41*, 2 Bände, hrsg. von Gerhard Lüdtke, Berlin 1941.

7 Vgl. *Veröffentlichungen der Vereinigung der Deutschen Staatsrechtslehrer*, Heft 12, Berlin 1954, S. 85–92; wiederabgedruckt unter dem Titel: *Begriff und Wesen des sozialen Rechtsstaates*, in: ders., *Arbeiterklasse, Staat und Verfassung. Materialien zur Verfassungsgeschichte und Verfassungstheorie der Bundesrepublik*, Frankfurt/Main, Köln, 1975, S. 64–69.

für Bergstraesser veröffentlicht.[8] An meiner Stelle referierten Ernst Forsthoff, der den Faschismus juristisch voll unterstützt hatte, und Otto Bachof, der nicht ganz so konservativ war wie Forsthoff und einer jüngeren Generation angehört, die sich allerdings widerspruchslos von jenen Älteren in wissenschaftliches Denken hatte einführen lassen.[9]

Wie kam es zu Deiner Berufung nach Marburg?
Die Entwicklungsmöglichkeiten der Hochschule in Wilhelmshaven verschlechterten sich zusehends: Der Versuch, Arbeiterstudenten dorthin zu holen, wurde von anderen Professoren behindert, und auch im Kabinett konnten keine progressiven demokratischen Entwicklungen im Universitätswesen durchgesetzt werden. Grimme hatte seinen Ministerposten schon im Jahre 1948 verlassen.

In dieser Situation kam der Ruf nach Marburg, der darauf zurückging, daß sich der Marburger Professor für Psychologie, Heinrich Düker, für mich eingesetzt hatte. Auch er kam – als Mitglied des ISK – aus dem illegalen Kampf gegen Hitler. Die SPD wollte mich damals nach Hessen holen, weil die anderen beiden politikwissenschaftlichen Lehrstühle an den hessischen Hochschulen mit CDU-Professoren besetzt waren: mit Eugen Kogon in Darmstadt und Ernst Wilhelm Meyer in Frankfurt. Auch der Kultusminister, Stein, gehörte der CDU an, denn damals bestand in Hessen eine Koalition von SPD und CDU. Stein, ein demokratisch denkender Mann, der später Richter am Bundesverfassungsgericht wurde, berief mich nach Marburg.

Welche politische Situation hast Du in Marburg vorgefunden?
Politisch war die Situation damals ähnlich wie an anderen Universitäten. Als ich im Jahre 1951 meine Arbeit an der

8 Vgl. Wolfgang Abendroth, *Zum Begriff des demokratischen und sozialen Rechtsstaates im Grundgesetz der Bundesrepublik Deutschland*, in: *Aus Geschichte und Politik. Festschrift für Ludwig Bergstraesser*, Düsseldorf 1954, S. 279–300; wiederabgedruckt in: ders., *Antagonistische Gesellschaft und politische Demokratie. Aufsätze zur politischen Soziologie*, 2. Aufl., Berlin/Neuwied 1972, S. 109–138.

9 Vgl. *Begriff und Wesen des sozialen Rechtsstaates*, Referat von Ernst Forsthoff und Otto Bachof, in: *Veröffentlichungen der Vereinigung der Deutschen Staatsrechtslehrer*, Heft 12, Berlin 1954, S. 8–36 und S. 37–84.

Marburger Universität aufnahm, ging sofort eine Kampagne los: Über meine Konflikte mit der juristischen Fakultät habe ich bereits berichtet. Der Dekan der philosophischen Fakultät, Neuhistoriker, empfing mich mit der Bemerkung, man erwarte von mir, daß ich keinen »parteipolitischen« Einfluß ausübe. Schon immer hatte das deutsche Bildungsbürgertum alles für »parteipolitisch« erklärt, was seinen traditionellen Vorurteilen widersprach.[10] Die Fakultät beschloß außerdem, den alten Adolf Grabowsky, der weit über 70 Jahre war, zu bitten, seinen hochdotierten Lehrauftrag von Basel aus weiterhin wahrzunehmen, damit ein Ausgleich geschaffen würde. Grabowsky war Jude, vertrat aber schon vor 1933 eine extrem nationale und konservative Linie und kritisierte die Weimarer Verfassung von rechts. Er nahm das Angebot der Fakultät an.

Auch sonst hat man versucht, mir das Leben schwer zu machen. Die erste Dissertation, die ich durchsetzen wollte und welche die Geschichte des Bundes religiöser Sozialisten behandelte[11], sollte auf Antrag eines Neuhistorikers abgelehnt werden. Der Doktorand kam von Fritz Fischer, dem Hamburger Neuhistoriker, der ihn zu mir geschickt hatte, weil er befürchtete, daß er die Arbeit schon wegen des Themas in seiner Fakultät nicht durchsetzen könnte. Mit Hilfe eines Gutachtens von Fritz Fischer habe ich die Angriffe gegen die Arbeit abwehren und sie schließlich mit knapper Mehrheit in meiner Fakultät durchbringen können. Daß dies gelungen ist, lag daran, daß damals auch die Naturwissenschaftler in der philosophischen Fakultät saßen, die in mancherlei Hinsicht weniger vorurteilsbestimmt und rationalen Argumenten eher zugänglich waren als die Geisteswissenschaftler. In Auseinandersetzungen ähnlicher Art habe ich mich gelegentlich auch auf Kogon in Darmstadt und Meyer in Frankfurt stützen können. Beide förderten durchaus kritisches Denken und waren mit der restaurativen Ideologie, wie sie damals von den Professoren aus der Zeit des Dritten Reiches an den Universitäten vertreten wurde, nicht voll einverstanden. Das änderte

10 Vgl. Wolfgang Abendroth, *Das Unpolitische als Wesensmerkmal der deutschen Universität*, in: *Nationalsozialismus und die deutsche Universität*, Universitätstage 1966, Veröffentlichungen der Freien Universität Berlin, Berlin 1966, S. 189–208.

11 Vgl. Ernst-August Suck, *Der religiöse Sozialismus in der Weimarer Republik*, Diss., Marburg 1953.

allerdings nichts daran, daß unsere Auffassungen wissenschaftlich und politisch stark voneinander abwichen. Doch haben wir uns in diesen Zeiten häufig gegenseitig geholfen.

Die politische Atmosphäre in den fünfziger Jahren kann man sich gar nicht reaktionär genug vorstellen; trotz der Berufsverbote und aller Verfolgungen heute, trotz des gerade in Kraft getretenen Hochschulrahmengesetzes kann man die damalige und die gegenwärtige Lage kaum vergleichen. Schon lange vor dem Verbot der KPD wurden Kommunisten wegen angeblichen Verstoßes gegen das Erste Strafrechtsänderungsgesetz auf Jahre hinaus ins Gefängnis geschickt; es gab eine von der Regierung Adenauer erlassene Verordnung zum Berufsverbot, bereits vor dem Inkrafttreten des Ersten Strafrechtsänderungsgesetzes von 1951.[12] Das Klima war erdrükkend und dem McCarthy-System in den USA durchaus vergleichbar. Die schlimmste Belastung, welche man an der Universität und unter Intellektuellen in jener Zeit mit sich herumtrug, war die, gegen den Faschismus gekämpft zu haben. Es wurde heimgezahlt, daß die wenigen Antifaschisten in der gerade vorangegangenen Zeit als Aushängeschilder gegenüber den Besatzungsmächten und als »Persilschein«-Schreiber im Entnazifizierungsverfahren benutzt werden mußten. Ich veranstaltete zu dieser Zeit eine Vorlesung über »Internationale Beziehungen und Völkerrecht«. Sofort wurde von der Juristischen Fakultät am Schwarzen Brett mitgeteilt, daß meine Vorlesung bei der Anmeldung zum Referendarexamen nicht angerechnet würde. Obwohl eine derartige Entscheidung vom Dekan der Juristischen Fakultät nicht getroffen werden konnte, erreichte ich nicht, daß dieser Anschlag entfernt wurde.

Wie haben sich die Studenten dazu verhalten?

Anfangs verhielten sie sich so, wie es die konservativen Professoren von ihnen erwarteten. Von den Universitäten Leipzig, Jena und Halle war ich gewöhnt, daß die Hörsäle voll oder überfüllt sind; auch in Wilhelmshaven war es so. Meine

12 Vgl. *Beschluß der Bundesregierung zur politischen Betätigung von Angehörigen des öffentlichen Dienstes gegen die demokratische Grundordnung vom 19. 9. 1950*, abgedruckt in: *»Radikale« im öffentlichen Dienst? Eine Dokumentation*, hrsg. von Hanspeter Knirsch u. a., Frankfurt/Main 1973, S. 251 f.

erste Vorlesung in Marburg hingegen war von 7 Studenten besucht. Das hatte ich nicht erwartet, und man kann sich vorstellen, wie es mich deprimiert hat. Die Studentenschaft in Marburg war zu dieser Zeit von Korporationen beherrscht, oppositionelles Denken gab es fast nicht. Der Sozialistische Deutsche Studentenbund (SDS) zählte etwa 5 bis 10 Mitglieder, und sie waren zunächst diejenigen, die in meine Veranstaltungen kamen. Ich habe für den SDS auch regelmäßig private Seminare abgehalten, in denen ich in marxistisches Denken einzuführen versuchte.

In den folgenden Semestern kamen dann sehr viel mehr Studenten in meine Veranstaltungen; in der Fakultät wurde ich deshalb künftig geduldet und wegen meiner juristischen Fähigkeiten und Kenntnisse bei den ständigen Fehden zwischen Philosophischer und Juristischer Fakultät oftmals eingespannt. Studenten und Assistenten waren hochschulpolitisch in dieser Zeit noch bedeutungslos; von antikommunistischen Demonstrationen abgesehen, bemühten sie sich noch nicht um Einflußmöglichkeiten.

Im Jahre 1950 begann die Auseinandersetzung um die Wiederbewaffnung: In welcher Weise hast Du Dich daran beteiligt?
Zur Aufgabe meines Ordinariats an der Marburger Universität gehörte die Vermittlung politischer Bildung. Mein Vorschlag, im Wintersemester 1951/52 ein Streitgespräch zu diesem Problem zu veranstalten, wurde angenommen. Als Befürworter der Wiederbewaffnung schlug ich Kogon, als Gegner nicht etwa einen Sozialisten, sondern Gustav Heinemann, den zurückgetretenen Innenminister, vor.[13] Ich selbst übernahm die Diskussionsleitung. Die Veranstaltung wurde zu einem Erfolg. Eugen Kogon war ein sehr guter Redner und Diskussionsteilnehmer, allerdings war er damals Gefangener seiner »Europa-Ideologie«. Gustav Heinemann war ihm zwar rhetorisch unterlegen, hatte aber die besseren Argumente. Seine Haltung gegenüber dieser Frage war mir damals viel lieber als die meiner eigenen Partei, der SPD, deren Spitze »jein«, nicht aber ein klares »Nein« zur Frage der Wiederbewaffnung sagte.

13 Am 9. 10. 1950 trat Gustav Heinemann aus Protest gegen die Pläne zur Remilitarisierung der Bundesrepublik zurück; vgl. *Archiv der Gegenwart* 1950, S. 2617.

So hatte ich denn auch keinen Vertreter der SPD für die Veranstaltung gewinnen können, was angesichts der unklaren Haltung der Partei auch nicht schadete.

Nach der Diskussion wurde ein Fragebogen an die Studenten verteilt, den sie anonym ausfüllen sollten und in dem ihnen drei Fragen gestellt wurden: Ob sie für die Wiederbewaffnung im Rahmen der Europäischen Verteidigungsgemeinschaft oder gegen jede Form der Wiederbewaffnung sind oder sich für eine Kompromißlösung entscheiden, wie sie damals von der SPD-Führung angestrebt wurde. Für eine Kompromißlösung sprachen sich etwa 5% der 1000 befragten Studenten aus. Die Mehrheit war *gegen* die Wiederbewaffnung. Da die Studenten in diesem Fragebogen neben Alter und Fakultät auch ihre Geschlechtszugehörigkeit angaben, konnten wir aus dieser Befragung entnehmen, daß die Mehrheit der Studentinnen und die Mehrheit der Mediziner *für* die Wiederbewaffnung votiert hatten. Die Mediziner hatten damals – anders als heute – geringe Berufschancen und hofften auf Planstellen in der neuen Armee – das erfuhr ich, als ich mich mit ihnen über das Umfrageergebnis unterhielt. Ihre Vorstellungen waren reaktionär, ebenso wie die der Studentinnen, die – in der Mehrzahl höhere Töchter – wohl noch reaktionärer dachten als ihre Mediziner-Kommilitonen. Daß sich die Mehrheit der Studenten gegen die Wiederbewaffnung aussprach, war nicht Zeichen einer antifaschistischen Gesinnung, sondern lag einfach daran, daß sie nach den bitteren Erfahrungen des Krieges den Militärdienst leid waren. Ihre Motivation war also eine andere als die der Arbeiter, die sich damals gegen die Wiederbewaffnung wandten.

Hast Du auch außerhalb der Universität am Kampf gegen die Wiederbewaffnung teilgenommen?

Ich bin in diesen Jahren dauernd unterwegs, fahre nach München, in den Norden der Bundesrepublik, spreche in Kassel, in Hannover, in Frankfurt, eingeladen von oppositionellen Gewerkschaftlern oder Sozialdemokraten. Die SPD-Führung sabotiert solche Aktionen und übt, soweit sie es ohne allzu große Konflikte mit unteren Organisationseinheiten kann, Druck aus, um die Massenbewegung abzubremsen. Viktor Agartz hat mich bei diesen Aktionen sehr unterstützt.

Sie haben mich viel Zeit gekostet. Häufig bin ich von der Vorlesung direkt zum Bahnhof gefahren. Ich war damals nur selten zu Hause, und meine Frau war darüber oft unzufrieden, denn ich konnte mich um unsere drei Kinder kaum noch kümmern. Aber Lisa stand politisch aktiv auf meiner Seite und machte dieses Engagement durch ihre stetige Hilfe erst möglich. Diese zusätzliche Aktivität hat mir politischen Rückhalt gerade auch bei den Konflikten an der Marburger Universität gegeben. Denn in den Arbeiterversammlungen fand ich große Resonanz. Allmählich entstand in der Bundesrepublik eine außerordentlich breite Bewegung gegen die Wiederbewaffnung – die breiteste Volksbewegung, die es in der BRD je gegeben hat. Anti-Atombewegung, Anti-Notstandsbewegung und alle anderen späteren Kampagnen haben nicht den gleichen Umfang und die gleiche Intensität erreichen können. In dieser Bewegung engagierte sich der Prolet im Betrieb, und es wurden weitere Schichten mobilisiert, z. B. Teile des Kleinbürgertums und einige Intellektuelle.

Wie verhielt sich die SPD zur Frage der Wiederbewaffnung?
In der Marburger SPD habe ich die Mehrheit auf meiner Seite. Insgesamt tendieren die meisten der unteren Parteimitglieder zur Ablehnung der Wiederbewaffnung. Auf dem Parteitag des Bezirks Hessen-Nord, der traditionell rechts steht, referiert Fritz Erler und votiert unverhüllt mit antikommunistischer Begründung für die Wiederbewaffnung. Ich diskutiere gegen ihn und erreiche, daß mir eine Redezeit von zwanzig Minuten eingeräumt wird. Die Schlußabstimmung endet immerhin damit, daß mein Antrag auf unbedingte Ablehnung der Wiederbewaffnung im Rahmen der Europäischen Verteidigungsgemeinschaft ein Drittel der Stimmen bekommt. Eine derart starke Opposition gegen die vom Bezirksvorstand empfohlene »Linie« hat es in diesem Bezirk weder vorher noch nachher gegeben.

Zur gleichen Zeit holt mich ein Sekretär der ÖTV, ein älterer Genosse, der sich nicht hat korrumpieren lassen, nach Kassel, wo wir gegen den Willen der SPD zwei große Kundgebungen mit entsprechender Beteiligung organisiert haben. Die Arbeiter kommen. Damals sind die Industriearbeiter jener Generation, die an die Zeit vor 1933 Erinnerungen hat, politisch noch aktiv. Heute findet man solche Arbeiter so gut wie nicht mehr; sie sind resigniert – soweit sie noch leben.

In Marburg haben wir damals überlegt, wer Bundestagsabgeordneter aus unserem Bereich werden und deshalb auf einen sicheren Platz der Landesliste kommen sollte. Ich habe mich nicht dazu bereit erklärt, weil ich andernfalls meine Arbeit an der Universität hätte aufgeben müssen. Wir haben uns schließlich auf Gerhard Jahn, den späteren Bundesminister der Justiz, geeinigt, der 1957 auch gewählt wurde, eine Entscheidung, die sich später leider als Irrtum erwies, weil Jahn seine anfänglich »linke« Haltung sehr rasch aufgab und sich anpaßte.

Wie bewertest Du die Haltung der SPD-Führung zur Frage der Wiederbewaffnung?

Die Bewegung gegen die Wiederbewaffnung ist von der SPD-Führung ausgenutzt worden; ohne sie wäre der Sieg in den hessischen Landtagswahlen von 1950 nicht denkbar gewesen. Im Jahr 1954 lehnte die Führung der SPD die konkret von der Bundesregierung beantragte Verfassungsänderung zugunsten der Wiederbewaffnung ab, vertrat aber die Ansicht, daß eine »Verteidigung« gegenüber dem »Osten« grundsätzlich notwendig sei. Der Unterschied zur Politik Adenauers bestand aber immer noch darin, daß die SPD mit den Sowjets ernstlich über die Wiedervereinigung verhandeln wollte, ehe die Integration in das »westliche« Bündnis endgültig vollzogen würde. Diese Linie hat jedenfalls Ollenhauer damals vertreten. Die »Rechte« der SPD dagegen wollte auf die Politik der CDU einschwenken. Die sozialdemokratische Führung blieb die Gefangene antikommunistischer Zwangsvorstellungen; sie ging davon aus, daß die UdSSR die DDR der politischen und ökonomischen Macht der Bundesrepublik freigeben müsse. In diese Richtung, die durch Phantasien über angebliche Aggressionstendenzen in der UdSSR »begründet« wurde, dachte ein großer Teil der von Sozialdemokraten besetzten Länderverwaltungen und in der Bundestagsfraktion, z. B. Fritz Erler. Da die UdSSR natürlich vor den Vorstellungen der USA und der BRD in der Wiedervereinigungsfrage weder kapitulieren wollte und konnte, noch die USA und die BRD bereit waren, einen Kompromiß auszuhandeln, den DDR und UdSSR immer wieder anboten, kam es zur angeblich notwendigen Wiederbewaffnung in der BRD. Auf diesen Zusammenhang und die daraus erwachsenden Folgen wies ich damals in jeder Versammlung hin, legte ihn auch in vielen staatsrechtlichen und völkerrechtlichen Untersuchungen dar. Im Jahre 1954 hat Fritz Erler im Bundestag noch so geredet, als teile er die Meinung von Ollenhauer.[14] Bald aber hat er sich an die Agitation der bürgerlichen Parteien, vor allem an die der CDU, voll angepaßt; er hegte die Illusion, angesichts der starken antikommunistischen Stimmung könne die SPD nur auf diesem Wege zur »Regierungsfähigkeit« aufsteigen.

Das rationale Moment in Ollenhauers Position war doch die Hoffnung auf die Chance, in einem wiedervereinigten Deutschland auf der Basis eines militärisch neutralen Status um so eher an der Regierungsbildung beteiligt zu werden?
Gewiß, aus persönlichen Gesprächen weiß ich, daß Ollenhauer wirklich so dachte, allerdings nur kurze Zeit, denn lange hielt er eine Position niemals durch. Ein Teil der sozialdemokratischen Abgeordneten dachte genauso; Fritz Erler hat diese Position nie wirklich geteilt. Er gehörte zum rechten Flügel der SPD, einem Flügel, der sich erstmals nach den Bundestagswahlen des Jahres 1953 artikulierte und offen auftrat. Zu diesem Flügel zählte auch Carlo Schmid sowie die Parteibezirke von Hamburg, Berlin und Nordhessen. Ihre Hauptsorge war, was im Falle einer gesamtdeutschen Lösung mit der sozialisierten Industrie der DDR geschähe und ob sie es riskieren sollten, sich auf einen solchen Konflikt mit dem Kapital einzulassen. Später, als die Frage der Wiederbewaffnung kurz vor der Entscheidung stand, war dieses Problem für sie nicht mehr brisant.

Die Haltung der SPD, die 1954 noch formell gegen die Wiederbewaffnung Stellung bezogen hatte, änderte sich nunmehr: Im Jahre 1956 stimmte die Fraktion der SPD im Bundestag der Wehrverfassung zu. Nur 20 Abgeordnete stimmten im Plenum dagegen: Es waren dies alte erfahrene Sozialisten – z. B. der Frankfurter Abgeordnete Georg

14 Vgl. *Verhandlungen des Deutschen Bundestages*, 2. Wahlperiode, *Stenographische Berichte*, 47. Sitzung vom 7. 10. 1954, Bonn 1954, S. 2287 ff., 2292 f.

Stierle –, die aus der illegalen Arbeit im Dritten Reich kamen. Nur sie hielten ihre ablehnende Haltung gegenüber der Wiederbewaffnung konsequent durch. Fritz Erler bildete hier eine Ausnahme. Auch er hatte in der illegalen Arbeit gestanden; dennoch schwenkte er alsbald auf die Positionen des Westens ein. Er war einer der wenigen »Illegalen«, die in der Gruppe ›Neu Beginnen‹ aktiv waren und später eine solche Rechtswendung vollzogen haben. Die meisten der früheren Antifaschisten in der SPD, die in Etappen zur Position des rechten Flügels der Partei übergeschwenkt sind, waren in der Emigration im westlichen Ausland gewesen, hatten aber nicht am illegalen Kampf im Inland teilgenommen.

War die Haltung der SPD zur Wiederbewaffnung regional unterschiedlich?

Sicher; zum Beispiel war Wilhelmshaven immer ein rechter sozialdemokratischer Bezirk gewesen. Trotzdem gelang es mir, auf einer Versammlung von Funktionären der SPD im Jahre 1950 eine entschiedene und nicht wie üblich halbherzige Resolution gegen die Wiederbewaffnung durchzusetzen, sehr zum Ärger der dortigen Abgeordneten des Landtages und des Bundestages. So sehr auch die Führung der SPD schon in den Jahren 1950/51 schwankte – in einzelnen Landesbezirken wurde die grundsätzliche Bedeutung des Kampfes gegen die Wiederbewaffnung klar erkannt. Dafür ist der Landtagswahlkampf Ende 1950 in Hessen ein typisches Beispiel. Die KPD verliert bereits ihren Masseneinfluß. Den Arbeitern wird immer deutlicher – schon bei Besuchen in der DDR und durch Besucher von der anderen Seite der Elbe – vor Augen geführt, daß der Lebensstandard in der BRD weit über dem der DDR liegt. Die Arbeiter, und zwar auch solche, die zunächst kommunistisch, also klassenkämpferisch denken, folgen deshalb der falschen Auffassung, daß das niedrige Lebenshaltungsniveau in der DDR *allein* auf der »Ausbeutung« durch die UdSSR, also auf übermäßig hohen Reparationsleistungen beruhe. Den gesamten ökonomischen Zusammenhang können sie nicht zutreffend und genau analysieren. Sie sehen darüber hinaus die zunehmende Einschränkung der Meinungsfreiheit in der DDR. Da die KPD insgesamt aber stur »linientreu« reagiert – obwohl es zunächst noch lebhafte innerparteiliche

Auseinandersetzungen gegeben hatte, die erst 1950 mit dem endgültigen Ausschluß der »Titoisten« zu Ende sind –, wenden sich immer mehr Arbeiter von der KPD ab. Hinzu kommt, daß die KPD die offenkundige Tatsache besserer materieller Lebensbedingungen in der BRD im Vergleich zur DDR ganz einfach leugnet und dadurch unglaubwürdig wird. So kann man verfolgen, wie die für die KPD abgegebenen Stimmen bei den Bundestagswahlen 1949 im Verhältnis zu den Kommunal- und Landtagswahlen 1946/48 fast um die Hälfte zurückgehen und wie sie sich in den folgenden Landtagswahlen nochmals um 50% verringern.

In der hessischen SPD zeigt sich eine entgegengesetzte Entwicklung. Hier tritt die SPD scharf gegen die Wiederbewaffnung auf und erzielt kraft dieser Agitation in den Landtagswahlen 1950 einen großen Erfolg.[15] Angesichts dieses Wahlausgangs versucht der Vorstand der SPD vorübergehend, wenigstens halbherzig Politik gegen die Wiederbewaffnung zu machen, eine Entwicklung, die auch Auswirkungen auf den DGB hat. Denn zunächst neigt die Führung des DGB dazu, die Politik der Bundesregierung für eine Wiederbewaffnung auch gegen den Willen der SPD zu unterstützen. Im DGB kommt es jetzt aber zu ersten Reibungen. Von der Mitgliedschaft her regt sich heftiger Widerstand gegen den Kurs der DGB-Führung. Im Verlauf dieser Auseinandersetzungen wird der Vorsitzende des DGB, Fette, gestürzt. Im Jahre 1954 wird die Wiederbewaffnung auf dem Bundeskongreß des DGB abgelehnt[16], ein Beschluß, der durch den Druck von unten erzwungen wird und nicht auf einer Entscheidung der Führung des DGB beruht. Wie Ollenhauer, so hinkt auch die DGB-Spitze der Bewegung hinterher und führt sie keineswegs. Das Referat, das Viktor Agartz auf diesem Kongreß hält, ist entscheidend für dessen Verlauf.

15 Bei den Landtagswahlen in Hessen am 19. 11. 1950 erhielt die SPD 44,4%, die FDP 31,8%, die CDU 18,8% und die KPD 4,7% der abgegebenen Stimmen; vgl. Heino Kaack, *Die Parteien in der Verfassungswirklichkeit*, Anhang 2: *Bundes- und Landtagswahlen 1946–1963*, Kiel 1963, S. 125. Zum Zusammenhang zwischen Landtagswahlen und der Kampagne gegen die Remilitarisierung vgl. Hans Karl Rupp, *Außerparlamentarische Opposition in der Ära Adenauer*, Köln 1970, S. 48 f.

16 Auf dem 3. ordentlichen Bundeskongreß des DGB vom 4. bis 9. 10. 1954 wird die Remilitarisierung der BRD mit 287 gegen 4 Stimmen abgelehnt; vgl. *Archiv der Gegenwart* 1954, S. 4788.

Welche Rolle spielte Agartz, welche Auffassungen hat er in seinem Referat vertreten?

Agartz[17] war Leiter des Wirtschaftsamtes der britischen Besatzungszone gewesen und hatte dort das Ziel der Sozialisierung konsequent verfolgt. Dabei glaubte er sich irrtümlicherweise in Übereinstimmung mit der Labour-Regierung in England. Als unter amerikanischem Druck die Bizone gebildet wurde, hat man Agartz aus seinem Amt hinausmanövriert; er übernahm die Leitung des Wirtschaftswissenschaftlichen Instituts des DGB und baute dieses Institut auf, zog kritische junge Intellektuelle mit heran. Im Jahre 1954 erhielt er den Auftrag, das Hauptreferat auf dem DGB-Kongreß zu halten, das eines der wichtigsten politischen Dokumente jener Zeit ist und eine hervorragende Analyse der deutschen Situation enthält.[18] Ich arbeitete damals mit Agartz eng zusammen und konzipierte den politischen und den öffentlich-rechtlichen Teil, über den wir lange diskutiert haben, mit. Der Frankfurter DGB-Kongreß war begeistert von diesem Referat; die Delegierten hatten schon lange nicht mehr derart überzeugende Ausführungen gehört.

Die wichtigsten Thesen, die Agartz in seinem Referat vertrat, waren die, daß der Kapitalismus in Westdeutschland infolge des ökonomischen Aufschwungs zunächst stabilisiert sei und daß diese Situation nicht auf einen Schlag geändert werden könne. In dieser Lage, so sagte Agartz, seien alle demokratischen Rechte tendenziell bedroht und müßten verteidigt werden. Dabei sei die Frage der Wiederbewaffnung ein wichtiger Ansatzpunkt, der als Hebel benutzt werden könne. Die völkerrechtlichen Chancen des Kampfes um eine demo-

17 Viktor Agartz (1897–1964), Sohn eines Metallarbeiters, studierte Volkswirtschaft, Rechtswissenschaft und Philosophie und war in der gewerkschaftlichen Bildungsarbeit tätig. Im Faschismus arbeitete er als Wirtschaftsprüfer, stand in Kontakt zu sozialistischen Widerstandsgruppen und vor allem zum Internationalen Transportarbeiter-Verband. Nach 1945 wurde er einer der führenden Wirtschaftstheoretiker der SPD und der Gewerkschaften; vgl. Viktor Agartz, *Gewerkschaft und Arbeiterklasse*, München 1971, S. 25.

18 Vgl. Viktor Agartz, *Wirtschafts- und Steuerpolitik. Grundsätze und Programm des DGB.* Referat auf dem dritten ordentlichen Bundeskongreß des DGB in Frankfurt/Main vom 4. bis 9. Oktober 1954, Protokoll, Frankfurt/Main o. J. (1954), S. 423-468; vgl. auch den ausführlichen Bericht in: *Archiv der Gegenwart* 1954, S. 4788 ff.

kratische Wiedervereinigung seien noch nicht vollends vertan, und die im Grundgesetz verankerten Möglichkeiten für eine reale Demokratie könnten voll genutzt werden, wenn die Arbeiterklasse kämpferisch denke und sich keinen sozialpartnerischen Illusionen hingebe. Bis zu einem Kompromiß der Weltmächte in der deutschen Frage sei es die Aufgabe der Gewerkschaften, das Klassenbewußtsein der Arbeiterklasse in steter Auseinandersetzung mit dem Klassengegner vor allem auch um lohn- und sozialpolitische Probleme wieder zu entwickeln. Agartz erhielt langanhaltenden Beifall nach seinem Referat. Keiner trat in der Diskussion gegen ihn auf, abgesehen von den CDU-Gewerkschaftern, die aber auch nicht in scharfer Form opponierten, obwohl Agartz die Restauration und die Verantwortlichkeit der CDU hierfür scharf gegeißelt hatte.

Doch kaum ist der Kongreß zu Ende, wird eine heftige Kampagne gegen Agartz eingeleitet. Der Jesuit Professor Nell-Breuning schreibt eine Broschüre gegen Agartz und beschuldigt ihn, einen hinterhältigen marxistischen Überfall auf die Einheit der Gewerkschaften eingeleitet zu haben, deshalb müsse er ausgeschaltet werden. Die SPD-Führung schließt sich dieser Agitation der CDU sogleich an und übt einen entsprechenden Druck auf die Gewerkschaften aus. Als Begründung wird angeführt, daß Agartz wegen seiner Haltung gegenüber dem Osten nicht vertrauenswürdig sei. Er habe schon immer Verhandlungen mit der DDR gefordert. Diese Auseinandersetzung wird sehr geschickt mit einem Fehler, den er privat in einer recht belanglosen Sache gemacht hatte, kombiniert und führt rasch zu Agartz' Sturz: Die Leitung des Wirtschaftswissenschaftlichen Instituts wird ihm entzogen, und er verschwindet. An seine Stelle tritt Bruno Gleitze, früher Professor an der Humboldt-Universität. Keine Führung irgendeiner großen Industriegewerkschaft wagt es, sich mit Agartz zu solidarisieren.

Ab wann erschien die von Agartz herausgegebene WISO-Korrespondenz, ab wann die anderen linkssozialistischen Organe wie »Sozialistische Politik«, »Funken«, »Die Andere Zeitung«, die ja allesamt zum Kampf gegen die Anpassung der SPD an die Restauration aufriefen?

Alle diese Zeitschriften entstanden zu Beginn der 50er Jahre.[19] Als ich in den Westen kam, versuchte ich sofort, Kontakt zu alten Genossen aufzunehmen, zu Genossen, die weder Stalinisten geworden noch sich dem westlichen Antikommunismus unterworfen hatten. Bald habe ich erleben müssen, wie sehr sich das Niveau und die Meinungen auch zahlreicher aus der Emigration zurückgekehrter früherer Fraktionsgenossen verändert hatten, nachdem alle nach 1945 entstandenen Hoffnungen durch den Kalten Krieg und das Wirtschaftswunder zunichte gemacht worden waren. Gleichwohl habe ich mich an der Arbeit der oppositionellen Zeitschriften intensiv beteiligt, in der Hoffnung, auf diese Weise Teile der alten Arbeiterbewegung wieder zum Marxismus zurückführen zu können.

Die Andere Zeitung wurde im Jahre 1955 von Gerhard Gleißberg gegründet. Er war aus dem *Vorwärts*, dem Parteiorgan der SPD, als Chefredakteur herausgeflogen, weil er die Wendung der Partei in der Frage der Wiederbewaffnung, der Klassenanalyse und der sozialen Marktwirtschaft nicht mitvollzogen hatte. Gleißberg, ein alter, charakterfester, früher sozialistisch-reformistischer Sozialdemokrat, gehörte zu denen, die die sozialistischen Konzeptionen in der Frage der Wiedervereinigung ernst genommen hatten – ganz im Gegensatz zum Parteivorstand der SPD. *Die Andere Zeitung* war unsere beste Zeitschrift; sie hatte auch die größte Verbreitung.

Welches waren die Hauptthemen der »Anderen Zeitung«?
Ihre Hauptthemen waren die Rekonstruktion einer Klassenbewegung, Kritik an der Restauration, an der Kulturpolitik der Bundesrepublik und stete Erinnerung an alle demokratischen Tendenzen der deutschen Kultur in früheren Perioden. Man darf nicht vergessen, daß in dieser Zeit ein Minister der CDU im Bundestag Bertolt Brecht ungerügt mit Horst Wessel vergleichen konnte und die Namen von Kurt Tucholsky und Carl von Ossietzky ebenso unbekannt und aus dem Gedächtnis verbannt waren, wie die von Heinrich Mann, Lion Feuchtwanger und Ludwig Renn.[20] Der Kulturteil der *Anderen*

19 *WISO – Korrespondenz für Wirtschafts- und Sozialwissenschaften*, 1956–1961; *Sozialistische Politik*, 1954–1966; *Funken. Aussprache-Hefte radikaler Sozialisten*, 1950–1959; *Die Andere Zeitung*, 1955–1969.

20 Vgl. Jürgen Rühle, a.a.O., S. 146 ff., 162 ff., 182 ff.

Zeitung, der von Kurt Gottschalch redigiert wurde, stand weit über dem Niveau jeder anderen deutschsprachigen Zeitung ihrer Zeit. Im Wirtschaftsteil wurde eine linke Gewerkschaftslinie vertreten, in der Deutschlandpolitik wurden von Anfang an gleichberechtigte Verhandlungen mit der DDR gefordert. Innerhalb dieses Rahmens gab es eine breite Diskussion.

Welche Bedeutung hatten die »Sozialistische Politik« und der »Funken« für die sozialistische Linke?
Die *SoPo* hatte größere Bedeutung als der *Funken*. Beide Zeitschriften wurden von Genossen herausgegeben, die vor 1933 zur politischen Opposition gegen die großen Arbeiterparteien gehört hatten: Im *Funken* arbeiteten ehemalige Angehörige der Fraktion der »Versöhnler« in der KPD und ehemalige Mitglieder der SAP zusammen. Ähnlich war es in der *SoPo*, in der außerdem Trotzkisten mitarbeiteten, so vor allem Georg Jungclas in Köln, und der Korschist Erich Gerlach in Göttingen. Auch Peter von Oertzen gehörte zum Kreis der Mitarbeiter der *SoPo*; er hielt sich damals selbst für einen Marxisten. Beide Zeitschriften haben stabilisierend auf die Erhaltung des klassenkämpferischen Denkens bestimmter restlicher Kader in der SPD einwirken können. Sie haben aber auch erheblich zur geistigen Entwicklung der »Linken« im SDS beigetragen und manche Jungkader der Falken und der Jusos beeinflußt.

Im Kreise der Mitarbeiter des *Funken* war es allerdings nur sehr begrenzt möglich, Probleme der DDR oder ihrer Anerkennung als Vorbereitung auf die Wiedervereinigung zu diskutieren, was mit der fraktionellen Zugehörigkeit der Herausgeber zusammenhing. Völlig aufgeschlossen stand nur einer diesen Problemen gegenüber: Fritz Opel. Er kam aus der »Versöhnler«-Gruppe der KPD, war jetzt wissenschaftlicher Mitarbeiter Otto Brenners in der IG Metall. Fritz Lamm, Redakteur und Funktionär der IG Druck und Papier in Stuttgart, war früher Mitglied der SAP und war der andere Herausgeber des *Funken*. Er war nach Kuba emigriert und hatte durch die Moskauer Prozesse einen großen Schock bekommen, weshalb er erst allmählich ein rationaleres Verhältnis zur sowjetischen Entwicklung entfalten und den Entwicklungen in den sozialistischen Ländern und den Kommunisten gegenüber erst langsam mehr Offenheit entgegenbringen konnte. Fritz Lamm ist einer der besten und tapfersten Funktionäre, die wir in der Arbeiterbewegung Westdeutschlands seit 1945 haben.

In der *Sozialistischen Politik* waren die Diskussionsmöglichkeiten in Fragen, die sich auf die DDR bezogen, offener; auch wurden die einzelnen Ausgaben der Zeitschrift genauer durchgeplant als die des *Funken.* Man hat immer wieder überlegt, was zu welchem Zeitpunkt gesagt werden konnte, ohne daß die Parteilegalität in der SPD gefährdet wurde. Daß der Einfluß dieser Zeitschriften dennoch gering war – so sehr manche ältere Gewerkschaftsfunktionäre sie lasen und sich durch sie beraten ließen –, lag auch daran, daß in den Redaktionssitzungen oftmals die alten Fraktionskämpfe aus der Zeit von vor 1933 wieder aufbrachen und in langwierigen Diskussionen ausgetragen wurden. Lisa mußte in diesen Sitzungen, die oft in unserer Wohnung stattfanden, häufig auf die Uhr und auf die Dringlichkeit der Arbeit verweisen, was aber nichts daran änderte, daß Reste dieser Divergenzen in manchen Artikeln ihren Niederschlag fanden. Jüngere Genossen waren in der *SoPo* und im *Funken* nur wenig vertreten. Viele werteten damals ihre Parteikarriere höher als die Verbreitung marxistischer und kritischer Positionen.

Unter welcher Perspektive habt ihr diese verschiedenen Zeitschriften herausgegeben?
Wir wollten den proletarisch-klassenkämpferischen Flügel in der SPD und vor allem in den Industriegewerkschaften stärken und stabilisieren, um allmählich eine funktionierende Opposition aufbauen zu können, sobald in einer größeren Rezession dazu eine Chance sein würde. Dies galt auch für die *WISO*, mit der in erster Linie auf die Gewerkschaftsbewegung eingewirkt werden sollte. Sie war in ihren ersten Nummern sehr gut durchgearbeitet und hatte unter all den genannten Zeitschriften wohl das höchste wissenschaftliche Niveau. Sie wurde auch von den älteren mittleren Gewerkschaftsfunktionären, die noch marxistische Grundkenntnisse und Kenntnisse der Arbeiterbewegung von vor 1933 hatten, sehr geschätzt. Die *WISO*, wie sie bis zum Prozeß gegen Agartz existierte, wurde nach seiner Verhaftung ihrer Wirkung beraubt, weil sie

der Gewerkschaftsführung und ihren sozialpartnerschaftlichen Ideologien zu gefährlich erschien und nicht mehr von Gewerkschaftsbüros abonniert werden durfte. Dies war auch der Sinn des gegen Agartz geführten Prozesses.

In dieser Zeit des Anpassungsprozesses der SPD an die etwa seit 1953 voll etablierte Restauration konnte man nicht mehr darauf hoffen, daß eine proletarische Opposition in der SPD ohne starke Stütze von außen, also der Gewerkschaften, entstünde, zumal die Industriearbeiter immer mehr aus den in der Partei aktiven Kadern verschwanden. Erheblicher Druck auf die SPD von einer konkurrierenden Arbeiterpartei war ebenfalls nicht mehr zu erwarten, denn die KPD war seit 1951 faktisch, dann auch – seit 1956 – rechtlich-formell illegalisiert und hatte sich durch ihre sektiererische Verhärtung deutlich von den Arbeitermassen isoliert. Die *WISO* erschien seit Beginn des Jahres 1956, als Agartz seine Funktionen bereits verloren hatte. Unsere Beiträge erschienen anonym, denn wir wußten Bescheid über die Halblegalität einer innergewerkschaftlichen Opposition. Die Zeitschrift – von mittleren Gewerkschaftsfunktionären zielbewußt vertrieben und gelesen – verbreitete viele Informationen aus den Verbänden, verfügte über viel Hintergrundmaterial. Für bestimmte Funktionärskader hatte sie nicht zuletzt deshalb eine stabilisierende Wirkung. Mit Agartz' Verhaftung aber war die *WISO* zunächst am Ende: Das Archiv fiel der politischen Polizei in die Hände. 1957 kam es zum Prozeß.

War dieser Prozeß gegen Agartz für die linke Opposition in der BRD von Bedeutung?

Der Strafprozeß gegen Agartz hatte hinsichtlich der Beachtung des Prinzips der Legalität eine positive Bedeutung in der Entwicklung der BRD. Eine negative Bedeutung gewann er insofern, als Agartz in der Öffentlichkeit trotz des Freispruchs diskriminiert wurde. Im Prozeß kam zutage, daß der FDGB und hohe Funktionäre der CGT[21] ein *WISO*-Sammelabonnement bestellt hatten, das zahlenmäßig so groß war, daß allein davon die *WISO* am Leben erhalten werden konnte. In der

21 Confédération Général du Travail, von der Kommunistischen Partei Frankreichs bestimmte Gewerkschaft, schon damals die stärkste Richtungsgewerkschaft in Frankreich.

damaligen Atmosphäre genügte allein diese Tatsache, um die *WISO* in den Augen schwankender Gewerkschaftsfunktionäre als disqualifiziert erscheinen zu lassen. So hat die zweite Serie der *WISO* nach dem Freispruch von Agartz, so gut einzelne ihrer Nummern auch waren, niemals auch nur annähernd die Bedeutung erlangen können, welche die erste Serie bis zu seiner Verhaftung hatte. Das ändert nichts daran, daß der Freispruch von Agartz, der wegen erwiesener Unschuld erfolgt war[22], liberalisierend auf das politische Klima in der BRD wirkte. Bis zu diesem Urteil hatten der Bundesgerichtshof und die übrige Justiz auf einer extensiven Interpretation des Ersten Strafrechtsänderungsgesetzes beharrt, einer Interpretation, die so grob war, daß man praktisch jeden, der auch nur entfernt dem Umkreis der KPD zugerechnet werden konnte, jederzeit einsperren konnte.[23] Im Hauptverfahren vor dem politischen Strafsenat des Bundesgerichtshofes hatten die beiden Verteidiger von Agartz, der spätere Bundespräsident Gustav Heinemann und der spätere nordrhein-westfälische Justizminister Diether Posser, mich als den wichtigsten Entlastungszeugen geladen.

Bei dem Freispruch für Agartz muß man allerdings sehen, daß nach dem Urteil des Bundesverfassungsgerichts gegen die KPD eine derart unverhüllte Verletzung rechtsstaatlichen Denkens, wie es sie zuvor in der Rechtsprechung des Bundesgerichtshofes gegeben hatte, von den Bedürfnissen der restaurativen Bundesregierung aus nicht mehr notwendig war. Denn jetzt ist die KPD verboten, von ihr kann also eine wirklich massenmobilisierende Propaganda nicht mehr ausgehen. Ohnedies war die KPD zu intensiver illegaler Arbeit nicht mehr imstande. Sie war innerlich zerstritten: Die »rechte« Wendung, welche in dieser Partei kurz vor dem Verbotsprozeß erfolgt war und die die früheren illusionären Hoffnungen auf baldige revolutionäre Massenaktionen in der BRD begrub, war von einem Teil der mittleren und unteren Funktionäre noch nicht akzeptiert worden. Sie wurde übrigens erst in den Beschlüssen der Moskauer Weltkonferenz der kommunisti-

22 Vgl. *Hochverrat und Staatsgefährdung. Urteile des Bundesgerichtshofes*, hrsg. von Walter Wagner, Band 2, Karlsruhe 1958, S. 186 ff.

23 Vgl. Diether Posser, *Politische Strafjustiz aus der Sicht des Verteidigers*, Karlsruhe 1961.

schen Parteien vom 14. November 1957 theoretisch eindeutig formuliert.[24]

Wie bewertest Du Deine Aussage im Agartz-Prozeß?
Diese Aussage beruhte auf der Überlegung, daß es sinnvoll sei, marxistisches Denken sehr ausführlich darzustellen, ferner darauf, offen zuzugeben, daß fast alle *WISO*-Artikel, die die Bundesanwaltschaft als Grundlage für ihre Anklageschrift gegen Viktor Agartz herangezogen hatte, von mir verfaßt waren. Die Bundesanwaltschaft wußte dies ohnehin, denn das *WISO*-Archiv war ja beschlagnahmt worden. Sie hatte es aber in der Anklageschrift – wahrscheinlich bewußt – verschwiegen. Zudem habe ich die Bundesanwaltschaft darauf hingewiesen, daß die in der Anklageschrift angeführten Zitate ausnahmslos unvollständig waren, nämlich alle jene Äußerungen weggelassen waren, die erkennen ließen, daß wir uns mit den Verhältnissen in der DDR nicht voll identifizierten. Schließlich sei in keinem Artikel von einer Aufforderung zu physisch gewaltsamen Aktionen die Rede, vielmehr werde immer gesagt, daß die Wiederherstellung von Klassenbewußtsein Vorrang habe und daß eine Transformation der Bundesrepublik in eine sozialistische Gesellschaft nach dem Grundgesetz legal möglich sei, so daß es keiner illegalen physischen Gewaltanwendung bedürfe, um den Sozialismus einzuführen. Allerdings, so hatte ich in den Artikeln einschränkend argumentiert, könne nicht damit gerechnet werden, daß sich die Staatsorgane an die Prinzipien der Legalität halten: In diesem Fall aber könnten Konfliktsituationen entstehen, die Massenstreiks erforderlich machen würden. Dabei werde es nicht um die Beseitigung des Verfassungsrechts gehen, sondern – im Gegenteil – um seinen Schutz gegen illegal gebrauchte öffentliche Gewalt. Es werde also keinesfalls abstrakt zum Kampf gegen das Grundgesetz aufgerufen, wie die Staatsanwaltschaft behaupte. Im übrigen sei der Inhalt meiner Artikel kein anderer als der Inhalt des Referats, das Agartz im Jahre 1954 auf dem Frankfurter DGB-Kongreß gehalten habe und das nicht Gegenstand der Anklage sei. Offenbar war die Bundesanwaltschaft schließlich der Ansicht, daß eine totale Identifi-

24 Vgl. Wolfgang Abendroth, *Sozialgeschichte* . . ., a.a.O., S. 189.

kation mit der DDR und damit die Vorbereitung eines hochverräterischen Unternehmens darin läge, daß ich in einem meiner Artikel das Referat Chruschtschows auf dem 20. Parteitag der KPdSU[25] als Drehpunkt zu mehr Rechtsstaatlichkeit in der UdSSR, also auch in den anderen sozialistischen Staaten und der DDR bewertet und als Ansatzpunkt für völlig andere Bündnisverhältnisse auch im Hinblick auf die westliche Arbeiterbewegung gedeutet hatte.[26] Ich gab gern zu, in dieser Weise argumentiert zu haben, denn seit wann war es Vorbereitung eines hochverräterischen Unternehmens, wenn man auf reale Tatbestände Bezug nahm, die auch der CIA publizierte?

Meine Zeugenaussage zog sich über Stunden hin; der Vertreter der Bundesanwaltschaft wußte sich kaum zu helfen: Er war auf eine Wendung des Verfahrens in keiner Weise vorbereitet. Nach einem ausgezeichneten Plädoyer von Gustav Heinemann[27] wurde Agartz schließlich freigesprochen.

Du warst Dir offensichtlich nicht sicher, welchen Erfolg Deine Zeugenaussage haben würde?
Ich konnte es nicht im voraus bestimmen, zumal ich die Vorurteilsstruktur der Bundesanwaltschaft und des Bundesgerichtshofes kannte. Ohne Zweifel wäre es vom Interesse des politischen Systems her gesehen irrational gewesen, wenn Agartz verurteilt worden wäre. Hätte ihn der Bundesgerichtshof dennoch verurteilt, so hätte man auch mich anklagen und inhaftieren müssen. Jedenfalls war es ungewiß, wie der Senat verfahren würde. Ein rationales Kalkül konnte man bei einem so restaurativen Organ, wie es der BGH angesichts seiner Besetzung mit einer erheblichen Anzahl ehemaliger NSDAP-Mitglieder war, nicht unterstellen. Es war also unklar, ob die Richter ihre Aufgabe begreifen würden, auf der einen Seite antikommunistisch und antimarxistisch zu entscheiden, ohne

25 Vom 14. bis 25. 2. 1956 fand der 20. Parteitag der KPdSU statt, auf dem der Erste Sekretär des ZK der KPdSU, Chruschtschow, ein Geheimreferat hielt, in dem er mit den Verbrechen Stalins abrechnete; vgl. *Archiv der Gegenwart* 1956, S. 5679 f.

26 Vgl. Wolfgang Abendroth, *Die Wende des Stalinismus*, in: *WISO-Korrespondenz*, 1. Jg., 1956, S. 16 ff. und in: *Nürnberger Nachrichten* vom 10. 4. 1956.

27 Plädoyer von Dr. Dr. Gustav Heinemann, abgedruckt in: Hans Georg Hermann, *Verraten und verkauft*, Fulda 1959, S. 229–249.

dabei auf der anderen Seite die Aufmerksamkeit der westeuropäischen öffentlichen Meinung allzu sehr auf ihre eigene nationalsozialistische Vergangenheit zu lenken. Dieses Problem bestand auch nach dem KPD-Verbot, obwohl die Identifikation der KPD mit dem Stalinismus bereits weggefallen war, als dieses Verbot ausgesprochen wurde.

Der 20. Parteitag der KPdSU fand im Februar 1956 statt, das Verbotsurteil gegen die KPD erging im August desselben Jahres ...

An den halblegalen Dokumenten der KPD läßt sich ablesen, daß sie die Schwenkung der Entstalinisierung mitgemacht hatte. Die Urteilsbegründung des Bundesverfassungsgerichts traf also eine KPD, welche in der darin kritisierten Form nicht mehr existierte.[28] Juristisch war das zwar widersinnig, nicht dagegen politisch vom Standpunkt der Bourgeoisie aus, denn für sie kam es darauf an, jede Organisation, die auf die SPD während ihres Anpassungsprozesses einwirken und dadurch eine eventuelle Opposition innerhalb der SPD stärken könnte, zu zerschlagen.

Wie hat die SPD das Urteil gegen die KPD aufgenommen?

Formell hat die SPD-Führung protestiert und den Antrag auf Verbot der KPD für unnötig erklärt; tatsächlich aber hat die SPD-Spitze das Verbot gefördert.

Gibt es Anzeichen dafür, daß die SPD-Führung das Verbot der KPD gefördert hat?

Dazu muß man sich vor Augen führen, wie damals die Verfassungsschutzorgane der SPD-regierten Länder gearbeitet und was der SPD nahestehende Zeitungen geschrieben haben. Auch der *Vorwärts* war zu dieser Zeit schon weitgehend an die öffentliche Meinung angepaßt. Schließlich war Gleißberg inzwischen nicht mehr Redaktionsmitglied.

28 *Entscheidung des Bundesverfassungsgerichts vom 17. 8. 1956*, Band 5, S. 85 ff.; vgl. Wolfgang Abendroth, *Das KPD-Verbotsurteil des Bundesverfassungsgerichts. Ein Beitrag zum Problem der richterlichen Interpretation von Rechtsgrundsätzen der Verfassung im demokratischen Staat*, in: *Zeitschrift für Politik*, 3. Jg., Heft 4/1956, S. 305–327; wiederabgedruckt in: ders., *Antagonistische Gesellschaft ...*, a.a.O., S. 139–174.

Wurde das Urteil gegen die KPD auf den unteren Parteiebenen in der SPD diskutiert oder problematisiert?
Nein, mit ihrem Verbot ist die KPD – auch vom Standpunkt des Arbeiterfunktionärs der SPD – eine »quantité négligeable« geworden. Die einzige Gruppierung, die sich energisch um das KPD-Verbot und die Folgewirkungen gekümmert hat, ist der Amnestie-Ausschuß. In ihm waren der KPD nahestehende Anwälte, aber auch kritische linke SPD-Juristen und wirklich demokratisch denkende linksbürgerliche Juristen zusammengeschlossen. Der linkskatholische Anwalt Ammann aus Heidelberg, ein Mann mit großer Standfestigkeit und erstaunlicher rechtsstaatlicher Gewissensstärke, hatte die Geschäftsführung.

Wie hat der Amnestieausschuß gearbeitet?
Er hat vor allem die Verteidigung in den zahllosen politischen Prozessen gegen Kommunisten während der Restaurationsperiode organisiert und Diskussionen zwischen den Anwälten über die besten Methoden der Verteidigung in politischen Strafverfahren veranstaltet. Er übernahm also weitgehend die Aufgaben, die in der Weimarer Zeit die Rote Hilfe wahrgenommen hat.

Der Amnestieausschuß wollte durch seine Tagungen außerdem wissenschaftliche Debatten einleiten und auf die breitere Öffentlichkeit einwirken, hatte insoweit allerdings nur sehr begrenzten Erfolg. Immerhin ging das Urteil des Bundesverfassungsgerichts von 1961[29], in dem § 90 a Abs. 3 des Strafgesetzbuches[30] für verfassungswidrig erklärt wurde, auf die Arbeit des Amnestieausschusses zurück. Die Erkenntnis, daß diese Bestimmung gegen das Grundgesetz verstieß, hatte sich nur sehr langsam Bahn brechen können, zumal ihr die SPD und ihr Kronjurist Adolf Arndt zugestimmt hatten. Viele Kommunisten waren mit Hilfe dieser Norm ins Gefängnis

29 *Entscheidung des Bundesverfassungsgerichts vom 21. 3. 1961*, Band 12, S. 196 ff.

30 Diese Bestimmung sah vor, daß Angehörige einer durch das Bundesverfassungsgericht als verfassungswidrig verbotenen Partei auch für ihre Parteitätigkeit in der Zeit vor dieser Entscheidung des Bundesverfassungsgerichts bestraft werden konnten. Die Norm beinhaltete eine eindeutige Verletzung des Grundsatzes »nulla poena sine lege«.

geschickt worden und hatten ihre Strafe bereits abgesessen, ohne daß sie später einen Pfennig Haftentschädigung bekamen. Ihre Existenz war vernichtet worden. So war z. B. einer meiner Studenten in Wilhelmshaven aufgrund des § 90 a StGB fast 5 Jahre im Gefängnis gewesen; er wurde nach der Entlassung Bergarbeiter im Ruhrgebiet. Er hatte es im Gefängnis sehr schwer gehabt, in gewisser Weise schwerer, als wir es im Dritten Reich hatten, denn wir konnten mit anderen Gefangenen kommunizieren und politisch diskutieren. Er hatte diese Möglichkeit nicht, weil seine Mitgefangenen ausschließlich Kriminelle waren. Ihm wurde auch nicht erlaubt, sich während seiner Inhaftierung weiterzubilden.

Hast Du Dich an der Arbeit des Amnestieausschusses organisierend beteiligt oder wurdest Du mehr als Fachmann herangezogen?
Die eigentliche Organisation des Ausschusses lag in den Händen von Ammann. Anwaltskollegen wie Heinrich Hannover oder – damals – Diether Posser haben ihm dabei wesentlich mehr geholfen als ich. Ich habe auf den Tagungen des Ausschusses mehrmals referiert, meist über Probleme des Zusammenhangs von Verfassungsrecht auf der einen, Straf- und Strafprozeßrecht auf der anderen Seite. Außerdem war ich bemüht, andere demokratisch denkende Professoren, auch wenn sie nicht marxistisch orientiert waren, als Referenten zu gewinnen.

Dein Auftreten im Amnestieausschuß hat Deine gleichzeitig ausgeübte Tätigkeit als Richter am Staatsgerichtshof Bremen und am Verfassungsgerichtshof in Hessen nicht beeinträchtigt?
Nein, sowohl bei den Staatsgerichtshöfen als auch in der Universität wurde ich toleriert und als Aushängeschild benutzt, besonders dann, wenn man die Vergangenheit der deutschen Juristenschicht im Bewußtsein ausländischer Kollegen vergessen machen wollte. Ich habe diese Rolle bewußt mitgespielt und genutzt, wann immer ich konnte. Denn mit den wenigen anderen sozialdemokratischen Professoren war mir nur eine begrenzte Kommunikation möglich. Kollegen wie Carlo Schmid konnten mir nichts nutzen, und mit Karl

Schiller eine Zusammenarbeit zu versuchen, hätte mir – schon wegen seines Verhaltens im Dritten Reich – nicht gelegen. Bei meinem Marburger Kollegen Heinrich Düker – ich sprach bereits über ihn – war und ist das vollkommen anders, übrigens auch bei manchen bürgerlich-demokratischen Kollegen, die eine antifaschistische Vergangenheit haben, wie zum Beispiel der Marburger Kristallograph Herrmann. Aber beide, Düker und er, waren Naturwissenschaftler: Die politische Zusammenarbeit war eingeschränkt, weil unsere Arbeitsgebiete sich kaum berührten.

Gab es in der ›Vereinigung für Politische Wissenschaft‹ Möglichkeiten der Zusammenarbeit?

Ja, in dieser Vereinigung war die personelle Zusammensetzung günstiger als in der »Vereinigung der Staatsrechtslehrer«. Anfang der fünfziger Jahre und dann wieder sogleich nach meinem Ausschluß aus der SPD wählte man mich in den Vorstand, um mich zu schützen. Darüber hinaus gab es Möglichkeiten zur engeren Zusammenarbeit mit Eugen Kogon und Ossip K. Flechtheim, auch mit Ernst Wilhelm Meyer, solange er Professor in Frankfurt war, denn sie alle sind Gegner des Faschismus gewesen. Mit den Professoren der Berliner Hochschule für Politik, die später der Universität angegliedert wurde, stellte sich gelegentlich ein Bündnisverhältnis her. Wenngleich dort die Professoren rechtsliberal waren, konnten wir dennoch eine gemeinsame Front gegen die reaktionären Neuhistoriker und Verfassungsrechtler bilden.

Du hast im Jahre 1957 eine Lehrveranstaltung über die deutsche Wissenschaft im Dritten Reich gehalten: Welche Reaktionen erfolgen daraufhin?

Schon vorher hatte ich Vorlesungen unter dieser Fragestellung gehalten. Seit 1957 veranstaltete ich nacheinander drei Seminare zur Aufarbeitung der Publikationen der wichtigsten Geisteswissenschaftler und Juristen des Dritten Reiches, Seminare, die schon deshalb instruktiv waren, weil allzu viele der dabei durchgearbeiteten Veröffentlichungen von noch amtierenden Kollegen stammten. Einer meiner Studenten übernahm in diesem Seminar ein Referat über die Zeitschrift *Das*

Reich[31] und stieß dabei auf den Namen eines führenden Redakteurs der *Frankfurter Allgemeinen Zeitung*. Ihm, einem harmlosen bürgerlichen Verbindungsstudenten, wurde klar, daß das, was die älteren Professoren, die hohen Bürokraten und die derzeit führenden Journalisten über ihre Vergangenheit erzählten, meist falsch war. Der Student weitete seine Arbeit später zur großen wissenschaftlichen Arbeit des Staatsexamens aus. Der Journalist, einst Redakteur bei der Zeitschrift *Das Reich*, erfuhr davon; er geriet in Besorgnis und versuchte, ein Exemplar der Arbeit in die Hände zu bekommen. Auf der nächsten Versammlung der »Vereinigung für Politische Wissenschaft« trat ein Kollege auf mich zu und teilte mir im Auftrag des damaligen Vorstandes mit, es sei unmöglich, daß ich Veranstaltungen und Arbeiten dieses Inhalts initiierte, weil dadurch das Ansehen der politischen Wissenschaft gefährdet und die Chance der Zusammenarbeit mit Nachbardisziplinen zunichte gemacht würde. Er bat mich, das Seminar einzustellen, andernfalls müßte ich mit Folgen in der Vereinigung rechnen. Ich habe natürlich nicht nachgegeben, aber auch keine Sanktionen zu spüren bekommen: Man wagte offenbar nicht, gegen mich vorzugehen. All das ist typisch für die Restaurationsperiode um die Wende von den fünfziger zu den sechziger Jahren. Erst Mitte der sechziger Jahre begannen die Studenten aus eigenem Antrieb, die Professoren wegen ihrer nationalsozialistischen Vergangenheit anzugreifen, eine Entwicklung, auf die ich später noch zu sprechen kommen will.

Wie hat sich während der Restaurationsphase der SDS entwikkelt?

Abgesehen von einigen regionalen Gruppen war der SDS zu der Zeit, zu der ich in den Westen kam, ein angepaßter Verband. Die meisten in ihm organisierten Studenten hatten vor, in den von der SPD regierten Bundesländern Karriere zu machen. Helmut Schmidt ist geradezu typisch für diese Gruppe; er wurde Bundesvorsitzender des SDS. Trotzdem

31 *Das Reich* erschien von 1940–1944; vgl. *Faksimile-Querschnitt durch Das Reich*, eingeleitet von Harry Pross, hrsg. von Hans Dieter Müller, München/Bern/Wien 1964. Die Zeitschrift war während des Faschismus für die Intelligenz bestimmt.

unterschieden sich die Studenten des SDS immer noch wohltuend von ihrer Umgebung, denn die übergroße Masse der Studenten wendete sich zu jener Zeit nach rechts, insbesondere an den kleineren Universitäten, an denen die Korporationen gleich zu Anfang der fünfziger Jahre wiederaufblühten. Nach der Entnazifizierung bekamen die Landsmannschaften, Corps und Burschenschaften ihre Häuser wieder zurück und konnten sich nun um so leichter reorganisieren. Bis zu 80% der Studenten in Marburg, Würzburg und Tübingen gehörten Verbindungen an oder sympathisierten mit ihnen, eine Lage, die der in der Weimarer Republik analog war. Der Unterschied bestand lediglich darin, daß die Korporationen früher deutsch-national orientiert waren und jetzt pro-westlich und christlich-abendländisch. Der Antisemitismus war offiziell tabu, latent aber durchaus noch vorhanden: Er gerierte sich als Philosemitismus und Prozionismus. Dafür aber waren der Antikommunismus und der Antimarxismus bei weitem ausgeprägter als in den Jahren zwischen der Revolution und dem Sieg des Faschismus. Die Orientierung nach rechts beherrschte die Studentenschaft auch in den Großstädten, allerdings dort weniger stark durch die Korporationen vermittelt.

Und wie stark war demgegenüber der Einfluß von Linken an den Hochschulen?

Die Studenten insgesamt akklamierten der Herrschaft der CDU oder der Unterstützung dieser Herrschaft durch die damalige FDP, die vor dem Ausscheiden der Gruppe um Blücher – ebenso wie der dritte Koalitionspartner der Bundesregierung nach 1953, der BHE[32] – rechts von der CDU stand. In der Professorenschaft gab es keinen nennenswerten Einfluß von links. Auch als Max Horkheimer und Theodor W. Adorno im Jahre 1950 nach Frankfurt zurückkamen, waren sie nur eine begrenzte Hilfe, obwohl sie wichtige Funktionen hatten, denn sie arbeiteten den Faschismus sozialpsychologisch auf und versuchten immerhin, gegen den latenten Antisemitismus anzugehen.

In Hessen, in mancher Beziehung auch an der Freien Uni-

32 Vgl. Franz Neumann, *Der Block der Heimatvertriebenen und Entrechteten 1950–1960*. Diss., Meisenheim 1967.

versität in Berlin, bestand eine größere Liberalität als in den übrigen Bundesländern. So war zum Beispiel die Verfolgung von Mitgliedern der »Vereinigung der Verfolgten des Naziregimes« (VVN), die in der Verwaltung tätig waren, in Hessen weniger scharf als anderswo. Die VVN wurde hier auch nicht verboten – ganz anders als in von der CDU regierten Bundesländern.

Auch in den fünfziger Jahren drängte der SDS, wenn man von einzelnen Gruppen und Personen etwa in Frankfurt, Göttingen, Marburg, Berlin und Münster i. W. absieht, nicht voran, wurde nicht zum Initiator sozialistischer Entwicklungen in der Studentenschaft. Ähnlich war es bei den Jungsozialisten; auch dort gab es nur vereinzelte oppositionelle Zentren, insbesondere in Hessen. Frankfurt wies insofern eine Besonderheit auf, als hier die Zeitschriften *links* und *Standpunkt* herausgegeben wurden oder ihre wichtigsten Autoren saßen.[33] Der Einfluß der Korporationen war in Frankfurt a. M. – wie einst in der Weimarer Republik – weniger beherrschend als an anderen Universitäten. Zwar fehlte das jüdische Element, das in der Zeit vor 1933 sehr stark gewesen war, aber es dominierte der Kontakt zu den Gewerkschaften. Mehrere große Industriegewerkschaften hatten in Frankfurt ihre Hauptvorstände; sie brauchten wissenschaftliche Hilfskräfte und beschäftigten also Studenten. Daneben gab es das Institut für Sozialforschung, das trotz aller Kritik, die man üben kann, jedenfalls in der Restaurationsphase seine progressive Bedeutung hatte: Es war eines der wenigen Institute, die überhaupt zu kritischem Denken anleiteten, obwohl seine Leiter die Tradition des Instituts, die Geschichte der Arbeiterbewegung zu erforschen und die Theorie des Marxismus weiterzuentwickeln, bewußt nicht fortgeführt haben. Eine gewisse Kommunikation zwischen Marburg und Frankfurt bestand fortwährend, zwischen den Professoren allerdings fast nur hinter den Kulissen. Adorno und Horkheimer wünschten nicht, mit einem Outcast – so jedenfalls wurde ich von der Majorität der Kollegen an den Universitäten und von der bürgerlichen

33 *links* – nicht zu verwechseln mit der seit 1969 vom Sozialistischen Büro herausgegebenen gleichnamigen Zeitschrift – erschien in den fünfziger Jahren, herausgegeben von sozialistischen Studenten und Jungsozialisten des Bezirks Hessen-Süd; *Standpunkt* war von 1951 bis 1959 das Bundesorgan des SDS.

Presse beurteilt – ineins gesetzt zu werden. Nur ein einziges Mal wurde ich vom Institut für Sozialforschung zum Vortrag aufgefordert, nämlich unmittelbar nach dem Agartz-Prozeß von 1957. Da die gesamte überregionale Presse einschließlich der *Frankfurter Allgemeinen Zeitung* ausführlich über meine Zeugenaussage berichtet hatte und weil Agartz freigesprochen wurde, war ich gerade populär.

Welche Bedeutung hatte die zweite große Massenbewegung in der BRD, die Bewegung gegen die Atomrüstung?
Die spontane Bewegung gegen den Atomtod wird zunächst von der SPD forciert, dann aber fängt die Parteiführung sie auf, kanalisiert sie und läßt die Bewegung schließlich versikkern. Anfänglich plädiert die SPD nämlich in Bremen, Hessen und in Hamburg offensiv für eine Volksbefragung zur atomaren Bewaffnung der Bundeswehr. Diese Volksbefragung wird vom Bundesverfassungsgericht verboten.[34]

Die Führung der SPD unterstützte diese Bewegung anfangs, weil sie hoffte, dadurch bei den nächsten Bundestagswahlen Stimmen für sich gewinnen zu können. Man muß auch bedenken, daß am Anfang dieser Bewegung keinesfalls die Ablehnung der SPD stand, sondern der Protest der 18 Naturwissenschaftler gegen die Ausrüstung der Bundeswehr mit Atomwaffen.[35] Für die SPD spielte es eine große Rolle, daß zunächst fast die gesamte intellektuelle Welt gegen die Atomrüstung auftrat. Dies erklärt, warum von der Partei in der Bundestagsdebatte vom März 1958 massiv gegen die atomare Aufrüstung argumentiert wurde.[36] Danach aber wurde die Bewegung durch die Parteispitze langsam entmobilisiert und bröckelte ab. Solche Rückentwicklungen sind typisch selbst dann, wenn die Parteiapparate nicht bewußt darauf aus sind, Bewegungen versanden zu lassen. Hätte die SPD die imma-

34 *Entscheidung des Bundesverfassungsgerichts vom 30. 7. 1958*, Band 8, S. 104 ff.

35 Am 17. 4. 1957 traten 18 deutsche Atomwissenschaftler für einen Verzicht der BRD auf Atomwaffen ein und erklärten, daß sie nicht bereit seien, sich in irgendeiner Weise an der Herstellung von Atomwaffen zu beteiligen; vgl. *Archiv der Gegenwart* 1957, S. 6385.

36 Vgl. *Verhandlungen des Deutschen Bundestages*, 3. Wahlperiode, *Stenographische Berichte*, 18. bis 21. Sitzung vom 20., 21., 22. und 25. 3. 1958, Bonn 1958, S. 823 ff., 917 ff., 1015 ff., 1057 ff.

nenten Gefahren vermeiden wollen, welche entstehen, wenn Aktionen bürokratisch kanalisiert werden, so hätte sie sehr rational planen und eine präzise marxistische Analyse erarbeiten müssen – eine Anforderung, die man an die Spitze der SPD ganz sicherlich nicht stellen konnte. Der Rückzug der Parteispitze hing wesentlich auch mit politischen Entscheidungen zusammen: Unter keinen Umständen wollte sie den Anschluß an die anderen bürgerlichen Parteien verlieren; sie schielte damals schon immerzu auf die Koalitionsfähigkeit. Dementsprechend wurde die Anti-Atombewegung nicht vom Klassenstandpunkt aus durchdacht, geplant und geleitet.

Wie hätte ein solcher Klassenstandpunkt in der Anti-Atombewegung ausgesehen?
Die Atomwaffe ist auf dem Höhepunkt der Entwicklung des Imperialismus entwickelt und verwendet worden. Dadurch wurde die Absurdität der kapitalistischen Produktionsweise unmittelbar deutlich. Die andere, die sozialistische Großmacht mußte sich, wollte sie überleben, ebenfalls Atomwaffen zulegen. In der ersten Phase der amerikanischen imperialistischen Politik galt das Prinzip des »Containment«, der Eindämmung des Sowjetblocks. Mit dieser Bezeichnung wurde freilich die wirkliche Absicht verschleiert. Containment hieß nämlich: Beherrschen der gesamten Welt mit Ausnahme der UdSSR und der im Jahre 1945 von der Roten Armee okkupierten Gebiete. Bald wurde denn auch offiziell die Bezeichnung Containment ersetzt durch die Parole des »roll back«. Diese Parole implizierte die Rückeroberung aller nicht zur UdSSR gehörenden Staaten, die sozialistisch geworden waren, im Interesse der USA und der kapitalistischen Weltwirtschaft sowie die Liquidation aller kolonialen Revolutionen und der Chinesischen Revolution. In diesem Zusammenhang wird deutlich, daß das Problem der Atombewaffnung ein Klassenproblem ist: das Problem des internationalen Widerspruchs zwischen kapitalistischer und sozialistischer Weltwirtschaft. Hätte also die SPD vom Klassenstandpunkt aus geurteilt, so hätte sie verhindern müssen, daß die BRD danach strebte, als Verbündete der USA und später als imperialistische Großmacht aufzutreten. Die SPD hätte Parolen ausgeben müssen wie: Emanzipation der Arbeiter in allen westeuropäischen

Ländern von der proamerikanischen Option, Ablehnung der Atombewaffnung, internationales Verbot der Atomwaffen. Denn diese Parolen hätten einerseits den vitalen Interessen der europäischen Bevölkerung und den Klasseninteressen der Arbeiterklasse entsprochen, andererseits wären sie den besonderen Interessen der immer noch technisch rückständigeren UdSSR und der sozialistischen Staaten entgegengekommen. Wollte man dies erreichen, so hätte man die USA zwingen müssen, ihre Atombewaffnung aufzugeben. Ein zusätzliches Problem bestand darin, daß die Atombewaffnung in den kapitalistisch wirtschaftenden Ländern eine Profitquelle für die Konzerne ist; in den sozialistischen Ländern hingegen ist die Atombewaffnung – anders als die industrielle Verwendung der Atomkraft – eine ungeheuer große finanzielle Belastung der nationalen Wirtschaften. Deshalb wäre es sicherlich nicht schwierig gewesen, die UdSSR für einen Verzicht auf die Atomrüstung zu gewinnen, wenn deutlich gewesen wäre, daß auch die andere Weltmacht ihre atomare Rüstung einstellen würde. Hätte die SPD solche Überlegungen popularisiert, so hätte sie die Bewegung mit Sicherheit am Leben erhalten können.

Als Ergebnis der Bewegung gegen die Atomrüstung unterstützte die SPD die Annahme oder zumindest die Diskussion des Rapacki-Planes, nämlich die Forderung nach einer atomwaffenfreien Zone in Mitteleuropa.[37]

Das ist richtig. Die SPD verfolgte diese Linie aber nicht weiter, wenn man vom Deutschland-Plan vom März 1959 absieht, der ja ohnehin kaum Folgen hatte. Sie untersuchte nicht einmal die Widerstände, die von amerikanischer Seite gegen einen solchen Vertrag ins Feld geführt wurden, und prüfte nicht, welche Klasseninteressen in der Bundesrepublik und welche Sonderinteressen des amerikanischen Imperialis-

37 Am 4. Oktober 1957 schlug der polnische Außenminister Rapacki in einer Rede vor der UNO vor, in Mitteleuropa eine aus der Bundesrepublik, der DDR und Polen bestehende atomwaffenfreie Zone zu schaffen. Der tschechoslowakische Außenminister David bot in der gleichen UNO-Versammlung an, sein Land in diese Zone einzubeziehen. Am 30. November 1957 forderten die SPD-Abgeordneten Schmid und Erler die Aufnahme von Verhandlungen für eine atomwaffenfreie Zone in Mitteleuropa; vgl. *Archiv der Gegenwart* 1957, S. 6672, S. 6770.

mus dahinterstanden. Zu kämpferischer Agitation gegen den amerikanischen Imperialismus und dessen Bündnis mit den westdeutschen Oberklassen fehlte der SPD der Mut. Umgekehrt: Zur gleichen Zeit entwickelte sich in der SPD das Verbot marxistischer Analysen. Und weil die SPD sie verbot, konnte sie das Selbstbewußtsein der Arbeiterklasse nicht vorantreiben und keine größeren Kräfte mobilisieren, die in diese Entwicklung hätten eingreifen können. Aus diesem Grunde sind im Verlaufe der Anti-Atomtod-Bewegung niemals auch nur annähernd so viele Menschen mobilisiert worden wie einst bei der Kampagne gegen die Wiederbewaffnung, als es in der Arbeiterklasse aus den Kämpfen von vor 1933 tradiertes oder unmittelbar nach 1945 neugebildetes Klassenbewußtsein noch gab.

Jetzt, bei der Anti-Atomkampagne marschieren die Industriearbeiter zum Teil noch aus Disziplin mit, aber es entsteht unter ihnen keine spontane starke Bewegung. Während der ersten Hälfte der dritten Legislaturperiode schläft die Agitation der SPD für den Rapacki-Plan ein, und bald darauf setzt eine zweite Phase militanter antisowjetischer und antiöstlicher Propaganda der SPD-Führung ein.

Dennoch war die Mehrheit der Bevölkerung gegen die Ausrüstung der Bundeswehr mit atomaren Waffen?

Zunächst war dies durchaus die Stimmung der Mehrheit, die aber stumpf und nicht mehr voll mobilisierbar ist, weil eine Darstellung und Vermittlung der Hintergründe der Atomfrage nicht stattfindet. Die Ostermarsch-Bewegung, die 1960/61 einsetzt, ist zuerst nur eine Bewegung von kritischen Intellektuellen, unterstützt durch die Führung von Jugendverbänden mit sozialistischer Tradition, z. B. den »Naturfreunden«. Die Ostermarschbewegung begeistert zwar diese Minorität, die sich ihr anschließt, der Beginn ist aber mühselig genug. In dieser Zeit tritt die SPD sogar schon vorsichtig für die atomare Bewaffnung ein.[38]

Welches waren die entscheidenden Faktoren dafür, daß sich

38 Vgl. *Protokoll der Verhandlungen des Parteitages der SPD vom 23. bis 27. November 1964 in Karlsruhe.* Hannover/Bonn o. J. [1964], S. 838 ff., S. 843.

innerhalb der SPD wesentliche Positionsänderungen durchsetzten, wie sie im »Godesberger Programm«[39] *zum Ausdruck kommen?*
Nach der Wahlniederlage des Jahres 1953[40] verzichtete die SPD mehr und mehr darauf, auch nur Reste eines Klassenstandpunktes aktiv zu vertreten, geschweige denn, systematisch und durchdacht neues Klassenbewußtsein zu bilden. Man sieht es im Fall von Viktor Agartz: Hier erreichte der Kampf gegen diejenigen, die versuchten, Klassenpositionen innerhalb der Gewerkschaften bewußt zu machen, einen ersten Höhepunkt. Gleichzeitig akzeptierte die SPD die Wiederbewaffnung. Dennoch wäre in dieser ersten Phase nach 1953 ein abrupter programmatischer Wandel für große Teile der Mitgliedschaft der SPD noch unannehmbar gewesen. Obwohl sie Stimmengewinne von 3% zu verzeichnen hatte, zog die SPD – wie zu erwarten war – auch bei den Bundestagswahlen von 1957 den kürzeren.[41]

Inzwischen waren die alten Kader von Arbeiterfunktionären, deren politisches Bewußtsein vor 1933 geformt wurde, aus der Partei nahezu alle ausgeschieden: Sie waren entweder aus Altersgründen inaktiv geworden oder gestorben. Mittlere Führungskräfte, Gewerkschaftler, welche der Tradition der alten Arbeiterbewegung verbunden und in der SPD waren, spielten in der Partei keine relevante Rolle mehr. Mit diesen mittleren Kadern aber nahm gleichzeitig der Anteil der Industriearbeiter, die am Parteileben der SPD aktiv teilgenommen hatten, schnell ab. Insofern war die Wendung zu einem anderen Parteiprogramm, das mit der Tradition der deutschen Arbeiterbewegung, mit den Namen Karl Marx, Friedrich Engels, August Bebel, Wilhelm Liebknecht und Paul Singer radikal brechen wollte, leichter geworden. Nach der Wahlnie-

39 Vgl. *Protokoll der Verhandlungen des außerordentlichen Parteitages der SPD vom 13. bis 15. November 1959 in Bad Godesberg*. Bonn o. J. [1959]. *Godesberger Programm*, abgedruckt in: Wolfgang Abendroth, *Aufstieg und Krise* . . ., a.a.O., S. 128–143.

40 Die Bundestagswahlen vom 6. September 1953 brachten folgende Stimmenverteilung: CDU/CSU: 45,2%, SPD: 28,8%, FDP: 9,9%, BHE: 5,9%, DP: 3,3%, KPD: 2,2%, BP: 1,7/%, GVP: 1,2%, DRP: 1,1%; vgl. *Archiv der Gegenwart* 1953 S. 4150.

41 Bei den Bundestagswahlen vom 15. 9. 1957 erhielt die CDU/CSU 50,2%, die SPD 31,8%, die FDP 7,7% der Stimmen; vgl. *Archiv der Gegenwart* 1957, S. 6642.

derlage von 1957 stellte die Parteiführung der SPD die illusionäre These auf, daß das – ohnedies nur relative – Stagnieren der SPD-Stimmen der Bewahrung bestimmter Klassenpositionen geschuldet sei. Teile der Spitzenkader machten diese Schwenkung mit: Wehner gleichsam aus Zynismus, Erler brauchte längst keine Kehrtwendung mehr zu machen, und Carlo Schmid bekundete nur sein eigentliches Wesen als im Grunde schon vor 1933 durch Zeitströmungen beeinflußbarer liberaler Intellektueller. In den Funktionärskonferenzen der Unterbezirke gaben in dieser Zeit bereits Angestellte in Dienstleistungsbetrieben und Beamte in der Landes- und Kommunalverwaltung den Ausschlag, während die Arbeiter in der Minderheit waren. Deshalb ging der Prozeß der programmatischen Schwenkung im allgemeinen ohne größeren Widerstand vonstatten. Die SPD hörte nunmehr bewußt auf, eine Gegenmeinung zu den herrschenden Meinungen in der Restaurationsgesellschaft bilden und durchsetzen zu wollen; sie wollte nur noch eine Variante innerhalb dieser herrschenden Meinungen repräsentieren und hoffte, auf diesem Wege leichter zu Wahlerfolgen und dadurch an die Regierung zu gelangen.

Welche Funktion hast Du damals Deinem Alternativ-Entwurf zum »Godesberger Programm«[42] beigemessen?
Er sollte meiner Intention nach dazu genutzt werden, Restkader der »Alten« und vor allem Kader der sozialdemokratischen Jugendorganisationen zu schulen. Dies war nach meiner Meinung von ausschlaggebender Bedeutung, da es darum ging, in dieser ökonomisch stabilen Periode des Monopolkapitalismus und der Restaurationsgesellschaft Reste von Klassenbewußtsein zu bewahren und zu stabilisieren, die in und nach der nächsten Krise genutzt werden könnten.

Welches sind die wesentlichen Unterschiede zwischen Deinem Entwurf und dem »Godesberger Programm«?
Im Godesberger Programm wird jede Klassenanalyse, jeder

42 Vgl. Wolfgang Abendroth, *Aufgaben und Ziele der deutschen Sozialdemokratie. Programmentwurf 1959*, in: ders., *Antagonistische Gesellschaft . . .*, a.a.O., S. 407–428; *Protokoll der Verhandlungen des außerordentlichen Parteitages der SPD . . . in Bad Godesberg*, a.a.O., S. 412-421 und 545-551.

Klassenstandpunkt, jede Überlegung zu den realen, wenngleich verdeckten Klassengegensätzen in der Gesellschaft und deren politischem Ausdruck aufgegeben. Es enthält allenfalls eine halblinke CDU-Programmatik, so wie sie von der CDU 1947 selbst formuliert worden war. In vielen Fragen steht es weit rechts vom »Ahlener Programm« der CDU. Im »Godesberger Programm« werden »Werte« proklamiert, die beliebig inhaltlich ausgefüllt werden können, »Werte«, wie sie in jedem bürgerlichen Programm enthalten waren. Daneben finden sich Randbemerkungen gegen irgendwelche Exzesse des Monopolkapitalismus, keinesfalls aber gegen den Monopolkapitalismus selbst. Es ist übrigens kein Zufall, daß heute, im Jahre 1976, der Vorsitzende der SPD, Willy Brandt, die Jungsozialisten scharf angreift, weil sie – wenn auch nur in Ausnahmefällen des Monopolmißbrauchs – an Forderungen der Vergesellschaftung und der Investitionslenkung durch gesellschaftliche Planung festhalten wollen, Forderungen, die einst im »Ahlener Programm« der CDU von 1947[43] viel radikaler formuliert worden waren. Willy Brandt verlangt heute von den Jungsozialisten, solche »Ladenhüter« abzulegen; für ihn sind Artikel 39 der hessischen Verfassung[44] und Artikel 27 der Verfassung von Nordrhein-Westfalen[45] »Ladenhüter«. Das wirft ein deutliches Licht auf seinen Begriff von Verfassungstreue und auf den der gesamten Schar der

43 Vgl. *Das Ahlener Wirtschaftsprogramm der CDU vom 15. Juli 1947*, abgedruckt in: Ernst Ulrich Huster, Gerhard Kraiker, Burkhard Scherer, Friedrich-Karl Schlotmann und Marianne Welteke, *Determinanten der westdeutschen Restauration 1945-1949*, Frankfurt/Main 1972, S. 424 ff.

44 Artikel 39 der Verfassung des Landes Hessen vom 1. Dezember 1946 (*Gesetz- und Verordnungsblatt* S. 229) lautet: »Jeder Mißbrauch der wirtschaftlichen Freiheit – insbesondere zu monopolistischer Machtzusammenballung und zu politischer Macht – ist untersagt.

Vermögen, das die Gefahr solchen Mißbrauchs wirtschaftlicher Freiheit in sich birgt, ist aufgrund gesetzlicher Bestimmungen in Gemeineigentum zu überführen. [...]

Bei festgestelltem Mißbrauch wirtschaftlicher Macht ist in der Regel die Entschädigung zu versagen.«

45 Artikel 27 der Verfassung für das Land Nordrhein-Westfalen vom 28. Juni 1950 (*Gesetz- und Verordnungsblatt* S. 127) lautet: »Großbetriebe der Grundstoffindustrie und Unternehmen, die wegen ihrer monopolartigen Stellung besondere Bedeutung haben, sollen in Gemeineigentum überführt werden. Zusammenschlüsse, die ihre wirtschaftliche Macht mißbrauchen, sind zu verbieten.«

gegenwärtigen »Verteidiger der freiheitlich-demokratischen Grundordnung«.

Das Entscheidende in meinem Gegenentwurf waren die systematische Klassenanalyse der Gesellschaft in der BRD und die Untersuchung der Klassenmachtverhältnisse im Bereich des politischen Systems. Objektiv wird der Staatsapparat durch das Monopolkapital und die Spitzenbürokratie in der bundesrepublikanischen Gesellschaft beherrscht. Die Interessen der gesamten arbeitenden Klasse stehen dazu in Gegensatz. Schon damals erweitert sich die arbeitende Klasse ständig: Die zunächst im Prozeß der Restauration und durch die Währungsreform gestärkten selbständigen Mittelschichten reduzieren sich zusehends, die Kleinbauern werden aus der agrarischen Produktion verdrängt, und auch die Zahl der Mittelbauern verringert sich. Nicht anders – wenn auch langsamer – vollzieht sich dieser Prozeß im gewerblichen Mittelstand. Sowohl innerhalb des industriellen Kapitals als auch in den Dienstleistungsbetrieben, im Distributions- und im Bankensektor setzt sich die Konzentrationstendenz immer mehr durch. Angesichts der Wendung zum Monopolkapitalismus und seiner tendenziellen Identifikation mit der öffentlichen Gewalt erweist sich das Gerede von der »Sozialen Marktwirtschaft« und von der »Sozialpartnerschaft« immer deutlicher als falsch, als Ideologie, die andere Vorgänge verdecken und die Bildung von Klassenbewußtsein unter den abhängig Arbeitenden verhindern soll. Die anderen Theoreme der offiziellen »Schulen« der universitären Volkswirtschaftslehre, einschließlich des modifizierten Keynesianismus und des werdenden »Kritischen Rationalismus«, die alle im »Godesberger Programm« ihren Niederschlag finden, laufen auf etwas Ähnliches hinaus. Trotz der Hochkonjunktur damals ist die Arbeiterklasse nicht vor wirtschaftlichen Krisen geschützt: Es ist eine Illusion zu glauben, daß sich die inneren Widersprüche innerhalb der kapitalistischen Gesellschaft – ganz abgesehen von dem Widerspruch zwischen den Interessen der Monopolbourgeoisie und der Arbeiterklasse – nicht permanent weiterentwickeln. Die Bewahrung und die Verbesserung der sozialen Lage der großen Majorität der deutschen Bevölkerung, d. h. der industriellen Arbeiter und der stetig wachsenden Zahl der Angestellten und im Öffentlichen Dienst Tätigen, ist vielmehr auf lange Sicht nur möglich durch den Übergang zu einer sozialistischen Gesellschaft. Ein solcher Übergang ist nach dem Grundgesetz der BRD, welches ja entstand, ehe sich der Restaurationsprozeß voll durchsetzte, durchaus legal möglich. Diese legale Möglichkeit kann einzig durch den gewerkschaftlichen Kampf und die Mobilisierung der Arbeiterklasse wahrgenommen werden. Realisierbar ist die Transformation allerdings erst dann, wenn die Massen ihre Notwendigkeit eingesehen und sie zu ihrer eigenen Sache gemacht haben. Dann ist in dieser Gesellschaft ein friedlicher Übergang zum Sozialismus ohne Anwendung physischer Gewalt denkbar. Der friedliche Übergang ist unerläßlich, wenn man den Weltfrieden bewahren will.

Dies sind die wichtigsten Argumente meines Gegenentwurfs zum »Godesberger Programm« der SPD.

Hat Dein Alternativ-Entwurf auf dem Godesberger Parteitag eine Rolle gespielt?

Den Alternativentwurf selbst konnte ich nur als Broschüre der Frankfurter Jungsozialisten und in der Wochenzeitung der südhessischen SPD veröffentlichen. Eine westfälische SPD-Organisation, der Ortsverein Senne, hat ihn allerdings als Antrag auf dem Godesberger Parteitag eingebracht. Heinz Brakemeier, ein kluger und tapferer Aktivist der SPD und der Jungsozialisten in Frankfurt, hatte dies bewirkt. In Marburg selbst war es nicht möglich. Dort konnte ich die Grundlinie des Alternativ-Entwurfs nur in weniger klaren Antragsformulierungen durchsetzen, was mit Hilfe von Marburger Arbeitern, die damals noch zu den SPD-Mitgliederversammlungen kamen, und mit Hilfe der sozialistischen Studenten gelang. Diese Anträge hat im Unterbezirk auch Gerhard Jahn noch unterstützt, auf dem Parteitag natürlich nicht mehr. Nachdem sie in Marburg gegen den Widerstand des Oberbürgermeisters angenommen waren, hoffte ich, als Delegierter auf den Godesberger Parteitag geschickt zu werden. Der Oberbürgermeister verhinderte dies, indem er die kommunalen Arbeiter, Angestellten und Beamten mobilisierte: Mit wenigen Stimmen Mehrheit wurde er selbst zum Delegierten gewählt.

Auf dem Parteitag trat Peter von Oertzen scharf und von einer im großen und ganzen marxistischen Position aus gegen den Programmentwurf auf. In ähnlichem Sinne nahmen Werner Stein aus Berlin, Walter Möller und Helga Einsele aus Frankfurt, Peter Blachstein aus Hamburg, Rolf Reventlow aus München und Willi Kuhlmann aus Düsseldorf Stellung. Die Marburger Anträge und alle anderen Anträge ähnlichen Inhalts konnten in Godesberg nicht durchgesetzt werden, ein Ergebnis, das mich nicht erstaunte, nachdem ich in den 1½ Jahren zuvor gesehen hatte, wie die Mitglieder der Programmkommission dachten und agierten.

Wie sah die Arbeit in der Programmkommission der SPD aus – sicherlich hast Du in ihr eine Außenseiter- und Beobachterrolle gespielt?

Viktor Agartz und ich – Agartz wurde gelegentlich zu einer Sitzung hinzugezogen – waren uns vollkommen darüber im klaren, daß wir die Tendenzwende nicht verhindern konnten. Die führende Rolle im Programmausschuß spielten Willi Eichler und Adolf Arndt, für den wirtschaftlichen Teil Heinrich Deist. Sie übertrafen sich gegenseitig in der Artikulation lediglich »ethischer« Formulierungen, die keinerlei konkreten Inhalt hatten. Die Einleitung zum »Godesberger Programm« gehört denn auch zu den merkwürdigsten politischen Äußerungen, die ich je in meinem Leben gelesen habe: Sie stammt von Willi Eichler. Er spielte damals seine letzte Glanzrolle innerhalb der SPD, zumal er als alter ISK-Mann seine Thesen auch selbst glaubte. Allerdings sorgte er aufmerksam dafür, daß Leonard Nelsons, des Führers und Philosophen des ISK wichtigstes Buch, *Demokratie und Führerschaft*[46], wegen seines eindeutigen Bekenntnisses zum Kampf gegen die Demokratie der Öffentlichkeit nicht bekannt wurde. Daß die programmatische Proklamation von »Werten«, wie sie im »Godesberger Programm« enthalten ist, gerade der Ausgangspunkt zur Preisgabe aller ethischen Werte zu sein pflegt, hat Eichler weder gewußt noch verstanden. Die Geschichte der Nationalliberalen hätte es ihn lehren können; aber historisches Denken lag dieser Führungsgruppe der SPD fern.

Inhaltlich erbrachte die Arbeit in der Programmkommission also nichts. Es war klar, daß die verschiedenen Gruppen der

46 3. Auflage, Göttingen 1932.

anpassungswilligen Rechten sich lediglich gegenseitig die Arbeit des Formulierens zuschieben würden.

Warum bist Du in die Programmkommission geholt worden?
Vermutlich, weil ich in früheren Kampagnen, die sich gegen die autoritäre Vorherrschaft der CDU richteten, einigermaßen populär geworden war und als guter Verfassungsjurist galt. Ich war ja immerhin Mitglied in zwei Staatsgerichtshöfen, in Bremen und in Hessen. Hinzu kam, daß für viele der einst emigrierten Führer der SPD – wie z. B. für Willi Eichler und Erich Ollenhauer – meine Standfestigkeit im Dritten Reich, welche »Aufsteiger« in der SPD wie die Professoren Gerhard Weisser, Schiller und Ortlieb nicht aufweisen konnten, doch noch eine bestimmte Gewichtigkeit hatte – eine Tatsache, die nach dem »Godesberger Programm« rasch ihre Bedeutung verlor.

Wie ist nach dem Godesberger Parteitag unter den Mitgliedern der SPD diskutiert worden?
Die Diskussion innerhalb der Partei war nach Godesberg zunächst schlicht erloschen. Man kann dies anhand der Protokolle der nachfolgenden Parteitage genau verfolgen.[47] Erst auf dem Nürnberger Parteitag im Jahre 1968[48] begann die kritische Diskussion in den eigenen Reihen wieder breiteren Raum einzunehmen, also erst nach Beginn der studentischen Massenbewegung, die ja große Teile der gesamten jungen Generation erfaßt hatte. Bezeichnend dafür war, daß die totale Kehrtwendung gegenüber dem Deutschland-Plan von 1959, die Wehner mit seiner Rede vor dem Bundestag am 30. Juni 1960 einleitete, von der Partei widerstandslos akzeptiert wurde. Grotesker konnte es auch in einer stalinistischen Partei nicht zugehen, wenn man sich die Gehorsamspflicht und den Denkverzicht in Erinnerung ruft, welche die Führung in aller Selbstverständlichkeit von den Mitgliedern der Partei erwartete. Die SPD wurde nun plötzlich zum Verfechter der NATO und der Außenpolitik Adenauers.

47 Vgl. Wolfgang Steiner, *SPD-Parteitage 1964 und 1968*, Meisenheim 1970.
48 Vgl. *Protokoll der Verhandlungen des Parteitages der SPD vom 17. bis 21. März 1968 in Nürnberg*. Hannover/Bonn o. J. (1968).

Im SDS fand doch aber eine sehr ausführliche Auseinandersetzung statt?
In dieser kleinen, zunächst in der Studentenschaft noch isolierten Gruppe begann schon, bevor der SHB konstituiert wurde, eigentlich schon seit der Anti-Atomtod-Bewegung, die kritische Auseinandersetzung mit der SPD. Zunächst traten vor allem die Gruppen in Frankfurt a. M., dann aber auch in anderen Städten, vor allem in Berlin, Marburg und Münster i. W. auf. Das karrieristische Element verlor an Einfluß, nicht zuletzt deshalb, weil nach der Bundestagswahl von 1957 die Aussicht auf einen baldigen Sturz der CDU-Regierung schwand. Im SDS lief die Diskussion zwischen den Gruppen, die für sofortige Verständigung mit der DDR waren, und anderen, die sich allmählich von der Frankfurter Schule aus zum Marxismus hin entwickelten. Die Frankfurter Schule spielte damals für die Konstituierung einer Linken im SDS eine wichtige vermittelnde Rolle: Nicht durch das, was Horkheimer und Adorno politisch wollten, sondern durch das, was sie an kritischem Denkvermögen in Gang setzten. Als im SDS die dem Parteivorstand der SPD kritiklos ergebene Mehrheit allmählich abbröckelte, machte der Parteivorstand einen großen Fehler, der nur durch das autoritäre Denken, das jeder Bürokratie eigen ist, erklärbar ist: Er wartete nicht ab, ob er im SDS wieder eine rechtsgerichtete Mehrheit bekäme, sondern schlug zu, als der Verband sich dagegen wehrte, daß die Anti-Atom-Bewegung eingeschläfert wurde. Der SDS ließ sich nicht disziplinieren; daraufhin wurde der Sozialdemokratische Hochschulbund, der SHB, gegründet.

Welche politische Bedeutung hatte die Gründung des SHB?
Der SHB wurde im Jahre 1960 auf Anregung des SPD-Parteivorstandes gegründet[49], ohne daß bereits ein Unvereinbarkeitsbeschluß der SPD gegenüber dem SDS vorlag.[50] Dieser von der SPD eingeleitete Prozeß ist tpyisch: Sie wollte sich von niemandem im bevorstehenden Wahlkampf des Jahres

49 Vgl. *Dokumente zur parteipolitischen Entwicklung in Deutschland seit 1945*, hrsg. von Ossip K. Flechtheim, Band 7, 2. Teil, Berlin 1969, S. 157.

50 Am 19. 7. 1960 beschloß der Parteivorstand der SPD, die Beziehungen zum SDS abzubrechen, die Förderung einzustellen und statt dessen den SHB zu unterstützen; vgl. ebenda, S. 157 f.

1961 mit dem Hinweis angreifen lassen müssen, daß in irgendeiner Gruppe der Partei noch marxistisch gedacht werde. In der Führung der Partei gab es in dieser Frage allerdings bemerkenswerte Widersprüche: Carlo Schmid war derjenige, der sich kraft alter liberaler Erziehung – er war vor 1933 kein Sozialist, sondern ein Liberaler gewesen, der oft die SPD unterstützte – am längsten gegen den Ausschluß des SDS wehrte. Er war der Meinung, man könne den SDS durch Diskussion und Überzeugungskraft disziplinieren; zwar seien seine Mitglieder aufgeregte Studenten, in seiner, Carlo Schmids, Studentenzeit sei es aber nicht anders gewesen. Er konnte sich mit dieser Auffassung nicht durchsetzen; vielmehr beschloß der Parteivorstand, daß die Mitgliedschaft im SDS mit der in der SPD nicht mehr vereinbar sei.[51]

In dieser Phase stellten sich die kritischeren Professoren innerhalb der SPD, Flechtheim, Heydorn, Düker, Du und andere, auf die Seite des SDS und schützten ihn?

Dies taten nicht nur einige wenige Professoren, sondern zahlreiche kritisch denkende sozialdemokratische Intellektuelle, die aus der Arbeiterbewegung von vor 1933 kamen und gegen den Faschismus gekämpft hatten. Als typisches Beispiel sei die hervorragende Spezialistin für einen humanen Strafvollzug damals und heute in der Bundesrepublik, Helga Einsele, genannt. Wir alle stellten uns vor den SDS und bewahrten ihn davor, sofort überrollt zu werden. Wir gründeten die Fördergesellschaft für den SDS. Sofort antwortete die Partei mit dem Unvereinbarkeitsbeschluß gegen die Förderergesellschaft und mit unser aller Ausschluß aus der SPD. Nur bei Ossip Flechtheim verzögerte sich der Ausschluß, weil die West-Berliner SPD nicht ganz so rasch reagierte.

51 Am 6. November 1961 beschloß der Parteivorstand der SPD: »Die Mitgliedschaft in dem Verein ›Sozialistische Förderer-Gemeinschaften der Freunde, Förderer und ehemaligen Mitglieder des Sozialistischen Deutschen Studentenbundes e. V.‹ ist unvereinbar mit der Mitgliedschaft in der Sozialdemokratischen Partei Deutschlands wie es ebenso unvereinbar ist, Mitglied des SDS und der Sozialdemokratischen Partei Deutschands zu sein.« Vgl. *Jahrbuch der Sozialdemokratischen Partei Deutschlands 1960–1961*, Bonn o. J., S. 477. Vgl. auch die Dokumentation des Parteivorstands der SPD zum Verhältnis von SPD und SDS und die Stellungnahme dazu durch den Bundesvorstand des SDS und den geschäftsführenden Vorstand der Sozialistischen Förderergesellschaft, in: *Dokumente zur parteipolitischen Entwicklung* . . ., a.a.O., S. 160 ff., 174 ff.

Mit welcher Perspektive habt ihr den SDS unterstützt – seid ihr davon ausgegangen, daß diese Unterstützung den Ausschluß aus der Partei zur Folge haben würde?
Nicht allen war das damals klar. Einige haben es auch nicht durchgestanden. Sie hatten Angst vor den Disziplinierungsmaßnahmen der Partei. Zur Förderergesellschaft gehörten etwa 150 Personen. Mein Ziel war es, kleine Kerne zu erhalten, die trotz der von der SPD inzwischen voll akzeptierten Restaurationsbewegung marxistisches Denken entwickeln und bewahren könnten. Ich war der Meinung, daß wir von uns aus auf keinen Fall aus der SPD austreten sollten. In den Gewerkschaften spielte man als Intellektueller kaum eine Rolle – die GEW war damals ein konservativer Verband, und in die Industriegewerkschaften wurde ein Intellektueller nicht aufgenommen. Ich fand es aus diesem Grunde richtig, daß die marxistisch denkenden Intellektuellen in der SPD bleiben und die wenigen Arbeitsmöglichkeiten, die sie dort noch hatten, nutzten. So jedenfalls lautete meine anfängliche Perspektive.

Welche Bedeutung hatte es für Dich, daß Du aus der SPD ausgeschlossen wurdest?
Als wirkliche politische Heimat – vergleichbar meiner Mitgliedschaft zuerst in der KPD und später in der KPO während der Weimarer Zeit – hatte ich die SPD niemals empfunden. Für mich war die SPD lediglich eine Operationsgrundlage, die ich zunächst für zweckmäßig und sinnvoll hielt, weil es eine andere Operationsgrundlage zur Herausbildung breiter und politisch wirksamer Gruppen mit Klassenbewußtsein nicht gab. Moralisch hat mich der Ausschluß nicht getroffen; gemessen an den politischen Wirkungsmöglichkeiten habe ich ihn dagegen als erhebliche Behinderung empfunden. Ich hatte mir deshalb auch sehr genau überlegt, ob ich es riskieren sollte, aus Anlaß der Auseinandersetzung zwischen dem Sozialistischen Deutschen Studentenbund und der SPD von der Partei ausgeschlossen zu werden. Ich kam aber zu dem Ergebnis, daß es wichtiger sei, innerhalb der Arbeiterbewegung für eine freie geistige Entwicklung zum Marxismus zu arbeiten und eine junge marxistisch orientierte Generation von Intellektuellen mitzuformen. Eine andere Entscheidung hätte mög-

licherweise auf viele entmutigend gewirkt. Allerdings war mir auch klar, daß der Ausschluß aus der SPD berufliche Gefährdungsmomente mit sich bringen würde, Gefährdungsmomente, die ich am Anfang jedoch eher überschätzt habe. Unterschätzt habe ich hingegen die Nachteile, die daraus für meine Frau und meine drei Kinder erwachsen würden.

Deine Möglichkeiten zu publizieren verengten sich, nachdem Du aus der SPD ausgeschlossen worden warst?
Ich konnte nicht mehr in denselben Organen publizieren wie bisher. Daß ich weiterhin in der *Sozialistischen Politik* – wenn auch nicht unter meinem Namen – schrieb, verlangten die Genossen von mir. Im Jahre 1964 kam die Broschüre *Aufstieg und Krise der deutschen Sozialdemokratie* heraus. Sie erschien in einem kleinen protestantischen Verlag, im Stimme Verlag, und wurde zu einem Erfolg: Es gab viele, die das Buch lesen wollten, um den Parteilegenden, die ihnen von der SPD vorgesetzt wurden, entgegentreten zu können.

Stimmt die Beobachtung, daß Du nach dem Ausschluß aus der SPD ein stärkeres Schwergewicht auf theoretische und geschichtliche Analysen gelegt hast? Ich denke nicht nur an die Arbeit über die Geschichte der SPD, sondern auch an den Aufsatz über die Sozialstruktur der Bundesrepublik und an die Untersuchung über innerparteiliche Demokratie.
Diese Publikationen[52] sind kein Anzeichen dafür, daß sich das Schwergewicht meiner Arbeit verlagert hätte. In meinen Vorlesungen und Seminaren ist auf diesen Gebieten in der gleichen Richtung permanent gearbeitet worden, nämlich auf dem völkerrechtlichen und verfassungsrechtlichen Gebiet, das – in bewußter Unterscheidung von der herkömmlichen Methodologie der Jurisprudenz – gleichzeitig politikwissenschaftlich bearbeitet wurde. Ich veranstaltete aber auch Seminare auf historischem Gebiet, vor allem über die Weimarer Republik

52 Vgl. Wolfgang Abendroth, *Die soziale Struktur der Bundesrepublik und ihre politischen Entwicklungstendenzen*, in: *Politische Vierteljahresschrift*, 4. Jg., Heft 2/1963, S. 150–167; ders., *Innerparteiliche und innerverbandliche Demokratie als Voraussetzung der politischen Demokratie*, in: *Politische Vierteljahresschrift*, 5. Jg., Heft3/1964, S. 307–338. Beide Aufsätze sind wiederabgedruckt in: ders., *Antagonistische Gesellschaft* . . ., a.a.O., S. 17-47 und 272-317.

und den Faschismus, wobei mir vor allem daran gelegen war, deutlich zu machen, daß die Arbeiterbewegung diejenige Bewegung ist, die als einzige seit ihrer Gründung der demokratischen Tradition verhaftet ist und praktisch ein Monopol als demokratische Bewegung für sich gewinnt – im Gegensatz zum Bürgertum, das seine demokratischen Traditionen Stück für Stück preisgegeben hat. Solange ich Mitglied der SPD war, mußte ich vielen Verpflichtungen nachkommen und fand nicht genügend Zeit, um niederzuschreiben, was ich im Laufe der Jahre erarbeitet hatte. Jetzt endlich hatte ich Zeit dazu.

Übrigens hat die SPD sofort nach meinem Ausschluß eine Kampagne gegen mich eingeleitet und eine Denkschrift gegen mich herausgebracht[53], in der u. a. aus einer Veröffentlichung von mir zitiert wird, die aus der Zeit vor 1933 stammt. Der Vorstand der SPD muß sich diese Publikation wohl aus den Akten der politischen Polizei besorgt haben. Ich selbst besitze aus dieser Periode nur noch einen einzigen, im Jahre 1929 veröffentlichten Aufsatz, der in der SPD-Denkschrift allerdings nicht verwertet wurde. Auch meine Eltern hatten nicht mehr über das Dritte Reich hinwegretten können. Daß die SPD überhaupt eine solche gegen mich gerichtete Denkschrift herausbrachte, war ein politischer Fehler, denn dadurch gewann ich an Rückhalt, zumal die Meldung von meinem Ausschluß aus der Partei durch die Presse gegangen war. Politische Intelligenz, das zeigt sich immer wieder, haben die integrationistischen Reformisten, die sich kapitalistischen Denkschemata voll unterwerfen, niemals besessen.

Daß der Parteiausschluß nicht den Verlust allen Rückhalts zur Folge hatte, zeigte sich z. B. daran, daß ich kurze Zeit nach dem Ausschluß von einem DGB- und IG Metall-Vorsitzenden aus Baden-Württemberg angerufen und gebeten wurde, vor einer Versammlung von Funktionären des DGB zu referieren. Der Kollege machte meine Frau, die den Anruf entgegennahm, darauf aufmerksam, daß ich meine Argumentation hauptsächlich auf die Funktionäre der IG Metall hin orientieren müsse, weil sie in dieser Versammlung die Mehrheit bilden würden. Schließlich stellte er sich meiner Frau noch als Landtagsabgeordneter der SPD in Baden-Württem-

53 *Professor Abendroth und das Godesberger Programm*, o. O., o. J.

berg vor. Auf ihre Frage, ob er nicht wisse, daß ich von der Partei ausgeschlossen worden sei, meinte er, daß eben dies der Grund sei, warum er mich einlüde. Solche Beispiele von Solidarisierung, die herrühren aus den Erfahrungen der alten Arbeiterbewegung, gab es damals noch viele; es ist bezeichnend, daß sie meist aus der Gewerkschaftsbewegung kamen, dagegen nur selten von der Sozialdemokratie.

Wie war Deine Stellung in der Gewerkschaftsbewegung vor Deinem Ausschluß aus der SPD?

Vor dem Ausschluß hatte ich immer engen Kontakt zur IG Metall, vor allem zu Otto Brenner. Die Verbindung zu ihm hat sehr lange gehalten, da auch er in der Tradition der Arbeiterbewegung seit seiner Jugend fest verwurzelt war. Trotz dieser Kontakte scheint es mir kennzeichnend für die politische Entwicklung, daß bei den rechtlichen Auseinandersetzungen nach dem Metallarbeiter-Streik in Schleswig-Holstein im Jahre 1957 zwar mein juristischer Rat eingeholt wurde, ich aber als offizieller Gutachter nicht mehr in Betracht kam.[54] Ich habe der IG Metall die Kollegen Ramm und Ridder als Gutachter vorgeschlagen, nicht zuletzt, weil auch ich es taktisch für richtig hielt, daß die IG Metall mich als Gutachter nicht in Erwägung zog. Ich hatte nämlich einen grundsätzlichen Artikel gegen das Urteil des Bundesarbeitsgerichts zum Schleswig-Holsteinischen Streik[55] veröffentlicht, der mir viel Ärger eingetragen hatte.[56] In der Zeitschrift *Arbeit und Recht*, in der mein Aufsatz erschienen war, publizierte Hans Carl Nipperdey, damals Präsident des Bundesarbeitsgerichts, eine Entgegnung. Er wandte sich dagegen, daß ihm eine nationalsozialistische Vergangenheit vorgehalten würde, davon könne keinesfalls die Rede sein.[57] Ich hatte Nipperdey

54 Bei diesem Rechtsstreit hatte das Bundesarbeitsgericht zu entscheiden, ob die von der Großen Tarifkommission dem Vorstand der IG Metall zugeleitete Empfehlung, die Durchführung einer Urabstimmung zu beschließen, eine gegen die Friedenspflicht der Tarifvertragsparteien verstoßende Kampfmaßnahme sei.

55 *Urteil des BAG vom 31. 10. 1958*, BAGE Band 6, S. 321 ff.

56 Vgl. Wolfgang Abendroth, *Innergewerkschaftliche Willensbildung, Urabstimmung und »Kampfmaßnahme«*, in: *Arbeit und Recht*, 7. Jg., Heft 9/1959, S. 261–268.

57 Vgl. Hans Carl Nipperdey, *Zur Kritik an der Rechtsprechung des Bundesarbeitsgerichts*, in: *Arbeit und Recht*, 7. Jg., Heft 11/1959, S. 340.

allerdings nicht abstrakt eine nationalsozialistische Vergangenheit vorgeworfen, sondern ihn mit bestimmten Äußerungen in seinen eigenen Buch-Publikationen aus der Zeit des Dritten Reiches zitiert. Mein Artikel hatte jedenfalls zur Folge, daß ich zur Mitarbeit an *Arbeit und Recht* nicht mehr herangezogen wurde.

Das Gutachten zum Zeitungsstreik[58] *hattest Du noch auf Veranlassung der Gewerkschaften erstellt?*
Ja, dieses Gutachten verfaßte ich im Jahre 1952[59], weil mich der Bundesvorstand des DGB dazu aufgefordert hatte. Damals kam die Initiative also noch von den Gewerkschaften. Man sieht daran, wie sich die politische Lage bis zum Jahre 1957 verändert hatte.

Haben sich nach dem Ausschluß aus der SPD Deine Aktionsmöglichkeiten in den Gewerkschaften geändert?
Die Verbindung zu den Führungsspitzen der Gewerkschaften läßt deutlich nach. Unberührt bleiben die persönlichen Kontakte zu Otto Brenner und zu Willi Bleicher. In jener Zeit ist Fritz Opel schon persönlicher Referent von Otto Brenner; er ist einer meiner besten Freunde und ersten wissenschaftlichen Schüler gewesen. Sie alle sind allerdings genötigt, offiziell Distanz zu mir zu halten, wenn sie einen Konflikt mit der Partei vermeiden wollen. Otto Brenner, das will ich noch hinzufügen, hat bis zuletzt alles getan, um meinen Parteiausschluß zu verhindern. Nachdem der Ausschluß erfolgt war, mußte Brenner sich allerdings darauf einstellen. Bei ihm spielte eine wichtige Rolle, daß er vor 1933 in die SAP eingetreten war. Er wußte also aus eigener Erfahrung, daß kleine Gruppen, die isoliert sind, nur noch begrenzt wirklich

58 Am 27. Mai 1952 rief die IG Druck und Papier zu einerm 48stündigen Streik auf, um den Forderungen der Gewerkschaft nach paritätischer Mitbestimmung bei der parlamentarischen Beratung des Betriebsverfassungsgesetzes Nachdruck zu verleihen; vgl. Xenia Rajewski, *Arbeitskampfrecht in der Bundesrepublik*, Frankfurt/Main 1970, S. 35.

59 Vgl. *Die Berechtigung gewerkschaftlicher Demonstrationen für die Mitbestimmung der Arbeitnehmer in der Wirtschaft. Zwei Rechtsgutachten, erstattet von Wolfgang Abendroth und Ludwig Schnorr von Carolsfeld*, hrsg. vom Bundesvorstand des DGB, Düsseldorf 1953; wiederabgedruckt in: Wolfgang Abendroth, *Antagonistische Gesellschaft* . . ., a.a.O., S. 203–230.

kämpfen können. Deshalb mißbilligte er, daß ich mich nicht unterworfen hatte, obwohl er den Unvereinbarkeitsbeschluß der Sozialdemokratischen Partei ebensowenig für richtig hielt. Erst später, als die studentische Massenbewegung aufkam, begriff Otto Brenner, daß meine Entscheidung strategisch richtig war.

Welches waren für Dich die wesentlichen Gesichtspunkte, die Dich veranlaßt haben, den Ausschluß aus der SPD in Kauf zu nehmen?
Hätte ich vor der SPD kapituliert, so wäre ich an der Universität für die Studenten nicht glaubwürdig geblieben, hätte in der Übergangszeit, also zu Beginn der sechziger Jahre, in der studentischen und der Arbeiter-Jugend nicht als Repräsentant kritischen marxistischen Denkens wirken können. Dies war besonders wichtig im Hinblick auf die Veränderung der Stimmung unter den jungen Intellektuellen, die sich seit Mitte der sechziger Jahre abzeichnete und die im Zusammenhang steht sowohl mit der Veränderung der sozialen Struktur der Studentenschaft als auch mit dem Generationswechsel. Ich hatte einen Stimmungsumschwung in dieser Stärke allerdings nicht erwartet, konnte ihn aber selbst an einer so konservativen Universität wie Marburg[60] sehr deutlich beobachten.

Kannst Du genauer beschreiben, wie sich der politische Stimmungsumschwung der Studenten äußerte?
Zunächst begannen einige wenige Studenten damit, die nationalsozialistische Vergangenheit ihrer Lehrer zu entdecken und zu kritisieren. Ich hatte immer versucht, ihre Aufmerksamkeit auf dieses Problem zu lenken: Schon in den fünfziger Jahren hatte ich Seminare über »Deutsche Universität und Drittes Reich« veranstaltet und hatte sogar in jener besonders reaktionären Periode genügend Interessenten für diese und ähnliche Themenstellungen gefunden. Damals waren die gemeinsam erarbeiteten Erkenntnisse für diese Studenten allerdings noch abstrakt historische; sie behielten sie für sich und bemühten

60 Vgl. Wolfgang Abendroth, *Die Philipps-Universität Marburg*, in: *Hochschulführer*, hrsg. von Petra Kipphoff, Thomas von Randow und Dieter E. Zimmer, 1. Aufl., Hamburg 1964, S. 106–110.

sich noch nicht um ihre Vermittlung an die gesamte Studentenschaft, wenn man einmal von den wenigen Studenten absieht, die im SDS organisiert waren. In diesen Veranstaltungen über die Wissenschaft im Dritten Reich hatte ich bei der Vergabe von Referaten, wissenschaftlichen Arbeiten oder Staatsexamensarbeiten aus taktischen Gründen immer bewußt diejenigen Professoren ausgeklammert, die in Marburg lehrten, denn sonst wären die Seminare sofort aufgeflogen. Ich wußte sehr genau, welche Kollegen ich neben mir hatte.

So hatte noch vor dem generellen Stimmungsumschwung der Studenten gegen meinen Rat ein SDS-Student über einen meiner juristischen Kollegen einen Artikel in einer Studentenzeitung geschrieben und darin Passagen aus dessen Veröffentlichungen im Dritten Reich zitiert. Die Folgen, die dieser Artikel hatte, kann man sich heute kaum noch vorstellen. Der Student wurde von der Universität relegiert, ohne daß ich es hätte verhindern können. Er wurde strafrechtlich verfolgt und verurteilt, denn das Gericht entschied, daß die Veröffentlichung eine Beleidigung enthalte, weil ein Zitat des Kollegen mit der Randbemerkung versehen war, daß es von nationalsozialistischer Gesinnung zeuge, was natürlich auch der Fall war. Der Student fand damals keinerlei Rückhalt bei der Mehrheit seiner Kommilitonen; sie waren im Gegenteil der Ansicht, daß er sich unanständig benommen habe. So argumentierten sogar jene Studenten, welche die nationalsozialistische Vergangenheit an anderen Universitäten lehrender Hochschullehrer im Rahmen meiner Veranstaltungen aufgearbeitet hatten. Man sieht, daß diese Erkenntnisse vorerst, also bis Ende der fünfziger Jahre, für sie abstrakt blieben.

Ab Mitte der sechziger Jahre änderte sich die Situation: Vorlesungen und Seminare zu diesen Themen wurden plötzlich wesentlich stärker besucht. Die Studenten wurden neugierig auf die Vergangenheit ihrer eigenen akademischen Lehrer und begannen, ohne daß es einer weiteren Anregung bedurfte, darüber zu arbeiten. In Marburg existierte zu dieser Zeit außer dem SDS eine Gruppe des Sozialdemokratischen Hochschulbundes; beide Gruppen waren klein, die SHB-Gruppe war aber stärker als die SDS-Gruppe. Ich hatte die SHB-Gruppe bis zu diesem Zeitpunkt eher negativ eingeschätzt und anfangs auch keinerlei Kontakt zu ihren Mitgliedern. Natürlich saßen einige von ihnen in meinen Vorlesungen und Seminaren, aber ich wußte nichts von ihrer Organisationszugehörigkeit. Ich meinte damals, daß kritisch werdende Korporierte positiver einzuschätzen seien als die Mitglieder des SHB, die zumindest im ersten Jahr der Existenz dieses Verbandes häufig nichts anderes im Auge hatten als ihre Parteikarriere.

So war ich denn sehr erstaunt, als die Vorsitzende des SHB zu mir kam und mich auf diesen Prozeß gegen den SDS-Studenten ansprach. Sie berichtete, daß sie von demselben Hochschullehrer eine andere, gleichermaßen decouvrierende Veröffentlichung entdeckt habe, die der SHB jetzt publik machen wolle. Wir wußten seit langem von der Vergangenheit dieses Marburger Kollegen, wußten auch, daß er kein Einzelfall war, sondern daß es deren mehrere gab. Wir wiesen die Studentin darauf hin und sagten ihr, daß inzwischen sogar in der Führungsspitze der Sozialdemokratischen Partei viele säßen, die eine ähnliche Vergangenheit hätten, z. B. Karl Schiller, der damals bereits als Wirtschaftssenator in Berlin eine bedeutende Rolle spielte. Die SHB-Vorsitzende versicherte mir, daß ihre Organisation davon wisse und eben deshalb vorhabe, Informationen dieser Art zu veröffentlichen. Kurze Zeit später brachte der SHB das Ergebnis seiner Recherchen in einem Flugblatt an die Öffentlichkeit, ohne daß sich diesmal daraus Folgen ergeben hätten: Die Stimmung in der Studentenschaft war jetzt bereits generell so kritisch geworden, daß man einzelne nicht mehr zu disziplinieren versuchte.

Gab es noch weitere Anzeichen für einen solchen generellen Stimmungsumschwung der Studentenschaft?

Kurz nach der Aktion der SHB-Gruppe trat der AStA der Marburger Universität – damals, im Jahre 1965, von Korporierten gestellt – an mich heran mit der Bitte, ein Referat zum 17. Juni zu halten. Die Studenten waren der Ansicht, daß die Ereignisse des 17. Juni aufgearbeitet werden müßten. Sie wählten mich als Referenten, weil sie wußten, daß ich nicht das sagen würde, was sonst überall zu diesem Tag gesagt wird. Um die Veränderung der Situation verstehen zu können, muß man wissen, daß nur einige Semester zuvor ein führender Politiker der DDR, der Vorsitzende der Volkskammer, Johannes Dieckmann, vom Liberalen Studentenbund, einer kleinen couragierten Gruppe von Studenten, nach Marburg eingeladen worden war. Damals hatten der AStA und ein großer Teil der Hochschullehrer noch zu Gegendemonstrationen aufgerufen. Das Lokal, in dem der DDR-Politiker sprechen sollte, wurde umstellt, Fenster wurden eingeschlagen. Diese Situation hatte ich natürlich noch vor Augen, als ich im Auditorium Maximum der Universität Marburg über den 17. Juni sprach. Gewöhnlich versammelten sich in diesem Saal 300 bis 400 Studenten – diesmal waren es 1200 bis 1300, die gekommen waren, um zu hören, was ich über die Beziehungen der beiden Staaten zueinander, über die unterschiedliche Entwicklung in der DDR und der BRD und über die Notwendigkeit der Anerkennung der DDR zu sagen hatte. Die Studenten – zum größten Teil Korporierte – hörten zu und trampelten am Schluß anhaltend Beifall. Rektorat und Senat konnten dagegen nicht an, aber es entstand unter den Kollegen zunehmende Abneigung gegen mich.

Nach dieser Veranstaltung des AStA am 17. Juni 1965 war offensichtlich, daß die Stimmung der Studenten kritisch zu werden begann, daß sie ernsthaft Probleme erörtern und die Meinungen ihrer Lehrer nicht mehr nur rezeptiv aufnehmen wollten. An abstraktem Karrierismus und bloßer Anpassung waren sie nicht mehr interessiert. Wenige Jahre zuvor war die Studie von Habermas *Student und Politik* erschienen, in der das politische Bewußtsein von Studenten untersucht worden war.[61] Parallel dazu wurde bei mir eine empirische Arbeit mit einer ähnlichen Problemstellung, bezogen auf die oberen Klassen der höheren Schulen, gemacht. Das Ergebnis dieser Untersuchung entsprach dem von Habermas: Sie bestätigte die Existenz einer ihrem eigenen Bewußtsein nach »unpolitischen« höheren Schülerschaft mit deutlicher Tendenz zur Anpassung an jede, noch so dumme Ideologie des bestehenden Systems, vorausgesetzt, sie gab sich selbst als »unideologisch« aus und brandmarkte jede andere Auffassung als ideologisch. Der Doktorand, der diese Untersuchung bei mir durchführte, dachte theoretisch keineswegs marxistisch, son-

61 Vgl. Jürgen Habermas, Ludwig von Friedeburg, Christoph Oehler und Friedrich Weltz, *Student und Politik. Eine soziologische Untersuchung zum politischen Bewußtsein Frankfurter Studenten*, Neuwied 1961.

dern – auch in methodologischer Hinsicht – neopositivistisch bzw. kritisch-rationalistisch, wie man es heute nennen würde. Übrigens erwartete ich keinesfalls von meinen Studenten, daß sie den Marxismus akzeptierten, und gerade bei diesem Studenten hatte es mir besondere Freude gemacht, daß er seine Position mir gegenüber in den Seminaren immer sehr selbständig vertrat und auch in seiner Dissertation mit offener Polemik gegen meine methodologischen Positionen argumentierte. Gleichwohl wurde in der Fakultät der Versuch gemacht, diese Arbeit durchfallen zu lassen. Die meisten Professoren waren voller Sorge darüber, daß die Frage nach dem politischen Bewußtsein jetzt zur Debatte gestellt werden sollte. Denn damit war notwendig zugleich die Frage nach den Inhalten des Geschichts- und Sozialkundeunterrichts an den höheren Schulen aufgeworfen worden, den sie doch selbst über die Ausbildung der Lehrer an der Universität geprägt und beeinflußt hatten. Leider waren zu jener Zeit die Naturwissenschaftler nicht mehr in der philosophischen Fakultät: Sie hatten in solchen Auseinandersetzungen immer noch eine gewisse Sachlichkeit garantiert. Als es um die Beurteilung der Dissertation ging, konnte ich dem Korreferenten, der die Ablehnung der Arbeit erzwingen wollte, objektive Fehler und falsche Zitate in seinem Gutachten nachweisen, und nur so gelang es mir, die Dissertation durchzusetzen – wenngleich mit einer sehr viel schlechteren Note, als ich vorgeschlagen hatte und als sie dem Wert der Arbeit entsprach.

Diese Auseinandersetzung in der Fakultät zeigt, wie sehr die Professoren darauf bedacht waren, daß die Realität des »unpolitischen« und »unideologischen« Bewußtseins, das in Wirklichkeit ein konservatives Bewußtsein war, noch nicht einmal empirisch festgestellt wurde. Immerhin hatte diese Dissertation ergeben, daß noch 1963/64 nicht nur innerhalb der Studentenschaft, sondern auch bei den künftigen Abiturienten eindeutig ein konservativer Standpunkt dominierte. Im Laufe von zwei Semestern änderte sich dies rasch: Plötzlich kam es zu einer Kehrtwendung der jungen Intelligenz, einer Kehrtwendung, die auf kritisches Denken hin orientiert war. Die wirklichen Gründe für diese Veränderung sind bisher noch nicht aufgearbeitet, zur Zeit verfügen wir nur über Ansätze und Hypothesen, die zur Klärung beitragen können.

Ist es denkbar, daß Ereignisse wie z. B. die »Spiegel«-Affäre zur Veränderung der politischen Stimmung unter den Studenten beigetragen haben?
Ich habe die Ereignisse, die mit dem *Spiegel* zusammenhingen, damals in Marburg verfolgt und ihre Wirkung auf die Studenten beobachten können.[62] Natürlich wandten sich zahlreiche Studenten gegen den Angriff der Staatsgewalt auf den *Spiegel*, allerdings war dies noch keineswegs die Majorität der Studentenschaft. Zum ersten Male aber bildete sich eine Gegenöffentlichkeit, die auch gewisse Wirkungen entfaltete. Ich meine allerdings, daß die *Spiegel*-Affäre lediglich ein die Änderung der politischen Einstellung der Studenten verschärfendes Moment, keinesfalls aber der eigentliche Grund dafür war. Einen Anlaß zur Kritik hatte vorher schon das Vorgehen der SPD gegen den SDS gegeben. Hieran wurde den Studenten zum ersten Mal durchschaubar, daß die offizielle Ideologie, wonach sich die BRD vor allem durch die Gewährung der vollen Meinungsfreiheit von der DDR unterscheide – eine Vorstellung, die ohnehin niemals der Realität entsprach –, falsch war. Dies sahen jetzt, wie ich aus Gesprächen weiß, auch manche Studenten, die sich nicht mit dem SDS identifizierten. Die strafrechtliche Verfolgung der Kommunisten seit 1951 und das Verbot der KPD im Jahre 1956 hatten sie in den vorangegangenen Jahren einfach noch nicht zur Kenntnis genommen.

Zur Vorbereitung auf den Stimmungsumschwung der Studenten war vermutlich auch die Kampagne von erheblichem Einfluß, die der SDS unter der Losung »Ungesühnte Nazi-Justiz« bereits im Jahre 1960 eingeleitet hatte.[63] In dieser Kam-

62 In der Nacht vom 26. zum 27. Oktober 1962 wurde auf Anordnung des Ermittlungsrichters beim Bundesgerichtshof eine Durchsuchung der Geschäftsräume des *Spiegel* durchgeführt; leitende Redakteure und der Herausgeber Rudolf Augstein wurden verhaftet. Der Vorwurf gegen den *Spiegel* lautete auf Landesverrat. Im Gefolge der Affäre traten sämtliche Minister der von CDU/CSU und der FDP gebildeten Bundesregierung zurück. Das Kabinett wurde neu zusammengesetzt. Bundesverteidigungsminister Strauß, der die Verhaftung des *Spiegel*-Redakteurs Ahlers in Spanien erwirkt hatte, gehörte dem neuen Kabinett nicht mehr an; vgl. *Archiv der Gegenwart* 1962, S. 10237 ff., S. 10252 ff., S. 10302 ff.; vgl. auch Alfred Grosser und Jürgen Seifert, *Die ›Spiegel‹-Affäre*, Band 1: *Die Staatsmacht und ihre Kontrolle*, Olten/Freiburg i. Br. 1966.

63 Vgl. *Ungesühnte Nazijustiz. Hundert Urteile klagen ihre Richter an*, hrsg. von Wolfgang Koppel im Auftrag des Organisationskomitees der Dokumentenausstellung »Ungesühnte Nazijustiz« in Karlsruhe, August 1960.

pagne wurde die nationalsozialistische Vergangenheit deutscher Richter aufgedeckt, eine Tatsache, die zwar nicht gerade unbekannt, zuvor aber in der Bundesrepublik niemals publizistisch aufgegriffen worden war. Schon in früheren Aufsätzen hatte ich immer wieder darauf hinzuwirken versucht, daß die Zusammensetzung der Richterschaft und der höheren Bürokratie untersucht würde. Aber ich war damit allein geblieben und durfte nicht zu weit gehen, wenn ich weiter an der Universität arbeiten wollte. Fritz Bauer[64] und Richard Schmid[65] hatten in dieser Richtung ebenfalls Vorarbeiten geleistet. Alles das waren für die Studenten ideologische Anstoßpunkte. Zunächst wurden solche Aktivitäten von einzelnen initiiert, deshalb konnte man es wagen, sie gerichtlich zu verfolgen. Später, etwa ab 1965, wurde daraus eine Massenbewegung. Damit endete auch die Tendenz, strafrechtlich gegen einzelne vorzugehen.

Vor allem die Probleme der Dritten Welt, des Iran und des amerikanischen Vietnam-Krieges haben den Ausschlag dafür gegeben, daß die Stimmung umschlug, ein Massenlernprozeß in Gang kam. Aber auch hier gibt es auffällige Phasenverschiebungen: Schon während des französischen Krieges gegen Algerien hatten wir immer wieder versucht, Solidaritätsaktionen in die Wege zu leiten. Es gelang nur teilweise. Bei alten Arbeiterfunktionären, soweit es sie in der SPD noch gab, und auch bei Jungsozialisten fand der Kampf gegen den Algerien-Krieg Unterstützung. Auch ein Beschluß des Stuttgarter Parteitages der SPD ging in diese Richtung.[66] Der Beschluß gegen den Algerien-Krieg wurde ebenso wie andere Beschlüsse verabschiedet; auf die faktische Entwicklung der SPD hatte er im

64 Fritz Bauer (1903–1968), Studium der Rechtswissenschaft, Amtsrichter in Stuttgart, Mitglied des Reichsbanners Schwarz-Rot-Gold. Nach der faschistischen Machtergreifung im KZ, Emigration nach Dänemark. In der Bundesrepublik zunächst Generalstaatsanwalt in Braunschweig, dann in Hessen, vgl. Richard Schmid, *Fritz Bauer*, in: *Kritische Justiz*, 1. Jg., Heft 1/1968, S. 60 f.

65 Richard Schmid (geb. 1899) war von 1925 bis 1938 Rechtsanwalt, SAP-Mitglied und wurde wegen Vorbereitung zum Hochverrat zu drei Jahren Zuchthaus verurteilt. Von 1945 bis 1953 war Schmid Generalstaatsanwalt, anschließend bis 1964 Präsident des Oberlandesgerichts in Stuttgart; vgl. Richard Schmid, *Einwände*, Stuttgart 1965.

66 Vgl. *Protokoll der Verhandlungen des Parteitages der SPD vom 18. bis 23. Mai 1958 in Stuttgart.* Hannover/Bonn o. J. (1958), S. 498 f.

übrigen keinen Einfluß. Darüber hinaus breitere Kreise an den Universitäten für dieses Problem zu mobilisieren, war nicht möglich: Die Kritik am Algerien-Krieg blieb auf eine sehr kleine Gruppe von Sozialisten beschränkt.

Welches war das auslösende Ereignis für die Entstehung der studentischen Massenbewegung?
Die Studentenbewegung gewinnt mit der Auseinandersetzung um die geplante Notstandsgesetzgebung breiten Boden und explodiert beim Sturz der Regierung Erhard[67] und der darauf folgenden Bildung der Großen Koalition von CDU/CSU und SPD Ende des Jahres 1966. Vor allem durch die Große Koalition wird auch innerhalb der SPD die Opposition wieder wachgerüttelt. Für mich zeigte sich dies daran, daß ich – obwohl nun schon seit einigen Jahren ausgeschlossen und von der SPD isoliert – nach der Entscheidung für die Große Koalition zwei Tage und Nächte lang ständig in Marburg angerufen wurde: Jungsozialisten oder sozialdemokratische Gewerkschaftsfunktionäre aus allen Städten fragten an, was angesichts der Tatsache, daß ein ehemaliger Nationalsozialist Bundeskanzler werde[68], zu tun sei. Die hier beginnende innerparteiliche Diskussion belebte sich zusehends bis zum Nürnberger Parteitag von 1968[69], nachdem zuvor über Jahre hinweg die innerparteiliche Auseinandersetzung in der SPD fast eingeschlafen war. Für mich hatte sich dies in der Weise gezeigt, daß Gewerkschaftsfunktionäre, die der Führung angehörten, selbst dann, wenn sie mit mir sympathisierten, die Verbindung nur mit äußerster Vorsicht aufrechterhielten.

Gab es ähnliche eruptive Massenbewegungen auch unter den Studenten anderer europäischer Länder?

67 Am 8. November 1966 sprach der Deutsche Bundestag Bundeskanzler Erhard de facto das Mißtrauen aus. Am 1. Dezember 1966 übernahm die Große Koalition aus CDU/CSU und SPD unter Bundeskanzler Kiesinger die Regierung; vgl. *Archiv der Gegenwart*, 1966, S. 12799 ff., S. 12835 ff.

68 Kurt Georg Kiesinger war seit 1933 Mitglied der NSDAP und seit 1943 stellvertretender Abteilungsleiter der »Rundfunkpolitischen Abteilung« im NS-Propagandaministerium; vgl. Wolfgang Abendroth, *Die Karriere eines »Wissenschaftlichen Hilfsarbeiters«*, in: *Stimme der Gemeinde*, 21. Jg., Heft 18/1969, Sp. 549 ff.

69 Vgl. *Protokoll der Verhandlungen des Parteitages der SPD vom 17. bis 21. März 1968 in Nürnberg*, a.a.O.

In Frankreich hat es schon immer eine breite linke Studentenbewegung gegeben; im Mai 1968 verstärkte sich die Bewegung äußerst rasch. Aber in der Bundesrepublik gab es vorher niemals eine breite Basis für eine linke Studentenbewegung; auch in der Zeit zwischen den beiden Weltkriegen, im Deutschen Reich, hatte sie gefehlt. Diese Studentenbewegung entstand also praktisch aus dem Nichts. Ich möchte unbedingt weitere Arbeiten zu diesem Problemkomplex anregen: Um die eigentlichen Ursachen für den Stimmungsumschwung breiter studentischer Schichten herausfinden zu können, sind noch viele eingehende sozialhistorische und sozialpsychologische Untersuchungen notwendig.

Wie waren Deine Beziehungen zu den Gewerkschaften während des Kampfes gegen die Notstandsgesetze?
Relativ viele Gewerkschaftsfunktionäre haben sich ständig von mir beraten lassen. Gleich nach dem ersten Vorstoß des Innenministers Schröder vom Herbst 1958[70] referiere ich auf einer Tagung vor hohen und mittleren Funktionären der ÖTV auf der Bundesschule dieses Verbandes in Mosbach. Ich versuche, den Funktionären klarzumachen, daß jeder zum Kampf gegen die Notstandspläne mobilisiert werden müsse und daß es in diesem Kampf keinerlei Konzessionen geben dürfe. Die Funktionäre geben mir recht. Zu dem damaligen Vorsitzenden der ÖTV, Kummernuß, habe ich gute Verbindung; auch er ist ein alter Widerstandskämpfer. Während der Auseinandersetzung um die Notstandsgesetzgebung besteht auch ein kontinuierlicher und guter Kontakt zur IG Metall. Zu Beginn der Auseinandersetzung hatte mich Otto Brenner zu einer Sitzung des Bundesvorstandes der IG Metall eingeladen und anschließend – gegen den Widerstand von Rosenberg und vor allem von Leber – erzwungen, daß ich vor dem Bundesvorstand des DGB zur Frage der Notstandsgesetzgebung sprechen konnte. Entschiedene Gegner meiner Auffassungen sind in dieser Sitzung Kunze, der Chefjurist des DGB-Bundesvorstandes, und Leber. Leber setzt sich dezidiert für die Notstandspläne ein

70 Vgl. Gerhard Schröder, *Sicherheit heute. Sind unsere Sicherheitseinrichtungen geeignet, auch schwere Belastungsproben auszuhalten?*, in: *Bulletin des Presse- und Informationsamtes der Bundesregierung* Nr. 203 vom 31. Oktober 1958, S. 2017–2022.

und tritt in scharfer Form gegen mich auf. Otto Brenner steht in dieser Debatte klar auf der Seite derer, die die Notstandsgesetze ablehnen. Mein Kontakt zu den kritischen Funktionären in den Gewerkschaften bleibt während der lang andauernden Auseinandersetzung um die Notstandsgesetze, auch nach meinem Parteiausschluß erhalten. Ich führe dies darauf zurück, daß in der Gewerkschaftsführung mehr ehemalige Widerstandskämpfer tätig sind als in der Führung der SPD und daß auch ein – leider viel zu kleiner – Teil des Nachwuchses durch sie erzogen worden ist. Man kann sagen, daß ein Teil der Gewerkschaftsführung links von der SPD steht, eine Tatsache, die man an vielen Beschlüssen der Gewerkschaftstage einiger großer Industriegewerkschaften und Bundeskongresse ablesen kann.

Woran lag es, daß sich, wenn man vom Kampf gegen die Notstandsgesetze absieht, Deine Kontakte zu den Gewerkschaften verringerten?

Auf dem Höhepunkt der Restaurationsphase breitete sich auch unter früher linken Gewerkschaftsführern die Vorstellung aus, daß die Konjunktur – anders als in der Weimarer Republik – ewig währen würde, obwohl manche dieser Gewerkschaftsführer den Zusammenbruch der Weltwirtschaft in der großen Krise von 1929 selbst miterlebt hatten. Jetzt aber, so meinten sie, sei das kapitalistische System stabiler geworden, gebe es Methoden, die geeignet seien, schwere Krisen zu vermeiden. Es half ihnen nicht weiter, daß sie verschiedene Krisenzyklen in den USA beobachteten; darüber konnten diese Gewerkschaftler hinwegsehen, weil die Krisen jeweils wieder durch Konjunkturperioden abgelöst wurden. Sie folgten also der These von der prinzipiellen Krisenfreiheit des Kapitalismus, nicht zuletzt deshalb, weil sie sich durch ihre Erfahrungen nach dem Zweiten Weltkrieg dem Scheine nach darin bestätigt glaubten und weil ihnen diese Ansicht von sämtlichen Wirtschaftsexperten, so z. B. auch von der Wirtschaftsabteilung beim Vorstand der IG Metall, vorgetragen wurde. Mich, der ich sie immer wieder auf die prinzipielle Krisenanfälligkeit des kapitalistischen Systems hinwies, hielten sie für unrealistisch. Wegen dieser kontroversen Standpunkte wurden die Kontakte in der Zeit um 1961/62 schwächer, bestanden allerdings in bezug auf die Notstands-Frage fort. Auch Otto Brenner wurde zurückhaltend, auch er glaubte Karl Schiller und seiner Prognose von der ungebrochenen ökonomischen Entwicklung, also der Vorstellung, daß es schwere ökonomische Krisen im Kapitalismus nicht mehr geben werde. Das heißt zwar nicht, daß Otto Brenner aufhörte, Klassenpositionen zu vertreten; aber es heißt, daß er sie nur noch innerhalb der kapitalistischen Wirtschaftsordnung vertrat und den Sozialismus nicht mehr als reale Alternative betrachtete.

Das Grundsatzprogramm des DGB von 1963[71] steht im Zusammenhang dieser keynesianischen Theorie?
Das DGB-Programm enthält eine besondere Spielart des Keynesianismus, die besagt, daß die ökonomische Entwicklung im Kapitalismus gesteuert werden und auf diesem Wege auch die Arbeiterschaft allmählich mehr erreichen kann. Dieser Glaube wurde durch die Rezession in den Jahren 1966/67 halbwegs widerlegt und erschüttert, stellte sich aber nachher auch in den Köpfen der Gewerkschaftsführer und vor allem bei den jüngeren Gewerkschaftsfunktionären wieder her. Kummernuß war der einzige unter den großen Gewerkschaftsführern, der in solchen Fragen niemals geschwankt hat. Er konnte seine Position jedoch nicht durchsetzen bzw. in praktische Arbeit umsetzen, weil er sehr bald aus Altersgründen ausschied.

Wie reagierten die Gewerkschaften auf die Krise von 1966/67?
Die unteren Gewerkschaftsfunktionäre entwickeln zu Beginn der Konjunktur, keineswegs schon während der Krise, neue Aktivitäten; sie werden durch die spontane Streikbewegung dazu gedrängt. Anders als die RGO-Streiks während der Weltwirtschaftskrise wird die spontane Streikbewegung von 1969 nicht von den Gewerkschaften zerschlagen, vielmehr kehrt die Gewerkschaftsführung nach kurzem Schwanken

71 Am 21. und 22. November 1963 fand in Düsseldorf ein außerordentlicher Bundeskongreß des DGB statt, auf dem ein neues Grundsatzprogramm verabschiedet wurde; vgl. *Archiv der Gegenwart* 1963, S. 10943 ff.; Joachim Bergmann, Otto Jacobi und Walther Müller-Jentsch, *Gewerkschaften in der Bundesrepublik. Gewerkschaftliche Lohnpolitik zwischen Mitgliederinteressen und ökonomischen Systemzwängen*, Frankfurt/Main, Köln 1975, S. 134 ff.

schließlich zu einer offensiven Lohnpolitik zurück. Daß die offensive Haltung sich auf lohnpolitische Fragen bezieht, ist durch die Wiederherstellung der Konjunktur bedingt. Auch die Forderung nach Mitbestimmung rückt jetzt in den Vordergrund; sie wird bei den meisten zur Zielvorstellung, nur wenige Gewerkschafter verstehen sie als Übergangsforderung. Jedenfalls werden die Gewerkschaften wieder aktiver. Schon vorher hat sich wegen der Notstandspläne der Regierung der Druck mancher Mitglieder des IG Metall-Vorstandes auf die Sozialdemokratie verstärkt[72], die sich allerdings nur zu minimalen Konzessionen bereitfindet. Kennzeichnend ist wiederum, daß Otto Brenner, der Vorsitzende der IG Metall, deutliche Sympathien für die Anti-Notstandsbewegung hat; bei der großen Kundgebung auf dem Römerberg in Frankfurt im Jahre 1966 war er aber nicht als Redner gegen die Notstandsgesetzgebung aufgetreten.

Wenn man den Entwurf Schröders von 1960[73] *mit der im Jahre 1968 verabschiedeten Notstandsgesetzgebung*[74] *vergleicht, welche Bedeutung hat dabei der gewerkschaftliche Kampf gehabt, wie bewertest Du selber das Ergebnis?*
Die Endfassung des Gesetzes, welche ein Zurückweichen von den Zielvorstellungen Schröders auf gemäßigtere Regelungen zeigt, ist sicher auf den Kampf der Gewerkschaften zurückzuführen. Denn die Sozialdemokratie wollte zunächst auch weitergehenden Regelungen zustimmen. Dennoch meine ich, daß die geltenden Notstandsgesetze lediglich eine Abschwächung der im Schröder-Entwurf vorgesehenen potentiellen Diktatur beinhalten. Dadurch, daß die sogenannten »Schubladengesetze«[75] nicht in dieser Form in Kraft getreten, vielmehr entsprechende Ermächtigungen in das Grundgesetz aufgenommen worden sind, wird die Transformation in eine Diktatur zwar schwieriger, keinesfalls aber ausgeschlossen.

72 Vgl. *Notstandsentwurf '67. Text und Kritik*, hrsg. von der Industriegewerkschaft Metall, Vorstand, Frankfurt/Main o. J. [1967].

73 Vgl. *Entwurf zu einem Notstandsgesetz vom 13. Januar 1960*, Bundestagsdrucksache III/1800.

74 *Siebzehntes Gesetz zur Ergänzung des Grundgesetzes vom 24. Juli 1968* (*BGBl.* I S. 709).

75 Vgl. Gerhard E. Gründler, *Die Bürokraten proben den Notstand. Der Geist der Bonner Verwaltung in den Schubladengesetzen*, in: *Frankfurter Hefte*, 21. Jg., Heft 9/1966, S. 597–608.

Für wichtig halte ich es, daß es gelungen ist, wenigstens das Widerstandsrecht im Grundgesetz – wenn auch in einer zwiespältigen Fassung – zu verankern.[76] Noch im KPD-Prozeß war ein solches Widerstandsrecht vom Bundesverfassungsgericht zunächst abgelehnt und dann nur halbherzig anerkannt worden.[77] Jetzt, nachdem es in das Grundgesetz aufgenommen ist, ist es ein gewichtiger Rechtfertigungsgrund für Aktionen der Arbeiterklasse. Das Widerstandsrecht, so wie es in Artikel 20 Abs. 4 Grundgesetz formuliert ist, enthält allerdings auch Gefahren, denn es wird auch der Obrigkeit eingeräumt. Es ist also Rechtfertigungsgrund sowohl für den Kampf der Massen gegen die Obrigkeit als auch – wenngleich mißbräuchlich – für eine Staatsgewalt, die gegen die breiten Massen eine Diktatur ausüben will. Trotz dieser Widersprüchlichkeit ist es wichtig, daß das Widerstandsrecht kodifiziert wurde, weil man nunmehr die Massen auf Kämpfe gegen die Transformation des politischen Systems in eine Diktatur legal vorbereiten kann. Heute kann niemand mehr behaupten, das Eintreten für einen politischen Generalstreik gegen die Umwandlung der demokratischen Staatsform in eine Diktatur sei Vorbereitung eines hochverräterischen Unternehmens – eine Behauptung, die der Bundesgerichtshof jahrelang vertreten hat.[78] Kommt es aber tatsächlich zu Kämpfen um die Erhaltung der Demokratie, so entscheidet schließlich doch der Sieger darüber, welcher Widerstand gerechtfertigt war. Das ist ein historisches Gesetz und hat mit Rechtsnormen nichts zu tun.

76 Artikel 20 Abs. 4 Grundgesetz lautet: »Gegen jeden, der es unternimmt, diese [verfassungsmäßige; d. Verf.] Ordnung zu beseitigen, haben alle Deutschen das Recht zum Widerstand, wenn andere Abhilfe nicht möglich ist.«

77 Vgl. *KPD-Prozeß. Dokumentarwerk*, hrsg. von Gerd Pfeiffer und Hans-Georg Strickert, Band 2, Karlsruhe 1956, S. 125; Wolfgang Abendroth, *Bundesverfassungsgericht und Widerstandsrecht*, in: *Die Andere Zeitung*, 1. Jg., Heft 5/1955, S. 1 ff., wiederabgedruckt in: ders., *Arbeiterklasse, Staat und Verfassung*, a.a.O., S. 75–82.

78 Vgl. *Hochverrat und Staatsgefährdung. Urteile des Bundesgerichtshofes*, hrsg. von Walter Wagner, Band 1, Karlsruhe 1957, S. 108 ff.; 180 ff.; Wolfgang Abendroth, *Die Anwendung der §§ 80 ff. StGB auf den Streik in der Bundesrepublik*, in: *Referate der Arbeitstagung und Gesamtaussprache des erweiterten Initiativ-Ausschusses für die Amnestie und der Verteidiger in politischen Strafsachen am 4./5. Mai 1957 in Frankfurt/Main*, Heidelberg o. J., S. 22–33, wiederabgedruckt in: ders., *Arbeiterklasse, Staat und Verfassung*, a.a.O., S. 100–115.

Bei der Verabschiedung der Notstandsgesetze wurde von konservativer Seite eingewendet, daß die Rechtsnormen zu detailliert ausformuliert seien. Das aber würde bedeuten, daß die Notstandsverfassung eine Transformation in eine Diktatur nicht einfach zuläßt. Die Mechanik ihrer Anwendung ist insofern komplizierter, als z. B. Dienstverpflichtungen grundsätzlich nur ausgesprochen werden können, wenn sich das Parlament mit ²/₃-Mehrheit seiner Stimmen dafür entscheidet.
Das ist richtig. Dennoch muß man sich darüber im klaren sein, daß es sich bei diesen Rechtsnormen um nicht mehr als um Hilfsmittel zur Verteidigung der Demokratie handelt. In Wirklichkeit hängt diese Verteidigung von der Entwicklung und vom Stand des Klassenbewußtseins ab, von nichts anderem. Wenn die SPD nicht nochmals einen Anstoß bekommt, der dem während der Studentenbewegung von 1966/67 vergleichbar ist, steht sie einer ²/₃-Mehrheit keinesfalls im Wege, zumal die Gruppen, die links von der SPD stehen, im Parlament nicht repräsentiert sind. Die Normen bieten also nur dann Schutz, wenn sie sich mit der sozialen und politischen Realität decken. Trotzdem, so meine ich, war die Bewegung gegen die Notstandsgesetze nicht ohne Bedeutung: Im Prozeß ihrer Entwicklung und durch ihren Druck auf die deutsche Öffentlichkeit hat sie für die Rekonstruktion von – wenn auch zahlenmäßig wenigen – Kadern mit Klassenbewußtsein eine wichtige Rolle gespielt.

In welcher Weise hat die Opposition gegen die Notstandsgesetze zur Mobilisierung der Studenten an den Universitäten beigetragen?
Diese Bewegung hat die Linkswendung der deutschen Studentenschaft sehr wesentlich vorangetrieben, die Linkswendung, welche bis heute – wenn auch reduziert und in anderen Formen – anhält. Die erste Ausweitung der studentischen Opposition zu einer Massenbewegung an fast allen deutschen Universitäten hatte spontanen utopischen Charakter; Kader marxistisch geschulter Intelligenz gab es viel zu wenige, als daß sie eine solche Massenbewegung hätten beeinflussen und steuern können. Als die Studentenbewegung in eine radikaldemokratische Massenbewegung umschlug, wurden in Frankfurt die Frankfurter Schule, in Marburg Werner Hofmann und

ich als erste zu Angriffsobjekten für spontane Aktionen der Studenten. In Marburg kam es zur Besetzung meines und des Instituts von Werner Hofmann, in Frankfurt wurde das Institut für Sozialforschung besetzt. In Marburg verlangten die Studenten von mir, ich sollte ihnen das Rezept für die Revolution von morgen früh sagen. Weil ich dazu nicht in der Lage war, meinten sie, ich sei ein Verräter am Sozialismus. Ich mußte tagelang mit ihnen diskutieren, um ihnen klarzumachen, daß es dieses Rezept nicht geben kann. Die Diskussionen in Frankfurt verliefen ganz ähnlich. Ich hatte es in diesen Diskussionen leichter als Werner Hofmann, denn er kannte solche utopischen Massenbewegungen nicht aus der Praxis, sondern nur aus der Theorie. Ich hingegen kannte sie aus eigener Erfahrung, aus dem Revolutionsprozeß von 1918 und aus der Zeit nach 1923. In Marburg gelang es uns jedenfalls, mit den Studenten ins Gespräch zu kommen und sie zu rationalerem Verhalten zu bewegen. Festzuhalten ist, daß wir immer damit rechnen müssen, daß es in bestimmten Perioden zu utopischen, ultralinken Ausbrüchen kommt. Man muß aber wissen, daß auch in ihnen ein zu entwickelndes Moment enthalten ist, auf dessen Rationalität man insistieren muß. So etwa würde ich den Utopismus z. B. Rudi Dutschkes in jener damaligen Phase einschätzen.

Daß wir in der Bundesrepublik noch eine parlamentarische Demokratie haben, verdanken wir nicht etwa der Bildung der Großen Koalition, sondern der Antwort auf sie. Bis heute wirkt die studentische Massenbewegung fort, selbst wenn durch das jüngst verabschiedete Hochschulrahmengesetz[79] die Lage, wie sie vor der Studentenbewegung war, im großen und ganzen wiederhergestellt werden soll. Denn nach diesem Gesetz haben die Professoren in allen wichtigen Belangen wieder das alleinige Entscheidungsrecht, ist das Disziplinarrecht wieder eingeführt, das jeden Zugriff möglich macht. Das ändert aber nichts an der Tatsache, daß wir heute noch in den meisten Studentenschaften linke Mehrheiten haben, ein Zustand, der früher unvorstellbar war. Innerhalb dieser Linken ist eine breite Kaderschicht rational darum bemüht, sich marxistische Erkenntnisse anzueignen, breiter als je zuvor in der deutschen

79 Vgl. *Hochschulrahmengesetz vom 26. 1. 1976* (*BGBl* I, S. 185).

Universitätsgeschichte. Dieser Tatbestand ist wichtig, und er ist das Resultat der Bewegung gegen die Notstandsgesetze.

Hat die Bewegung gegen die Notstandsgesetze in die Arbeiterklasse hineingewirkt?
Wir sollten uns keine Illusionen darüber machen, daß die deutsche Arbeiterklasse als solche durch die Anti-Notstandskampagne in Bewegung gekommen wäre, trotz der großen Demonstrationen von Dortmund und Bonn und trotz der Tatsache, daß bei der Bonner Demonstration Arbeiter gegen den Willen der Gewerkschaftsleitungen mitmarschierten. Es sind dies nicht die Massen, sondern Funktionärskader, die im Verlaufe des Kampfes gegen die Notstandsgesetze zu lernen begannen. Auch kann dies noch keine unmittelbare Verschiebung der Machtverhältnisse innerhalb der Gewerkschaften bewirken; die Macht der gewerkschaftlichen Linken ist heute – ich muß das klar sagen – geringer als z. B. zur Zeit des Frankfurter Gewerkschaftskongresses und der Akklamation für Agartz im Jahre 1954, geringer auch als zu Beginn der sechziger Jahre. Dennoch ist unter den mittleren Funktionärskadern die kritische, zur Entwicklung von Klassenbewußtsein tendierende Minderheit heute größer als in früheren Perioden. Wir gehen also in eine neue Krise mit relativ gestärkten Kadern; das Verhalten und das Bewußtsein der Massen sind allerdings noch alles andere als stark. Aber man muß auch sehen, daß die Massen zu Beginn einer Krise, besonders wenn sie sie zum zweiten Mal erleben, zum Zurückweichen neigen, denn sie fürchten um ihre Arbeitsplätze.

Für die Massen und für diese mittleren Funktionärskader bedeutet die Erfahrung einer zweiten Krise – jedenfalls langfristig –, daß der Glaube an die permanente Stabilität des Kapitalismus schwindet, daß er nicht wieder in der alten Weise hergestellt werden kann, so wie es nach der Krise von 1966/67 noch möglich gewesen war. Hier wirken sich die Lernprozesse, die durch die Anti-Notstandsbewegung, die erste Krise und durch die autonome Streikbewegung von 1969 in Gang gekommen sind, aus. Nach der ersten Krise hatte das Bewußtsein von der prinzipiellen Stabilität des Kapitalismus bei den Massen und auch bei im übrigen kritisch denkenden Gewerkschaftsfunktionären so stark werden können, stärker als in jedem anderen europäischen Land, weil der Vergleich des materiellen Lebensstandards zwischen BRD und DDR zugunsten der Bundesrepublik ausfiel. Inzwischen aber fällt der Stabilitätsvergleich – trotz der Beeinträchtigung der sozialen Lage auch in den sozialistischen Ländern durch die Weltwirtschaftskrise – in vielen Punkten zu deren Gunsten aus, zumal sich die Differenz in bezug auf das Niveau der Lebenshaltung allmählich reduziert, wenn auch noch lange nicht verschwindet.

Insgesamt schätze ich die Möglichkeiten, Klassenbewußtsein in der Arbeiterklasse zu entwickeln – sowohl durch die marxistische Theorie als auch durch praktische Erfahrungen –, trotz der gegenwärtig hoffnungslos scheinenden Lage nicht als völlig aussichtslos ein. Die Gefahr, daß sich die Situation zu unseren Ungunsten verändert, besteht allerdings auch weiterhin. Die Ereignisse des Jahres 1933 werden sich zwar nicht in der gleichen Weise wiederholen, aber objektiv könnten eine erhebliche Verminderung demokratischer Rechte und die Aufhebung der Autonomie der Gewerkschaften auch heute wieder aktuell werden.

Welche Faktoren verstärken bzw. vermindern die Gefahr der Umbildung des formell politisch demokratischen Systems in ein autoritäres System, wenn man das Jahr 1968, in dem die Notstandsgesetze verabschiedet wurden, als Ausgangspunkt wählt?

Die Notstandsgesetze sollten von vornherein nicht in erster Linie der Abwehr einer Gefahr von außen dienen, wenn auch Schröder dies immer wieder behauptete. In den bürgerlichen Parteien, vor allem in der CDU/CSU, gibt es sowohl autoritäre als auch faschistoide Gruppen – man sollte sie genau unterscheiden –, die wissen, daß die Stabilitätsideologie, die sie verbreiten, nicht der Realität entspricht. Dem deutschen Monopolkapital ist dies erst recht klar. Deshalb werden von dieser Seite rechtliche Regelungen entwickelt für den Fall, daß sich die Klassenkonflikte zuspitzen, Regelungen, mittels derer man in der Krise die notwendige Transformation der Staatsgewalt in eine auch formell autoritäre vollziehen kann. Die Vorbereitung eines solchen Umschlages für den Fall, daß man ihn aufgrund der Machtverhältnisse der Klassen auch durchsetzen kann, ist in Gestalt der Notstandsgesetzgebung teilweise gelungen. Die Tatsache, daß die Notstandsgesetze differenziertere Regelungen enthalten als ursprünglich beabsichtigt, kann allerdings genutzt werden, um eine solche Transformation zu verhindern, vorausgesetzt, wir können ein entsprechendes demokratisches Klassenbewußtsein entwickeln. Denn Klassenbewußtsein heißt immer auch: Entschlossenheit zum Kampf für die Verteidigung der Demokratie. Gelingt dies nicht, so nutzt die Differenziertheit der Rechtsnormen eher dem Gegner. Die Anwendung von Rechtsnormen ist meist in dieser Weise doppelschichtig.

Eine der Nebenwirkungen, die die Studentenbewegung nach sich zog, war die praktische Außerkraftsetzung des Erlasses der Adenauer-Regierung vom September 1950[80]; er widersprach zwar seit eh und je dem Grundgesetz und den Verfassungen der Länder; aber ob man Rechtsansprüche durchsetzen kann, entscheidet sich nicht an der Richtigkeit der juristischen Exegese, sondern ist vom Stand der Klassenkämpfe abhängig. Das heißt nicht, daß die juristische Exegese gleichgültig ist; sie ist in jedem Fall ein gewichtiges Instrument zur Veränderung des Bewußtseins der Öffentlichkeit. Man muß aber wissen, daß ein Rechtsanspruch nur so viel wert ist wie die Macht, ihn zu realisieren. Durch die studentische und die gewerkschaftliche Bewegung ist das Bewußtsein der Öffentlichkeit zunächst in dieser Richtung verändert worden. Nachdem im Gefolge der Notstandsopposition und in der ersten Phase der sozial-liberalen Koalition die demokratischen Potentiale gestärkt wurden, ist diese Tendenz heute bereits wieder umgeschlagen. Es zeigt sich, daß ein Teil der SPD-Führung heute – anders als damals, als sie durch die Notstandsopposition zurückgehalten wurde – selber die Entwicklung zu einem autoritären Staat vorantreibt. Dafür ist die Handhabung der Berufsverbote ein ebenso typisches Beispiel wie die Reduktion des Rechtsstaates im Bereich des Straf- und Strafprozeßrechts während der letzten Jahre.

Diese rückläufige Entwicklung hängt damit zusammen, daß die Mobilisierung der Arbeiterklasse und der Druck der Intellektuellen auf die SPD nachgelassen haben. Ein großer Teil der

80 Vgl. die Ausführungen auf S. 216.

älteren Intelligenz hat sich im Glauben an die sozial-liberale Koalition beruhigt, ein Glaube, der in bezug auf die Große Koalition nicht bestand. Das heißt, daß das kritische Bewußtsein der mittleren Generation von Intellektuellen ebenfalls nachläßt. Trotz aller Annäherung an das Klassenkampf-Denken geht bei einem Teil der mittleren Gewerkschaftskader das kritische Bewußtsein zurück, nicht zuletzt deswegen, weil wir nach der Rezession von 1966/67 in einer Periode stark aufsteigender Konjunktur, begleitet von Lohnzuwächsen, lebten.

Die Krise, mit der wir gegenwärtig konfrontiert sind, trifft also auf eine Arbeiterbewegung, die zu geschlossenem Widerstand nicht erzogen ist. Trotzdem ist Widerstand unter den mittleren kritischen Funktionären vorhanden, deutlicher als unter den höheren Funktionären. Die Lage heute ist also genau umgekehrt wie vor der Rezession von 1966/67: Damals standen – wie gesagt – Teile der Gewerkschaftsspitzen eher links, während sie heute im Vergleich zu den mittleren Funktionären weit mehr angepaßt sind.

Welche Bedeutung hat Deiner Ansicht nach das politische Potential der Studenten heute?

Die Studenten stehen weiter links als die Gewerkschaften: Die Mehrheit der Studenten, die sich an den Wahlen zu den Studentenparlamenten beteiligen, optieren immer noch für eine sich jetzt rationaler verhaltende studentische Linke. Man mag im übrigen MSB-Spartakus und SHB beurteilen, wie man will, beide haben ihre Fehler, ebenso wie die DKP, aber sie verhalten sich in der jeweiligen Situation meist adäquat und rational, gemessen an der Notwendigkeit, kritisches Bewußtsein zu bewahren und zu katalysieren. Die spontane Massenbewegung gibt es also nicht mehr. Daß die Bewahrung kritischen sozialistischen Bewußtseins weit über die Jahre von 1967 bis 1969 hinaus gelungen ist, ist positiv zu bewerten. Ich hatte damals eine so weitreichende, langandauernde Wirkung nicht für möglich gehalten. Die Studenten haben jetzt sogar Rückhalt bei manchen radikaldemokratischen, sozialistischen oder sogar marxistischen Hochschullehrern, wenngleich diese – gemessen an der Gesamtzahl der Hochschullehrer in der BRD – eine verschwindende Minderheitsgruppe sind, eine Minderheitsgruppe, die auch im Vergleich zu den entsprechenden Gruppen in Frankreich, Italien, England oder Holland zahlenmäßig wesentlich kleiner ist. Da inzwischen eine – wenn auch relativ schwache – überparteiliche Organisation, der »Bund demokratischer Wissenschaftler« besteht, der für geistige Freiheit an den Hochschulen eintritt, kann man vielleicht auch an den Universitäten, trotz aller Radikalenerlasse, Reste dieser Positionen erhalten. Auch durch die Verbindung von kritischen Studenten und Hochschullehrern sind also Veränderungen eingetreten.

Wie beurteilst Du die Entwicklung innerhalb der studentischen Gruppen?
Unter ihnen gibt es große Widersprüche, auch unter den Hochschulgruppen der Jungsozialisten. Zwar sind diese Gruppen vielfach positiv zu beurteilen, doch sind sie immer noch sehr an das vorhergehende spontaneistische Denken gebunden und bleiben dadurch ineffektiv. Beispiel für die Möglichkeit einer positiven Entwicklung der Gruppen ist der Kampf des Marburger AStA im November/Dezember 1975 um das politische Mandat der Studentenschaft.[81] In dieser Auseinandersetzung ist es gelungen, die Solidarisierung der gesamten hessischen Studentenschaft zu erreichen, obwohl die Studentenvertretungen an den meisten anderen Universitäten dem Marburger AStA, der aus Mitgliedern von MSB, SHB und linken bürgerlichen Demokraten zusammengesetzt ist, ablehnend gegenüberstehen und ihn bekämpft haben. In Marburg selbst ist es gelungen, mehr als 50% der Studenten zu mobilisieren, ein Erfolg, der an die Mobilisierung während der spontanen Studentenbewegung heranreicht. Aber gleichzeitig muß man, wie ich schon gesagt habe, bedenken, daß das Hochschulrahmengesetz mit seinen vielfältigen Repressionsmöglichkeiten Wirklichkeit geworden ist. So haben sich auch im universitären Bereich gleichermaßen positive und negative Momente stärker entwickelt.

Nur dann, wenn es gelingt, die Arbeiterbewegung und die Bewegung der jungen Intellektuellen zusammenzuführen, um Klassenbewußtsein zu bewahren und zu entwickeln und um

81 Vgl. *Das politische Mandat ist unverzichtbar!* Hrsg. von der Studentenschaft der Philipps-Universität Marburg, o. O., o. J. (1976).

für die Erhaltung demokratischer Rechte zu kämpfen, nur dann wird es möglich sein, jene Legalität zu wahren, innerhalb derer man das Klassenbewußtsein so weit entfalten kann, daß die nächste schwere Krise nicht zugunsten eines Obrigkeitsstaates, sondern zugunsten der sozialistischen Demokratie entschieden wird. Diese Chance besteht objektiv; im Moment gibt es allerdings keine organisierende politische Partei, die diese Chance wahrnehmen könnte. Denn selbst wenn man die DKP völlig positiv bewerten wollte: sie ist viel zu schwach, um eine solche Rolle spielen zu können. So notwendig eine kleine, realitätsbewußte Partei des proletarischen Klassenbewußtseins ist – sie allein genügt nicht. Es gibt auch keine zielbewußt steuernde, organisierende Führung in der Gewerkschaftsbewegung; die Widersprüche innerhalb der Gewerkschaften, von denen ich vorhin gesprochen habe, sind dazu noch viel zu groß.

Die Zahl der möglichen Bündnispartner wird im Verlaufe des gegenwärtigen Restaurationsprozesses immer geringer. Immerhin versucht z. B. die Juso-Gruppe in Hannover, die Erhaltung des legalen Aktionsrahmens des Grundgesetzes für die Propagierung und Verbreitung sozialistischer Zielvorstellungen als aktuelle politische Tagesaufgabe zu begreifen.

Ich halte es für nützlich, wenn solche Einzelentwicklungen bei den Jungsozialisten stattfinden. Dennoch ist nicht zu übersehen, daß der Einfluß der Jusos zunehmend schwindet und daß die ehemalige Linke in der SPD sich inzwischen zum großen Teil angepaßt hat. Seit dem Mannheimer Parteitag der SPD vom Herbst 1975[82] ist die Partei wieder auf das Niveau zurückgefallen, das sie nach dem Godesberger Parteitag hatte. Dem entspricht, daß gegenwärtig die Transformation zu einem autoritären Staat auch unter der sozial-liberalen Regierung rasch voranschreitet. Im Kampf gegen die Notstandsgesetze hatte sich noch rechtzeitig ein genügend großes Oppositionspotential entwickelt, das in der Lage war, die Absichten des Monopolkapitals zu durchkreuzen. Denn das Monopolkapital wollte in der Rezession mit Hilfe der Notstandsgesetze

82 Vgl. *Protokoll der Verhandlungen des Parteitages der SPD vom 11. bis 15. November 1975 in Mannheim.* o. O., o. J. (Bonn 1975).

einen großen Schritt in Richtung auf einen autoritären Staat tun, nicht zuletzt, um verhindern zu können, daß bei Wiederaufleben der Konjunktur sich das Lebenshaltungsniveau der Arbeiter erhöhen würde. Wie damals ist das Monopolkapital auch heute davon überzeugt, daß die kapitalistische Gesellschaft nur dann florieren kann, wenn die Arbeiter ihren Gürtel enger schnallen. Und die SPD-Führung betätigt sich zur Zeit wieder einmal erfolgreich als »Arzt am Krankenbett des Kapitalismus«. Sie sorgt für die Durchsetzung dieser Interessen und drängt gleichzeitig die demokratischen Elemente in diesem Staat zurück.

In der weiteren Entwicklung der Bundesrepublik wird alles davon abhängen, ob es gelingt, die SPD zu zwingen, zumindest als halbreformistische und die Demokratie stabilisierende Partei zu agieren – von selbst wird sie keinesfalls dazu beitragen. Ich erinnere nur daran, wie die deutsche Sozialdemokratie seit 1930 Schritt um Schritt zurückgewichen ist, kapituliert hat und schließlich trotzdem untergegangen ist. So bleibt in einem Lande, in dem zur Zeit die große Mehrheit der Arbeiterklasse der SPD akklamiert, die wichtigste Aufgabe, diejenigen Kräfte zu formieren, welche die sozialdemokratische Führung zum Instrument der Sicherung der Demokratie machen.
der Demokratie machen.

Literaturverzeichnis

Abendroth, Wolfgang, *Die völkerrechtliche Stellung der B- und C-Mandate*, Breslau 1936.

ders., *Die Haftung des Reiches, Preußens, der Mark Brandenburg und der Gebietskörperschaften des öffentlichen Rechts für Verbindlichkeiten, die vor der Kapitulation vom 8. 5. 1945 entstanden sind*, in: *Neue Justiz*, 1. Jg., Heft 4/5, 1947, S. 73–81.

ders., *Mitteis. Vom Lebenswert der Rechtsgeschichte*, Weimar 1947, in: *Neue Justiz*, 1. Jg., Heft 10/1947, S. 226 f.

ders., *Die Justizreform in der Sowjetzone Deutschlands*, in: *Europa Archiv*, 3. Jg., September 1948, S. 1539–1546.

ders., *Zwiespältiges Verfassungsrecht in Deutschland. Die Verfassung der »Deutschen Demokratischen Republik« im Vergleich zum Bonner Grundgesetz*, in: *Archiv des öffentlichen Rechts*, Band 76 (37. Band der Neuen Folge), Heft 1, 1950/51, S. 1–25.

ders., und Schnorr von Carolsfeld, Ludwig, *Die Berechtigung gewerkschaftlicher Demonstrationen für die Mitbestimmung der Arbeitnehmer in der Wirtschaft. Zwei Rechtsgutachten, hrsg. vom Bundesvorstand des DGB*, Düsseldorf 1953.

ders., *Zum Begriff des demokratischen und sozialen Rechtsstaates im Grundgesetz der Bundesrepublik Deutschland*, in: *Aus Geschichte und Politik. Festschrift für Ludwig Bergstraesser*, Düsseldorf 1954, S. 279–300.

ders., *Bundesverfassungsgericht und Widerstandsrecht*, in: *Die Andere Zeitung*, 1. Jg., Heft 5/1955, S. 1 ff.

ders., *Die Wende des Stalinismus*, in: *WISO-Korrespondenz für Wirtschafts- und Sozialwissenschaften*, 1. Jg., 1956, S. 16-18.

ders., *Das KPD-Verbotsurteil des Bundesverfassungsgerichts. Ein Beitrag zum Problem der richterlichen Interpretation von Rechtsgrundsätzen der Verfassung im demokratischen Staat*, in: *Zeitschrift für Politik*, 3. Jg., Heft 4/1956, S. 305–327.

ders., *Die Anwendung der §§ 80 ff. StGB auf den Streik in der Bundesrepublik*, in: *Referate der Arbeitstagung und Gesamtaussprache des erweiterten Initiativausschusses für die Amnestie und der Verteidiger in politischen Strafsachen am 4./5. Mai 1957 in Frankfurt am Main*, Heidelberg o. J., S. 22–33.

ders., *Aufgaben und Ziele der deutschen Sozialdemokratie. (Programmentwurf), Frankfurt/Main (Jungsozialisten) 1959.*

ders., *Innergewerkschaftliche Willensbildung, Urabstimmung und »Kampfmaßnahme«*, in: *Arbeit und Recht*, 7. Jg., Heft 9/1959, S. 261–268.

ders., *Die soziale Struktur der Bundesrepublik und ihre politischen Ent-*

wicklungstendenzen, in: *Politische Vierteljahresschrift*, 4. Jg., Heft 2/1963, S. 150–167.
ders., *Aufstieg und Krise der deutschen Sozialdemokratie*, Frankfurt/Main 1964.
ders., *Die Philipps-Universität Marburg*, in: *Hochschulführer, hrsg. von Petra Kipphoff, Thomas von Randow und Dieter E. Zimmer*, 1. Aufl., Hamburg 1964, S. 106–110.
ders., *Innerparteiliche und innerverbandliche Demokratie als Voraussetzung der politischen Demokratie*, in: *Politische Vierteljahresschrift*, 5. Jg., Heft 3/1964, S. 307–338.
ders., *Das Unpolitische als Wesensmerkmal der deutschen Universität*, in: *Nationalsozialismus und die deutsche Universität, Universitätstage 1966*, Veröffentlichung der Freien Universität Berlin, Berlin 1966, S. 189-208.
ders., *Zur Geschichte des Roten Frontkämpferbundes*, in: *Geschichte und Zukunft. Dem Verleger Anton Hain zum 75. Geburtstag am 4. Mai 1967, hrsg. von Anton Diemer*, Meisenheim 1967, S. 12–32.
ders., *Historische Funktion und Umfang des Widerstandes der Arbeiterbewegung gegen das Dritte Reich*, in: *Festschrift für Otto Brenner zum 60. Geburtstag, hrsg. von Peter von Oertzen*, Frankfurt/Main 1967, S. 303-321.
ders., *Ein Leben im Dienste der Arbeiterbewegung. Heinrich Brandler gestorben*, in: *Neue Kritik*, Nr. 44, Sept./Okt. 1967, S. 3–6.
ders., *Die Karriere eines »Wissenschaftlichen Hilfsarbeiters«*, in: *Stimme der Gemeinde*, 21. Jg., Heft 18/1969, Sp. 549 ff.
ders., *Denken und Handeln revolutionärer Arbeiter zwischen den Weltkriegen*, in: *Stimme der Gemeinde*, 24. Jg., Heft 7/1972, S. 118–120.
ders., *Antagonistische Gesellschaft und politischeDemokratie. Aufsätze zur politischen Soziologie*, 2. Aufl., Neuwied und Berlin 1972.
ders., *Sozialgeschichte der europäischen Arbeiterbewegung*, 10. Aufl., Frankfurt/Main 1975.
ders., *Arbeiterklasse, Staat und Verfassung. Materialien zur Verfassungsgeschichte der Bundesrepublik*, Frankfurt/Main 1975.
Agartz, Viktor, *Wirtschafts- und Steuerpolitik, Grundsätze und Programm des DGB. Referat auf dem dritten ordentlichen Bundeskongreß des DGB in Frankfurt am Main vom 4. bis 9. Oktober 1954, Protokoll*, Frankfurt/Main o. J. (1954), S. 423–468.
ders., *Gewerkschaft und Arbeiterklasse*, München 1971.
Allgemeiner Kongreß der Arbeiter- und Soldatenräte Deutschlands vom 16. Dezember bis 21. Dezember 1918 im Abgeordnetenhause zu Berlin, Stenographische Berichte, Berlin o. J. (1919).
Autorenkollektiv, *Sozialistische Gewerkschaftsarbeit und »Revolutionäre Gewerkschaftsopposition« – Probleme und Perspektiven sozialistischer Gewerkschaftsarbeit und ihre organisatorische Scheinlösung in der*

RGO, in: *Probleme des Klassenkampfs*, Heft 8/9, 1973, S. 145–160.
Bachof, Otto, *Begriff und Wesen des sozialen Rechtsstaates*, in: *Veröffentlichungen der Vereinigung der Deutschen Staatsrechtslehrer*, Heft 12, Berlin 1954, S. 37–84.
Bauer, Otto, Marcuse, Herbert und Rosenberg, Arthur, *Faschismus und Kapitalismus. Theorien über die sozialen Ursprünge und die Funktion des Faschismus, hrsg. von Wolfgang Abendroth*, Frankfurt/Main, Wien 1967.
Beck und Goerdeler, *Gemeinschaftsdokumente für den Frieden 1941–1944, hrsg. von Wilhelm Ritter von Schramm*, München 1965.
Benjamin, Walter. *Illuminationen*, Frankfurt/Main 1961.
ders., *Briefe, hrsg. von G. Scholem und Theodor W. Adorno*, Band 2, Frankfurt/Main 1966.
Bergmann, Joachim, Jacobi, Otto und Müller-Jentsch, Walther, *Gewerkschaften in der Bundesrepublik. Gewerkschaftliche Lohnpolitik zwischen Mitgliederinteressen und ökonomischen Systemzwängen*, Frankfurt/Main, Köln, 1975.
Bericht über den Gründungsparteitag der Kommunistischen Partei Deutschlands (Spartakusbund) vom 30. Dezember 1918 bis 1. Januar 1919, o. O. (Berlin), o. J. (1919).
Bock, Hans Manfred, *Syndikalismus und Linkskommunismus von 1918–1923. Zur Geschichte und Soziologie der Freien Arbeiter-Union Deutschlands (Syndikalisten), der Allgemeinen Arbeiter-Union Deutschlands und der Kommunistischen Arbeiter-Partei Deutschlands*, Diss., Meisenheim 1969.
ders., *Geschichte des ›linken Radikalismus‹ in Deutschland. Ein Versuch*, Frankfurt/Main 1976.
Bracher, Karl Dietrich, *Die Auflösung der Weimarer Republik*, 3. Aufl., Villingen 1960.
Bracher, Karl Dietrich, Sauer, Wolfgang und Schulz, Gerhard, *Die nationalsozialistische Machtergreifung*, 2. Aufl., Köln/Opladen 1962.
Bullock, Alan, *Hitler. Eine Studie über Tyrannei*, Düsseldorf 1953.
Das politische Mandat ist unverzichtbar!, hrsg. von der Studentenschaft der Philipps-Universität Marburg, o. O., o. J. (1976).
Der Nationalsozialismus, Dokumente 1933–1945, hrsg. von Walther Hofer, Frankfurt/Main 1957.
Die deutsche Revolution 1918–1919. Dokumente, hrsg. von Gerhard A. Ritter und Susanne Miller, Frankfurt/Main 1968.
Dimitroff, Giorgi, *Die Offensive des Faschismus und die Aufgaben der Kommunistischen Internationale im Kampf für die Einheit der Arbeiterklasse gegen den Faschismus*, in: *VII. Weltkongreß der Kommunistischen Internationale, Referate, Aus der Diskussion, Resolutionen*, Frankfurt/Main 1971, S. 74–138.
Dokumente zur parteipolitischen Entwicklung in Deutschland seit 1945,

hrsg. von Ossip K. Flechtheim, Band 7, 2. Teil, Berlin 1969.
Drechsler, Hanno, *Die Sozialistische Arbeiterpartei Deutschlands (SAPD). Ein Beitrag zur Geschichte der deutschen Arbeiterbewegung am Ende der Weimarer Republik*, Diss., Meisenheim 1965.
Duhnke, Horst, *Die KPD von 1933 bis 1945*, Köln 1972.
Enderle, August, Schreiner, Heinrich, Walcher, Jakob und Weckerle, Eduard, *Das rote Gewerkschaftsbuch*, Berlin 1932.
Flechtheim, Ossip K., *Die KPD in der Weimarer Republik*, 2. Aufl., Frankfurt/Main 1971.
Fraenkel, Ernst. *Der Doppelstaat*, Frankfurt/Main, Köln 1974.
ders., *Zur Soziologie der Klassenjustiz* (Berlin 1927), abgedruckt in: ders., *Zur Soziologie der Klassenjustiz und Aufsätze zur Verfassungskrise 1931–1932*, Darmstadt 1968, S. 1–41.
Forsthoff, Ernst, *Begriff und Wesen des sozialen Rechtsstaates*, in: *Veröffentlichungen der Vereinigung der Deutschen Staatsrechtslehrer*, Heft 12, Berlin 1954, S. 8–36.
Freyberg, Jutta von, *Sozialdemokraten und Kommunisten. Die Revolutionären Sozialisten Deutschlands vor dem Problem der Aktionseinheit 1934–1937*, Köln 1973.
Geschichte der deutschen Arbeiterbewegung, hrsg. vom Institut für Marxismus-Leninismus beim Zentralkomitee der SED, Kapitel X: Periode von Januar 1933 bis August 1939, Berlin/DDR 1969.
Gossweiler, Kurt, *Großbanken, Industriemonopole, Staat, Ökonomie und Politik des staatsmonopolistischen Kapitalismus in Deutschland 1914–1932*, Berlin/DDR 1971.
Grosser, Alfred, Seifert, Jürgen, *Die Spiegel-Affäre*, Band 1: *Die Staatsmacht und ihre Kontrolle*, Olten/Freiburg i. Br. 1966.
Gründler, Gerhard E., *Die Bürokraten proben den Notstand. Der Geist der Bonner Verwaltung in den Schubladengesetzen*, in: *Frankfurter Hefte*, 21. Jg., Heft 9/1966, S. 597–608.
Gumbel, Emil J., *Vom Fememord zur Reichskanzlei*, Heidelberg 1962.
Habermas, Jürgen, von Friedeburg, Ludwig, Oehler, Christoph und Weltz, Friedrich, *Student und Politik. Eine soziologische Untersuchung zum politischen Bewußtsein Frankfurter Studenten*, Neuwied 1961.
Hallgarten, George F. W., *Hitler, Reichswehr und Industrie. Zur Geschichte der Jahre 1918–1933*, Frankfurt/Main 1962.
Hannover, Heinrich und Hannover-Drück, Elisabeth, *Politische Justiz 1918–1933*, Frankfurt/Main 1966.
dies., *Der Mord an Rosa Luxemburg und Karl Liebknecht. Dokumentation eines politischen Verbrechens*, Frankfurt/Main 1967.
Heller, Hermann, *Sozialismus und Nation* (1925), Berlin 1931.
ders., *Staatslehre* (1934), Wiederabdruck Leiden 1963.
Henkys, Reinhard, *Die nationalsozialistischen Gewaltverbrechen. Geschichte und Gericht*, Stuttgart/Berlin 1964.

Hermann, Hans Georg, *Verraten und verkauft*, Fulda 1959.
Herzog, Wilhelm, *Menschen, denen ich begegnete*, Berlin 1959.
Hochverrat und Staatsgefährdung. Urteile des Bundesgerichtshofes, hrsg. von Walter Wagner, Band 1, Karlsruhe 1957; Band 2, Karlsruhe 1958.
Hölz, Max, *Anklagerede gegen die bürgerliche Gesellschaft, gehalten vor dem Moabiter Sondergericht am 22. Juni 1921 in Berlin, Revolutionäre Flugschriften*, o. O., o. J.
Horowitz, David, *Kalter Krieg. Hintergründe der US-Außenpolitik von Jalta bis Vietnam*, Band 1, Berlin 1969.
Huster, Ernst Ulrich, Kraiker, Gerhard, Scherer, Burkhard, Schlotmann, Friedrich-Karl und Welteke, Marianne, *Determinanten der westdeutschen Restauration 1945–1949*, Frankfurt/Main 1972.
Ihlau, Olaf, *Die roten Kämpfer. Ein Beitrag zur Geschichte der Arbeiterbewegung in der Weimarer Republik und im Dritten Reich*, Diss., Meisenheim 1971.
Jahrbuch der Sozialdemokratischen Partei Deutschlands 1960–1961, Bonn, o. J.
Kaack, Heino, *Die Parteien in der Verfassungswirklichkeit, Anhang 2: Bundes- und Landtagswahlen 1946–1963*, Kiel 1963.
Kaskel, Walter, *Arbeitsrecht*, 3. Auflage, Berlin 1928.
Kirchheimer, Otto, *Verfassungsreform und Sozialdemokratie*, in: *Die Gesellschaft*, 10. Jg., Heft 1/1933, S. 20–35.; wiederabgedruckt in: ders., *Funktionen des Staats und der Verfassung*, Frankfurt/Main 1972, S. 79–99.
Kliem, Kurt, *Der sozialistische Widerstand gegen das Dritte Reich, dargestellt an der Gruppe »Neu Beginnen«*, Diss., Marburg 1957.
Komintern und Faschismus 1920–1940. Dokumente zur Geschichte und Theorie des Faschismus, hrsg. von Theo Pirker, Stuttgart 1965.
Korsch, Karl, *Was ist Sozialisierung?*, Hannover 1919.
ders., *Kernpunkte der materialistischen Geschichtsauffassung*, Berlin 1922.
ders., *Arbeitsrecht für Betriebsräte* (Berlin 1922), Neuauflage Frankfurt/Main 1968.
ders., *Schriften zur Sozialisierung*, Frankfurt/Main 1969.
ders., *Marxismus und Philosophie*, 3. Auflage, Frankfurt/Main 1971.
KPD-Prozeß. Dokumentarwerk, hrsg. von Gerd Pfeiffer und Hans-Georg Strickert, Band 2, Karlsruhe 1956.
Krause, Ilse, *Die Schumann-Engert-Kresse-Gruppe. Dokumente und Materialien des illegalen antifaschistischen Kampfes*, Leipzig 1943–1945, Berlin/DDR 1960.
Kuczynski, Jürgen, *Die Geschichte der Lage der Arbeiter in Deutschland von 1800 bis in die Gegenwart, Band I: 1800–1932*, Berlin 1947.
Kürschners Deutscher Gelehrten-Kalender 1940/41, 2 Bände, hrsg. von Gerhardt Lüdtke, Berlin 1941.
Lenin, W. I., *Was tun? Brennende Fragen unserer Bewegung*, in: *W. I.*

Lenin, Werke, Band 5, S. 355–551.
ders., *Ein Schritt vorwärts, zwei Schritte zurück*, in: *W. I. Lenin*, Werke, Band 7, S. 197–430.
ders., *Materialismus und Empiriokritizismus. Kritische Bemerkungen über eine reaktionäre Philosophie*, in: *W. I. Lenin*, Werke, Band 14, S. 7–366.
ders., *Der Opportunismus und der Zusammenbruch der II. Internationale*, in: *W. I. Lenin*, Werke, Band 22, S. 107–119.
ders., *Der »linke Radikalismus«, die Kinderkrankheit im Kommunismus*, in: *W. I. Lenin*, Werke, Band 31, S. 1–91.
Levi, Paul, *Unser Weg. Wider den Putschismus*, Berlin 1921.
ders., *Zwischen Spartakus und Sozialdemokratie, Schriften, Aufsätze, Reden, Briefe, hrsg. von Charlotte Beradt*, Frankfurt/Main 1969.
Liebknecht, Karl, *Gesammelte Reden und Schriften, hrsg. vom Institut für Marxismus-Leninismus beim ZK der SED.*, Band 9, Berlin/DDR 1974.
Limmer, Hans, *Die deutsche Gewerkschaftsbewegung*, 5. Auflage, München/Wien 1963.
Link, Werner, *Die Geschichte des Internationalen Jugend-Bundes (IJB) und des Internationalen Sozialistischen Kampf-Bundes (ISK). Ein Beitrag zur Geschichte der Arbeiterbewgung in der Weimarer Republik und im Dritten Reich*, Diss., Meisenheim 1964.
Löwy, A. G., *Die Weltgeschichte ist das Weltgericht – Bucharin: Vision des Kommunismus*, Wien 1969.
Lukács, Georg, *Geschichte und Klassenbewußtsein*, Berlin 1923.
Luthardt, Wolfgang, *Einleitung zu dem Aufsatz von Otto Kirchheimer, Staatsgefüge und Recht des dritten Reiches* (zuerst 1935), in: *Kritische Justiz*, 9. Jg., Heft 1/1976, S. 33–39.
Luxemburg, Rosa, *Im Kampf gegen den deutschen Militarismus. Prozeßberichte und Materialien aus den Jahren 1913 bis 1915, hrsg. vom Institut für Marxismus-Leninismus beim ZK der SED*, Berlin/DDR 1960.
dies., *Gesammelte Werke*, Band 3, Berlin/DDR 1973.
Marx, Karl, *Der achtzehnte Brumaire des Louis Bonaparte*, in: *Marx/Engels, Werke*, Band 8, S. 111–207.
Matthias, Erich und Morsey, Rudolf, *Das Ende der Parteien 1933*, Düsseldorf 1960.
Medwedew, Roy A., *Die Wahrheit ist unsere Stärke. Geschichte und Folgen des Stalinismus*, Frankfurt/Main 1973.
Mehring, Franz, *Geschichte der deutschen Sozialdemokratie, Zweiter Teil, Von Lassalles »Offenem Antwortschreiben« bis zum Erfurter Programm 1863 bis 1891, Gesammelte Schriften*, Band 2, Berlin/DDR 1960.
Milatz, Alfred, *Wähler und Wahlen in der Weimarer Republik*, Bonn

1965.
Nelson, Leonard, *Demokratie und Führerschaft*, 3. Aufl., Göttingen 1932.
Nettball, Kurt, *Strafdivision 999*, Berlin/DDR 1965.
Nettl, Peter, *Rosa Luxemburg*, Berlin/Köln 1969.
Neukrantz, Klaus, *Barrikaden am Wedding*, Berlin 1931, Wiederabdruck 5. Aufl., Berlin 1973.
Neumann, Franz, *Der Block der Heimatvertriebenen und Entrechteten 1950–1960*, Diss., Meisenheim 1967.
Neumann, Sigmund, *Die Parteien in der Weimarer Republik*, Stuttgart 1965.
Nipperdey, Hans Carl, *Zur Kritik an der Rechtsprechung des Bundesarbeitsgerichts*, in: *Arbeit und Recht*, 7. Jg., Heft 11/1959, S. 340.
Nitzsche, Gerhard, *Die Saefkow-Jacob-Bästlein-Gruppe, Dokumente und Materialien des illegalen antifaschistischen Kampfes 1942–1945*, Berlin/DDR 1957.
Notstandsentwurf '67. Text und Kritik, hrsg. von der Industriegewerkschaft Metall, Vorstand, Frankfurt/Main, o. J. (1967).
Osterroth, Franz, *Biographisches Lexikon des Sozialismus*, Band 1, Hannover 1960.
Paschukanis, Eugen, *Allgemeine Rechtslehre und Marxismus* (Berlin 1929), Wiederabdruck Frankfurt/Main 1966.
Pollock, Friedrich, *Die planwirtschaftlichen Versuche in der Sowjetunion 1917-1927, Wirtschaftswiss. Hab.schr., Schriften des Instituts für Sozialforschung an der Universität Frankfurt a. M.*, 2. Band, Leipzig 1929.
Posser, Diether, *Politische Strafjustiz aus der Sicht des Verteidigers*, Karlsruhe 1961.
»Radikale« im öffentlichen Dienst? Eine Dokumentation, hrsg. von Hanspeter Knirsch u. a., Frankfurt/Main 1973.
Rajewski, Xenia, *Arbeitskampfrecht in der Bundesrepublik*, Frankfurt/Main 1970.
Retzlaw, Karl, *Spartakus. Aufstieg und Niedergang, Erinnerungen eines Parteiarbeiters*, Frankfurt/Main 1971.
Ridder, Helmut, *Ex oblivione malum. Randnotizen zum deutschen Partisanenprozeß*, in: *Gesellschaft, Recht und Politik, hrsg. von Heinz Maus*, Neuwied/Berlin 1968.
Rönnefarth, Helmuth K. G. und Euler, Heinrich, *Konferenzen und Verträge. Vertrags-Ploetz*, Teil II, 4. Band: *1914–1959*, 2. Aufl., Würzburg 1959.
Rohe, Karl, *Das Reichsbanner Schwarz Rot Gold. Ein Beitrag zur Geschichte und Struktur der politischen Kampfverbände zur Zeit der Weimarer Republik*, Düsseldorf 1966.
van Roon, Ger, *Neuordnung im Widerstand. Der Kreisauer Kreis inner-*

halb der deutschen Widerstandsbewegung, München 1967.
Rosenberg, Arthur, *Geschichte der Weimarer Republik*, Frankfurt/Main 1961.
Rothfels, Hans, *Die deutsche Opposition gegen Hitler*, Frankfurt/Main 1958.
Rühle, Jürgen, *Literatur und Revolution. Die Schriftsteller und der Kommunismus*, München/Zürich 1963.
Rupp, Hans Karl, *Außerparlamentarische Opposition in der Ära Adenauer*, Köln 1970.
Schmalenbach, Eugen, *Die Betriebswirtschaftslehre an der Schwelle der neuen Wirtschaftsverfassung. Vortrag anläßlich der Tagung des Verbandes der Betriebswirtschaftler an deutschen Hochschulen am 31. Mai (1928) in Wien*, in: *Zeitschrift für Handelswissenschaftliche Forschung*, 22. Jg. 1928, S. 241–251.
Schmid, Richard, *Einwände*, Stuttgart 1965.
ders., *Fritz Bauer*, in: *Kritische Justiz*, 1. Jg., Heft 1/1968, S. 60 f.
Schmitt, Carl, *Legalität und Legitimität*, Berlin 1932, Neuauflage Berlin 1968.
ders., *Politische Theologie. Vier Kapitel zur Lehre von der Souveränität*, München und Leipzig 1934.
Schröder, Gerhard, *Sicherheit heute. Sind unsere Sicherheitseinrichtungen geeignet, auch schwere Belastungsproben auszuhalten?*, in: *Bulletin des Presse- und Informationsamtes der Bundesregierung* Nr. 203 vom 31. Oktober 1958, S. 2017–2022.
Schumann, Hans-Gerd, *Nationalsozialismus und Gewerkschaftsbewegung. Die Vernichtung der deutschen Gewerkschaften und der Aufbau der »Deutschen Arbeitsfront«*, Hannover, Frankfurt/Main 1958.
Severing, Carl, *Mein Lebensweg*, Band 2: *Im Auf und Ab der Republik*, Köln 1950.
SPD, Protokoll der Verhandlungen des Parteitages der SPD vom 18. bis 23. Mai 1958 in Stutgart. Hannover/Bonn o. J. (1958).
SPD, Protokoll der Verhandlungen des außerordentlichen Parteitages der SPD vom 13. bis 15. November 1959 in Bad Godesberg. Bonn o. J. (1959).
SPD, Protokoll der Verhandlungen des Parteitages der SPD vom 23. bis 27. November 1964 in Karlsruhe. Hannover/Bonn o. J. (1964).
SPD, Protokoll der Verhandlungen des Parteitages der SPD vom 17. bis 21. März 1968 in Nürnberg. Hannover/Bonn o. J. (1968).
SPD, Protokoll der Verhandlungen des Parteitages der SPD vom 11. bis 15. November 1975 in Mannheim, o. O., o. J. (Bonn 1975).
Stampfer, Friedrich, *Die vierzehn Jahre der ersten deutschen Republik*, 3. Auf., Köln 1947.
Steiner, Wolfgang, *SPD-Parteitage 1964 und 1968*, Diss., Meisenheim 1970.

Steiniger, Alfons, *Die Hamburger Tagung deutscher Völkerrechtler im April 1949*, in: *Neue Justiz*, 3. Jg., Heft 5/1949, S. 121 f.

Suck, Ernst-August, *Der religiöse Sozialismus in der Weimarer Republik*, Diss., Marburg 1953.

Thalheimer, August, *Über den Faschismus*, in: *Gegen den Strom*, Jg. 1930, S. 32 f., 48 f., 66 f.

ders., *1923: Eine verpaßte Revolution? Die deutsche Oktoberlegende und die wirkliche Geschichte von 1923*, Berlin 1931.

Tjaden, Karl Hermann, *Struktur und Funktion der »KPD-Opposition« (KPO). Eine organisationssoziologische Untersuchung zur »Rechts«-Opposition im deutschen Kommunismus zur Zeit der Weimarer Republik*, Diss., Meisenheim 1964.

Ungesühnte Nazijustiz. Hundert Urteile klagen ihre Richter an, hrsg. von Wolfgang Koppel, im Auftrag des Organisationskomitees der Dokumentenausstellung »Ungesühnte Nazijustiz« in Karlsruhe, August 1960.

Wahsner, Roderich, *Das Arbeitsrechtskartell. Die Restauration des Kapitalistischen Arbeitsrechts in Westdeutschland nach 1945*, in: *Kritische Justiz*, 7. Jg., Heft 4/1974, S. 369–386.

Weber, Hermann, *Die Wandlung des deutschen Kommunismus. Die Stalinisierung der KPD in der Weimarer Republik*, Band 1 und 2, Frankfurt/Main 1969.

Weisenborn, Günther, *Der lautlose Aufstand*, 2. Aufl., Hamburg 1954.

Wunderer, Hartmann, *Materialien zur Soziologie der Mitgliedschaft und Wählerschaft der KPD zur Zeit der Weimarer Republik*, in: *Gesellschaft. Beiträge zur Marxschen Theorie 5, hrsg. von H.-G. Backhaus u. a.*, Frankfurt/Main 1975, S. 257–277.

Zelt, Johannes, ... *und nicht vergessen – die Solidarität. Aus der Geschichte der Internationalen Roten Hilfe und der Roten Hilfe Deutschlands*, Berlin 1960.

Bibliothek Suhrkamp

378 Roland Barthes, Die Lust am Text
379 Joachim Ritter, Subjektivität
380 Sylvia Plath, Ariel
381 Stephan Hermlin, Der Leutnant Yorck von Wartenburg
382 Erhart Kästner, Zeltbuch von Tumilat
383 Yasunari Kawabata, Träume im Kristall
384 Zbigniew Herbert, Inschrift
385 Hermann Broch, Hofmannsthal und seine Zeit
386 Joseph Conrad, Jugend
387 Karl Kraus, Nestroy und die Nachwelt
388 Ernst Bloch, Erbschaft dieser Zeit
389 Thomas Mann, Leiden und Größe der Meister
390 Viktor Šklovskij, Sentimentale Reise
391 Max Horkheimer: Die gesellschaftliche Funktion der Philosophie
392 Heinrich Mann, Die kleine Stadt
393 Wolfgang Koeppen, Tauben im Gras
394 Cesare Pavese, Das Handwerk des Lebens
395 Theodor W. Adorno, Noten zur Literatur IV
397 Ferruccio Busoni, Entwurf einer neuen Ästhetik der Tonkunst
398 Ernst Bloch, Zur Philosophie der Musik
399 Oscar Wilde, Die romantische Renaissance
400 Marcel Proust, Tage des Lesens
402 Paul Nizan, Das Leben des Antoine B.
403 Hermann Heimpel, Die halbe Violine
404 Octavio Paz, Das Labyrinth der Einsamkeit
405 Stanisław Lem, Das Hohe Schloß
406 André Breton, Nadja
407 Walter Benjamin, Denkbilder
409 Rainer Maria Rilke, Über Dichtung und Kunst
410 Ödön von Horváth, Italienische Nacht
411 Jorge Guillén, Ausgewählte Gedichte
412 Paul Celan, Gedichte I
413 Paul Celan, Gedichte II
414 Rainer Maria Rilke, Das Testament
415 Thomas Bernhard, Die Macht der Gewohnheit
416 Zbigniew Herbert, Herr Cogito
417 Wolfgang Hildesheimer, Hauskauf
418 James Joyce, Dubliner
419 Carl Einstein, Bebuquin
420 Georg Trakl, Gedichte
421 Günter Eich, Katharina

422 Alejo Carpentier, Das Reich von dieser Welt
423 Albert Camus, Jonas
424 Jesse Thoor, Gedichte
425 T. S. Eliot, Das wüste Land
426 Carlo Emilio Gadda, Die Erkenntnis des Schmerzes
427 Michel Leiris, Mannesalter
428 Hermann Lenz, Der Kutscher und der Wappenmaler
429 Mircea Eliade, Das Mädchen Maitreyi
430 Ramón del Valle-Inclán, Tyrann Banderas
431 Raymond Queneau, Zazie in der Metro
433 William Butler Yeats, Die geheime Rose
434 Juan Rulfo, Pedro Páramo
435 André Breton, L'Amour fou
436 Marie Luise Kaschnitz, Gedichte
437 Jerzy Szaniawski, Der weiße Rabe
438 Ludwig Hohl, Nuancen und Details
439 Mario Vargas Llosa, Die kleinen Hunde
440 Thomas Bernhard, Der Präsident
441 Hermann Hesse – Thomas Mann, Briefwechsel
442 Hugo Ball, Flametti
443 Adolfo Bioy-Casares, Morels Erfindung
444 Hermann Hesse, Wanderung
445 Ödön von Horváth, Don Juan kommt aus dem Krieg
446 Flann O'Brien, Der dritte Polizist
447 Giuseppe Tomasi di Lampedusa, Der Leopard
448 Robert Musil, Törleß
449 Elias Canetti, Der Überlebende
450 Robert Walser, Geschwister Tanner
451 Alfred Döblin, Berlin Alexanderplatz
452 Gertrude Stein, Paris Frankreich
453 Johannes R. Becher, Gedichte
454 Federico García Lorca, Bluthochzeit/Yerma
455 Ilja Ehrenburg, Julio Jurenito
456 Boris Pasternak, Kontra-Oktave
457 Juan Carlos Onetti, Die Werft
458 Anna Seghers, Die schönsten Sagen vom Räuber Woynok
464 Franz Kafka, Der Heizer
465 Wolfgang Hildesheimer, Masante
466 Evelyn Waugh, Wiedersehen mit Brideshead
467 Gershom Scholem, Walter Benjamin
468 Rainer Maria Rilke, Duineser Elegien
470 Alain, Die Pflicht glücklich zu sein
471 Wolfgang Schadewaldt, Der Gott von Delphi und die Humanitätsidee
472 Hermann Hesse, Legenden
473 H. C. Artmann, Liebesgedichte

474 Paul Valery, Zur Theorie der Dichtkunst
476 Erhart Kästner, Aufstand der Dinge
477 Stanisław Lem, Der futurologische Kongreß
478 Theodor Haecker, Tag- und Nachtbücher
479 Peter Szondi, Satz und Gegensatz
480 Tania Blixen, Babettes Gastmahl
481 Friedo Lampe, Septembergewitter
482 Heinrich Zimmer, Kunstform und Yoga
483 Hermann Hesse, Musik
486 Marie Luise Kaschnitz, Orte
487 Hans Georg Gadamer, Vernunft im Zeitalter der Wissenschaft
488 Yukio Mishima, Nach dem Bankett
489 Thomas Bernhard, Amras
490 Robert Walser, Der Gehülfe
491 Patricia Highsmith, Als die Flotte im Hafen lag
492 Julien Green, Der Geisterseher
493 Stefan Zweig, Die Monotonisierung der Welt
494 Samuel Beckett, That Time/Damals
495 Thomas Bernhard, Die Berühmten
496 Günter Eich, Marionettenspiele
497 August Strindberg, Am offenen Meer
498 Joseph Roth, Die Legende vom heiligen Trinker
499 Hermann Lenz, Dame und Scharfrichter
500 Wolfgang Koeppen, Jugend
501 Andrej Belyj, Petersburg
504 Juan Rulfo, Der Llano in Flammen
505 Carlos Fuentes, Zwei Novellen
506 Augusto Roa Bastos, Menschensohn
508 Alejo Carpentier, Barockkonzert
509 Elisabeth Borchers, Gedichte
510 Jurek Becker, Jakob der Lügner
512 James Joyce, Die Toten/The Dead
513 August Strindberg, Fräulein Julie
514 Sigmund Freud, Eine Kindheitserinnerung des Leonardo da Vinci
515 Robert Walser, Jakob von Gunten
517 Luigi Pirandello, Mattia Pascal
519 Rainer Maria Rilke, Gedichte an die Nacht
520 Else Lasker-Schüler, Mein Herz
521 Marcel Schwob, 22 Lebensläufe
522 Mircea Eliade, Die Pelerine
523 Hans Erich Nossack, Der Untergang
524 Jerzy Andrzejewski, Jetzt kommt über dich das Ende
525 Günter Eich, Aus dem Chinesischen
526 Gustaf Gründgens, Wirklichkeit des Theaters
528 René Schickele, Die Flaschenpost

664 Hans Setzer, Wahlsystem und Parteienentwicklung in England
665 Alexander Kluge, Lernprozesse mit tödlichem Ausgang
670 Peter Bulthaup, Zur gesellschaftl. Funktion der Naturwissenschaften
671 Materialien zu Horváths ›Glaube Liebe Hoffnung‹. Herausgegeben von Traugott Krischke
672 Reform des Literaturunterrichts. Eine Zwischenbilanz. Herausgegeben von H. Brackert und W. Raitz
673 Boris A. Uspenskij, Poetik d. Komposition
674 Ebbighausen (Hrsg.), Monopol und Staat
675 Autorenkollektiv Textinterpretation und Unterrichtspraxis, Projektarbeit als Lernprozeß
677 Heinar Kipphardt, Stücke II
678 Erving Goffman, Asyle
679 Dieter Prokop, Massenkultur und Spontaneität
680 Die Kommune in der Staatsorganisation
681 M. Dubois-Reymond / B. Söll, Neuköllner Schulbuch, 2 Bände
682 Dieter Hoffmann-Axthelm, Theorie der künstlerischen Arbeit
683 Dieter Kühn, Unternehmen Rammbock
685 Frerichs/Kraiker, Konstitutionsbedingungen des bürgerlichen Staates und der sozialen Revolution bei Marx und Engels
687 Rossana Rossanda, Über die Dialektik von Kontinuität und Bruch
688 Evsej G. Liberman, Methoden der Wirtschaftslenkung im Sozialismus
689 Martin Walser, Die Gallistl'sche Krankheit
694 Schule und Staat im 18. u. 19. Jahrhundert. Herausgegeben von K. Hartmann, F. Nyssen, H. Waldeyer
695 Gesellschaft, Beiträge zur Marxschen Theorie 1
696 Hans Magnus Enzensberger, Palaver
697 Psychoanalyse der weiblichen Sexualität. Herausgegeben von Janine Chasseguet-Smirgel
698 R. Goldscheid/J. Schumpeter, Die Finanzkrise des Steuerstaates
699 Wolfgang Lempert, Berufliche Bildung als Beitrag zur gesellschaftlichen Demokratisierung
700 Peter Weiss, Gesang vom Lusitanischen Popanz
701 Sozialistische Realismuskonzeptionen.
702 Claudio Napoleoni. Ricardo und Marx. Herausgegeben von Cristina Pennavaja
703 Claus Rolshausen, Wissenschaft und gesellschaftliche Reproduktion
704 Joachim Hirsch, Staatsapparat und Reproduktion des Kapitels
705 Neues Hörspiel O-Ton. Der Konsument als Produzent. Herausgegeben von Klaus Schöning
707 Franz Xaver Kroetz, Oberösterreich, Dolomitenstadt Lienz, Maria Magdalena, Münchner Kindl

708 Was ist Psychiatrie? Herausgegeben von Franco Basaglia
709 Kirche und Klassenbindung. Herausgegeben von Yorick Spiegel
710 Rosa Luxemburg oder Die Bestimmung des Sozialismus. Herausgegeben von Claudio Pozzoli
711 Rudolf Rocker, Aus den Memoiren eines deutschen Anarchisten
712 Hartwig Berger, Untersuchungsmethode und soziale Wirklichkeit
713 Werkbuch über Tankred Dorst. Herausgegeben von Horst Laube
714 Wilhelm Alff, Materialien zum Kontinuitätsproblem der deutschen Geschichte
715 Karsten Prüß, Kernforschungspolitik in der Bundesrepublik Deutschland
718 Perspektiven der kommunalen Kulturpolitik. Herausgegeben von Hilmar Hoffmann
719 Peter M. Michels, Bericht über den polit. Widerstand in den USA
720 Lelio Basso, Gesellschaftsformation u. Staatsform
722 Jürgen Becker, Umgebungen
723 Paul Mattick/Alfred Sohn-Rethel/Helmuth G. Haasis, Beiträge zur Kritik des Geldes
724 Otwin Massing, Politische Soziologie
726 Ernst Bloch, Ästhetik des Vor-Scheins 1
727 Peter Bürger, Theorie der Avantgarde
728 Beulah Parker, Meine Sprache bin ich
729 Probleme der marxistischen Rechtstheorie. Herausgegeben von H. Rottleuthner
730 Jean-Luc Dallemagne, Die Grenzen der Wirtschaftspolitik
731 Gesellschaft, Beiträge zur Marxschen Theorie 2
732 Ernst Bloch, Ästhetik des Vor-Scheins 2
733 Alexander Kluge, Gelegenheitsarbeit einer Sklavin
734 Henri Lefebvre, Metaphilosophie. Prolegomena
735 Paul Mattick, Spontaneität und Organisation
736 Noam Chomsky, Aus Staatsraison
737 Louis Althusser, Für Marx
738 Spazier/Bopp, Grenzübergänge. Psychotherapie
739 Gesellschaft, Beiträge zur Marxschen Theorie 3
740 Bertolt Brecht, Das Verhör des Lukullus. Hörspiel
741 Klaus Busch, Die multinationalen Konzerne
742 Methodologische Probleme einer normativ-kritischen Gesellschaftstheorie. Herausgegeben von Jürgen Mittelstraß
744 Gero Lenhardt, Berufliche Weiterbildung und Arbeitsteilung in der Industrieproduktion
745 Brede/Kohaupt/Kujath, Ökonomische und politische Determinanten der Wohnungsversorgung
746 Der Arzt, sein Patient und die Gesellschaft. Herausgegeben von Dorothea Ritter-Röhr
747 Gunnar Heinsohn, Rolf Knieper, Theorie des Familienrechts
749 Rudolf zur Lippe, Bürgerliche Subjektivität
751 Brechts Modell der Lehrstücke. Herausgegeben von Rainer Steinweg

754 Zur Wissenschaftslogik einer kritischen Soziologie. Herausgegeben von Jürgen Ritsert
756 Hannelore/Heinz Schlaffer, Studien zum ästhetischen Historismus
758 Brecht-Jahrbuch 1974. Herausgegeben von J. Fuegi, R. Grimm, J. Hermand
759 Der Weg ins Freie. Fünf Lebensläufe überliefert von H. M. Enzensberger
760 Lodewijk de Boer, The Family
761 Claus Offe, Berufsbildungsreform
762 Petr Kropotkin, Ideale und Wirklichkeit in der russischen Literatur
764 Gesellschaft, Beiträge zur Marxschen Theorie 4
766 Laermann/Piechotta/Japp/Wuthenow u.a., Reise und Utopie
767 Monique Piton, Anders Leben
768 Félix Guattari, Psychotherapie, Politik und die Aufgaben der institutionellen Analyse
769 Jahoda/Lazarsfeld/Zeisel, Die Arbeitslosen von Marienthal
770 Herbert Marcuse, Zeit-Messungen
771 Brecht im Gespräch. Herausgegeben von Werner Hecht
772 Th. W. Adorno, Gesellschaftstheorie u. Kulturkritik
773 Kurt Eisner, Sozialismus als Aktion
775 Horn, Luhmann, Narr, Rammstedt, Röttgers, Gewaltverhältnisse und die Ohnmacht der Kritik
776 Reichert/Senn, Materialien zu Joyce »Ein Porträt des Künstlers«
777 Caspar David Friedrich und die deutsche Nachwelt. Herausgegeben von Werner Hofman
778 Klaus Fritzsche, Politische Romantik und Gegenrevolution
779 Literatur und Literaturtheorie. Hrsg. von Peter U. Hohendahl und Patricia Herminghouse
780 Piero Sraffa, Warenproduktion mittels Waren
782 Helmut Brackert, Bauernkrieg und Literatur
784 Friedensanalysen 1
787 Gesellschaft, Beiträge zur Marxschen Theorie 5
790 Gustav W. Heinemann, Präsidiale Reden
791 Beate Klöckner, Anna oder leben heißt streben
792 Rainer Malkowski, Was für ein Morgen
793 Von deutscher Republik. Hrsg. von Jost Hermand
794 Döbert R./Nunner-Winkler, G., Adoleszenzkrise und Identitätsbildung
795 Dieter Kühn, Goldberg-Variationen
797 Brecht Jahrbuch 1975
798 Gespräche mit Ernst Bloch. Herausgegeben von Rainer Traub und Harald Wieser
799 Volker Braun, Es genügt nicht die einfache Wahrheit
800 Karl Marx, Die Ethnologischen Exzerpthefte
801 Wlodzimierz Brus, Sozialistisches Eigentum und politisches System
802 Johannes Gröll, Erziehung im gesellschaftlichen Reproduktionsprozeß
803 Rainer Werner Fassbinder, Stücke 3

804 James K. Lyon, Bertolt Brecht und Rudyard Kipling
806 Gesellschaft, Beiträge zur Marxschen Theorie 6
807 Gilles Deleuze/Félix Guattari, Kafka. Für eine kleine Literatur
808 Ulrike Prokop, Weiblicher Lebenszusammenhang
809 G. Heinsohn / B. M. C. Knieper, Spielpädagogik
811 Ror Wolf, Auf der Suche nach Doktor Q.
812 Oskar Negt, Keine Demokratie ohne Sozialismus
815 Giselher Rüpke, Schwangerschaftsabbruch und Grundgesetz
816 Rainer Zoll, Der Doppelcharakter der Gewerkschaften
817 Bertolt Brecht, Drei Lehrstücke: Badener Lehrstück, Rundköpfe, Ausnahme und Regel
818 Gustav Landauer, Erkenntnis und Befreiung
820 Wolfgang Abendroth, Ein Leben in der Arbeiterbewegung
821 Otto Kirchheimer, Von der Weimarer Demokratie zum Faschismus
822 Verfassung, Verfassungsgerichtsbarkeit, Politik. Herausgegeben von Mehdi Tohidipur
823 Rossana Rossanda / Lucio Magri u. a., Der lange Marsch durch die Krise
824 Altvater/Basso/Mattick/Offe u. a., Rahmenbedingungen und Schranken staatlichen Handelns
825 Diskussion der ›Theorie der Avantgarde‹. Herausgegeben von W. Martin Lüdke
827 Gesellschaft, Beiträge zur Marxschen Theorie 7
828 Rolf Knieper, Weltmarkt, Wirtschaftsrecht und Nationalstaat
833 Peter Weiss, Dramen I
834 Friedensanalysen 2
835-838 Bertolt Brecht, Gedichte in 4 Bänden
841 Fernando H. Cardoso/Enzo Faletto, Abhängigkeit und Entwicklung in Lateinamerika
845 Ror Wolf, Die Gefährlichkeit der großen Ebene
847 Friedensanalysen 3
848 Dieter Wellershoff, Die Auflösung des Kunstbegriffs
849 Samuel Beckett, Glückliche Tage
852 Über Max Frisch II
853 Brecht-Jahrbuch 1976
854 Julius Fučík, Reportage unter dem Strang geschrieben
858 Silvio Blatter, Genormte Tage, verschüttete Zeit
861 Blanke/Offe/Ronge u.a., Bürgerlicher Staat und politische Legitimation. Herausgegeben von Rolf Ebbighausen
863 Gesellschaft, Beiträge zur Marxschen Theorie 8/9
864 Über Wolfgang Koeppen. Herausgegeben von Ulrich Greiner
868 Brede/Dietrich/Kohaupt, Politische Ökonomie des Bodens
873 Produktion, Arbeit, Sozialisation. Herausgegeben von Th. Leithäuser und W. R. Heinz
874 Max Frisch/Hartmut von Hentig, Zwei Reden zum Friedenspreis des Deutschen Buchhandels 1976

Alphabetisches Verzeichnis der edition suhrkamp